Streck/Kamps
Die Außenprüfung

Beratungsbücher für Berater

Rechtsschutz und Gestaltung
im Unternehmensrecht, Steuerrecht
und Steuerstrafrecht

herausgegeben von

Rechtsanwalt
Dr. Michael Streck

Die Außen-
prüfung

von

Dr. Michael Streck
Rechtsanwalt
und Fachanwalt für Steuerrecht

und

Dr. Heinz-Willi Kamps
Rechtsanwalt
und Fachanwalt für Steuerrecht

3. neu bearbeitete Auflage

2017

ottoschmidt

Zitierempfehlung:
Streck/Kamps, Die Außenprüfung, 3. Aufl., Rz. ...

*Bibliografische Information
der Deutschen Nationalbibliothek*

Die Deutsche Nationalbibliothek verzeichnet diese Publikation in der Deutschen Nationalbibliografie; detaillierte bibliografische Daten sind im Internet über http://dnb.d-nb.de abrufbar.

Verlag Dr. Otto Schmidt KG
Gustav-Heinemann-Ufer 58, 50968 Köln
Tel. 02 21/9 37 38-01, Fax 02 21/9 37 38-943
info@otto-schmidt.de
www.otto-schmidt.de

ISBN 978-3-504-62321-0

©2017 by Verlag Dr. Otto Schmidt KG, Köln

Das Werk einschließlich aller seiner Teile ist urheberrechtlich geschützt. Jede Verwertung, die nicht ausdrücklich vom Urheberrechtsgesetz zugelassen ist, bedarf der vorherigen Zustimmung des Verlages. Das gilt insbesondere für Vervielfältigungen, Bearbeitungen, Übersetzungen, Mikroverfilmungen und die Einspeicherung und Verarbeitung in elektronischen Systemen.

Das verwendete Papier ist aus chlorfrei gebleichten Rohstoffen hergestellt, holz- und säurefrei, alterungsbeständig und umweltfreundlich.

Einbandgestaltung: Jan P. Lichtenford, Mettmann
Satz: WMTP, Birkenau
Druck und Verarbeitung: Kösel, Krugzell
Printed in Germany

Vorwort

Rechtsschutz und Gestaltung im Unternehmensrecht, Steuerrecht und Steuerstrafrecht

Die Beratungsbücher dieser Reihe wenden sich an die steuerberatenden Berufe, vornehmlich also an Steuerberater, Rechtsanwälte und Wirtschaftsprüfer. Sie bezwecken einmal die Stärkung des Rechtsschutzes im Steuerrecht und Steuerstrafrecht angesichts einer zunehmenden Macht und Effizienz der Finanzverwaltung, zum anderen wollen sie konkrete Beratungs- und Gestaltungshilfen zur Unternehmensberatung geben.

Die Bücher sind aus der Sicht der Steuerbürger und ihrer Berater geschrieben. Diese Einseitigkeit steht dem sorgfältigen Bemühen um Objektivität nicht entgegen. Einseitig heißt, dass die Blickrichtung die des Bürgers, seines Rechtsschutzes und seiner Interessen ist. Dies umschließt die Notwendigkeit, auch nachteilige Positionen zu kennzeichnen, Verteidigungsansätze realistisch einzuschätzen, unausgewogene Fiskalansichten aufzudecken und auf Beratungs- und Gestaltungsrisiken einzugehen.

Liegen die Maßstäbe der systematischen Vollständigkeit und Geschlossenheit einerseits und des Praxisbezugs anderseits im Streit, geben wir dem praktischen Beratungsbezug den Vorzug.

Die Auswahl der Rechtsprechung, Anweisungen und Literatur verfolgt zwei Zwecke: Sie hat Belegcharakter, insoweit wird eine klassische Funktion erfüllt. Darüber hinaus werden gerade solche Urteile und Ansichten vorgestellt und analysiert, die zu den juristischen Instrumenten des Rechtsschutzes und der Gestaltung zu zählen oder zu formen sind.

Die Beratungsbücher sollen in sich eigenständig sein. Dies führt zu Überschneidungen, die, auf das Notwendige beschränkt, Querverweisungen dort ersparen, wo sie in der Beratung lästig und zeitraubend wären.

Die Bücher vermitteln Wissen und versuchen, Beratungserfahrungen weiterzugeben. Sie sind auf Kritik, Anregung und Erfahrungsbereicherungen angewiesen. Für jede Zuschrift danken wir. Anschrift ist die des Verlags: Gustav-Heinemann-Ufer 58, 50968 Köln.

Michael Streck

Die Außenprüfung

Die Betriebsprüfung bietet in ihrer Organisation und in ihrem Einsatz durch die Finanzverwaltung wenig Ansatzpunkte für gravierende Kritik. Das Niveau ist hoch, die Rechte und Interessen der Geprüften werden in der Regel gewahrt, das Verhalten ist flexibel.

Diese Besteuerungs- und Beratungssituation birgt Gefahren für den Rechtsschutz. Flexibilität, Einigungsbereitschaft, Entgegenkommen im Einzelfall sind die Rahmenbedingungen für Ruhe, Sorglosigkeit, Bequemlichkeit und Unsicherheit bei der Interessenwahrung. Dem Kompromiss wird zugestimmt, weil man die Auseinandersetzung scheut, sich ihr nicht gewachsen fühlt, nicht, weil er zugunsten des Mandanten optimal ist. Diese Gefahr ist gerade dann besonders groß, wenn der eine Partner, hier die Finanzverwaltung, von vornherein aufgrund der gegebenen Hoheitsmacht ein gesetzlich bedingtes Übergewicht hat.

Folglich muss der Berater auch dort, wo die Steuerwelt hinnehmbar in Ordnung scheint, die Rechte des Mandanten und die Streitmittel, die Rechte durchzusetzen, nicht nur kennen, sondern beherrschen. Nur der ist ein gleichwertiger, ernstzunehmender Partner, der mit Sicherheit und Kompetenz dem Prüfer die Grenzen seiner Befugnisse zeigen kann.

In den letzten 23 Jahren seit dem Erscheinen der 2. Auflage ließ der Gesetzgeber zwar die Kernvorschriften der Betriebsprüfung (§§ 193 bis 203 AO) fast unberührt. Im Sinne der Finanzverwaltung dehnte er jedoch an anderer Stelle mehrfach die rechtlichen Möglichkeiten der Außenprüfung aus: Einschneidend für den Geprüften wirkt sich zB die „digitale Außenprüfung" (Grundlage § 147 Abs. 6 AO) aus. Er schuf neue Sanktionsmöglichkeiten (zB Verzögerungsgeld, § 146 Abs. 2b AO). Mehr Handlungs- und damit auch Planungssicherheit für die Geprüften und Berater vermitteln die ausführlichen Regelungen zur Außenprüfung im Anwendungserlass der AO, die den Inhalt der fast unverändert gebliebenen Betriebsprüfungsanordnung weit überschreiten. Der Bundesfinanzhof klärte und sicherte das (neue) formelle Recht. Zum Beispiel hat er die Verwertungsmöglichkeit rechtswidrig aus der Prüfung erlangter Kenntnisse ausgedehnt, hingegen die Verwaltung mit Blick auf deren Schätzungsbefugnisse zum Teil in die Schranken verwiesen (Zeitreihenvergleich). Die 3. Auflage ist daher nicht nur aktualisiert, sondern grundlegend überarbeitet worden.

Köln, im Oktober 2016   Michael Streck und Heinz-Willi Kamps

Inhaltsverzeichnis

	Seite
Vorwort	V
Literaturverzeichnis	XV
Abkürzungsverzeichnis	XIX

Erster Teil
Voraussetzungen der Außenprüfung

	Rz.	Seite
A. Die akzeptierte Betriebsprüfung	1	1
B. Die rechtlichen Rahmenbedingungen		
I. Die Begriffe Außenprüfung – Betriebsprüfung	10	5
II. Zweck der Außenprüfung	15	6
III. Rechtsgrundlagen	20	7
IV. Die verschiedenen Außenprüfungen	24	9
1. Der allgemeine Betriebsprüfungsdienst	24	9
2. Die besonderen Außenprüfungen	30	9
V. Organisation	41	10
VI. Bundeszentralamt für Steuern	44	11
VII. Zuständigkeit	46	12
C. Zulässigkeit, Umfang und Ort der Außenprüfung		
I. Zulässigkeit	54	14
1. Zulässigkeitsvoraussetzungen	54	14
2. Besondere Unzulässigkeiten	88	20
3. Pflicht zur Prüfung; Recht auf Prüfung	103	23
II. Umfang	108	24
1. Gegenstand der Prüfung	108	24
2. Insbesondere: Prüfungszeitraum	112	25
a) Die allgemeinen Regeln	112	25
b) Ausdehnung des Prüfungszeitraums	126	28
c) Zeitnahe Betriebsprüfung	148	32
III. Ort der Prüfung	150	32
D. Prüfungsanordnung		
I. Zweck und Rechtsfolge	157	34
1. Formelle Rechtsgrundlage der Außenprüfung	157	34

Inhaltsverzeichnis

	Rz.	Seite
2. Verwertungsverbot von Prüfungsergebnissen bei nicht vorhandener oder fehlerhafter Prüfungsanordnung	170	37
3. Drittwirkung	177	39
4. Sonstige (mittelbare) Rechtsfolgen	185	42
II. Inhalt	191	43
III. Form und Verfahren	212	46
IV. Anfechtung	264	59
1. Überblick	264	59
2. Technik	266	60
3. Richtiger Anfechtungsgegenstand; Durchsetzung des Verwertungsverbots	277	62
4. Zweckmäßigkeit und Praxis der Anfechtung	282	64

Zweiter Teil
Die Prüfung

A. Vorbereitung auf die Außenprüfung

	Rz.	Seite
I. Zweck	294	67
II. Selbstanzeige	301	68

B. Die Personen der Prüfung

	Rz.	Seite
I. Der Prüfer	318	73
II. Der Steuerpflichtige	328	75
III. Der Berater	329	75
IV. Auskunftsperson des Steuerpflichtigen	331	75
V. Beteiligung Dritter	342	77
1. Anwärter	342	77
2. Bundeszentralamt für Steuern	343	77
3. Ausländische Finanzbeamte	345	77
4. Gemeinde	348	78
5. Steuerfahndung	351	78
6. Polizei	352	79

C. Prüfungsbeginn und Prüfungszeit 354 80

D. Prüfungstätigkeit und Prüfungsgrundsätze

	Rz.	Seite
I. Prüfungstätigkeit	361	81
II. Grundsätze für den Prüfer in der Prüfung	371	83
III. Grundsätze für den Geprüften in der Prüfung	379	84
IV. Klassische Prüfungsfelder	390	85

Inhaltsverzeichnis

	Rz.	Seite

E. Mitwirkungs- und Duldungspflichten
- I. Mitwirkungspflichten 404 87
- II. Duldungspflicht (Betretungs- und Besichtigungsrecht; Inaugenscheinnahme) 439 95
- III. Exkurs: Grundsätze für Geschenke und Bewirtungen 444 96
- IV. Weigerungsrechte 449 98
  - 1. Allgemeines 449 98
  - 2. Prüfung bei Berufsgeheimnisträgern in eigener Sache (Berufliche Verschwiegenheitspflicht) ... 452 98
- V. Realisierung der Pflichten; Zwangsmittel; Verzögerungsgeld 468 103
- VI. Rechtsbehelfe 487 109
- VII. Kosten 494 110
- VIII. Besonderheiten bei Zugriff auf elektronische Daten (digitale Außenprüfung) 496 110
  - 1. Grundlage 496 110
  - 2. Arten des Zugriffs 506 112
    - a) Unmittelbarer Datenzugriff 507 113
    - b) Mittelbarer Datenzugriff 512 114
    - c) Datenträgerüberlassung 515 114
  - 3. Datenanalyse und Auswertungsmöglichkeiten der Finanzverwaltung 524 117
  - 4. Umfang des Zugriffs im Rahmen der digitalen Außenprüfung – Aufzeichnungs- und Aufbewahrungspflichten 530 118
  - 5. Auswahl des Zugriffs 538 121
- IX. Empfängerbenennung 546 123
- X. Besondere Mitwirkungspflichten bei Auslandssachverhalten 556 125

F. Ermittlungen bei Dritten
- I. Ermittlungsmöglichkeiten 560 127
- II. Insbesondere: Banken 569 128
- III. Teilnahmerechte und Informationspflichten 576 130
- IV. Weigerungsrechte 582 131
- V. Realisierung der Möglichkeiten 592 133
- VI. Rechtsbehelfe 593 133
- VII. Kosten 597 134

Inhaltsverzeichnis

	Rz.	Seite
G. Informations- und Beratungspflicht		
I. Grundsätze	599	135
II. Akteneinsicht	605	136
H. Kontrollmitteilungen	609	138
J. Die Schlussbesprechung		
I. Der rechtliche Rahmen	630	143
II. Einigung und Tatsächliche Verständigung	643	145
III. Bedeutung und Praxis der Schlussbesprechung	662	150
IV. Einigungstechniken im Detail	686	156
V. Die Schlussbesprechung ohne Einigung; der notwendige Streit	710	160
K. Prüfungsbericht (Betriebsprüfungsbericht)	718	162
L. Auswertung		
I. Auswertungsbescheide	732	165
II. Berichtigungsmöglichkeit	739	166
III. Verjährung	751	169
M. Fortgang des Verfahrens; Beendigung der Außenprüfung	776	176

Dritter Teil
Einzelthemen im Zusammenhang

	Rz.	Seite
A. Rechtsbehelfe und Rechtsschutz in der Außenprüfung		
I. Allgemeines; Verweisungen	786	179
II. Gegenvorstellung	790	180
III. Antrag auf schriftliche Ausfertigung	797	181
IV. Einspruch	802	181
V. Untätigkeitseinspruch	812	183
VI. Aussetzung der Vollziehung	818	184
VII. Klageverfahren und Fortsetzungsfeststellungsklage	824	185
VIII. Einstweilige Anordnung	827	185
IX. Dienstaufsichtsbeschwerde	828	186
X. Befangenheitsantrag	835	187
XI. Schadensersatz	840	188

Inhaltsverzeichnis

	Rz.	Seite

B. Übergreifen der Außenprüfung auf Zeiträume außerhalb des Betriebsprüfungszeitraums und auf Dritte
- I. Folgerungen aus den Prüfungsfeststellungen auf Zeiträume außerhalb des Prüfungszeitraums 842 189
- II. Einzelermittlungen des Prüfers außerhalb des Prüfungszeitraums 853 191
- III. Übergreifen der Außenprüfung auf Dritte 864 194

C. Bindungswirkung von Auskünften, Zusagen, Verständigungen und Treu-und-Glauben
- I. Allgemeines 868 195
- II. Verbindliche Auskunft 870 195
- III. Gesetzlich geregelte Zusagen 880 198
   - 1. Zusage im Anschluss an die Außenprüfung 880 198
   - 2. Sonstige gesetzliche Zusagen 888 200
- IV. Schlichte Auskünfte und Zusagen 891 200
- V. Treu-und-Glauben-Bindung 894 202
- VI. Tatsächliche Verständigung 901 204

D. Außenprüfung und Steuerstrafverfahren 902 205

E. Verwertungsverbote und Fernwirkung
- I. Verwertung rechtswidriger Sachverhaltsfeststellungen im Steuerverfahren 933 213
- II. Verwertung rechtswidriger Sachverhaltsfeststellungen im Strafverfahren sowie Verwertung von im Steuer- bzw. Strafverfahren ermittelten Sachverhalten im jeweils anderen Verfahren 944 216
- III. Die verzögerte Einleitung eines Steuerstrafverfahrens während der Außenprüfung 945 216
- IV. Problem der Fernwirkung 949 217
- V. Verwertungsverbote in der Praxis 953 218

F. Steuerermittlungen im Ausland und für das Ausland – Auskünfte für das Ausland und von dem Ausland
- I. Fiskalische internationale Rechts- und Amtshilfe ... 955 219
   - 1. Allgemeines 955 219
   - 2. Zwischenstaatliche Abkommen und Europäische Union 972 222
   - 3. Rechts- und Amtshilfe für die Bundesrepublik durch das Ausland 980 223

Inhaltsverzeichnis

		Rz.	Seite
4. Rechts- und Amtshilfe für das Ausland		996	226
5. Internationale Kontrollmitteilungen		1013	228
6. Gemeinsame Außenprüfung verschiedener Staaten		1025	230
7. Vollstreckung von Steuerforderungen		1026	230
II. Strafrechtliche internationale Rechts- und Amtshilfe		1027	230

G. Besondere Außenprüfungen

		Rz.	Seite
I.	Abgekürzte Außenprüfung	1028	231
II.	Veranlagende Betriebsprüfung	1033	231
III.	Zeitnahe Betriebsprüfung	1034	231
IV.	Digitale Betriebsprüfung	1037	232
V.	Schwerpunktprüfung	1038	232
VI.	Konzernprüfung	1041	232
VII.	Umsatzsteuersonderprüfung	1046	233
VIII.	Lohnsteueraußenprüfung	1054	234
IX.	Nachschau im Sinne der §§ 27b UStG, 42g EStG	1074	238
X.	Prüfung des Steuerabzugs bei beschränkt Steuerpflichtigen	1077	238
XI.	Versicherungsteuer-Sonderprüfung	1080	239
XII.	Besondere Prüfung im Rahmen der Körperschaftbesteuerung (§ 50b EStG)	1083	239
XIII.	Liquiditätsprüfung	1086	239
XIV.	Haftungsprüfung	1089	240
XV.	Bestandsaufnahmeprüfung	1092	240
XVI.	Richtsatzprüfung	1093	240
XVII.	Finanzgerichtliche Außenprüfung	1096	240
XVIII.	Steuerfahndung	1099	241

H. Schätzungen, Verprobungen, Prüfungsmethoden

		Rz.	Seite
I.	Schätzungsberechtigung und Verprobung	1102	242
II.	Aufschlagskalkulation (Nachkalkulation), Richtsatzkalkulation, Rohgewinnaufschlag	1133	249
	1. Grundlagen	1133	249
	2. Rohgewinn, Rohgewinnaufschlag	1135	249
	3. Innerer Betriebsvergleich	1137	250
	a) Methode	1137	250
	b) Folgerungen und Abwehr	1141	251

Inhaltsverzeichnis

	Rz.	Seite
4. Äußerer Betriebsvergleich (Richtsatzsammlung)	1143	252
a) Methode	1143	252
b) Folgerungen und Abwehr	1150	254
III. Zeitreihenvergleich	1161	257
1. Methode	1161	257
2. Folgerungen und Abwehr	1167	259
3. Exkurs: Neue Entwicklungen zur Programmierbarkeit von Kassensystemen	1176	261
IV. Chi-Quadrat-Test und Benford-Gesetz	1183	262
1. Methode	1183	262
2. Folgerungen und Abwehr	1187	263
V. Vermögenszuwachs- und Geldverkehrsrechnung	1190	265
1. Methode	1190	265
2. Schema	1205	268
3. Erläuterungen zum Schema für die Vermögenszuwachsrechnung	1207	270
4. Erläuterungen zum Schema für die Geldverkehrsrechnung	1244	278
5. Folgerungen und Abwehr	1260	280
VI. Formelles Recht der Schätzung; Taktik	1271	283

Anlage 1 Die wichtigsten Vorschriften der Abgabenordnung zur Außenprüfung (§§ 193–203, 146 Abs. 2b, 147 Abs. 6 AO)	289
Anlage 2 Die einschlägigen Vorschriften des Anwendungserlasses zur Abgabenordnung	295
Anlage 3 Allgemeine Verwaltungsvorschrift für die Betriebsprüfung	321
Anlage 4 Rechtsbehelfe gegen Maßnahmen der Außenprüfung	337
Anlage 5 Merkblatt	339
Stichwortverzeichnis	343

Literaturverzeichnis

Das Verzeichnis gibt einen **Überblick** über die Literatur des Außenprüfungsrechts; außerdem sind sonstige zitierte Lehrbücher und Kommentare angegeben. **Spezialschrifttum** zu einzelnen Fragen ist darüber hinaus in den Fußnoten zu den einschlägigen Themen nachgewiesen.

Die Werke sind in den Fußnoten nur mit Namen, eventuell unter Anfügung eines Stichworts, die Aufsätze i.d.R. mit der Fundstelle zitiert.

Unsere Anmerkungen sind höchst subjektive Ansichten.

Beermann/Gosch, Abgabenordnung/Finanzgerichtsordnung, Kommentar, Loseblattwerk

Blumers/Frick/Müller, Betriebsprüfungshandbuch, Loseblattwerk

Bolk/Borrosch/Deppe/Fischer/Zint, Taschenbuch für Außenprüfer und Steuerberater 2001, 2001 (Kurzinformation quer durch das formelle und materielle Steuerrecht)

Boochs/Buse/Caspari, Betriebsprüfungs-Kartei, begründet von den Oberfinanzdirektionen Düsseldorf, Köln und Münster, Loseblattwerk (Fundgrube für die Prüfungspraxis)

Brendle, Das Finanzamt prüft, 1981

Brücklmeier, Schätzwerte in der steuerlichen Betriebsprüfung, 1985

Buck/Klopfer, Betriebsprüfung, 2011

Burkhard/Adler, Betriebsprüfung und Steuerfahndungsprüfung, Kommentar, 2001

Dewein, Betriebsprüfung, Loseblattwerk (formelles und materielles Steuerrecht der Betriebsprüfung)

Erhard, Bilanzanalyse und steuerliche Betriebsprüfung, 1970

Erhard/Wenzig, Steuerliche Betriebsprüfung, 6. Aufl. 1991 (Bp.-Buch des Ausbildungswerks der Deutschen Steuergewerkschaft. (ausführliche Darstellung von Prüfungsmethoden)

Ernst, Indirekte Methoden der steuerlichen Betriebsprüfung, 1986 (wissenschaftliche Arbeit über Prüfungsmethoden)

Felix (Hrsg.), Steuerkontrolle Folge 1, 1982, mit Beiträgen von *Felix, Korn, Rainer, Rüping* und *Streck* (Fundgrube für Know-how)

Fromm, Betriebsprüfung, 1991 (empfehlenswert für den Unternehmer)

Frotscher, Die steuerliche Außenprüfung, 2. Aufl. 1980 (kurzgefasster Klassiker, dem man auch heute noch die nächste Auflage wünscht)

Literaturverzeichnis

Geschwandtner, Keine Angst vor der Betriebsprüfung, 1980
Giesberts, Steuerliche Betriebs- und Außenprüfung, 2. Aufl. 1981 (anspruchsvolle, praxisnahe Schrift)
Gräber, Finanzgerichtsordnung, Kommentar, 8. Aufl. 2015
Graf/Jäger/Wittig, Wirtschafts- und Steuerstrafrecht, Kommentar, 2011
Gröger/Schöll, Abgabenordnung, Praktikerkommentar, Loseblattwerk

Hübschmann/Hepp/Spitaler, Abgabenordnung/Finanzgerichtsordnung, Kommentar, Loseblattwerk (Großkommentar zur Abgabenordnung)

Jähnke, Betriebsprüfung, 1941
Joecks/Jaeger/Randt, Steuerstrafrecht, Kommentar, 8. Aufl. 2015

Kaligin, Betriebsprüfung und Steuerfahndung, Handbuch, 2014
Kellerbach, Die Betriebsprüfung, 1981 (Formelles und materielles Recht. Verfasser war RegDir. Fehlende Aktualität im formellen Recht; bleibend: Prüfungstechniken)
Klein, Abgabenordnung, Kommentar, 13. Aufl. 2016
Koch, Abgabenordnung (AO 1977), 3. Aufl. 1986
Koenig, Abgabenordnung, Kommentar, 3. Aufl. 2014
Kohlmann, Steuerstrafrecht, Kommentar, Loseblattwerk
Könemann/Wendt/Schirmbeck, Betriebsprüfung in der Praxis, 2. Aufl. 1990 (empfehlenswerte, übersichtlich gegliederte Schrift für den Berater; die Verfasser sind angesehene Beamte aus der Betriebsprüfung bzw. mit Wurzeln in der Betriebsprüfung im Bereich der OFD Münster)
Kühn/von Wedelstädt, Abgabenordnung und Finanzgerichtsordnung, Kommentar, 21. Aufl. 2015

Lange, Der Buch- und Betriebsprüfungsdienst der Reichsfinanzverwaltung, 1935

Mutze, StB-/StBv.-Handbuch, Die Praxis der gesamten Steuerberatung, Loseblattwerk

Neubert, Ihre Chance bei der Betriebsprüfung, 1992, Taschenbuch für Laien

Papperitz/Keller, ABC der Betriebsprüfung, 1990/1991

Sauer, Steuerliche Außenprüfung, 1988 (der Verfasser ist Finanzrichter und Honorarprofessor in Nürnberg)

Literaturverzeichnis

Schmäche, Verhandlungstechnik bei steuerlichen Betriebsprüfungen, 2. Aufl. 1978 („Verhandeln im Dienste der Betriebsprüfung" [Untertitel]. Verfasser ist Obersteuerrat. Überschriften: „Blickkontakt", „Fitbleiben", „Stimme und Tonfall")
Schmidtmann, Steuerliche Betriebsprüfung bei EDV-gestützten Buchführungen, 1987
Schmidtmann/Neupauer, Betriebsprüfungsordnung, Kommentar, 1988
Schmitt/Schmitt, Die Gefahren der steuerlichen Betriebsprüfung, 1957 (Blick in die fünfziger Jahre)
Schröder/Muuss, Handbuch der steuerlichen Betriebsprüfung, Loseblattwerk (umfangreiches Handbuch mit vielen Verfassern)
Schüßler, Der Datenzugriff der Finanzverwaltung im Rahmen der (digitalen) Außenprüfung, 2010
Schuhmann, Die neue Betriebsprüfungsordnung, 1989
Schwarz/Pahlke, Abgabenordnung, Kommentar, Loseblattwerk
Sommer, Risiken und mögliche Abwehrmaßnahmen bei steuerlichen Außenprüfungen, 1983 (bemerkenswerte betriebswirtschaftliche Arbeit; wahrscheinlich Dissertation)
Streck (Hrsg.), Steuerkontrolle Folge 2, 1984, mit Beiträgen von *Felix*, *Korn*, *Rainer*, *Rüping* und *Streck* (s. Felix, Hrsg.)
Streck/Kamps/Olgemöller, Der Steuerstreit, 4. Aufl. 2016 (Band 3 der Reihe „Rechtsschutz und Gestaltung im Unternehmensrecht, Steuerrecht und Steuerstrafrecht", in der auch dieses Außenprüfungsbuch erschienen ist)
Streck/Spatscheck/Talaska, Die Steuerfahndung, 5. Aufl. 2016 (Band 1 der zum „Steuerstreit" genannten Reihe)

Tipke, Steuerliche Betriebsprüfung im Rechtsstaat, 1968
Tipke/Kruse, Abgabenordnung/Finanzgerichtsordnung, Kommentar, Loseblattwerk (unverzichtbar)
Tipke/Lang, Steuerrecht, 22. Aufl. 2015

Vogelsang/Stahl, Betriebsprüfer-Handbuch, 2008
Vogt, Amtliche Betriebsprüfung, 2. Aufl. 1953

Wenzig, Die steuerliche Groß- und Konzernbetriebsprüfung, 1985 (*Wenzig* hat einen bekannten Namen. Er schreibt – deutlich – aus der Sicht der Finanzverwaltung)
Wenzig, Außenprüfung/Betriebsprüfung, Handbuch, 10. Aufl. 2014
Wittkowski/Wittkowski, Prüfungstechnik des Betriebsprüfers, 1987

Abkürzungsverzeichnis

aA	anderer Ansicht
aaO	am angegebenen Ort
ABl.EG	Amtsblatt der (Europäischen Gemeinschaften)
Abs.	Absatz
Abschn.	Abschnitt
abzgl.	abzüglich
aE	am Ende
AEAO	Anwendungserlass zur Abgabenordnung
aF	alte Fassung
AfA	Absetzungen für Abnutzung
AG	Aktiengesellschaft; auch Die Aktiengesellschaft (Zeitschrift); auch Amtsgericht
AktG	Aktiengesetz
Anl.	Anlage
Anm.	Anmerkung(en)
AnwBl.	Anwaltsblatt
AnwErl.	Anwendungserlass
AO	Abgabenordnung
AO-StB	AO-Steuerberater
ArbGG	Arbeitsgerichtsgesetz
Art.	Artikel
AStG	Außensteuergesetz
Aufl.	Auflage
Az.	Aktenzeichen
BayObLG	Bayerisches Oberstes Landesgericht
BayVGH	Bayerischer Verwaltungsgerichtshof
BB	Betriebs-Berater
BBK	Buchführung, Bilanzierung, Kostenrechnung
BC	Zeitschrift für Bilanzierung, Rechnungswesen und Controlling
Bd.	Band
Bdb.	Brandenburg
BdF	Bundesministerium der Finanzen
Beil.	Beilage
BewG	Bewertungsgesetz
BfF	Bundesamt für Finanzen
BFH	Bundesfinanzhof

Abkürzungsverzeichnis

BFHE	Entscheidungen des Bundesfinanzhofs
BFHEntlG	Gesetz zur Entlastung des Bundesfinanzhofs
BFH/NV	Sammlung amtlich nicht veröffentlichter Entscheidungen des Bundesfinanzhofs
BGB	Bürgerliches Gesetzbuch
BGBl.	Bundesgesetzblatt
BGH	Bundesgerichtshof
BGHSt	Entscheidungen des Bundesfinanzhofs in Strafsachen
BGHZ	Entscheidungen des Bundesgerichtshofs in Zivilsachen
BMF	Bundesministerium für Finanzen
Bp.	Betriebsprüfung
BpO	Betriebsprüfungsordnung
BRAGO	Bundesgebührenordnung für Rechtsanwälte
BR-Drucks.	Bundesrats-Drucksache
BSG	Bundessozialgericht
BStBl.	Bundessteuerblatt
BT-Drucks.	Bundestags-Drucksache
Buchst.	Buchstabe(n)
BuStra	Bußgeld- und Strafsachenstelle
BVerfG	Bundesverfassungsgericht
BVerfGE	Entscheidungen des Bundesverfassungsgerichts
BVerwG	Bundesverwaltungsgericht
BW	Baden-Württemberg
bzgl.	bezüglich
BZSt	Bundeszentralamt für Steuern
DB	Der Betrieb
DBA	Doppelbesteuerungsabkommen
ders.	derselbe
dh.	das heißt
Diss.	Dissertation
DM	Deutsche Mark
DNotZ	Deutsche Notar-Zeitschrift
DöV	Die öffentliche Verwaltung
DRiZ	Deutsche Richterzeitung
DStG	Deutsche Steuer-Gewerkschaft; auch Die Steuer-Gewerkschaft (Zeitschrift)
DStJG	Deutsche Steuerjuristische Gesellschaft
DStPr.	Deutsche Steuer-Praxis
DStR	Deutsches Steuerrecht
DStZ	Deutsche Steuer-Zeitung
DVR	Deutsche Verkehrsteuer-Rundschau

Abkürzungsverzeichnis

EDV	Elektronische Datenverarbeitung
EE	Erlassentwurf
EFG	Entscheidungen der Finanzgerichte
EG	Europäische Gemeinschaft
EGAO	Einführungsgesetz zur Abgabenordnung
EGGVG	Einführungsgesetz zum Gerichtsverfassungsgesetz
Einf.	Einführung
Einl.	Einleitung
ErbStB	Erbschaft-Steuerberater
ErbStG	Erbschaftsteuergesetz
Erl.	Erlass
ESt.	Einkommensteuer
EStDV	Einkommensteuer-Durchführungsverordnung
EStG	Einkommensteuergesetz
EStR	Einkommensteuer-Richtlinien
etc.	et cetera
EU	Europäische Union
EuGH	Europäischer Gerichtshof
EW	Einheitswert
f.	folgend(er)
FA	Finanzamt
ff.	fortfolgende
FG	Finanzgericht
FGO	Finanzgerichtsordnung
FinMin.	Finanzministerium
FN	Fußnote
FR	Finanz-Rundschau
FVG	Gesetz über die Finanzverwaltung
GbR	Gesellschaft des bürgerlichen Rechts
GewSt	Gewerbesteuer
GewStG	Gewerbesteuergesetz
GewStR	Gewerbesteuer-Richtlinien
GG	Grundgesetz
ggf.	gegebenenfalls
GKG	Gerichtskostengesetz
gl.A.	gleicher Ansicht
GmbH	Gesellschaft mit beschränkter Haftung
GmbHG	Gesetz betreffend die Gesellschaften mit beschränkter Haftung
GmbHR	GmbH-Rundschau

Abkürzungsverzeichnis

GoBD	Grundsätze zur ordnungsmäßigen Führung und Aufbewahrung von Büchern, Aufzeichnungen und Unterlagen in elektronischer Form sowie zum Datenzugriff
GrEStG	Grunderwerbsteuergesetz
GVG	Gerichtsverfassungsgesetz
GVR	Geldverkehrsrechnung
hA	herrschende Ansicht
HBP	Handbuch der steuerlichen Betriebsprüfung
HFR	Höchstrichterliche Finanzrechtsprechung
HGB	Handelsgesetzbuch
hM	herrschende Meinung
IdW	Institut der Wirtschaftsprüfer
iHv.	in Höhe von
INF	Die Information für Steuerberater und Wirtschaftsprüfer
iVm.	in Verbindung mit
JbFSt.	Jahrbuch der Fachanwälte für Steuerrecht
Jg.	Jahrgang
JurBüro	Das juristische Büro
JVEG	Gesetz über die Vergütung von Sachverständigen, Dolmetscherinnen, Dolmetschern, Übersetzerinnen und Übersetzern sowie die Entschädigung von ehrenamtlichen Richterinnen, ehrenamtlichen Richtern, Zeuginnen, Zeugen und Dritten
JW	Juristische Wochenschrift
JZ	Juristenzeitung
KG	Kammergericht; auch Kommanditgesellschaft
kösdi	Kölner Steuerdialog
KöStI	Kölner Steuerinformation
KostO	Kostenordnung
KSt	Körperschaftsteuer
KStG	Körperschaftsteuergesetz
KStR	Körperschaftsteuer-Richtlinien
LG	Landgericht
LSt	Lohnsteuer
LStDV	Lohnsteuer-Durchführungsverordnung
LStR	Lohnsteuer-Richtlinien
LT-Drucks.	Landtags-Drucksache

Abkürzungsverzeichnis

MDR	Monatsschrift für Deutsches Recht
Mio.	Million(en)
mwN	mit weiteren Nachweisen
Nds.	Niedersächsisch
nF	neue Fassung
NJW	Neue Juristische Wochenschrift
Nr.	Nummer(n)
nrkr.	nicht rechtskräftig
NRW	Nordrhein-Westfalen
NStZ	Neue Zeitschrift für Strafrecht
NWB	Neue Wirtschafts-Briefe
NZB	Nichtzulassungsbeschwerde
OFD	Oberfinanzdirektion
OHG	offene Handelsgesellschaft
OLG	Oberlandesgericht
ÖStz	Österreichische Steuerzeitung
pa.	per anno
PLU-Code	price-look-up-code
PStR	Praxis Steuerstrafrecht
R.	Rechtspruch
RAO	Reichsabgabenordnung
rd.	rund
RFH	Reichsfinanzhof
RFHE	Entscheidungen und Gutachten des Reichsfinanzhofs
RG	Reichsgericht
RGBl.	Reichsgesetzblatt
RGZ	Entscheidungen des Reichsgerichts in Zivilsachen
Rh.-Pf.	Rheinland-Pfalz
RiStBV	Richtlinien für das Strafverfahren und das Bußgeldverfahren
RIW/AWD	Recht der internationalen Wirtschaft, Außenwirtschaftsdienst
rkr.	rechtskräftig
Rpfl.	Der Deutsche Rechtspfleger
RStBl.	Reichssteuerblatt
RWP	Rechts- und Wirtschaftspraxis
Rz.	Randziffer

Abkürzungsverzeichnis

s.	siehe
S.	Seite
SGG	Sozialgerichtsgesetz
sog.	sogenannt(er)
SparPG	Spar-Prämiengesetz
StA	Staatsanwaltschaft
StAuskV	Steuer-Auskunftsverordnung
StB	Steuerberater; Zeitschrift: Der Steuerberater
StBerG	Steuerberatungsgesetz
Stbg.	Die Steuerberatung
StbJb.	Steuerberater-Jahrbuch
StbKongrRep.	Steuerberaterkongress-Report
StBp.	Die steuerliche Betriebsprüfung
StBv.	Steuerbevollmächtigte(r)
StEK	Steuererlasse in Karteiform
Steufa	Steuerfahndung
StGB	Strafgesetzbuch
Stpfl.	Steuerpflichtige(r)
StPO	Strafprozessordnung
str.	streitig
StrafVert.	Strafverteidiger
StrEG	Gesetz über die Entschädigung für Strafverfolgungsmaßnahmen
StRK	Steuerrechtsprechung in Karteiform
StuW	Steuer und Wirtschaft
StVj.	Steuerliche Vierteljahresschrift
StWa.	Die Steuerwarte
StWK	Steuer- und Wirtschafts-Kurzpost
ua.	unter anderem
uÄ	und Ähnliches
Ubg.	Die Unternehmensbesteuerung
uE	unseres Erachtens
UR	Umsatzsteuer-Rundschau (ab 1985)
USt	Umsatzsteuer
UStG	Umsatzsteuergesetz
UStR	Umsatzsteuer-Richtlinien
usw.	und so weiter
uU	unter Umständen
UZK	Unionszollkodex

Abkürzungsverzeichnis

VermBG	Gesetz zur Förderung der Vermögensbildung der Arbeitnehmer
Vfg.	Verfügung
VGA	verdeckte Gewinnausschüttung
vgl.	vergleiche
vH	vom Hundert
VollstrA	Vollstreckungsanweisung
VollzA	Vollziehungsanweisung
VSt	Vermögensteuer
VwGO	Verwaltungsgerichtsordnung
VwZG	Verwaltungszustellungsgesetz
VZ	Veranlagungszeitraum
VZR	Vermögenszuwachsrechnung
WiKG	Gesetz zur Bekämpfung der Wirtschaftskriminalität
wistra	Zeitschrift für Wirtschafts- und Steuerstrafrecht
WM	Wertpapier-Mitteilungen
WoPG	Wohnungsbau-Prämiengesetz
Wpg.	Die Wirtschaftsprüfung
zB	zum Beispiel
ZG	Zollgesetz
Ziff.	Ziffer(n)
ZK	Zollkodex
ZPO	Zivilprozessordnung
ZRP	Zeitschrift für Rechtspolitik
ZRV	Zeitreihenvergleich
zT	zum Teil
ZVG	Gesetz über die Zwangsversteigerung und die Zwangsverwaltung

Erster Teil
Voraussetzungen der Außenprüfung

A. Die akzeptierte Betriebsprüfung

Die **Betriebsprüfung** gehört wie die **Steuerpflicht** zu den **notwendigen Lasten** des Staates. Für sie gilt: Sie ist so **unmerklich** wie möglich auszugestalten und durchzuführen. Jedes über das notwendige Maß hinausgehende Mehr wird vom Steuerpflichtigen abgelehnt und ist abzulehnen.

Die Finanzverwaltung vermerkt (fast: vermarktet) die **Mehrergebnisse** aus der Außenprüfung. Sie werden wie Siegeszahlen verkündet;[1] wahrscheinlich wäre die Finanzverwaltung die erste, die ein Sinken der Mehrergebnisse bedauerte. Im Übrigen sind die Mehrergebnisse mit Vorsicht zu beurteilen. In ihnen verbergen sich häufig Bilanzierungsänderungen, die nur zu Steuerverschiebungen führen, oder Schätzungsergebnisse, deren entsprechende Steuerforderungen nie realisiert werden können. Die Möglichkeit, aufgrund der Steuerveranlagung unter dem Vorbehalt der Nachprüfung (§ 164 AO) die Überprüfungsarbeit vom finanzamtlichen Innendienst auf die Betriebsprüfung zu verschieben, „bläht zusätzlich die erzielten Mehrergebnisse auf".[2] Kennzeichnend für den „Geist" der Mehrergebnisse ist, dass die Finanzverwaltung **Minderergebnisse** nicht statistisch festhält.

Diskutiert wird, ob und im welchem Maß die Betriebsprüfung in den **einzelnen Bundesländern unterschiedlich** arbeitet. *Groh* sprach vor einiger Zeit von einem Nord-Süd-Gefälle der Betriebsprüfung, auch stellte er fest, dass es beim BFH mehr Prozesse und Prüfungsanordnungen aus nördlichen Ländern als aus südlichen gab.[3] *Strobel* kam 1985 zu folgenden Ergebnissen:[4] „Auch in regionaler Hinsicht verlief die Entwicklung unterschiedlich und werden unterschiedliche Betriebsprüfungskonzepte verfolgt. Bayern vernachlässigt den kleineren Bereich und holt aus den Großbetrieben weit Überdurchschnittliches heraus, während Baden-Württemberg es genau umgekehrt macht. Dabei ha-

---

1 Vgl. www.bundesfinanzministerium.de/content/de/monatsberichte/2014/09/inhalt... für die Außenprüfung 2013.
2 *Groh*, DStR 1985, 679.
3 *Groh*, DStR 1985, 679.
4 *Strobel*, Die steuerliche Betriebsprüfung auf dem Prüfstand, BB Beil. 10/1985.

Voraussetzungen der Außenprüfung

ben beide Bundesländer eine unterdurchschnittliche Prüferzahl. Sie werden darin von Hessen noch in den Schatten gestellt, das trotzdem ein gut durchschnittliches Mehrergebnis erzielt. Hamburg wiederum sucht sein Heil in der weit überdurchschnittlichen Prüferzahl, hat damit jedoch weder im oberen noch im unteren Größenbereich Erfolg. Sein Erfolgsgegenstück ist Rheinland-Pfalz. Das Mehrergebnis-Schlusslicht Saarland wird begleitet von Schleswig-Holstein, das die Probleme des flachen Landes widerspiegelt". Dieser Bericht aus dem Jahr 1985 zeigt, dass, was eigentlich nahe liegt, die Prüfungen in den einzelnen Bundesländern unterschiedlich gehandhabt werden. Dies wird so lange so sein, solange die Betriebsprüfungshoheit bei den Ländern liegt. Ob die von *Strobel* festgestellten Ergebnisse heute noch gelten, wissen wir nicht. Aber eine Feststellung des heutigen Zustands wird zu dem gleichen „Fleckenteppich" führen. Der Bundesgesetzgeber versucht seit langem, durch eine Konzentration des Prüfungsdienstes eine einheitliche Prüfungstätigkeit zu begründen. Nach unserer Erfahrung ist der Erfolg nicht sehr groß. Dies ist auch eine Sache der Mentalität. Man kann den Prüfungsdienst in Bayern nicht mit der gleichen Elle messen wie den im Saarland oder in Mecklenburg-Vorpommern. Soweit die Länder im Übrigen durch ihre Kompetenz mit unterschiedlichen Prüfungskonzepten arbeiten, ist dies mit Art. 3 GG vereinbart.[1] Es ist wenig erfolgversprechend, Prüfungsanordnungen aus diesem Grund anzufechten.

4 Nicht feststellbar ist, dass der **Länderfinanzausgleich** die Prüfungsintensität bestimmt. Zwar wird für die Zahler-Länder immer wieder der Prüferspruch kolportiert, warum man denn Steuern erheben solle, wenn diese Mehrsteuern doch nur anderen Bundesländern zugute kommen.[2] Konkret messbar ist dies nicht.

5 Ob eine **Intensivierung** der Prüfungen, ob die **lückenlose Prüfung** tatsächlich über das Mehrergebnis hinaus ein Mehr an **Steuergerechtigkeit** bringt, ist fraglich.[3] Sie vervollständigen den alles überwachenden

---

1 BFH v. 26.6.1985 – VIII R 197/84, BStBl. II 1986, 36; v. 2.9.1988 – III R 280/84, BStBl. II 1989, 4. Vgl. auch *Streck*, Auswirkungen der Ertrags- und Verwaltungshoheit auf die steuerliche Belastung, DStJG 12 (1989), 194 f.
2 Vgl. zu dieser Sorge zB die Anfrage der Grünen im Landtag NRW 1992, LT-Drucks. 11/3375, 58. Zum Problem s. auch *Strobel*, BB 1986, 809.
3 Vgl. hierzu einmal die sehr intensive Diskussion vor etwa 30 Jahren: *Euler/Krüger*, Ursachen und Wirkungen vermehrter steuerlicher Betriebsprüfungen: Mehr Steuergerechtigkeit oder mehr Steuern? BB 1983, 585; *Wenzig*, Die Betriebsprüfung – ein Irrweg steuerlicher Gerechtigkeit?, BB 1984, 485; *Longin*,

Die akzeptierte Betriebsprüfung

Staat und die Durchbürokratisierung des sozialen Lebens. Die Totalprüfung kann als summum ius summa iniuria gesehen werden, maschinell sicheres Recht, dem keiner entkommt, wird zum persönlichkeitsverachtenden Unrecht. Eine Verbesserung des Prüfungsdienstes und eine gerechte Betriebsprüfung sind richtige Ziele. Sie gehören jedoch eingebettet in das gesamte Wertgefüge unseres Staats. Sinkt die Achtung vor der menschlichen Persönlichkeit zur Ablehnung der Totalüberwachung, ist dies auch dann richtig, wenn der Preis ein merklicher Steuerausfall ist. Insofern ist die Diskussion um eine „lückenlose Betriebsprüfung" Teil der Diskussion über eine lückenlose Überwachung des Telefonverkehrs, der E-Mail-Korrespondenz und der Frage, wie lange, wenn denn diese Medien überwacht werden, die Daten aufgehoben werden dürfen.

Nimmt man das notwendige Übel „Außenprüfung" hin, vermag man auch positive Seiten zu würdigen. Die Betriebsprüfung ist ein **unentgeltlicher Prüfungsdienst** der Buchführung und des Rechnungswesens, der dem Unternehmen anderweitige Prüfungen erspart. Die Möglichkeit der Steuerprüfung sichert das Vertrauen von Gesellschaftern untereinander; denn in der Untreue gegenüber den Mitgesellschaftern verbirgt sich in der Regel auch eine Steuerverkürzung. Die fortlaufend durchgeführte oder die mögliche Betriebsprüfung garantiert eine bestimmte gleichförmige Ordnungsmäßigkeit und ein gleichförmiges Niveau des Rechnungswesens. 6

Gesetzliche Rechtsgrundlagen der Außenprüfung sind die §§ 193 ff. AO (s. Anl. 1), § 42f EStG für die Lohnsteueraußenprüfung, § 50b EStG für die Anrechnung, Vergütung und Erstattung von Kapitalertragsteuer und Körperschaftsteuer; dazu gibt es Rechtsgrundlagen für die Bergmannsprämie, die Versicherungsteuer, die Feuerschutzsteuer, die Rennwett- und Lotteriesteuer und für das inländische Investmentvermögen. Im **Mittelpunkt** dieses **Buches** steht die allgemeine Außenprüfung nach 7

Betriebsprüfung kritisch gesehen, StbKongrRep. 1984, 77; *Thiel*, StuW 1986, 1; *Schick*, BB 1986, 137; *Höppner*, JbFSt. 1985/86, 81; *Ritter*, JbFSt. 1985/86, 87; *Tipke*, BB 1968, 601; *Ritter*, Steuerliche Betriebsprüfung aus der Sicht der Unternehmen, BB 1986, 2273; *Groh*, DStR 1985, 679, mit dem zutreffenden Hinweis, dass bei der Diskussion um die Ausdehnung des Prüfungsdienstes von den Belangen des Steuerpflichtigen kaum die Rede sei und (S. 683) dass eine lückenlose Prüfung die Steuermoral eher gefährde als fördere. Zu der häufig damit verbundenen Forderung nach einer personellen Verstärkung des Prüfungsdienstes (vgl. zB die Entschließung des Bundeshauptvorstands der Steuergewerkschaft vom 17.5.1956, DStG 1985, 98) s. *Jonas*, DStR 1983, 321.

Voraussetzungen der Außenprüfung

§§ 193 ff. AO, auf die sich auch die Umsatzsteuer-Sonderprüfung stützt (Rz. 1046 ff.).[1]

8 Unter den einschlägigen Verwaltungsvorschriften zur Außenprüfung steht im Mittelpunkt die **Betriebsprüfungsordnung** (BpO 2000, s. Anl. 3).[2]

9 Die BpO ist eine nach Art. 108 Abs. 7 GG erlassene allgemeine Verwaltungsvorschrift, die mit Zustimmung des Bundesrats erfolgte. Hinzutreten die Regelungen zu §§ 193 bis 207 AO des Anwendungserlasses zur Abgabenordnung (AEAO).

---

[1] *Seer* in Tipke/Kruse, vor § 193 AO Rz. 6a (Okt. 2013). Zur Lohnsteueraußenprüfung s. Rz. 1054.
[2] BFH v. 31.1.2014 – 4 A IV-S 006/14/10002, BStBl. I 2014, 290, mit nachfolgenden Änderungen.

B. Die rechtlichen Rahmenbedingungen

I. Die Begriffe Außenprüfung – Betriebsprüfung

Die **Begriffe** Außenprüfung und Betriebsprüfung stehen **nebeneinander**. Man mag darüber streiten, ob eine Begriffsanalyse und -festlegung für die Beratung bedeutsam ist. Wird jedoch ein Beratungsbuch über diese Prüfung geschrieben, sind Name und Begriff der Prüfung sicher das erste, was zu nennen und klären ist. 10

Die **Abgabenordnung** spricht in §§ 193 ff. AO von der „Außenprüfung", die Praxis von der Betriebsprüfung; die Finanzverwaltung nennt die Richtlinien zur Abgabenordnung, die die Außenprüfung betreffen „Betriebsprüfungsordnung" (**BpO**).[1] 11

Historisch installierte die RAO von 1919 „Buchprüfungsstellen", die eine Prüfungspflicht ausschließlich für Großbetriebe vorsah, ohne hierfür eine konkrete Abgrenzung der Rechte und Pflichten der Geprüften zu normieren.[2] Erst im Jahre 1954 wurde die Betriebsprüfungsanordnung als gemeinsamer Ländererlass ausschließlich für den internen Dienstgebrauch und im Jahre 1965 als allgemeine Verwaltungsvorschrift des Bundes erlassen. Für die Bezeichnung „Außenprüfung" anstelle von „Betriebsprüfung" in der AO 1977 war die Überlegung des **Gesetzgebers** maßgebend, dass die Außenprüfung bei allen Steuerpflichten möglich sein sollte und sich anschaulich von der Prüfung an Amtsstelle unterscheiden müsse.[3] 12

Theoretisch kann daher die **Außenprüfung** als **Oberbegriff**, die Betriebsprüfung als Unterbegriff, nämlich als besondere Form der Außenprüfung, begriffen werden;[4] ähnlich auch § 1 BpO, wonach es Außenprüfungen ohne besondere Bezeichnungen, also allgemeine Außenprüfungen (= Betriebsprüfung) und „besondere Außenprüfungen" (Umsatzsteuersonderprüfung, Lohnsteueraußenprüfung usw.) gibt. In der **Praxis** werden die allgemeine turnusmäßige Außenprüfung Be- 13

---

1 „Allgemeine Verwaltungsvorschrift für die Betriebsprüfung – Betriebsprüfungsordnung – (BpO)" v. 17.12.1987, BStBl. I 1987, 802; aktuell „BpO 2000" v. 15.3.2000, BStBl. I 2000, 368, zuletzt geändert durch die allgemeine Verwaltungsvorschrift v. 20.7.2011, BStBl. I 2011, 710. Text s. Anl. 3.
2 Vgl. hierzu *Gosch* in Beermann/Gosch, § 193 AO Rz. 3 (Sept. 2015).
3 *Seer* in Tipke/Kruse, vor § 193 AO Rz. 10 (Okt. 2013).
4 *Drüen*, AO-StB 2014, 343.

Voraussetzungen der Außenprüfung

triebsprüfung[1], hingegen die Sonderprüfungen mit ihren besonderen Namen genannt. Inzwischen wurde in den maßgeblichen Rechtsgrundlagen[2] der Begriff „Betriebsprüfung" durchweg durch „Außenprüfung" ersetzt.[3] Gleichwohl hat sich der Oberbegriff noch nicht einheitlich etabliert.

14 Dieses Buch trägt als Titel den allgemeinen Begriff „Außenprüfung". Der Praxis folgend, werden jedoch auch wir die Begriffe Außenprüfung und Betriebsprüfung **synonym** verwenden. Eine anerkannte Erheblichkeit der Begriffsunterschiede existiert noch nicht.

II. Zweck der Außenprüfung

15 Die Außenprüfung ist Teil des Steuerverfahrens. Sie bezweckt die **systematische Überprüfung** und **Ermittlung** der **Besteuerungsgrundlagen**. Zu unterscheiden ist sie von dem Veranlagungsverfahren, in dem erstmalig oder durch eine geänderte Veranlagung die Steuerschuld bescheidmäßig bestimmt wird. Eine Ausnahme gilt für die sog. veranlagende Betriebsprüfung, in der aus Gründen der Rationalisierung Prüfung und Veranlagung in einer Hand liegen.[4]

16 In einem aufgehobenen **Einführungserlass** zu einer früheren Fassung der BpO aus dem Jahre 1978 formuliert die **Finanzverwaltung** den Zweck der Prüfung:[5] „Zweck der Betriebsprüfung ist die richtige Ermittlung und Würdigung der steuerlich bedeutsamen Sachverhalte, nicht die Erzielung von Mehrsteuern. Die tatsächlichen und rechtlichen Verhältnisse sind zugunsten wie zuungunsten des Steuerpflichtigen zu prüfen. Diesem Grundsatz müssen alle Weisungen zur Betriebsprüfung entsprechen. Es ist alles zu vermeiden, was auch nur den Anschein erwecken könnte, dass ein Angehöriger des Betriebsprüfungsdienstes nicht mit der erforderlichen Objektivität vorgeht. Diesem Grundsatz

---

1 Allerdings handhaben dies die Länder nicht einheitlich. In NRW wird zB der Prüfungsbericht (§ 202 AO) als „Bericht über die Betriebsprüfung", in Hamburg als „Bericht über die Außenprüfung" bezeichnet.
2 S. Rz. 20 f.
3 Vgl. *Schallmoser* in Hübschmann/Hepp/Spitaler, vor §§ 193 – 203 AO Rz. 122 (Febr. 2011).
4 Vgl. dazu ausführlich *Stoffers* in Schröder/Muuss, Handbuch der steuerlichen Betriebsprüfung, Rz. 5100 (3/2014), und unten Rz. 1033 f.
5 S. FinMin. NW v. 17.5.1978 – S 1401 – 5 – V A 1, DB 1978, 1254. Der Leser möge Satz für Satz dieser Anweisung an den eigenen Erfahrungen messen. Das Vorlesen dieses Absatzes vor Unternehmern ruft immer eine gewisse Heiterkeit hervor.

muss auch die Ermessensausübung bei der Anordnung und Durchführung von Prüfungsmaßnahmen entsprechen. Die Grundsätze der Verhältnismäßigkeit des Mittels und des geringstmöglichen Eingriffs sind zu beachten. Mehr- oder Minderergebnisse sind lediglich Folgewirkungen der Betriebsprüfung. Bei der Beurteilung der Betriebsprüfer bleiben sie außer Betracht."

Die Texte, die **heute** von der Finanzverwaltung bzw. vom Gesetzgeber den wesentlichen Zweck der Außenprüfung wiedergeben, klingen in den Ohren des Steuerpflichten weniger blumig. So § 2 BpO: „Zweck der Außenprüfung ist die Ermittlung und Beurteilung der steuerlich bedeutsamen Sachverhalte, um die Gleichmäßigkeit der Besteuerung sicherzustellen (§§ 85, 199 Abs. 1 AO). Bei der Anordnung und Durchführung von Prüfungsmaßnahmen sind im Rahmen der Ermessensausübung die Grundsätze der Verhältnismäßigkeit der Mittel und der geringstmöglichen Eingriffe zu beachten." § 199 Abs. 1 AO: „Der Außenprüfer hat die tatsächlichen und rechtlichen Verhältnisse [...] **zugunsten** wie zuungunsten des Steuerpflichtigen zu prüfen." Die Außenprüfung ist auf das **Wesentliche** abzustellen (§ 7 Satz 1 BpO). Ihre **Dauer** ist auf das notwendige Maß zu beschränken (§ 7 Satz 2 BpO). 17

Steuerprüfung und **Steuerfestsetzung** können sich **überschneiden**. Auch die festsetzende Dienststelle kann prüfen; die bereits erwähnte „**veranlagende Betriebsprüfung**" (Rz. 1033) entscheidet durch Verfügungen der Auswertungsbescheide über die Steuerfolgen. 18

Die Außenprüfung ist von gezielten **Einzelermittlungen** des Finanzamts, zB die Einsicht in bestimmte Unterlagen, zu unterscheiden.[1] Die Außenprüfung ist keine Einzelfall- oder Einzelfrageprüfung; bei ihr geht es um die systematische Überprüfung eines steuerlichen Sachzusammenhangs. Die Unterscheidung zwischen Einzelermittlungen und Außenprüfungen ist für die Rechtsfolgen entscheidend, die gerade an eine Außenprüfung anknüpfen (Verjährung, Selbstanzeige usw.). Zu Einzelermittlungen neben einer Außenprüfung s. Rz. 853 ff. 19

III. Rechtsgrundlagen

Die Außenprüfung ist in der Abgabenordnung im Wesentlichen in den **§§ 193–203 AO** (Anl. 1) geregelt. Ergänzend greifen weitere Vorschriften der Steuergesetze ein.[2] S. Rz. 7 f. 20

---

[1] Vgl. BFH v. 3.6.1975 – VII R 46/72, BStBl. II 1975, 786; zu den Möglichkeiten von Einzelermittlungen des Außenprüfers, *Buse*, AO-StB 2012, 50 (51).
[2] Übersicht bei *Seer* in Tipke/Kruse, vor § 193 AO Rz. 6 (Okt. 2013).

Voraussetzungen der Außenprüfung

21 Die wichtigste **Verwaltungsanweisung** für die Außenprüfung ist die **BpO**.[1] Die BpO ist formuliert und aufgemacht wie ein Gesetz,[2] hat aber nur den Charakter einer Steuerrichtlinie. Es wäre richtiger gewesen, wenn das falsche Etikett eines Gesetzes vermieden worden wäre. Die BpO ist eine Verwaltungsanweisung im Sinne des Art. 108 Abs. 7 GG, die der Zustimmung des Bundesrats bedurfte.[3] Sie hat den gleichen Charakter wie die Einkommen-, Lohnsteuerrichtlinien usw.

22 Der Steuerpflichtige kann aus der **BpO** unmittelbar **Rechte** nicht herleiten. Er hat jedoch einen durch Art. 3 GG (Gleichheitsgrundsatz) begründbaren Anspruch gegen die Verwaltung, dass er als Geprüfter gleich allen anderen Steuerpflichtigen nach der BpO behandelt wird. Umgekehrt hat die Verwaltung durch die BpO ihr Ermessen dahin gehend eingeschränkt und gebunden, dass sie die Steuerpflichtigen gleichmäßig nach der BpO behandeln wird (**Selbstbindung der Verwaltung**).[4] Soweit in § 4 BpO der Prüfungszeitraum geregelt ist, kann also der Steuerpflichtige über das Gebot der Gleichmäßigkeit der Rechtsanwendung verlangen, dass auch bei ihm nur der in § 4 BpO begrenzte Zeitraum geprüft wird; s. Rz. 112 ff.

23 In der Praxis von besonderer Bedeutung sind die Regelungen im Anwendungserlass zur Abgabenordung (**AEAO**),[5] dort zu §§ 193 – 207. Neben die BpO bzw. zu deren Konkretisierung und den AEAO treten **weitere Erlasse** des BMF[6] und einheitliche „Rationalisierungserlasse" der Länder[7], die in dieser Schrift verarbeitet sind. Für diese gilt das zur Selbstbindung der Verwaltung Gesagte entsprechend.[8]

---

1 Oben Rz. 8 f.
2 So ist zB die Gliederung der „Richtlinie" nach Paragraphen ungewöhnlich. Auch dass es einen „Einführungserlass" (vgl. Rz. 16) gab, scheint für ein Gesetz zu sprechen.
3 BFH v. 23.7.1985 – VIII R 197/84, BStBl. II 1986, 36.
4 Vgl. *Gosch* in Beermann/Gosch, § 193 AO Rz. 6 (Sept. 2015); *Seer* in Tipke/Kruse, vor § 193 AO Rz. 7 (Okt. 2013).
5 V. 31.1.2014, BStBl. I 2014, 290.
6 Vgl. zB bzgl. Abgrenzungskriterien zur Einordnung der Größenklassen gem. § 3 BpO zum 1.1.2016, BMF-Schr. v. 9.6.2015 – IV A – 4 S 1450/15/10001, BStBl. I 2015, 504.
7 Dazu *Seer* in Tipke/Kruse, vor § 193 AO Rz. 7 (Okt. 2013).
8 Vgl. *Gosch* in Beermann/Gosch, § 193 AO Rz. 6 (Sept. 2015).

IV. Die verschiedenen Außenprüfungen

1. Der allgemeine Betriebsprüfungsdienst

Die **Betriebsprüfung** ist der allgemeine Außenprüfungsdienst, der sich grundsätzlich mit den Besteuerungsgrundlagen aller Steuerarten befassen kann.

Sie ist funktional **aufgespalten** nach der **Größe** der zu prüfenden **Betriebe**. Die Gewerbetreibenden, Land- und Forstwirte sowie die Selbständigen sind von der Finanzverwaltung in Größenklassen eingeteilt. § 3 BpO kennt **Großbetriebe (G), Mittelbetriebe (M), Kleinbetriebe (K)** und **Kleinstbetriebe (Kst)**. Die Merkmale für die Einordnung werden durch Erlass festgelegt.[1] Der allgemeine Prüfungsdienst ist diesen Größenklassen zugeordnet. Er verteilt sich – in den Ländern unterschiedlich – auf folgende Prüfungsstellen:[2]

Amts-Betriebsprüfung (Amtsbetriebsprüfung) ist der geläufige Begriff für die Betriebsprüfungsstelle der Finanzämter. Die Amts-Betriebsprüfung prüft in der Regel Mittel-, Klein- und Kleinstbetriebe.

Groß-Betriebsprüfung (Großbetriebsprüfung) ist der Begriff für die besondere Dienststelle, die Großbetriebe prüft.

Die **Konzernbetriebsprüfung**, die in der BpO eigens geregelt ist (vgl. §§ 13 – 19 BpO), prüft Konzerne im Sinne des § 18 AktG. S. hierzu Rz. 1041 ff.

Zu dem allgemeinen Betriebsprüfungsdienst zählt auch die **landwirtschaftliche Betriebsprüfung**, die in einigen Ländern eine besondere Zuständigkeit zur Prüfung der Betriebe der Land- und Forstwirtschaft hat.

2. Die besonderen Außenprüfungen

Neben die allgemeinen Betriebsprüfungsdienste treten **besondere Außenprüfungen**, die auch organisatorisch hervorgehoben sind. Diese werden im Folgenden nur exemplarisch aufgeführt.[3]

---

[1] Verfassungsmäßig nicht zu beanstanden (FG München v. 9.7.1987 – VI 256/82, EFG 1987, 599). Kritisch die Deutsche Steuergewerkschaft (DStG 1985, 10 und DStG 1986, 45), die bemängelt, dass die Merkmale der Kapazität und nicht (kennzeichnend für die Gewerkschaft) die Kapazität der Prüfungsnotwendigkeit angepasst werde.
[2] Instruktiv *Drüen*, StuW 2007, 112 ff.
[3] Sehr ausführlich *Schallmoser* in Hübschmann/Hepp/Spitaler, vor §§ 193 – 203 AO Rz. 122 – 155 (Febr. 2011).

Voraussetzungen der Außenprüfung

31 **Umsatzsteuersonderprüfung.** Sie prüft die Besteuerungsgrundlagen der Umsatzsteuer. Rechtsgrundlage ist § 193 AO. Dazu Rz. 1046 ff.

32 **Lohnsteueraußenprüfung.** Geprüft wird die Lohnsteuererhebung beim Arbeitgeber. Rechtsgrundlage: § 42f EStG und § 193 AO. Dazu Rz. 1054 ff.

33 Prüfung des **Steuerabzugs** nach **§ 50a EStG** (insbesondere Aufsichtsratsvergütungen). Rechtsgrundlage: § 193 AO; § 73d Abs. 2 EStDV. Dazu Rz. 1077 ff.

34 **Kapitalertragsteuer-Sonderprüfung.** Rechtsgrundlage ist § 50b EStG. Dazu Rz. 1083 ff.

35 Prüfung der **Versicherung-** und **Feuerschutzsteuer.** Dazu Rz. 1080 ff.

36 Gesonderte **Erbschaftsteuer-Außenprüfungen** sind möglich, in der Praxis jedoch selten anzutreffen.[1]

37 Die **Steuerfahndung** ist keine Außenprüfung im Sinne der §§ 193 ff. AO; allerdings kann die Steuerfahndung mit einer Außenprüfung beauftragt werden (s. § 208 Abs. 2 AO). S. dazu *Streck/Spatscheck/Talaska*, Die Steuerfahndung.

38 Zu den **Haftungs-, Liquiditäts-** und **Richtsatzprüfungen** s. Rz. 1086 ff.

39 Auf die **Zollprüfungen** gehen wir hier nicht weiter ein.

40 Für die besonderen Außenprüfungen sind die **§§ 5 – 12 BpO** mit Ausnahme des § 5 Abs. 4 Satz 2 BpO anzuwenden (§ 1 Abs. 2 BpO).

V. Organisation

41 Grundlage der Organisation der Außenprüfung ist das Finanzverwaltungsgesetz (FGV) iVm. § 16 AO.[2] Die Außenprüfung ist in den **Bundesländern nicht einheitlich** organisiert. Sie kann Teil eines Veranlagungsfinanzamts sein, eventuell mit einer Zuständigkeit für mehrere Finanzämter (Sonderaufgaben). Daneben stehen Prüfungsfinanzämter, die die Prüfungsdienste in einem selbständigen Finanzamt organisieren (Spezialfinanzamt für Prüfungsdienste),[3] ohne dass ihnen hierdurch gegenüber den Veranlagungsfinanzämtern eine besondere rechtliche

---

[1] ZB im Fall FG Nürnberg v. 7.7.2005 – IV 290/2001, ErbStB 2006, 274, NZB erfolglos: BFH v. 16.8.2006 – II B 144/05, BFH/NV 2006, 2261; hierzu *Kamps*, ErbStB 2006, 335 ff.
[2] V. 30.8.1971, BGBl. I 1971, 1426; neue Bekanntgabe v. 4.4.2016, BGBl. I 2006, 1202; zuletzt geändert durch Gesetz v. 21.12.2015, BGBl. I 2015, 2531.
[3] ZB Finanzamt für Groß- und Konzernbetriebsprüfung in NRW.

Die rechtlichen Rahmenbedingungen

Kompetenz zukommt;[1] hiervon haben die meisten Bundesländer Gebrauch gemacht.[2]

Innerhalb des Prüfungsdienstes liegt die Prüfung selbst in der Hand der **„Betriebsprüfer"**, in der Regel Beamte des gehobenen Dienstes. Mehrere Prüfer sind in einem **Sachgebiet** zusammengefasst, das durch einen **Sachgebietsleiter** geführt wird. Dem Sachgebietsleiter ist der Leiter der Dienststelle oder der Behörde übergeordnet. 42

Für die **Praxis der Prüfung** gilt: Die Bedeutung der Prüfungsbeamten für den Steuerpflichtigen ist umgekehrt proportional zu ihrer Funktionskompetenz. Der Prüfer ist der entscheidende Gesprächspartner. Mit dieser „Arbeitshypothese" sollte man in der Außenprüfung arbeiten. Sie schließt nicht aus, dass man im Einzelfall auch die starke, prägende Hand des Sachgebietsleiters spürt. 43

VI. Bundeszentralamt für Steuern

Das Bundeszentralamt für Steuern (BZSt)[3] darf an Außenprüfungen der Landesfinanzverwaltung **mitwirken** (§§ 5 Abs. 1 Nr. 1, 19 FVG). Der **Bundesbetriebsprüfer** hat die gleichen Rechte wie der Prüfer des Finanzamts, wenn auch Herrin des Verfahrens das Finanzamt bleibt.[4] Es darf gegenüber den zuständigen Finanzbehörden verlangen, dass bestimmte Betriebe zu einem bestimmten Zeitpunkt geprüft werden (§ 19 Abs. 1 Satz 2 FVG). Das BZSt kann auch im Auftrag der Landesfinanzverwaltung selbständig Außenprüfungen durchführen (§ 19 Abs. 3 FVG). Einzelheiten regeln die §§ 20 – 24 BpO.[5] Einschaltungsfälle sind zB Prüfungsfälle mit Auslandsbezug.[6] 44

---

1 Die Zuständigkeit eines **Finanzamts für mehrere Finanzamtsbezirke** oder eines **Zentralfinanzamts** für Prüfungsdienste kann nach § 17 Abs. 2 Satz 3 FVG begründet werden, vgl. BFH v. 11.9.1991 – XI R 16/90, BStBl. II 1992, 132; *Schmieszek* in Hübschmann/Hepp/Spitaler, § 17 FVG Rz. 23 (Jan. 2016); *Seer* in Tipke/Kruse, § 195 AO Rz. 3 (Okt. 2013).
2 Vgl. die Übersicht bei *Schmieszek* in Hübschmann/Hepp/Spitaler, § 17 FVG Rz. 23 (Fn. 1) (Jan. 2016), auch abrufbar unter www.steuerliches-info-center.de, die mit der Website der Landesverwaltung verlinkt ist.
3 Vorgänger war bis zum 31.1.2005 das Bundesamt für Finanzen. Zur internen Organisation in zwei Abteilungen, nach Brachen untergliederte Prüfungsreferate/Innendienstreferenten und weiteren Einzelheiten vgl. *Schmieszek* in Hübschmann/Hepp/Spitaler, § 19 FVG Rz. 8 (Nov. 2011).
4 Zu den einzelnen Mitwirkungsrechten des Bundesbetriebsprüfer *Schmieszek* in Hübschmann/Hepp/Spitaler, § 19 FVG Rz. 23 und 24 ff. (Nov. 2011).
5 Zusammenfassend anschaulich bei *Vogelsang* in Vogelsang/Stahl, BP-Handbuch, Rz. B 15 – 20.
6 Zu den Prüfern s. Rz. 344.

Voraussetzungen der Außenprüfung

45 Das BZSt kann nicht in eigener Zuständigkeit **Entscheidungen** im Besteuerungsverfahren fällen. Hier bleibt das Finanzamt zuständig.

VII. Zuständigkeit

46 **Sachlich** und **örtlich zuständig** für Außenprüfungen sind die jeweils für die Besteuerung zuständigen Finanzämter (§ 195 Satz 1 AO). Wer die maßgebenden Steuerbescheide verfügt, ist mithin auch für die Außenprüfung zuständig. Die Regelzuständigkeit für Außenprüfungen liegt damit bei den Betriebsprüfungsstellen, den Lohnsteueraußenprüfungsstellen usw. der Finanzämter. Sonderzuständigkeiten – wie zB nach § 18 AStG – ziehen eine Sonderzuständigkeit für entsprechende Prüfungen nach sich.

47 Maßgebend für die Zuständigkeit ist der **Zeitpunkt** der Bekanntgabe der Prüfungsanordnung.[1]

48 Die zuständigen Finanzämter sind berechtigt, andere Finanzbehörden mit Außenprüfungen zu beauftragen (sog. **Auftragsprüfung**).[2] Die beauftragte Finanzbehörde führt die Prüfung im **eigenen Namen** durch, wohingegen sie im **fremden Namen** (und zwar der zuständigen Finanzbehörde) die Steuerfestsetzung vornehmen und verbindliche Zusagen erteilen kann (§ 195 Satz 2 AO).[3] § 5 Abs. 1 BpO ergänzt: Auch die Anordnung der Betriebsprüfung kann der beauftragten Finanzbehörde übertragen werden.[4]

49 Wird die Beauftragung dem Steuerpflichtigen durch die Prüfungsanordnung oder zusammen mit dieser bekannt, stellt sie einen anfechtbaren **Verwaltungsakt** dar.[5] Nicht gerechtfertigt ist die nach hM vorgenommene Einschränkung, wonach bis zur Bekanntgabe an den Steuerpflichtigen lediglich ein **innerdienstlicher** Akt ohne Verwaltungsaktqualität vorliegen sollte.[6] Erfolgt die **Bekanntgabe** mit der Prü-

---

[1] BFH v. 26.7.2007 – VI R 68/04, BStBl. II 2009, 338; v. 26.2.2014 – III B 123/13, BFH/NV 2014, 823.
[2] *Gosch* in Beermann/Gosch, § 195 AO Rz. 39 (Sept. 2015).
[3] *Rüsken* in Klein, § 195 AO Rz. 10.
[4] Gebilligt von BFH v. 10.10.1987 – IV R 77/86, BStBl. II 1988, 323.
[5] BFH v. 14.1.2010 – VIII B 104/09, BFH/NV 2010, 605; v. 21.4.1993 – X R 112/91, BStBl. II 1993, 649.
[6] *Rüsken* in Klein, § 195 AO Rz. 10a; *Seer* in Tipke/Kruse, § 195 AO Rz. 12 (Okt. 2013); Grund: Auch mangels Mitteilung an den Steuerpflichtigen kann das beauftragte Finanzamt (wenn auch im Namen des beauftragenden Finanzamts) Steuerbescheide erlassen und somit für den Steuerpflichtigen erkennbar verbindlich auftreten; aA BFH v. 21.4.1993 – X R 112/91, BStBl. II 1993, 649; v.

Die rechtlichen Rahmenbedingungen

fungsanordnung, ist nicht klar, ob es sich um einen eigenständigen Verwaltungsakt oder um einen Teil der Prüfungsanordnung handelt.[1] Daher sollte der Steuerpflichtige, falls er die Beauftragung angreift, den Einspruch so führen, dass er sowohl als gegen die Prüfungsanordnung insgesamt wie auch als gegen die Beauftragung gerichtet auszulegen ist.

Die Beauftragung muss den Steuerpflichtigen und Prüfungsgegenstand bezeichnen. Sie stellt eine **Ermessensentscheidung** dar.[2] Die Beauftragung ist zu **begründen**; hierauf kann nur dann verzichtet werden, wenn die Gründe dem Steuerpflichtigen bekannt oder ohne weiteres erkennbar sind (§ 121 Abs. 2 Nr. 2 AO). 50

Auch in den Fällen der Beauftragung bleibt das **zuständige Finanzamt Herr** für die letzte Entschedung zur Steuerfestsetzung. Dies gilt insbesondere auch in den Rechtsbehelfsverfahren (vgl. §§ 367 Abs. 3, 368 Abs. 1 Satz 2 AO). 51

In der **Praxis** führt die Zuständigkeitsfrage selten zu Problemen. 52

Allerdings ist festzuhalten, dass Prüfungsmaßnahmen, die wegen **Unzuständigkeit fehlerhaft** sind, mit Erfolg anfechtbar sind. Zwar bestimmt § 127 AO, dass die Aufhebung eines Verwaltungsakts nicht allein deshalb beansprucht werden kann, weil er unter Verletzung von Vorschriften über die Zuständigkeit zustande gekommen ist. Diese Vorschrift gilt für Ermessensentscheidungen gerade nicht; Prüfungsmaßnahmen beruhen jedoch regelmäßig auf Ermessensentscheidungen. 53

21.6.1994 – VIII R 24/92, BFH/NV 1994, 763; unklar BFH v. 19.2.1996 – VIII B 4/95, BFH/NV 1996, 660; *Gosch* in Beermann/Gosch, § 195 AO Rz. 49 (Sept. 2015), mwN.

1 Vgl. zum Meinungsstand *Gosch* in Beermann/Gosch, § 195 AO Rz. 49 (Sept. 2015).
2 *Seer* in Tipke/Kruse, § 195 AO Rz. 11 (Okt. 2013); BFH v. 15.5.2013 – IX R 27/12, StBp. 2013, 268; FG Düsseldorf v. 5.7.2012 – 14 K 3649/11 AO, rkr. zu den Anforderungen an eine Ermessensentscheidung bei der Beauftragung eines Prüfungsfinanzamts, EFG 2013, 272.

C. Zulässigkeit, Umfang und Ort der Außenprüfung

I. Zulässigkeit

1. Zulässigkeitsvoraussetzungen

54 Die Zulässigkeit der Außenprüfung (wann darf eine Außenprüfung durchgeführt werden?) ist in § 193 AO, der sachliche Umfang (was darf der Prüfer prüfen?) in § 194 AO geregelt. Die Regelungsinhalte der Vorschriften überschneiden sich.[1]

55 Nach § 193 Abs. 1 AO ist die Prüfung bei Steuerpflichtigen möglich, die einen gewerblichen oder land- und forstwirtschaftlichen Betrieb unterhalten oder freiberuflich tätig sind. Ohne weitere Voraussetzung ist mithin eine Prüfung bei Steuerpflichtigen mit Gewinneinkünften zulässig. Auf die Höhe des betrieblichen Gewinns, auf das Vorliegen von Buchführung und Aufzeichnung kommt es nicht an.[2] Ein Berufsgeheimnis steht einer Außenprüfung nicht entgegen.[3]

56 Die Zulässigkeit bleibt bestehen, wenn der Betrieb **veräußert**, **aufgegeben**, **beendet**, umgewandelt wird oder in die **Insolvenz** geht.[4] Auch eine Schein-KG kann Prüfungsobjekt sein.[5]

57 Soweit eine inländische Steuerpflicht mit Gewinneinkünften gegeben ist, unterliegen auch **ausländische** Steuerpflichten der Außenprüfung.[6]

58 Die Zulässigkeit der Prüfung ist **nicht** von der **Abgabe** von **Steuererklärungen** oder vom „Bekanntwerden" neuer Tatsachen abhängig.[7] Auch nicht davon, dass die Veranlagungen noch „offen" oder unter dem Vorbehalt der Nachprüfung stehen.[8]

---

1 S. hierzu auch AEAO zu § 193 und § 194 AO.
2 BFH v. 5.11.1981 – IV R 179/79, BStBl. II 1982, 208; v. 20.6.2011 – X B 234/10, BFH/NV 2011, 1829.
3 *Seer* in Tipke/Kruse, § 193 AO Rz. 14 (Okt. 2013).
4 BFH v. 1.10.1992 – IV R 60/91, BStBl. II 1993, 82 betreffend eine vollbeendigte KG; FG Bremen v. 18.1.1983 – II 79/82 K, EFG 1983, 394 betreffend ein umgewandeltes Unternehmen. Zur Außenprüfung nach Eröffnung eines Insolvenzverfahrens s. App, StBp. 1999, 63.
5 BFH v. 20.3.1998 – VIII B 33/97, VIII B 34/97, BFH/NV 1998, 1192.
6 BFH v. 11.12.1991 – I R 66/90, BStBl. II 1992, 12, Vorinstanz FG BW v. 8.5.1990 – IV K 267 – 268/89, EFG 1991, 8. Prüfung zulässig, wenn konkrete Anhaltspunkte für eine inländische Steuerpflicht bestehen (BFH v. 2.3.1999 – I B 132/98, BFH/NV 1999, 1183).
7 *Seer* in Tipke/Kruse, § 193 AO Rz. 4 (Okt. 2013).
8 *Seer* in Tipke/Kruse, § 193 AO Rz. 5 (Okt. 2013).

Zulässigkeit, Umfang und Ort der Außenprüfung

Die Zulässigkeit der Prüfung ist **nicht** von dem **Verdacht** einer **Steuerstraftat** oder einer anderen Straftat abhängig. Dies folgt daraus, dass die Außenprüfung grundsätzlich kein Mittel zur Steuerstrafverfolgung ist.[1] 59

Das **Prüfungsobjekt** muss der Finanzbehörde **bekannt** sein.[2] Die Aufdeckung unbekannter Steuerfälle ist Sache der Steuerfahndung (§ 208 Abs. 1 Nr. 3 AO). Die Steuerpflicht des zu Prüfenden muss nicht feststehen, sie muss möglich sein (Prüfung bei potentiell Steuerpflichtigen).[3] 60

Ob das Finanzamt von der Prüfungsmöglichkeit nach § 193 Abs. 1 AO Gebrauch macht, steht grundsätzlich in seinem **Ermessen** (s. auch Rz. 84).[4] 61

Die **Ermessenserwägung** zu § 193 Abs. 1 muss sich im Rahmen dieser Vorschrift bewegen, muss also betriebliche Notwendigkeiten einer Prüfung berücksichtigen.[5] Eine Prüfung kann nicht allein wegen eines Aufklärungsbedürfnisses im privaten Bereich angeordnet werden.[6] Ermessensgerecht muss auch die Anordnung gerade einer Außenprüfung sein. Reichen einzelne Ermittlungen aus, ist die Außenprüfung unverhältnismäßig.[7] 62

Die **Rechtsschwellen** zur **Zulässigkeit** der Prüfung nach § 193 Abs. 1 AO sind folglich äußerst **gering**. 63

Der BFH schien in einem Punkt die Zügel angezogen zu haben:[8] Das Finanzamt könnte eine Betriebsprüfung nicht auf § 193 Abs. 1 AO mit der Begründung stützen, es sei zu ermitteln, **ob Gewinneinkünfte** erzielt wurden. Für das Finanzamt müsse feststehen, dass solche Gewinneinkünfte vorliegen; erst daraus resultiere die Rechtfertigung der Prüfung nach § 193 Abs. 1 AO. Die Rechtsprechung ist dann jedoch einen Schritt zurückgegangen: Liegen konkrete Anhaltspunkte für das 64

---

1 *Seer* in Tipke/Kruse, § 193 AO Rz. 6 (Okt. 2013).
2 *Seer* in Tipke/Kruse, § 193 AO Rz. 11 (Okt. 2013).
3 *Seer* in Tipke/Kruse, § 193 AO Rz. 12 (Okt. 2013).
4 BFH v. 24.1.1985 – IV R 232/82, BStBl. II 1985, 568; v. 28.4.1983 – IV R 255/82, BStBl. II 983, 621.
5 BFH v. 24.1.1985 – IV R 232/82, BStBl. II 1985, 568.
6 BFH v. 24.1.1985 – IV R 232/82, BStBl. II 1985, 568; *Groh*, DStR 1985, 681.
7 BFH v. 24.1.1985 – IV R 232/82, BStBl. II 1985, 568; v. 7.11.1985 – IV R 6/85, BStBl. II 1986, 435; *Groh*, DStR 1985, 680.
8 BFH v. 5.11.1981 – IV R 179/79, BStBl. II 1982, 208; v. 8.3.1988 – VIII R 220/85, BFH/NV 1988, 758.

Voraussetzungen der Außenprüfung

Vorliegen von Gewinneinkünften vor, so kann die Prüfung auf § 193 Abs. 1 AO gestützt werden.[1]

65 Außenprüfungen sind außerdem bei Steuerpflichtigen zulässig, soweit sie die Verpflichtung dieser Steuerpflichtigen betreffen, für **Rechnung eines anderen** Steuern zu entrichten oder Steuern einzubehalten und abzuführen (§ 193 Abs. 2 Nr. 1 AO).

66 Mit dieser Vorschrift ist die Zulässigkeit der **Lohnsteuer-**, **Kapitalertragsteuer-** und anderer Prüfungen, deren Gegenstand die Abzugsteuer ist, gerechtfertigt.[2]

67 Diese Zulässigkeit ist auch dann gegeben, wenn der Steuerpflichtige **nicht gewerblich** oder unternehmerisch tätig ist. Eine Lohnsteueraußenprüfung kann bei einer Lehrerin stattfinden, die eine Kinderfrau beschäftig (s. jedoch Rz. 1061).

68 Schließlich sind Außenprüfungen zulässig, „wenn die für die Besteuerung erheblichen Verhältnisse der **Aufklärung** bedürfen und eine Prüfung an **Amtsstelle** nach Art und Umfang des zu prüfenden Sachverhalts **nicht zweckmäßig** ist (...)" (§ 193 Abs. 2 Nr. 2 AO). Damit ist dem Finanzamt praktisch im Wege einer Generalklausel die Möglichkeit eröffnet, eine Prüfung immer dann anzuordnen, wenn das Finanzamt dies für zweckmäßig hält. Nach der Rechtsprechung des BFH[3] besteht ein Aufklärungsbedürfnis im Sinne des § 193 Abs. 2 Nr. 2 AO dann, wenn Anhaltspunkte vorliegen, die es nach den Erfahrungen der Finanzverwaltung nach möglich erscheinen lassen, dass die Steuererklärung nicht vollständig oder unrichtig abgegeben ist. Deutlicher kann man das hier herrschende weit ausgedehnte Prüfungsrecht der Finanzverwaltung nicht ausdrücken.[4] Zwar ist der Rahmen rechtlicher Voraussetzungen nicht ganz aufgehoben, er ist jedoch so weit gesteckt, dass häufig das Bestreiten des Vorliegens der Voraussetzungen des § 193

---

1 BFH v. 23.10.1990 – VIII R 45/88, BStBl. II 1991, 278, mit HFR-Anm. 1991, 232; ähnlich bereits BFH v. 1.8.1986 – VI R 26/85, BFH/NV 1987, 77; v. 21.3.1995 – I B 123/94, BFH/NV 1995, 864.
2 BFH v. 23.1.1985 – I R 53/81, BStBl. II 1985, 562, setzt allerdings in Zweifel, ob hiernach eine Prüfung angeordnet werden kann, mit dem Ziel zu ermitteln, ob die Voraussetzungen des § 193 Abs. 2 Nr. 1 AO vorliegen. S. hierzu jedoch die in Rz. 64 angesprochene Problematik.
3 BFH v. 5.11.1981 – IV R 179/79, BStBl. II 1982, 208; v. 7.11.1985 – IV R 6/85, BStBl. II 1986, 435.
4 Vgl. auch FG Hamburg v. 25.6.1979 – I 176/78, EFG 1980, 3, mit der lapidaren Formulierung: „Eine Ap. nach § 193 Abs. 2 Nr. 2 AO (...) kann ohne konkreten Anlass angeordnet werden".

Zulässigkeit, Umfang und Ort der Außenprüfung

Abs. 2 Nr. 2 AO wenig erfolgversprechend ist, wenn die Einkünfte einen gewissen Umfang angenommen haben. Allerdings – dies ist Tatbestandsbedingung – darf eine Prüfung an Amtsstelle nicht zweckmäßig sein; sind Einzelermittlungen vom Amt aus denkbar, scheidet eine Außenprüfung aus.[1]

Da jedoch die Voraussetzungen des § 193 Abs. 2 Nr. 2 AO enger sind als die des § 193 Abs. 1 AO (dazu Rz. 55 ff.), ist auf jeden Fall zu verlangen, dass das Finanzamt eine Prüfung nach § 193 Abs. 2 Nr. 2 AO **begründet**, um dem Steuerpflichtigen eine Prüfung der Voraussetzung der angeordneten Betriebsprüfung zu ermöglichen. 69

Für eine Prüfung nach § 193 Abs. 2 Nr. 2 AO kommen insbesondere Steuerpflichtige mit Einkünften aus **Vermietung** und **Verpachtung** oder **Kapitalvermögen** in Frage. Allein der Hinweis auf den Vorbehalt der Veranlagung nach § 164 AO reicht für die Zulässigkeit der Betriebsprüfung nach dieser Vorschrift nicht aus. 70

Zur Prüfung des **Ehepartners** eines Steuerpflichtigen, der nach § 193 Abs. 1 AO geprüft wird (Rz. 55 ff.), unter Berufung auf § 193 Abs. 2 Nr. 2 AO, s. Rz. 78. 71

Durch das **Steuerhinterziehungsbekämpfungsgesetz** vom 29.7.2009, BStBl. I 2009, 2302, wurde **§ 193 Abs. 2 Nr. 3 AO** eingeführt. Hiernach ist eine Außenprüfung möglich, wenn ein Steuerpflichtiger seinen Mitwirkungspflichten nach § 90 Abs. 2 Satz 3 AO nicht nachkommt. Diese Zulässigkeit ist im Zusammenhang mit der aufwendigen Vorschrift des § 90 Abs. 2 Satz 3 AO zu lesen. Die Hürden zu einer solchen Außenprüfung sind höher als der einfache Wortlaut des § 193 Abs. 2 Nr. 3 AO erscheinen lässt. § 193 Abs. 2 Nr. 3 AO ist ab VZ 2010 anwendbar.[2] In der Praxis spielt bisher diese Außenprüfung keine große Rolle. 72

§ 194 Abs. 2 AO erlaubt, in die bei einer Gesellschaft durchzuführende Außenprüfung die Prüfung der steuerlichen Verhältnisse von **Gesellschaftern** und Mitgliedern sowie von Mitglieder der Überwachungsorgane einzubeziehen, wenn dies im Einzelfall zweckmäßig ist. 73

Damit kann bei der Prüfung von Personen- und Kapitalgesellschaften ebenfalls die Prüfung der **Gesellschafter, Partner, Mitunternehmer,** 74

---

1 Zur Frage der Anwendung des § 193 Abs. 2 Nr. 2 AO, wenn eine Prüfung an Amtsstelle nicht zweckmäßig ist, aber der Steuerpflichtige den **Zugang** zur **Privatwohnung verweigert**, s. Rz. 154 f.
2 S. auch *Seer* in Tipke/Kruse, § 193 AO Rz. 39 (Okt. 2013).

Voraussetzungen der Außenprüfung

Anteilseigner, Genossen, Mitglieder, Beirats- und Aufsichtsratsmitglieder angeordnet werden.

75 Die Rechtfertigung der Prüfung nach § 194 Abs. 2 AO steht selbständig neben den Möglichkeiten nach § 193 AO.[1] Die Prüfung kann sich auf **alle steuerlichen Verhältnisse** erstrecken; § 194 Abs. 2 AO enthält insoweit keine Einschränkung. Es ist nicht ermessensfehlerhaft, wenn die Prüfung beim Hauptgesellschafter einer Personengesellschaft sich auf den gleichen Prüfungszeitraum erstreckt wie bei der Gesellschaft.[2]

76 Da die Außenprüfung nach § 194 Abs. 2 AO eine **selbständige Prüfung** darstellt, gelten alle gesetzlichen Vorschriften für die Außenprüfung auch für diese Prüfung.

77 Ist die Betriebsprüfung bei einer Gesellschaft **beendet**, können die steuerlichen Verhältnisse des Gesellschafters **nicht** mehr nach § 194 Abs. 2 AO in die Prüfung einbezogen werden.

78 Werden **Ehepaare** geprüft, müssen die Zulässigkeitsvoraussetzungen bei **jedem Ehepartner gesondert** geprüft und bejaht werden; das gilt auch im Fall der Zusammenveranlagung.[3] Eine „Prüfung" der Ehefrau anlässlich der Prüfung bei dem Ehemann ist in der Regel eine Außenprüfung und bedarf folglich einer eigenen Prüfungsrechtfertigung und Prüfungsanordnung.

79 Ausgehend von dieser Notwendigkeit neigen die Finanzämter in den Prüfungsfällen des § 193 Abs. 1 AO (Gewinnermittler) dazu, **ohne** weitere **Begründung** formularmäßig bei dem Ehepartner ohne Gewinneinkünfte die Bedingungen des § 193 Abs. 2 Nr. 2 AO (Rz. 68 ff.) anzunehmen, selbst wenn der Ehepartner zB nur ein Sparbuch oder nur Einkünfte aus einem Arbeitsverhältnis hat. Dies ist mit § 193 Abs. 2 Nr. 2 AO nicht vereinbar, und zwar selbst dann nicht, wenn man die im Hinblick auf die Finanzverwaltung großzügige Rechtsprechung anwendet (Rz. 68).[4]

---

1 Es ist nicht abschließend geklärt, ob § 194 Abs. 2 AO eine Rechtfertigungsnorm für eine entsprechende Betriebsprüfung ist oder ob zugleich die Bedingungen des § 193 Abs. 2 Nr. 2 AO vorliegen müssen; vgl. hierzu Seer in Tipke/Kruse, § 194 AO Rz. 11 (Okt. 2013).
2 FG Nürnberg v. 8.12.1982 – V 235/92, EFG 1983, 334.
3 BFH v. 25.5.1976 – Vll R 57/75, BStBl. II 1977, 18; v. 5.11.1981 – IV R 179/79, BStBl. II 1982, 208; v. 7.11.1985 – IV R 6/85, BStBl. II 1986, 435; v. 24.8.1989 – IV R 65/88, BStBl. 1990 II, 2; Seer in Tipke/Kruse, § 193 AO Rz. 13 (Okt. 2013).
4 BFH v. 7.11.1985 – IV R 6/85, BStBl. II 1986, 435; v. 25.1.1989 – X R 158/87, BStBl. II 1989, 483.

Zulässigkeit, Umfang und Ort der Außenprüfung

Von der bei jedem Ehepartner gesondert zu prüfenden Rechtfertigung einer Außenprüfung zu unterscheiden ist die Frage, ob beim Ehepartner **gemeinschaftliche Einkünfte** oder sonstige gemeinschaftliche Besteuerungsgrundlagen geprüft werden dürfen. Dies ist zu bejahen. Nach der Rechtsprechungen des BFH (vgl. Rz. 177 ff.) wird man auch annehmen müssen, dass die Erkenntnisse aus dieser Prüfung auch dem anderen Ehepartner gegenüber ausgewertet werden dürfen. 80

Die Pflicht, eine Prüfung hinzunehmen, geht auf **Gesamtrechtsnachfolger** über. Erben müssen eine Außenprüfung auch insoweit dulden, als die Besteuerungsgrundlagen des Erblassers geprüft werden.[1] 81

Geht ein Betrieb im Wege der **Einzelrechtsnachfolge** über (zB Kauf), muss der Nachfolger keine Prüfung für die Vorjahre hinnehmen; die Prüfung für die Jahre bis zum Übergang erfolgt bei dem früheren Eigentümer. 82

Soweit die Prüfung im **Gesetz keine Rechtfertigung** findet, ist sie unzulässig. Das gilt zB für sog. **Bestandsaufnahmeprüfungen**, durch die der Zustand der laufenden Buchführung geprüft wird.[2] S. zu derartigen besonderen Prüfungen auch Rz. 1092 ff. 83

Auswahl der geprüften Steuerpflichtigen: Das Finanzamt wählt die Prüffälle innerhalb des gesetzlichen Rahmens aufgrund einer **Ermessensentscheidung** aus.[3] Da die Grenzen des § 193 AO außerordentlich weit sind, werden in der Praxis Ermessensverletzungen selten sein; § 193 AO zielt grundsätzlich auf die Voll- und Anschlussprüfung ab.[4] Sind die Ermessensgrenzen überschritten, ist die Außenprüfung rechtswidrig. 84

Finanzgerichtlich kann bei der Entscheidung über die Auswahl des zu prüfenden Steuerpflichtigen nur diese Grenzverletzung gerügt werden. Das FG kann nicht sein Ermessen an die Stelle des Finanzamts setzen. 85

Eine Außenprüfung kann zB nicht deshalb abgelehnt werden, weil in dem Berufszweig des Steuerpflichtigen **andere weniger geprüft** wer- 86

---

1 BFH v. 9.5.1978 – VII R 69/75, BStBl. II 1978, 501; v. 24.8.1989 – IV R 65/88, BStBl. II 1990, 2.
2 BFH v. 25.4.1985 – IV R 10/85, BStBl. II 1985, 702.
3 BFH v. 5.11.1981 – IV R 179/79, BStBl. II 1982, 708; v. 23.1.1985 – I R 53/81, BStBl. II 1985, 566; v. 2.9.1988 – III R 280/84, BStBl. II 1989, 4; v. 30.6.1989 – III R 8/88, BFH/NV 1990, 273.
4 BFH v. 2.10.1991 – X R 89/89, BStBl. II 1992, 220, mit der HFR-Anm. 1992, 276.

Voraussetzungen der Außenprüfung

den.¹ Ebenfalls kann eine Prüfungsberechtigung nicht deshalb bestritten werden, weil die Betriebe in einem Bundesland häufiger geprüft werden als die entsprechenden in einem anderen Bundesland.² Es gibt keine Bindung an einen durchschnittlichen Prüfungsturnus.³ Zum Prüfungsturnus s. auch Rz. 112 ff.

87 Eine Außenprüfung kann durch eine **neue Prüfungsanordnung** bezüglich des Prüfungsgegenstands und des Prüfungszeitraums **eingeschränkt** werden.⁴

2. Besondere Unzulässigkeiten

88 Fraglich und umstritten ist, ob die **Zulässigkeit** einer Außenprüfung durch Vorschriften außerhalb der §§ 193 ff. AO oder durch bestimmte **Veranlagungshindernisse eingeschränkt** sein kann. Im Mittelpunkt steht die Frage, ob die vorauszusehende Nichtverwertbarkeit bestimmter Prüfungsergebnisse bereits die Prüfung verbietet. Die Tendenz der Rechtsprechung des **BFH** geht dahin, die Prüfungen grundsätzlich zu erlauben, um erst anhand der Prüfungsergebnisse zu entscheiden, ob Berichtigungsveranlagungen durchgeführt werden können.

89 Von *Schick* wird die Ansicht vertreten, dass eine Außenprüfung nicht mehr zulässig sei, wenn und soweit Steuerbescheide **ohne Vorbehalt der Nachprüfung** (§ 164 AO) ergehen.⁵ Der **BFH** ist jedoch dem **ablehnenden** erstinstanzlichen Gerichten gefolgt.⁶ Die Finanzverwaltung prüft unabhängig davon, ob Vorbehaltsveranlagungen vorliegen oder nicht.

---

1 FG Bremen v. 21.1.1982 – II 50/81 K, EFG 1982, 394, betreffend einen **Rechtsanwalt**; FG Hamburg v. 12.11.1990 – I 325/86, EFG 1991, 586: Kein Anspruch auf **prüfungsfreie Zeit**.
2 Vgl. BFH v. 2.9.1988 – III R 280/84, BStBl. II 1989, 4; v. 10.4.1990 – VIII R 415/83, BStBl. II 1990, 721. Es gibt **keinen Anspruch** auf **Gleichbehandlung** innerhalb einer **mangelhaften Verwaltungspraxis** (*Offerhaus*, StBp. 1984, 215; HFR-Anm. 1990, 63; BFH v. 10.4.1990 – VIII R 415/83, BStBl. II 1990, 721.
3 BFH v. 2.9.1988 – III R 280/84, BStBl. II 1989, 4; v. 30.6.1989 – III R 8/88, BFH/NV 1990, 273; v. 10.4.1990 – VIII R 415/83, BStBl. II 1990, 721.
4 BFH v. 15.5.2013 – IX R 27/12, BFH/NZ 2013, 1276.
5 *Schick*, DStR 1980, 277; gl.A. *Kammann/Rödel*, DStR 1982, 641; *Kungl*, StbKongrRep. 1982, 143.
6 BFH v. 28.3.1985 – IV R 224/83, BStBl. II 1985, 700; v. 23.7.1985 – VIII R 197/84, BStBl. II 1986, 36; v. 11.4.1986 – III R 192/82, BFH/NV 1986, 445. Aus der erstinstanzlichen Judikatur: FG Köln v. 19.3.1981 – V 369/80, EFG 1982, 2; FG Nürnberg v. 29.7.1981 – V 135/81, EFG 1982, 55; FG Berlin v. 25.6.1984 – VIII 311/83, EFG 1985, 157 ua.

Zulässigkeit, Umfang und Ort der Außenprüfung

Die Zulässigkeit einer Prüfung hängt nicht davon ab, ob **Steuererklä-** 90
rungen abgegeben und/oder **Veranlagungen** durchgeführt worden
sind.[1]

Die Prüfung ist auch dann zulässig, wenn die Steuerforderung mögli- 91
cherweise **verjährt** ist.[2]

Steuerbefreite Steuersubjekte können geprüft werden, da eine Steuer- 92
schuld möglich ist.[3]

Durch ein **steuerliches Streitverfahren** – Einspruchs- oder Klageverfahren 93
– wird die Zulässigkeit einer Außenprüfung nicht berührt; die
Verfahren laufen nebeneinander nach den jeweils für sie geltenden Regeln.
Wiederholen sich umstrittene Fragen in der nachfolgenden Außenprüfung,
werden sie von den Prüfern in der Regel ausgeklammert,
bis der Rechtsstreit über die vorangegangene Prüfung abgeschlossen
ist oder sie werden, bei selbstbewussten Prüfern, mit den Fragen der
Streitverfahren mitverhandelt und miterledigt.

Können Folgerungen aufgrund einer Prüfung für einen Veranlagungs- 94
zeitraum nur gezogen werden, wenn eine **vorsätzliche** oder **leichtfertige
Steuerverkürzung** (§§ 370, 378 AO) vorliegt, so ist zweifelhaft, ob eine
Außenprüfung zulässig ist. Das Problem stellt sich, wenn die
Steuerforderung ohne Vorliegen einer Steuerhinterziehung oder einer
leichtfertigen Steuerverkürzung verjährt wäre (§ 169 AO) oder wenn eine
bestandskräftige Veranlagung ohne das Vorliegen dieser Voraussetzung
nicht mehr geändert werden könnte (§ 173 Abs. 2 AO). Eine Prüfung
dieser Zeiträume muss grundsätzlich möglich sein, denn wenn es
Tatbestände gibt, die Steuerfolgen ermöglichen, so muss auch die Prüfung
dieser Tatbestände durchgeführt werden können. Dem Grunde
nach ist die Prüfung zulässig.[4] Allerdings ist fraglich, ob die Dienststellen
der Außenprüfung hierzu berufen sind. Es ist Aufgabe der Steuerfahndung
die Tatbestände der Steuerhinterziehung und leichtfertigen
Steuerverkürzung zu prüfen. Dem regulären Prüfungsdienst ist uE entgegen
der Ansicht des BFH der Weg dort verschlossen, wo erst das Vorliegen
einer Steuerhinterziehung oder leichtfertigen Steuerverkürzung

---

1 *Seer* in Tipke/Kruse, § 193 AO Rz. 4 (Okt. 2013).
2 BFH v. 23.7.1985 – VIII R 48/85, BStBl. II 1986, 433; v. 8.3.1988 – VIII R 229/84, BFH/NV 1988, 550; v. 25.1.1989 – X R 158/87, BStBl. II 1989, 483.
3 *Seer* in Tipke/Kruse, § 193 AO Rz. 13 (Okt. 2013).
4 So BFH v. 4.11.1987 – II R 102/85, BStBl. II 1988, 133; v. 8.3.1988 – VIII R 229/84, BFH/NV 1988, 550; v. 14.7.1989 – III R 34/88, BFH/NV 1990, 347.

Voraussetzungen der Außenprüfung

die Möglichkeit eröffnet, die Prüfungsfeststellungen in Steuerbescheide umzusetzen.[1]

95 Streitig war, ob die Außenprüfung **nach abgeschlossener Außenprüfung** zulässig ist. Die Unzulässigkeit wird damit begründet,[2] dass die Finanzverwaltung durch die Außenprüfung die einmalige Möglichkeit der vollständigen Überprüfung habe; sie könne diese Möglichkeit nicht beliebig wiederholen. § 173 Abs. 2 AO zeige, dass nach einer Außenprüfung ein gesteigerter Bestandsschutz eingreifen solle. Folglich sei die „Prüfung nach Prüfung" nur zulässig, wenn die Bedingungen des § 173 Abs. 2 AO vorliegen. Der BFH ist dem nicht gefolgt. Die Rechtsprechung hält die „Prüfung nach Prüfung" grundsätzlich für zulässig.[3]

96 Die Zulässigkeit einer „Prüfung nach Prüfung" ist auch für die Umsatzsteuer-, Lohnsteueraußenprüfung und andere **Sonderprüfungen** gegeben.

97 Von der Zulässigkeit der Prüfung zu trennen ist die Frage, ob die **Ergebnisse** verfahrensmäßig **verwertet**, insbesondere ob bestandskräftige Veranlagungen geändert werden können. Dies ist eigens nach den Änderungsvorschriften zB des § 173 Abs. 1 und Abs. 2 AO, zu prüfen.

98 Auch bleibt die Möglichkeit, dass die „Prüfung nach Prüfung" **gegen Treu und Glauben** verstößt. Es ist anerkannt, dass die Berichtigung aufgrund neuer Tatsachen gegen Treu und Glauben verstoßen kann, wenn dem Finanzamt Ermittlungsfehler vorzuwerfen sind oder wenn das Finanzamt bei der ersten Prüfung zu erkennen gegeben hat, mit der Sach- und Rechtsbehandlung sei der Komplex endgültig erledigt, insbesondere, wenn auf weitere Ermittlungen und Prüfungen verzichtet wurde.[4]

99 Ein spätere Berichtigungen ausschließender **Ermittlungsverzicht** liegt auch dann vor, wenn ein Sachverhalt schätzungsweise festgestellt wird

---

[1] Vgl. zu dieser Problematik Seer in Tipke/Kruse, § 193 AO Rz. 6 f. (Okt. 2013).
[2] Seer in Tipke/Kruse, § 193 AO Rz. 1 (Okt. 2013).
[3] BFH v. 24.1.1989 – VIIV R 35/86, BStBl. II 1989, 440; FG Münster v. 20.4.2012 – 14 K 4222/11 AO, EFG 2012, 1516, bzgl. einer Prüfung nach einer Prüfung, die mit einer Tatsächlichen Verständigung endete; vgl. auch FG BW v. 9.12.2014 – 4 K 181/13, EFG 2015, 1888.
[4] Vgl. aus der Rechtsprechung: BFH v. 10.7.1953 – III 139/52 S, BStBl. III 1953, 240; v. 23.5.1958 – III 383/57 U, BStBl. II 1958, 326; v. 5.10.1966 – VI 328/65, BStBl. III 1967, 231; v. 28.1.1970 – I R 123/67, BStBl. II 1970, 296; v. 13.11.1985 – II R 208/82, BStBl. II 1986, 241.

Zulässigkeit, Umfang und Ort der Außenprüfung

und damit gerade auch die Unsicherheit und die Fehlerquellen erfasst werden, die in einer späteren Prüfung konkret ermittelt werden können.[1] Das Gleiche gilt, wenn eine Prüfung durch eine Tatsächliche Verständigung abgeschlossen wurde (Rz. 644 ff.).

In den vorgenannten Fällen wurde bewusst ein Ermittlungsverzicht geleistet. Hiervon zu trennen sind die Fälle, in denen **pflichtwidrig versäumt** wurde, den maßgebenden Sachverhalt aufzuklären. Hier stehen die Grundsätze von Treu und Glauben nur dann dem Erlass eines Änderungsbescheids entgegen, wenn der Pflichtverstoß des Finanzamts gegenüber dem des Steuerpflichtigen deutlich überwiegt.[2]   100

Ist nach diesen Regeln aber eine Berichtigung späterer Veranlagungen unzulässig, so kann uE die Treu-und-Glauben-Bindung bereits der angeordneten Prüfung entgegengesetzt werden; dann beruht die **Unzulässigkeit** der **Prüfung** und die der Verwertung in der Regel auf demselben Grund.   101

Im Übrigen kann eine Prüfung unzulässig sein, wenn Sachverhaltsumstände darauf hindeuten, dass die Prüfung **schikanös** und **willkürlich** ist.[3] Auch ist die Anordnung ermessenswidrig, wenn sie aufgrund einer Verärgerung gegenüber diesem Steuerpflichtigen angeordnet wurde.[4]   102

3. Pflicht zur Prüfung; Recht auf Prüfung

Der Steuerpflichtige hat **keinen** unmittelbaren Rechtsanspruch darauf, dass bei ihm eine Prüfung vorgenommen wird.[5]   103

Gleichwohl ist das Finanzamt verpflichtet, den Antrag auf Vornahme einer Außenprüfung durch eine **pflichtgemäße Ermessensentscheidung** zu bescheiden. Eine willkürliche Ablehnung wäre rechtswidrig.   104

Bei einer **Betriebsaufgabe**, einer **Betriebsveräußerung** oder bei einem Gesellschafterwechsel in einer Personengesellschaft muss das Finanzamt besondere Gründe geltend machen, um eine zeitnahe Prüfung nicht durchzuführen. Das Gleiche gilt, wenn die endgültige Feststel-   105

---

1 Vgl. BFH v. 20.9.1973 – IV R 236/69, BStBl. II 1974, 74; RFH v. 15.5.1934 – I A 313/32, RStBl. 1934, 677; *Enno Becker*, StuW 1935, 1321.
2 BFH v. 20.12.1988 – VIII R 121/83, BStBl. II 1989, 586.
3 BFH v. 28.9.2011 – VIII R 8/09, BStBl. II 2012, 395.
4 BFH v. 24.1.1985 – IV R 232/82, BStBl. II 1985, 568.
5 BFH v. 13.8.1970 – V R 56/67, BStBl. II 1970, 767; v. 24.10.1973 – VIII R 8/69, BStBl. II 1973, 275. Diese Rechtsprechung gilt unter der AO fort.

Voraussetzungen der Außenprüfung

lung von Steuerforderungen für zivilrechtliche Auseinandersetzungen und Abwicklungen zwischen den Steuerpflichtigen von Bedeutung ist.

106 Im Einzelfall kann das Ermessen des Finanzamts auf eine einzige mögliche **Entscheidung** zusammenschrumpfen. Lehnt das Finanzamt zB eine nach § 4 Abs. 2 BpO gebotene Anschlussprüfung ab, so ist die Entscheidung rechtswidrig. Durch die BpO hat die Verwaltung ihr Ermessen gebunden; sie muss sich auch im Einzelfall daran halten.

107 **Rechtsbehelf** gegen die Ablehnung des Antrags auf eine Außenprüfung ist der Einspruch. S. hierzu im Einzelnen Rz. 802 ff.

II. Umfang

1. Gegenstand der Prüfung

108 Zum **sachlichen Umfang** einer Außenprüfung bestimmt § 194 Abs. 1 AO allgemein, dass sie „der Ermittlung der steuerlichen Verhältnisse des Steuerpflichtigen" diene, und insbesondere,

– dass sie sich auf eine oder mehrere Steuerarten,

– einen oder mehrere Besteuerungszeiträume erstrecken

– oder sich auf bestimmte Sachverhalte beschränken könne.

Die Bestimmung des Gegenstands der Prüfung liegt im **Ermessen** des Finanzamts.

109 Bei einer **Personengesellschaft** umfassen die steuerlichen Verhältnisse der Personengesellschaft stets die steuerlichen Verhältnisse der Gesellschafter, soweit sie für die steuerlichen Verhältnisse der Gesellschaft von Bedeutung sind (§ 194 Abs. 1 Satz 3 AO). Erfolgt nach § 194 Abs. 2 AO eine Erstreckung der Prüfung auf die Gesellschafter, entfällt diese Einschränkung (Rz. 73 ff.).

110 Die steuerlichen Verhältnisse **anderer Personen** können geprüft werden, soweit der geprüfte Steuerpflichtige verpflichtet ist, für Rechnung dieser anderen Personen Steuern zu entrichten oder einzubehalten (§ 194 Abs. 1 Satz 4 AO).

111 Ist bei einem Steuerpflichtigen eine Außenprüfung nach § 193 Abs. 1 AO zulässig, weil **Gewinneinkünfte** gegeben sind, so ist nach Ansicht der Finanzverwaltung eine Prüfung aller Besteuerungsgrundlagen – auch zB der Überschusseinkünfte, der Sonderausgaben usw. – gestattet. Die Verwaltung stützt sich auf § 194 AO, der, sich mit dem sachlichen Umfang der Prüfung befassend, eine Einschränkung nicht kenne. **Kritik**: Diese Ansicht ist nicht gerechtfertigt, wenn man den Umfang der

Zulässigkeit, Umfang und Ort der Außenprüfung

Prüfung bei einem Einzelunternehmer mit demjenigen bei einem Gesellschafter einer Personengesellschaft vergleicht. Bei letzterem werden in aller Regel nur die gewerblichen Einkünfte und nicht die sonstigen Besteuerungsgrundlagen geprüft (vgl. die besondere Vorschrift des § 194 Abs. 2 AO, Rz. 73 ff.). Der Personengesellschafter steht grundsätzlich – nach Ansicht der Finanzverwaltung – unter einer geringeren Prüfungslast als der Einzelunternehmer. Um insoweit eine Gleichbehandlung herbeizuführen, sollte aus §§ 193 Abs. 1, 194 AO hergeleitet werden, dass bei einem Einzelunternehmer nur die Gewinneinkünfte zu prüfen sind. Weitere Besteuerungsgrundlagen können einbezogen werden, wenn dies im Einzelfall zweckmäßig ist (vgl. § 194 Abs. 2 AO).[1]

2. Insbesondere: Prüfungszeitraum

a) Die allgemeinen Regeln

Prüfungszeiträume sind die Besteuerungszeiträume, die geprüft werden sollen und die in der Prüfungsanordnung bestimmt werden. Die Abgabenordnung legt den Prüfungszeitraum nicht fest. Er steht im **Ermessen** der Finanzverwaltung.[2] Die Finanzverwaltung hat hierzu in § 4 BpO Regelungen getroffen, auf die sich der Steuerpflichtige berufen kann.[3] Der Steuerpflichtige hat einen Anspruch gegen das Finanzamt, dass dieses die Steuerpflichtigen gleich, dh. hier nach § 4 BpO, behandelt (s. Rz. 22). 112

Allenfalls in **außerordentlichen Fallkonstellationen** darf das Finanzamt von § 4 BpO abweichen.[4] 113

§ 4 BpO betrifft nur die Prüfung nach § 193 Abs. 1 AO, die Prüfung der Gewinnermittler; die Vorschrift findet auf Außenprüfungen nach **§ 193 Abs. 2 AO** keine **Anwendung**. Der Prüfungszeitraum nach dieser Vorschrift bestimmt sich ausschließlich danach, für welche Zeiträume die Bedingungen des § 193 Abs. 2 AO vorliegen. 114

---

1 *Seer* in Tipke/Kruse, § 193 AO Rz. 10 (Okt. 2013), **verbindet** die Zulässigkeitsbedingungen des **§ 193 Abs. 1 AO** und des **§ 193 Abs. 2 Nr. 2 AO**; gl.A.: *Seer*, DStR 1987, 178. Für **umfassendes Prüfungsrecht** BFH v. 28.11.1985 – IV R 323/84, BStBl. II 1986, 438, in Bestätigung von BFH v. 5.11.1981 – IV R 179/79, BStBl. II 1982, 208.
2 BFH v. 20.6.1984 – I R 111/80, BStBl. II 1984, 815.
3 Dazu: BFH v. 20.6.1984 – I R 111/80, BStBl. II 1984, 815; *Papperitz*, INF 1983, 341.
4 *Offerhaus*, StBp. 1984, 286, mit Kritik an BFH v. 20.6.1984 – I R 111/80, BStBl. II 1984, 815, der BFH habe dem Finanzamt einen zu großen Freiraum gegeben.

Voraussetzungen der Außenprüfung

115 Der Umfang der Außenprüfung bestimmt sich nach der **Größe** der **Betriebe**, die in Großbetriebe, Mittelbetriebe, Klein- und Kleinstbetriebe unterteilt werden (§ 3 BpO). Die **Größenmerkmale** werden durch die obersten Finanzbehörden der Länder und des Bundes bestimmt.[1]

116 **Großbetriebe**: Hier soll der Prüfungszeitraum an den vorhergehenden Prüfungszeitraum anschließen (§ 4 Abs. 2 BpO). Dies ist das Prinzip der sog. **Anschlussprüfung**. Es werden fortlaufend alle Besteuerungszeiträume geprüft.[2]

117 Ob ein Großbetrieb vorliegt, bestimmt sich nach dem **Zeitpunkt** der Bekanntgabe der Prüfungsanordnung. Wurde eine Betrieb zum Großbetrieb umgestuft, so kann insoweit noch die Regelung von Mittelbetrieben (vgl. Rz. 121 ff.) gelten (§ 4 Abs. 4 BpO).[3]

118 Für **Konzerne** kennt die BpO in den §§ 13 bis 19 BpO eine gesonderte Regelung.

119 Die BpO legt nicht fest, **wieviele Jahre** jeweils zu prüfen sind. Regelmäßig werden drei Jahre zusammengefasst. Häufig finden sich jedoch auch Prüfungen, die sich auf vier bis fünf Jahre erstrecken. Die Betriebsprüfung bezieht sich in der Praxis maximal auf den gesamten Zeitraum, der noch nicht verjährt ist.

120 Wird ein Großbetrieb zum **ersten Mal** geprüft, so bestimmt das Finanzamt den Zeitraum nach pflichtgemäßem Ermessen, auf den sich die Prüfung zu erstrecken hat. Häufig wird die Prüfung bis zur Gründung ausgedehnt; dies gilt insbesondere dann, wenn die Betriebseröffnung mit einer Veräußerung oder Umwandlung oder Umgestaltung zusammenhängt.

121 Bei **Mittel-, Klein- und Kleinstbetrieben** „soll der Prüfungszeitraum in der Regel nicht über mehr als drei zusammenhängende Besteuerungszeiträume" hinausgehen. In besonderen Fällen kann ein größerer Zeitraum ermessensgerecht sein. Auch sind Anschlussprüfungen zulässig (vgl. § 4 Abs. 3 BpO).[4] In der Regel verzichtet jedoch die Finanzverwal-

---

1 S. hierzu BMF v. 9.6.2015, BStBl. I 2015, 504, mit den ab **1.1.2016** geltenden **Abgrenzungsmerkmalen.**
2 Verfassungsgemäß BFH v. 10.4.1990 – VIII R 415/83, BStBl. II 1990, 721, dazu HFR-Anm. 1990, 63; FG Nürnberg v. 8.12.1982 – V 235/82, EFG 1983, 334.
3 Nicht ermessensfehlerhaft ist auch die Abweichung (BFH v. 23.7.1985 – VIII R 197/84, BStBl. II 1986, 36). Zum Prüfungszeitraum nach einer Umstufung s. auch BFH v. 10.6.1992 – I R 142/90, BStBl. II 1992, 784.
4 BFH v. 9.11.2010 – VIII S 8/10, BFH/NV 2011, 297.

Zulässigkeit, Umfang und Ort der Außenprüfung

tung auf eine Anschlussprüfung, dh. eine fortlaufende Prüfung aller Besteuerungszeiträume.

Der **Prüfungszeitraum** ist hiernach wie folgt bestimmt: Maßgebend ist die Bekanntgabe der Prüfungsanordnung (§ 4 Abs. 4 BpO). Unerheblich ist, ob der geprüfte Unternehmer vorher bereits erfahren hat, dass bei ihm eine Prüfung ansteht. Selbst wenn der Betriebsprüfer ihn telefonisch über den Prüfungsbeginn verständigt hat, steht dies nicht der Bekanntgabe der Prüfungsanordnung gleich. Nach dem Wissen um die zukünftige Prüfung und vor der Bekanntgabe der Prüfungsanordnung kann folglich der Steuerpflichtige durch Abgabe von Steuererklärungen noch den Prüfungszeitraum beeinflussen. Zum mutmaßlichen Zeitpunkt der Zustellung der Prüfungsanordnung ist festzustellen, für welche Zeiträume Steuererklärungen für die Ertragsteuern abgegeben worden sind. Maßgebend sind die Einkommen-, Körperschaft-, Feststellung- und Gewerbesteuererklärungen. Anhand dieser Erklärungen sind die letzten drei Jahre zu ermitteln, für die Steuererklärungen abgegeben sind. Diese drei Jahre werden geprüft. 122

Steuererklärungen, die **nach** der Bekanntgabe der Prüfungsanordnung abgegeben werden, beeinflussen den Prüfungszeitraum grundsätzlich nicht mehr. 123

Die Bindung nach § 4 Abs. 3 BpO, die Einschränkungen des Prüfungszeitraums, führt zu einer Schranke in die Vergangenheit hinein. **Jüngere Jahre** kann die Verwaltung nach pflichtgemäßem Ermessen einbeziehen. Werden also Steuererklärungen nach Bekanntgabe der Prüfungsanordnung abgegeben, können diese Zeiträume als viertes oder fünftes Jahr mitgeprüft werden. Allerdings besteht kein Anspruch auf die Einbeziehung der jüngeren Jahre. Eine Erweiterung in das vierte Jahr kommt zB dann in Betracht, wenn in diesem Jahr der Betrieb aufgegeben oder veräußert wird. 124

Weitere **Einzelfragen** zum **Prüfungszeitraum:**[1] 125

Betriebsgründung: Die Finanzverwaltung bestimmt nach ihrem Ermessen die erste Prüfung. Der Prüfungszeitraum darf die Grenzen des § 4 Abs. 3 BpO nicht überschreiten. **Betriebsaufgabe**: Auch hier gilt die allgemeine Regelung des § 4 Abs. 3 BpO. Fraglich ist, ob sich der dreijährige Turnus auf die Jahre erstreckt, für die Steuererklärungen mit den Einkünften des aufgegebenen Betriebs abgegeben wurden, oder ob auf die Abgabe der Steuererklärungen abzustellen ist, ohne Rücksicht

---

[1] S. über das nachfolgend Gesagte hinaus: BFH v. 26.2.1987 – IV R 109/86, BStBl. II 1987, 361, betreffend sog. Anhangbetrieb.

Voraussetzungen der Außenprüfung

auf die Einkünfte. UE gilt auch hier § 4 Abs. 3 BpO.[1] Der BFH entscheidet sich für ein freies Ermessen der Finanzverwaltung; sie kann auch die erste Alternative wählen.[2] Für die Betriebsveräußerung gilt das Gleiche wie für die Betriebsaufgabe.

b) Ausdehnung des Prüfungszeitraums

126 Nach § 4 Abs. 3 Satz 2 BpO kann bei Mittel-, Klein- und Kleinstbetrieben der Prüfungszeitraum in die **Vergangenheit** ausgedehnt werden, „wenn mit nicht unerheblichen Änderungen der Besteuerungsgrundlagen zu rechnen ist oder wenn der Verdacht einer Steuerstraftat oder einer Steuerordnungswidrigkeit besteht".

127 Für die Ausdehnung einer Außenprüfung hat die Finanzverwaltung mit dieser Richtlinie den **Ermessensrahmen** weiter **eingeengt**.[3] Fraglich ist, ob die hier formulierte Selbstbindung so weit geht, dass andere Gründe für eine Ausdehnung überhaupt ausscheiden.[4] Grundsätzlich bestimmt die Finanzverwaltung den zu prüfenden Steuerpflichtigen und den Prüfungsgegenstand im Rahmen ihres Ermessens. Grundsätzlich können mithin auch andere Gründe eine Ausdehnung rechtfertigen. Aus der Selbstbindung in § 4 Abs. 3 BpO folgt jedoch, dass für solche anderen Gründe außerordentlich enge Grenzen zu ziehen sind.

128 § 4 Abs. 3 BpO gilt nicht nur für die spätere Ausdehnung, sondern auch dann, wenn **von Beginn** an eine erweiterte Prüfung angeordnet wird.

129 Ausgedehnt werden kann, „wenn mit nicht **unerheblichen Änderungen** der Besteuerungsgrundlagen zu rechnen ist (...)". Voraussetzung ist, dass die Prüfung hinsichtlich des angeordneten Prüfungszeitraums erfordert, dass Vorjahre systematisch durch eine Prüfung überprüft werden. Eine Ausdehnung ist nicht gerechtfertigt, wenn es nur um Einzelermittlungen geht. Häufig sind zB die Anschaffungs- und Herstellungskosten außerhalb des Prüfungszeitraums zu ermitteln. Hierfür ist eine Ausdehnung einer Prüfung nicht erforderlich.

130 § 4 Abs. 3 BpO ermöglicht im Ergebnis die Ausdehnung, wenn mit nicht **unerheblichen Steuernachforderungen** oder nicht **unerheblichen**

---

1 Vgl. *Offerhaus*, StBp. 1984, 286, mit Kritik an BFH v. 20.6.1984 – I R 111/80, BStBl. II 1984, 815.
2 BFH v. 20.6.1984 – I R 111/80, BStBl. II 1984, 815; v. 25.1.1989 – X R 158/87, BStBl. II 1989, 483; v. 30.3.1989 – IV R 41/88, BStBl. II 1989, 592.
3 Vgl. BFH v. 20.6.1984 – I R 111/80, BStBl. II 1984, 815; v. 1.8.1984 – I R 138/80, BStBl. II 1985, 350; v. 23.7.1985 – VIII R 197/84, BStBl. II 1986, 36.
4 So zB FG Köln v. 28.7.1989 – 7 K 3597/87, EFG 1990, 7.

Zulässigkeit, Umfang und Ort der Außenprüfung

Steuererstattungen- und Vergütungen zu **rechnen** ist (so die alte Fassung der BpO).

Die Möglichkeit einer Ausdehnung wegen zu erwartender **Steuererstattungen** kann vernachlässigt werden. Im Mittelpunkt steht die Frage, wann ausgedehnt werden kann, wenn mit einer Nachforderung zu rechnen ist. 131

Mit nicht unerheblichen **Steuernachforderungen** ist zu rechnen, wenn sie **wahrscheinlich** sind.[1] Aus Tatsachen muss ableitbar sein, dass mehr Umstände für die Annahme von Steuernachforderungen sprechen als dagegen. Vage Vermutungen reichen nicht aus. Angesichts des Ausnahmecharakters des § 4 Abs. 3 BpO muss berücksichtigt werden, dass die Finanzverwaltung nur in besonderen Fällen die Prüfung ausdehnen darf. 132

Gerade weil hier mit Vermutungen und **Vermutungsrechnungen** zu arbeiten ist, ist es wichtig, im Fall einer streitigen Ausdehnung der Prüfung den Prüfer an einer tatsächlichen Ausdehnung der Prüfung zu hindern. Hat er die älteren Prüfungszeiträume, auf die ausgedehnt werden soll, tatsächlich geprüft und bestimmte Mehrergebnisse festgestellt, wird es für einen Beamten oder einen Richter äußerst schwierig zu prüfen, mit welchem Betrag der Prüfer vorab hätte rechnen können. Eine Wahrscheinlichkeitsrechnung in Kenntnis des tatsächlichen Sachverhalts setzt eine intellektuelle Differenzierung voraus, die bei realistischer Einschätzung des steuerlichen Tagesgeschäfts kaum zu erwarten ist. Die Anfechtung der ausdehnenden Prüfungsanordnung muss gerade daher sofort mit dem Antrag auf Aussetzung der Vollziehung verbunden sein (Rz. 145). In der Praxis wird die Notwendigkeit vonseiten der Betriebsprüfung in der Regel anerkannt; die Aussetzung der Vollziehung ist die Regel.[2] 133

Maßgebend für die Erwartung der Nachforderung ist der **Zeitpunkt der Einspruchsentscheidung**. Wurde der Zeitpunkt, auf den ausgedehnt wurde, inzwischen geprüft, kann das Ergebnis verwertet werden.[3] 134

---

[1] Vgl. hierzu und den nachfolgenden Grundsätzen BFH v. 1.8.1984 – I R 138/80, BStBl. II 1985, 350, mit Anm. *Offerhaus*, StBp. 1985, 69; v. 24.2.1989 – III R 36/88, BStBl. II 1989, 445; v. 23.7.1985 – VIII R 48/85, BStBl. II 1986, 433.
[2] Nur auf diese Weise wird garantiert, dass es nicht nur unzulässig ist, sondern auch als unzulässig anerkannt wird, sich erst **durch** die **Prüfung** den **Grund** für die **Ausdehnung** einer Prüfung zu besorgen (vgl. *Papperitz*, FR 1979, 594).
[3] BFH v. 28.4.1988 – IV 106/86, BStBl. II 1988, 857.

Voraussetzungen der Außenprüfung

135 Die Prüfung kann nach § 4 Abs. 3 BpO schließlich ausgedehnt werden, wenn der **Verdacht** einer **Steuerstraftat** oder einer **Steuerordnungswidrigkeit** besteht. Die Einleitung eines Strafverfahrens oder des Verfahrens einer Ordnungswidrigkeit ist grundsätzlich nicht Ausdehnungsvoraussetzung. Allerdings greift in diesem Fall § 10 BpO ein. Die Prüfung darf, soweit der Tatverdacht besteht, erst dann fortgesetzt werden, wenn dem Steuerpflichtigen gleichzeitig Einleitung eines Steuerstrafverfahrens bekannt gegeben wird und die entsprechenden Belehrungen erfolgt sind.

136 Zu dem Komplex „**Außenprüfung** und **Steuerstrafverfahren**" s. Rz. 902 ff.

137 Zur **Zulässigkeit** der Prüfung nach §§ 193 ff. AO in diesen Fällen s. Rz. 94.

138 Liegen die Ausdehnungsvoraussetzungen des § 4 Abs. 3 BpO vor, so muss eine Ausdehnung nicht erfolgen. Ob das Finanzamt von der **Möglichkeit** des § 4 Abs. 3 BpO **Gebrauch** macht, ist **Ermessenssache**. Das Finanzamt kann auf eine Ausdehnung verzichten oder eine Ausdehnung auf bestimmte Jahre stricken.

139 Das Finanzamt hat die Frage der Ausdehnung für **jeden einzelnen Veranlagungszeitraum** zu prüfen.[1] Dies gilt sowohl hinsichtlich der Tatbestandsbedingungen des § 4 Abs. 3 BpO als auch bezüglich der Ermessenslage, ob von der Möglichkeit dieser Vorschrift Gebrauch gemacht werden soll.

140 Die **Ausdehnung** des Prüfungszeitraums wird in der Regel während der Außenprüfung durch eine besondere **eigenständige Prüfungsanordnung** verfügt. Sie kann auch bereits in der ersten Prüfungsanordnung enthalten sein; hier handelt es sich nicht um eine Ausdehnung, vielmehr erstreckt sich die Prüfungsanordnung bereits einheitlich auf den Regel- und den Ausnahmezeitraum. Für Letzteren gilt auch in diesem Fall § 4 Abs. 3 BpO. Die Ausdehnung kann schließlich auch angeordnet werden, wenn die Prüfung des Regelzeitraums bereits abgeschlossen ist.

141 Auch für die ausdehnende Prüfungsanordnung gilt die Pflicht, sie **angemessene Zeit** vor der Prüfung bekannt zu geben (§ 197 Abs. 1 AO; Rz. 257 ff.). Ob diese Frist kürzer sein kann als die bei der Normalprüfung anzuordnende Frist, kann bezweifelt werden. Die Ausdehnung

---

[1] FG Hamburg v. 1.6.1982 – III 31/81, EFG 1983, 102. Bei **Ehepartnern** muss der Ausdehnungsgrund für jeden Ehepartner vorliegen (BFH v. 7.11.1985 – IV R 6/85, BStBl. II 1986, 435).

Zulässigkeit, Umfang und Ort der Außenprüfung

der Außenprüfung ist in der Regel ein Streitpunkt. Der Steuerpflichtige muss ausreichende Zeit haben, um sich gegen sie zu Wehr zu setzen, um sie zu prüfen, um Einspruch einlegen und die Aussetzung der Vollziehung beantragen zu können. Gerade diese Streitanfälligkeit rechtfertigt eher eine Ausdehnung als eine Verkürzung der regelmäßig angemessenen Frist.

Die **Rechtswidrigkeit** der **Ausdehnung** muss durch die Anfechtung der ausdehnenden Prüfungsanordnung geltend gemacht werden. Nach der Rechtsprechung des BFH ist es nicht ausreichend, wenn die Rechtswidrigkeit erst später bei den Auswertungsbescheiden behauptet wird. Vgl. hierzu Rz. 157 ff. 142

Wird die ausdehnende Prüfungsanordnung durch die Verwaltung oder durch die FG **aufgehoben**, so dürfen die Erkenntnisse, die durch eine bereits begonnene oder durchgeführte Prüfung erzielt wurden, nicht verwertet werden. Vgl. im Einzelnen Rz. 170 ff. 143

Rechtsbehelf gegen die ausdehnende Prüfungsanordnung ist der Einspruch; s. dazu Rz. 264 ff. 144

Der Einspruch gegen die ausdehnende Prüfungsanordnung steht der **Vollziehung**, dh. der Durchführung der ausdehnenden Prüfung, **nicht** entgegen. Sie kann nur dadurch geändert werden, dass die Finanzverwaltung **Aussetzung** der **Vollziehung** der ausdehnenden Prüfungsanordnung verfügt. Folglich sollte dies beantragt werden. Dem Antrag auf Aussetzung der Vollziehung sollte in der Regel entsprochen werden; dies ist auch die Praxis; vgl. Rz. 291 f. Vergisst der Steuerpflichtige den Antrag auf Aussetzung der Vollziehung, obwohl er Einspruch eingelegt hat, ist uE die Aussetzung von Amts wegen zu verfügen. 145

Ist die **Anfechtung** der **Ausdehnung** der Betriebsprüfung zweckmäßig? § 4 Abs. 3 BpO räumt der Finanzverwaltung einen größeren Spielraum ein, als die erste Lektüre der Formulierungen vermuten lässt. Gleichwohl sollte dies den Steuerpflichtigen oder Berater nicht veranlassen, auf die Anfechtung der Ausdehnung zu verzichten. Die Erfolgsaussichten des Einspruchs sind im Verwaltungsbereich größer, als dies Literatur und Rechtsprechung vermuten lassen, folglich auch größer als bei Gericht. Steuerpflichtige und Verwaltung ziehen hier an einem Strang. Auch die Finanzverwaltung hat an einer Häufung von Betriebsprüfungen und ihren Ausdehnungen kein Interesse. Die Beschränkung der Prüfung auf drei Jahre unterhalb der Ebene der Großbetriebe wurde geschaffen, um möglichst viele Steuerpflichtige prüfen zu können. Dem 146

Voraussetzungen der Außenprüfung

steht die Verliebtheit und Verbohrtheit eines Prüfers in gerade seinen Fall entgegen. Der Einspruch erlaubt, die Prüfer zurückzurufen.

147 Daraus kann folgen: Die **Ausdehnung** einer Prüfung sollte **in der Regel angefochten** werden. Dazu kommt: Die Aussetzung der Vollziehung wird beantragt.

c) Zeitnahe Betriebsprüfung

148 Die „zeitnahe Betriebsprüfung" wurde **2011 eingeführt**. In § **4a BpO** ist sie geregelt. Hiernach kann die Finanzbehörde Steuerpflichtige unter bestimmten Voraussetzungen für eine zeitnahe Betriebsprüfung auswählen. Eine Betriebsprüfung ist zeitnah, wenn ihr Prüfungszeitraum ein oder mehrere gegenwartsnahe Besteuerungszeiträume umfasst.

149 Diese zeitnahe Betriebsprüfung setzt ein „**steuerloyales**" **Verhältnis** zwischen Steuerpflichtigem und Finanzverwaltung voraus.[1] Zunächst wird es auch wohl nur auf der Ebene der Konzern- und Großbetriebe praktiziert.[2] Die Idee der zeitnahen Betriebsprüfung, dh. der Kombination von Abgabe von Steuererklärungen und sofortiger Prüfung, ist von dem Geist der Tax Compliance bestimmt, der letztlich darauf hinausläuft, dass die Steuerpflichtigen die Besteuerungsgrundlagen prüffertig der Finanzverwaltung „präsentieren". Ein größerer Raum für die Rechte der Steuerpflichtigen und für die Ausnutzung der Steuergesetze zu ihren Gunsten ist hier kaum gegeben.

III. Ort der Prüfung

150 Nach § 200 Abs. 2 Satz 1 AO findet die Außenprüfung in der Regel in den **Geschäftsräumen**, dh. in den Räumen des Betriebs, statt. Ist ein zur Durchführung der Außenprüfung geeigneter Geschäftsraum nicht vorhanden, so findet die Prüfung in den **Wohnräumen** oder an **Amtsstelle** (Finanzamt) statt.

151 Die Prüfung in den Geschäftsräumen, dh. im Betrieb, ist in der Regel unproblematisch. Hat der Steuerpflichtige **keinen geeigneten Geschäftsraum**, so kann er in der Tat wählen, ob die Prüfung in seiner Wohnung oder im Finanzamt stattfindet.[3]

---

1 Vgl. *Seer* in Tipke/Kruse, § 194 AO Rz. 25 (Okt. 2013); ders. kritisch zum überproportionalen Datenzugriff in FS Streck, 2011, S. 403 (409 ff.); auch *Gosch* in Beermann/Gosch, § 194 AO Rz. 49 (Sept. 2015).
2 *Seer* in Tipke/Kruse, § 194 AO Rz. 25 (Okt. 2013).
3 *Seer* in Tipke/Kruse, § 200 AO Rz. 35 (Okt. 2013).

Zulässigkeit, Umfang und Ort der Außenprüfung

Weitgehend unstreitig ist, dass eine Außenprüfung in den privaten Wohnräumen nur mit **Zustimmung** des Steuerpflichtigen erfolgen kann.[1]   152

Die Prüfung beim **steuerlichen Berater** oder einem **anderen Dritten** setzt das Einverständnis von Steuerpflichtigem und Berater bzw. des Dritten sowie die ermessensgerechte Zustimmung der Betriebsprüfung voraus.[2] Beantragt ein Steuerpflichtiger, die angeordnete Außenprüfung im Büro des Steuerberaters durchzuführen, so ist dem Antrag zu entsprechen, wenn der Prüfung im Büro des Steuerberaters keine zumindest gleichwertigen Verwaltungsinteressen entgegenstehen.[3]   153

Aus dieser Situation ergibt sich eine **Merkwürdigkeit**: Ist die Prüfung nach § 193 Abs. 2 Nr. 2 AO angeordnet, weil die Prüfung an Amtsstelle nicht zweckmäßig ist, und stehen anderweitige Betriebsräume nicht zur Verfügung, hängt – wegen des Prüfungsorts – die Durchführung der Prüfung praktisch von der Zustimmung des Steuerpflichtigen ab; denn er muss die Prüfung in seiner Wohnung nicht gestatten. Über die Irrungen und Wirrungen einer solchen schließlich gescheiterten Prüfung hat *Langhein* berichtet.[4] Er kommt zu dem Ergebnis: „Um derartige Zwänge auszuschließen, sollte die Finanzverwaltung grundsätzlich auf alle Außenprüfungen verzichten, welche nur in einer Wohnung möglich sind".   154

Die Praxis lehrt jedoch, dass der Ort der Prüfung **selten Anlass** zu einem Streit gibt.   155

Die reguläre Prüfungsanordnung legt in der Regel nicht den Ort der Prüfung fest. Soweit im Einzelfall das Finanzamt einen bestimmten Ort im Verfügungswege anordnet, handelt es sich um einen selbständigen Verwaltungsakt, der mit dem **Einspruch** angefochten werden kann.[5]   156

---

1 *Seer* in Tipke/Kruse, § 200 AO Rz. 35 (Okt. 2013).
2 BFH v. 10.2.1987 – IV B 1/87, BStBl. II 1987, 360; FG Düsseldorf v. 5.6.1979 – I 389/78, EFG 1980, 126; v. 19.5.1988 – 8 K 25/88, EFG 1988, 610.
3 BFH v. 30.11.1988 – I B 73/88, BStBl. II 1989, 265; *Seer* in Tipke/Kruse, § 200 AO Rz. 36 (Okt. 2013).
4 *Langhein*, DB 1984, 1119.
5 BFH v. 5.11.1981 – IV R 179/79, BStBl. II 1981, 208; v. 25.1.1989 – X R 158/87, BStBl. II 1989; v. 24.2.1989 – III R 36/88, BStBl. II 1989, 445.

D. Prüfungsanordnung

I. Zweck und Rechtsfolge

1. Formelle Rechtsgrundlage der Außenprüfung

157 Die Prüfungsanordnung **konkretisiert** für den Steuerpflichtigen die **Pflicht**, eine **Außenprüfung hinzunehmen** (Duldungspflicht).[1] Sie verpflichtet den Steuerpflichtigen noch nicht zu einem bestimmten Handeln. Sie bestimmt den Umfang der Außenprüfung (§ 196 AO) und gibt als Verwaltungsakt der Außenprüfung das Gerüst der rechtlichen Zulässigkeit. Sie ist das „**Herzstück**"[2] der Außenprüfung.

158 Alle Handlungen und Verwaltungsakte während und aufgrund der Außenprüfung sind – insofern sie Teil der Prüfungstätigkeit sind – nur **rechtmäßig**, wenn sie durch die **Prüfungsanordnung gedeckt** sind.

159 Die Bedeutung der Prüfungsanordnung und die Überlegungen, ob eine solche oder darauf beruhende Maßnahmen hingenommen oder angefochten werden sollen, wird im **ersten Schritt** durch die Rechtswirkungen bzw. Rechtsfolgen der Prüfungsanordnung (Rz. 185 ff.) bestimmt. Die Wichtigsten sind:[3] Die Duldungspflichten von Prüfungsmaßnahmen[4] und gesteigerte Mitwirkungspflichten (diese beiden können als **unmittelbare** Rechtsfolgen verstanden werden) sowie die Verwertung von Prüfungsergebnissen zum Erlass oder zur Änderung von Steuerbescheiden,[5] Drittwirkung, Hemmung der Ablauffrist (§ 171 Abs. 4 AO), Bestandsschutz für Bescheide gem. § 173 Abs. 2 AO, Aufhebung des Vorbehalts der Nachprüfung (§ 164 AO) und Selbstanzeigerecht (diese auch **mittelbare** Rechtsfolgen genannt).[6]

160 Erst aufgrund deren Kenntnis stehen im **zweiten Schritt prozesstaktische** Überlegungen zum Angriff der Prüfungsanordnung, insbesondere zur Durchsetzung der Verwertungsverbote an (Rz. 170 f.). Hierzu gilt folgender **Grundsatz**: Wer Zulässigkeit, Umfang und Gegenstand der

---

1 BFH v. 17.7.1985 – I R 214/82, BStBl. II 1986, 21; v. 13.10.2005 – IV R 55/04, BStBl. II 2005, 404.
2 *Gosch* in Beermann/Gosch, § 196 AO Rz. 1 (Sept. 2015).
3 Vgl. zB *Gosch* in Beermann/Gosch, § 196 AO Rz. 30 (Sept. 2015); *Vogelsang* in Vogelsang/Stahl, Rz. D 190 ff.
4 S. eingangs.
5 Sofern wir keine Differenzierung vornehmen, wird die Bezeichnung Steuerbescheide auch als Synonym für Feststellungsbescheide verwendet.
6 Vgl. *Schallmoser* in Hübschmann/Hepp/Spitaler, § 196 AO Rz. 121 ff. (Febr. 2011).

Prüfungsanordnung

Prüfung **angreifen** will, wer eine Außenprüfung nicht für zulässig hält, muss die Prüfungsanordnung anfechten. Gegen die späteren Auswertungsbescheide kann nicht mehr eingewandt werden, die Außenprüfung sei rechtswidrig, wenn die Prüfungsanordnung hingenommen oder im Verwaltungs- und Gerichtsverfahren bestätigt wurde. Dies ist **allgemeine** Auffassung.[1]

Nicht nur die Prüfung selber („normale" Prüfungsanordnung), sondern auch **weitere Spielarten** bedürfen der Prüfungsanordnung. Hierbei sind insbesondere zu differenzieren:[2]   161

Die **Ergänzungs- oder Erweiterungsanordnung** ergeht, wenn eine bereits angeordnete Prüfung ihrem Regelungsbereich nach in zeitlicher und/oder sachlicher Hinsicht ausgedehnt wird.[3] Von Bedeutung sind hier insbesondere die Fälle der Erweiterung des Prüfungszeitraums. Die Ergänzungs- bzw. Erweiterungsanordnung stellt auch dann einen **eigenständigen** Verwaltungsakt mit eigenem Regelungsgehalt dar, wenn sie auf einer bereits existenten Prüfungsanordnung aufbaut. Es wird daher nicht die erste Anordnung geändert, vielmehr eine weitere verfügt.[4]   162

Dasselbe gilt für die sog. **Erstreckungsanordnung**, durch welche die Außenprüfung nach § 194 Abs. 2 iVm. § 197 Abs. 1 Satz 3 AO auf weitere **Steuersubjekte** erstreckt wird.[5]   163

Umstritten ist, ob der rechtliche Hinweis, von der Nachschau auf die Außenprüfung überzugehen (sog. **Übergangsanordnung**), ein selbständiger Verwaltungsakt ist, der die Funktion einer Prüfungsanordnung besitzt.[6]   164

Vereinzelt sind nach längerer Unterbrechung der einmal begonnenen Außenprüfung sog. **Fortsetzungsanordnungen** anzutreffen. Sie dienen insbesondere der Rechtsklarheit; die Betroffenen haben Gelegenheit, sich auf den Fortgang der Prüfung einzustellen.[7] Auch bei einer kurz nach Beginn der Außenprüfung eintretenden Unterbrechung von sechs   165

---

1 BFH v. 27.7.1983 – I R 210/79, BStBl. II 1984, 285; v. 17.7.1985 – I R 214/82, BStBl. II 1986, 21; v. 30.9.1986 – VIII B 62/84, BFH/NV 1987, 23; *Frotscher* in Schwarz/Pahlke, § 196 AO Rz. 18 (Nov. 2008); *Gosch* in Beermann/Gosch, § 196 AO Rz. 106 (Sept. 2015).
2 Vgl. *Gosch* in Beermann/Gosch, § 196 AO Rz. 7 (Sept. 2015).
3 Vgl. zu taktischen Überlegungen zB *Mack*, DStR 1994, 125 f.
4 BFH v. 2.9.2008 – X R 9/08, BFH/NV, 2009, 3, mwN.
5 S. *Seer* in Tipke/Kruse, § 196 AO Rz. 7 (Okt. 2013).
6 Zu Recht bejahend *Seer* in Tipke/Kruse, § 196 AO Rz. 7 (Okt. 2013); aA *Schallmoser* in Hübschmann/Hepp/Spitaler, § 196 AO Rz. 20 (Febr. 2011).
7 Vgl. *Gosch* in Beermann/Gosch, § 196 AO Rz. 7 (Sept. 2015).

Voraussetzungen der Außenprüfung

oder mehr Monaten, die eine Ablaufhemmung gem. § 171 Abs. 4 Satz 2 AO[1] vermeidet, bedarf es zur Fortsetzung und erneuten Hemmung der Festsetzungsfrist keiner neuen Prüfungsanordnung. Die alte Prüfungsanordnung wirkt insofern fort.[2] Gleichwohl erweckt die Fortsetzungsanordnung den Anschein, die nun wiederaufgenommene Prüfung beruhe auf dieser und nicht mehr auf der ursprünglichen Anordnung. UE ist der Fortsetzungsanordnung daher **Verwaltungsaktqualität** zuzuerkennen.

166 Die Außenprüfung muss aufgrund einer **rechtzeitigen** Prüfungsanordnung durchgeführt werden. Die Prüfungsanordnung kann nicht nach der Prüfung nachgeholt werden. Eine solche Prüfungsanordnung ist rechtswidrig.[3] Allerdings erlaubt der BFH, dass die Anordnung noch während der Prüfung, also vor deren Beendigung (wirksam) ergeht.[4]

167 Fraglich ist, wie **lange** eine Prüfungsanordnung **wirkt**, wie lange sie Rechtsgrundlage für die Prüfungstätigkeit sein kann. In verfahrensrechtlicher Hinsicht hat die Wirkungsdauer der Prüfungsanordnung für den Steuerpflichtigen zB Bedeutung für die Sperrgründe einer **Selbstanzeige** (§ 371 Abs. 2 AO), für den **Rechtsschutz** und den Erlass einer etwaigen **erneuten** Prüfungsanordnung und deren Regelungsgehalt.

168 Abgeschlossen ist die Prüfungsanordnung, wenn die prüfende Behörde den Abschluss der Prüfung ausdrücklich oder konkludent erklärt. In der Regel soll dies zwar nicht vor, aber spätestens mit der Zusendung des **Prüfungsberichts** (§ 202 Abs. 1 AO) geschehen.[5] Etwas anderes kann sich nach der Rechtsprechung jedoch dann ergeben, wenn Tatsachen vorliegen, die darauf hindeuten, dass aus der maßgeblichen Sichtweise des Betroffenen die Außenprüfung mit der Zusendung des Prüfungsberichts noch nicht abgeschlossen sein sollte. Ein derartiger Ausnahmefall liegt dann vor, wenn der Steuerpflichtige sich eine **Stellungnahme** zum Betriebsprüfungsbericht **vorbehalten** und eine derartige Stellungnahme tatsächlich abgegeben hatte, die objektiv zur Wiederaufnahme von Ermittlungshandlungen geeignet war.[6]

---

1 S. dazu ausführlich Rz. 758 f.
2 *Paetsch* in Beermann/Gosch, § 171 AO Rz. 84, 64 (Juni 2015).
3 FG Nürnberg v. 25.10.1988 – II (IV) 135/85, EFG 1989, 211.
4 BFH v. 16.3.1989 – IV R 6/88, BFH/NV 1990, 139; *Rüsken* in Klein, § 196 AO Rz. 45a; zur Erweiterung der Prüfungsanordnung nach durchgeführten Ermittlungen BFH v. 2.2.1994 – I R 57/93, BStBl. II 1994, 377; mit taktischen Überlegungen *Mack*, DStR 1994, 125 f.
5 BFH v. 16.3.1989 – IV R 6/88, BFH/NV 1990, 139; v. 8.7.2009 – XI R 64/07, BStBl. II 2010, 4; *Rüsken* in Klein, § 202 AO Rz. 1.
6 BFH v. 8.7.2009 – XI R 64/07, BStBl. II 2010, 4; nun auch in AEAO zu § 201 Nr. 2 aufgenommen.

Prüfungsanordnung

Da ein **früher** Beendigungszeitpunkt der Prüfung regelmäßig positiv für den Geprüften wirkt, sollte dieser Standpunkt in der Abwehrberatung eingenommen werden. In der Literatur wird dies allerdings als problematisch angesehen und auf die Auswertung der Prüfungsergebnisse durch bestandskräftige **Steuer-** und **Haftungsbescheide** oder darauf abgestellt, ob eine Mitteilung der Betriebsprüfung über die Ergebnislosigkeit der Prüfung (§ 202 Abs. 3 AO) vorliegt.[1] UE kommt es auf die Bestandskraft der Auswertungsbescheide nicht an, jedenfalls nicht auf die formelle Bestandskraft. Dies würde den Zeitpunkt der Beendigung willkürlich hinausschieben. Es muss somit auf die **Bekanntgabe** der Auswertungsbescheide ankommen.

169

2. Verwertungsverbot von Prüfungsergebnissen bei nicht vorhandener oder fehlerhafter Prüfungsanordnung

Die Prüfungsanordnung bestimmt den Umfang der durch die Betriebsprüfung gewonnenen Erkenntnisse. Sie bestimmt über deren Verwertbarkeit. Nach dem allgemeinen Grundsatz, dass die Folgen rechtswidrigen Verwaltungshandelns rückgängig zu machen sind, dürfen die aufgrund einer rechtswidrigen Außenprüfung gewonnenen Erkenntnisse und Beweismittel nicht verwertet werden, es sei denn, die Prüfungsordnung ist bestandskräftig geworden.[2] Dies gilt nach der **Rechtsprechung** jedoch nicht uneingeschränkt, sondern ist für Fallgruppen differenziert.[3]

170

Ist die Prüfungsanordnung **nichtig** oder wird sie aufgrund einer Klage vom FG oder vom Finanzamt selbst **aufgehoben** oder vom FG als **rechtswidrig festgestellt**,[4] dürfen die aufgrund der Prüfungsanordnung gewonnenen Prüfungsfeststellungen grundsätzlich nicht verwertet werden (verfahrensrechtliches **Beweisverwertungsverbot**).[5] Gleiches gilt, wenn die Prüfungsanordnung erst gar nicht ergangen ist.[6]

171

---

1 Vgl. *Seer* in Tipke/Kruse, § 196 AO Rz. 4 (Okt. 2013); *Schallmoser* in Hübschmann/Hepp/Spitaler, § 196 AO Rz. 93 (Febr. 2011); *Gosch* in Beermann/Gosch, § 196 AO Rz. 34 (Sept. 2015).
2 *Rüsken* in Klein, § 196 AO Rz. 45.
3 Ausführlich mit Fallbeispielen *Gosch* in Beermann/Gosch, § 196 AO Rz. 125 ff. (Sept. 2015).
4 ZB aufgrund einer Fortsetzungsfeststellungsklage.
5 BFH v. 20.2.1990 – IX R 83/88, BStBl. II 1990, 789 (790); v. 28.6.2007 – V B 174/05, BFH/NV 2007, 1807 (1808); *Rüsken* in Klein, § 196 AO Rz. 45; *Seer* in Tipke/Kruse, § 196 AO Rz. 32 ff. (Okt. 2013).
6 BFH v. 1.12.1992 – VII R 53/92, BFH/NV 1993, 515; FG München v. 12.9.2013 – 10 K 3728/10, EFG 2014, 167.

Voraussetzungen der Außenprüfung

172 Der BFH schränkt dies jedoch ein. Das Verwertungsverbot solle **nicht** für den Erlass von Steuerbescheiden zur **Erstveranlagung** und für Änderungen solcher Bescheide, die gem. **§ 164 AO** unter dem Vorbehalt der Nachprüfung stehen, **gelten**.[1] Dies solle bei Vorbehaltsbescheiden selbst dann gelten, wenn die Prüfungsanordnung nichtig ist.[2] Wurde der Vorbehalt der Nachprüfung jedoch schon vor dem Erlass der – unwirksamen – Prüfungsanordnung aufgehoben, bleibt es beim Verwertungsverbot.[3] Der BFH begründet seine Einschränkung mit dem Hinweis, für eine solche erstmalige Steuerfestsetzung hätte es keiner förmlichen Prüfungsanordnung bedurft. Es handele sich lediglich um eine fehlerhafte Begründung der ansonsten auch zulässigen Sachverhaltsermittlung; das öffentliche Interesse an einer gleichmäßigen Besteuerung überwiege das Beachten der für eine Außenprüfung vorgeschriebenen Förmlichkeiten, soweit ein erhöhter Bestandsschutz von bereits erlassenen Steuerbescheiden nicht existiert.[4] Zutreffend wird diese Einschränkung, insbesondere unter rechtsstaatlichen Gesichtspunkten und der gesteigerten **Eingriffsintensität** einer Prüfungsanordnung, **kritisiert**.[5]

173 Einigkeit besteht jedoch weitgehend, dass die Verwertungsverbote grundsätzlich **keine Fernwirkung** entfalten.[6]

174 Soweit eine Prüfungsanordnung aus **formellen** Gründen aufgehoben oder für nichtig erklärt wurde, kann eine **erneute Prüfungsanordnung** unter Vermeidung der Verfahrensfehler erlassen werden.[7] Dies gilt auch dann, wenn aufgrund der früheren Prüfungsanordnung bereits Prüfungshandlungen vorgenommen worden sind. Allerdings dürfen die

---

[1] BFH v. 10.5.1991 – V R 51/90, BStBl. II 1991, 825; v. 25.11.1997 – VIII R 4/94, BStBl. II 1998, 461; v. 4.10.2006 – VII R 54/04, BFH/NV 2007, 190; AEAO zu § 196 Nr. 2 Satz 4; *Rüsken* in Klein, § 196 AO Rz. 47.
[2] BFH v. 1.7.2010 – IV R 34/07, BFH/NV 2010, 2246.
[3] FG München v. 12.9.2013 – 10 K 3723/10, rkr., EFG 2014, 167, mit Anm. *Kuhfus*, EFG 2014, 169 f.
[4] Insbesondere BFH v. 4.10.2006 – IV R 54/04, BFH/NV 2007, 190; zustimmend *Rüsken* in Klein, § 196 AO Rz. 47.
[5] *Seer* in Tipke/Kruse, § 196 AO Rz. 35 ff. (Okt. 2013); *Frotscher* in Schwarz/Pahlke, § 196 AO Rz. 20 (Nov. 2008); *Gosch* in Beermann/Gosch, § 196 AO Rz. 143 (Sept. 2015); vgl. auch *Harenne*, StBp. 2015, 121 (125).
[6] Vgl. *Seer* in Tipke/Kruse, § 196 AO Rz. 33 (Okt. 2013); *Vogelsang* in Vogelsang/Stahl, Rz. D 195; *Frotscher* in Schwarz/Pahlke, § 196 AO Rz. 20 (Nov. 2008).
[7] BFH v. 7.11.1985 – IV R 6/85, BStBl. II 1986, 435; v. 20.10.1988 – IV R 104/86, BStBl. II 1989, 180; v. 24.8.1989 – IV R 65/88, BStBl. II 1990, 2; FG Köln v. 7.4.2004 – 7 K 7227/99, EFG 2004, 1184.

Prüfungsanordnung

Prüfungsfeststellungen nicht verwertet werden.[1] Das Finanzamt muss tatsächlich eine zweite Prüfung durchführen (**Wiederholungsprüfung**),[2] regelmäßig durch einen anderen Prüfer.[3] Die bisherigen Kenntnisse sollen der Wiederholungsprüfung gleichwohl als Anhaltspunkte dienen, insofern keine Verwertungsverbote bestehen.[4] Ohne Zweifel wird durch diese mögliche Wiederholungsprüfung das der Rechtssicherheit dienende System des Verwertungsverbots bei fehlerhaften Prüfungen durchbrochen.[5] Jedenfalls sollte der Überprüfung der Verhältnismäßigkeit und der möglicherweise inzwischen für einzelne Veranlagungsjahre eingetretenen **Festsetzungsverjährung** besonderes Augenmerk gewidmet werden.[6]

Lediglich **formelle Fehler** der Prüfungsanordnung führen nicht zum Verwertungsverbot.[7] 175

Ein steuerliches Verwertungsverbot in der Betriebsprüfung gewonnener Erkenntnisse resultiert nach der Rechtsprechung des BFH auch nicht daraus, dass ein **Steuerstrafverfahren** eingeleitet ist, der Steuerpflichtige darüber in der Betriebsprüfung jedoch nicht belehrt wurde.[8] Die Belehrungspflicht ist auch in § 10 BpO genannt. 176

3. Drittwirkung

Die Prüfungsanordnung und die auf deren Grundlage durchgeführten Maßnahmen können in mehrfacher Hinsicht Drittwirkung entfalten. 177

---

1 *Vogelsang* in Vogelsang/Stahl, Rz. C 36; *Stahl*, kösdi 2014, 18883 (18889).
2 BFH v. 7.11.1985 – IV R 6/85, BStBl. II 1986, 435; v. 20.10.1988 – IV R 104/86, BStBl. II 1989, 180; v. 24.8.1989 – IV R 65/88, BStBl. II 1990, 2; *Seer* in Tipke/Kruse, § 196 AO Rz. 33 (Okt. 2013).
3 AEAO zu § 196 Nr. 3 Satz 2; *Rüsken* in Klein, § 196 AO Rz. 45a; *Seer* in Tipke/Kruse, § 196 AO Rz. 33 (Okt. 2013).
4 *Stahl*, kösdi 2014, 18883 (18889); *Kuhfus*, EFG 2014, 169 f. UE ist dies nicht gerechtfertigt.
5 *Wilcke*, StVj 1990, 341 (355): „Ein „Verwertungsverbot", das mit Hilfe einer Wiederholungsprüfung [...] unterlaufen werden kann, ist keines, jedenfalls nur ein relatives."
6 *Vogelsang* in Vogelsang/Stahl, Rz. C 36.
7 Vgl. BFH v. 25.11.1997 – VIII R 4/94, BStBl. II 1998, 461 (466); im Einzelnen ist die Diskussion um das Verwertungsverbot noch nicht abgeschlossen; vgl. *Gosch* in Beermann/Gosch, § 196 AO Rz. 125 ff. (Sept. 2015); *Seer* in Tipke/Kruse, § 196 AO Rz. 35 ff. (Okt. 2013).
8 BFH v. 23.1.2002 – XI R 10-11/01, BStBl. II 2002, 328 (329); v. 19.12.2011 – V B 37/11, BFH/NV 2012, 956; **aA** zu Recht zB *Bilsdorfer*, StBp. 2002, 25 (26); *Seer* in Tipke/Kruse, § 200 AO Rz. 33a (Okt. 2013) und § 208 AO Rz. 135 (Mai 2011).

Voraussetzungen der Außenprüfung

Dies betrifft zB die **Ermittlung** bei Dritten (Rz. 560 ff.), die Auswertung von Prüfungsfeststellungen durch **Kontrollmitteilungen** (vgl. Rz. 609 ff.) und die Frage, ob die Prüfungsanordnung auch für Dritte **wirkt**, die in der Prüfungsanordnung nicht ausdrücklich genannt sind.

178 Gelangt zB die Außenprüfung bei einem Einzelunternehmen zu dem Ergebnis, ein **weiterer Steuerpflichtiger** sei **Mitunternehmer** dieses Einzelunternehmens, so muss zwar eine Prüfungsanordnung erweiternd gegen die Gesellschaft gerichtet werden.[1] Gleichwohl darf nach einem alten Urteil des BFH aus dem Jahr 1984 das Ergebnis der Prüfung auch ohne rechtzeitigen Erlass einer solchen erweiternden Prüfungsanordnung dem neu erkannten Mitunternehmer gegenüber ausgewertet werden, wenn die Prüfungsanordnung gegenüber dem Einzelunternehmer bestandskräftig ist.[2]

179 Dieses Urteil zur **Drittwirkung** von Prüferfeststellungen ist problematisch. Es entwertet die Prüfungsanordnung als rechtliches Rückgrat der Außenprüfung (s. Rz. 157 ff.). Akzeptiert man – entgegen der von uns vertretenen Ansicht – die einschränkende Anwendung des Verwertungsverbots bei Erst- und Vorbehaltsbescheiden,[3] muss im vorliegenden Fall die Verwertung der Feststellungen durch einen erstmaligen Gewinnfeststellungsbescheid hingenommen werden.[4] Da jedoch diese einschränkende Rechtsprechung des BFH im Jahre 1984 noch nicht existierte, bemühte der BFH im Urteil vom 23.2.1984 § 194 Abs. 3 AO. Er beruft sich darauf, anlässlich einer Außenprüfung könnten auch die Verhältnisse Dritter festgestellt werden und die Auswertung solcher Feststellungen insoweit zulässig sein, als deren Kenntnis Bedeutung für die Besteuerung dieser Personen habe.

180 Soweit der BFH auf § 194 Abs. 3 AO (Kontrollmitteilung) verweist, **überzeugt** dies **nicht**. § 194 Abs. 3 AO rechtfertigt nur die Übermittlung einer Einzelinformation. Unstreitig ist: Die Kontrollmitteilung darf nicht ein Prüfungsersatz gegenüber dem Dritten darstellen (Rz. 615). Im Übrigen führt die Entscheidung dazu, dass nicht nur Einzelfeststellungen, sondern Außenprüfungsergebnisse insgesamt gegenüber Dritten verwertet

---

[1] FG Münster v. 30.3.1982 – VI 2356/79 F, EFG 1982, 601; *Seer* in Tipke/Kruse, § 196 AO Rz. 25 (Okt. 2013).

[2] BFH v. 23.2.1984 – IV R 154/82, BStBl. II 1984, 512. So im Ergebnis auch *Gosch* in Beermann/Gosch, § 196 AO Rz. 140 (Sept. 2015); *Seer* in Tipke/Kruse, § 196 AO Rz. 25 (Okt. 2013).

[3] S. Rz. 172.

[4] Im Fall des BFH v. 23.2.1984 – IV R 154/82, BStBl. II 1984, 512, handelt es sich denknotwendig um einen Erstbescheid.

Prüfungsanordnung

werden können, ohne dass dieser Dritte den in der Außenprüfung gegebenen rechtlichen **Schutz** hat. Auch dies ist nicht gerechtfertigt. Anderenfalls hätte es der Vorschrift des § 197 Abs. 1 Satz 3 AO nicht bedurft, wonach in den Fällen des § 194 Abs. 2 AO eigene Prüfungsanordnungen gegenüber den Gesellschaftern und Mitgliedern zu erlassen sind (s. Rz. 73 ff.). Sicher ist, dass die an den Einzelunternehmer gerichtete Prüfungsanordnung gegenüber dem neuen Mitunternehmer **keine Bestandskraftwirkung** hat. Die mittelbaren an die Bestandskraft einer Prüfungsanordnung anknüpfenden Rechtsfolgen (zB Ablaufhemmung gem. § 171 Abs. 4 AO) greifen für den Dritten nicht.

Darüber hinaus ist die **Drittwirkung** von Prüfungsmaßnahmen **ausgedehnt** worden: Ist eine Person verpflichtet, für eine dritte Person Steuern zu entrichten, einzubehalten und/oder abzuführen und ergibt sich bei deren Prüfung ausnahmsweise, dass Steuerfolgerungen auch gegenüber anderen Personen geltend zu machen sind, soll die Verwertung der Prüfungsergebnisse auch gegenüber dem Dritten zulässig sein.[1] Die Rechtsprechung hat dies zB für die Anordnung einer **Lohnsteueraußenprüfung** weiter ausgedehnt: Wird die Anordnung mit Erfolg von dem Arbeitgeber, an den sich die Prüfungsanordnung richtete, angegangen, können die Ergebnisse der Lohnsteueraußenprüfung in der Veranlagung des Arbeitnehmers gleichwohl verwertet werden.[2] Auch diese Rechtsprechung ist abzulehnen, da sie die Verwertung rechtswidrig erlangter Kenntnisse erlaubt.[3]

181

Vergleicht man die in Rz. 178 und Rz. 181 vorgestellte Rechtsprechung, zeigt sich eine **bemerkenswerte Schutzlosigkeit Dritter** gegen Prüfungsfeststellungen. Gleichgültig, ob die Prüfungsanordnung dem Geprüften gegenüber Bestand hat oder nicht, ob sie rechtmäßig ist oder rechtswidrig, in allen Fällen scheint eine Auswertung der Ergebnisse Dritten gegenüber möglich. UE folgt aus dem Zweck der Prüfungsanordnung (Rz. 157 ff.), dass **Prüfungsfeststellungen Dritten** gegenüber **nur ausgewertet** werden können, wenn sie durch eine an den Dritten gerichtete **Prüfungsanordnung gerechtfertigt** sind. Zum **Beschwerderecht** des Dritten s. Rz. 269.

182

---

1 *Seer* in Tipke/Kruse, § 196 AO Rz. 14 (Okt. 2013).
2 BFH v. 9.11.1984 – VI R 157/83, BStBl. II 1985, 191; gl.A. Nds. FG v. 28.6.1983 – VII 316/81, EFG 1984, 56; aA Nds. FG v. 31.8.1981 – XI (VI) 171/80, EFG 1982, 280.
3 Ebenfalls ablehnend *Groh*, DStR 1985, 681; aA (zustimmend) *Gosch* in Beermann/Gosch, § 196 AO Rz. 140 (Sept. 2015), allerdings mit beachtlichen Differenzierungen in Rz. 143.

Voraussetzungen der Außenprüfung

183 Anders verhält es sich bei der **Gesamtrechtsnachfolge**. War die Prüfungsanordnung gegen den Erblasser bestandskräftig geworden, muss der Erbe diese gegen sich gelten lassen.[1]

184 **Ehegatten** werden in einer Außenprüfung nicht (ähnlich einer Zusammenveranlagung) „zusammengeprüft". Für beide Ehepartner ist ggf. eine eigene Prüfungsanordnung erforderlich; mit der Prüfungsanordnung gegenüber dem Ehemann kann nicht bei der Ehefrau geprüft werden und umgekehrt.[2] Allerdings kann die Prüfungsanordnung gegen beide Ehegatten „in einer Verfügung" zusammengefasst werden.[3] Zur wechselseitigen Verwertung von Prüfungsfeststellungen s. Rz. 80.

4. Sonstige (mittelbare) Rechtsfolgen

185 Die rechtmäßige Prüfungsanordnung hat – neben der Rechtfertigung der Außenprüfung – bestimmte mittelbare **Rechtsfolgen** innerhalb und außerhalb des Außenprüfungsverfahrens:[4]

186 Der **Nachprüfungsvorbehalt** (§ 164 AO) wird nach einer Außenprüfung im Umfang der Prüfung aufgehoben (Rz. 740 ff.).

187 Mit dem Beginn der Außenprüfung vor Ablauf der **Festsetzungsfrist** wird dieser **Ablauf gehemmt** (§ 171 Abs. 4 Satz 1 AO) und zwar im Umfang der Außenprüfung, der wiederum grundsätzlich durch die Prüfungsanordnung bestimmt wird. Wird der Beginn der Prüfung auf Antrag des Steuerpflichtigen hinausgeschoben (§ 197 Abs. 2 AO), so erstreckt sich die Ablaufhemmung (§ 171 Abs. 4 Satz 1 AO) auf den angeordneten Prüfungsumfang.[5] Zu Einzelheiten Rz. 759.

188 Der **Bestandsschutz** für Steuerbescheide nach **§ 173 Abs. 2 AO** nach erfolgter Außenprüfung erstreckt sich auf den in der Prüfungsanordnung bestimmten Umfang der Außenprüfung (Rz. 744 ff.).

---

1 *Seer* in Tipke/Kruse, § 196 AO Rz. 28 (Okt. 2013).
2 BFH v. 5.11.1981 – IV R 179/79, BStBl. II 1982, 208; v. 24.2.1989 – III R 36/88, BStBl. II 1989, 445; *Seer* in Tipke/Kruse, § 196 AO Rz. 23 (Okt. 2013), der zutreffend darauf hinweist, dass es sich nicht um eine zusammengefasste, sondern um zwei Verfügungen in einem Schriftstück handelt.
3 BFH v. 14.3.1990 – X R 104/88, BStBl. II 1990, 612; v. 18.12.1990 – X R 7/89, BFH/NV 1991, 355; v. 31.10.1991 – X R 28/89, BFH/NV 1992, 435; zur **Zustellung** s. Rz. 243; zur **formularmäßigen Rechtfertigung** der Prüfung bei Ehegatten nach § 193 Abs. 1 AO und § 193 Abs. 2 Nr. 2 AO s. Rz. 79.
4 Zu einer Übersicht s. *Schallmoser* in Hübschmann/Hepp/Spitaler, § 196 AO Rz. 121 ff. (Febr. 2011); *Gosch* in Beermann/Gosch, § 196 AO Rz. 30 (Sept. 2015).
5 *Gosch* in Beermann/Gosch, § 196 AO Rz. 30 (Sept. 2015).

Prüfungsanordnung

Nur im Bereich der angeordneten Außenprüfung kann die in der Außenprüfung **gesteigerte Mitwirkungspflicht** realisiert werden (Rz. 404 ff.). 189

Die Prüfungsanordnung legt fest, inwieweit die **Selbstanzeige** ausgeschlossen ist. Dazu *Streck/Spatscheck/Talaska*, Die Steuerfahndung, Rz. 191 ff. 190

II. Inhalt

Der wesentliche Inhalt der Prüfungsanordnung ergibt sich aus der Gesetzesgrundlage der §§ 196, 197 AO. Die Prüfungsanordnung ist regelmäßig ein **Verwaltungsakt**,[1] der den Umfang der Außenprüfung festlegt. Sie enthält insoweit einen zwingenden Inhalt.[2] Diesen bestimmt § 5 Abs. 2 BpO und mittelbar § 122 Abs. 1 Satz 1 AO. Die Prüfungsanordnung kann jedoch weitere eigenständige Regelungen enthalten (Kann-Vorschriften), so dass sie ein **Bündel** von Verwaltungsakten im Sinne von § 118 AO umfasst (**Sammelverwaltungsakt**).[3] Hierauf ist insbesondere dann, wenn die Betriebsprüfung streitig ist, sorgfältig zu achten. 191

Die Prüfungsanordnung als ein Verwaltungsakt **bestimmt**: 192

– Angabe, bei wem die Außenprüfung stattfinden soll (**Prüfungssubjekt** und damit Inhaltsadressat). Dieses zwingende Erfordernis resultiert aus § 122 Abs. 1 Satz 1 AO.[4] 193

– Die zu **prüfenden Steuerarten** sind (zwingend) anzugeben: Die Prüfungsanordnung legt fest, welche Steuern (Einkommensteuer, Körperschaftsteuer, Umsatzsteuer, Gewerbesteuer, Lohnsteuer usw.), welche gesondert festzustellenden Besteuerungsgrundlagen (zB Einkünfte aus Gewerbebetrieb, aus Vermietung und Verpachtung etc.) oder welche Steuervergütungen geprüft werden. 194

– Ggf. zwingend: Zu prüfende **besondere Sachverhalte** (so § 5 Abs. 2 Satz 1 BpO). Sind (nur) Steuerart und Veranlagungszeitraum angegeben sowie innerhalb dieser Steuern und dieses Zeitraums besonders zu prüfende Sachverhalte, so zeigt das Finanzamt **Prüfungsschwerpunkte** an. Es ist auf diese Schwerpunkte nicht festgelegt. Die Betriebsprüfung kann während der Prüfung den Schwerpunkt verlassen und ändern, ohne die Prüfungsanordnung förmlich zu erweitern, so- 195

---

1 Gute Übersicht zu Maßnahmen mit und ohne Verwaltungsaktqualität bei *Drüen*, AO-StB 2009, 88, (89 ff.).
2 S. den Überblick über zwingende Inhalte und Kann-Inhalte bei *Gosch* in Beermann/Gosch, § 196 AO Rz. 25 (Sept. 2015).
3 *Schallmoser* in Hübschmann/Hepp/Spitaler, § 196 AO Rz. 11 (Febr. 2011).
4 *Schallmoser* in Hübschmann/Hepp/Spitaler, § 196 AO Rz. 3 (Febr. 2011).

Voraussetzungen der Außenprüfung

lange die Prüfungshandlungen durch die Angaben der zu prüfenden Steuern und des zu prüfenden Zeitraums gedeckt bleiben.

Hat das Finanzamt hingegen **nur einen** besonderen Sachverhalt angegeben, bedarf es zur Prüfung weiterer Sachverhalte einer besonderen Prüfungsanordnung bzw. einer Erweiterung der Prüfungsanordnung (Erweiterungsanordnung, § 5 Abs. 2 Satz 5 BpO).[1]

196 – **Prüfungszeitraum** (Mussinhalt; § 5 Abs. 2 Satz 1 BpO). Dies ist der Zeitraum, auf den sich die Prüfung erstreckt.[2] S. dazu Rz. 112 ff.

197 – Soll eine **abgekürzte Außenprüfung**[3] (Rz. 1028 ff.) durchgeführt werden, ist dies in der Prüfungsanordnung ausdrücklich zu bezeichnen (zwingend: § 5 Abs. 2 Satz 4 BpO). Ein Wechsel zur abgekürzten Prüfung ist zulässig, bedarf jedoch einer ergänzenden Prüfungsanordnung.[4]

198 Außerdem kann die Prüfungsanordnung Regelungen zu folgenden Gegenständen enthalten (also **nicht zwingend**), wobei jeweils **gesonderte Verwaltungsakte** vorliegen:

199 – **Termin** des **voraussichtlichen Prüfungsbeginns** (§ 197 AO; § 5 Abs. 2 Satz 3 BpO).

200 In der Praxis werden häufig vor dem Erlass der Prüfungsanordnung bereits **Terminabsprachen** getroffen. Hierbei handelt es sich nicht um Verwaltungsakte; derartige Absprachen dienen der einvernehmlichen Vorbereitung der Prüfung.

201 Der Steuerpflichtige kann **beantragen**, dass der in der Prüfungsanordnung festgelegte **Beginn** auf einen anderen Termin **verlegt** wird, wenn dafür wichtige Gründe glaubhaft gemacht werden (§ 197 Abs. 2 AO). Wichtige Gründe sind:[5] Betriebsstörungen; geplanter Urlaub des Beraters, des Steuerpflichtigen, aber auch des Buchhalters; Krankheit dieser Personen[6] usw. Werden wichtige Gründe vorgetragen, so muss das Finanzamt die Prüfung verlegen. Wenn das Gesetz in § 197 Abs. 2 AO von „soll" spricht, so ist dies für das Finanzamt in der Regel ein

---

1 *Schallmoser* in Hübschmann/Hepp/Spitaler, § 196 AO Rz. 57 (Febr. 2011).
2 Vgl. Thüringer FG v. 7.7.2015 – 2 K 114/15, EFG 2015, 1502, zu abweichenden Wirtschaftsjahren.
3 S. exemplarisch *Buse*, AO-StB 2013, 90 ff.
4 Vgl. AEAO zu § 203 Nr. 3.
5 Vgl. § 5 Abs. 5 Satz 1 BpO.
6 Wegen **Krankheit** kann nicht auf Dauer die Prüfung hinausgeschoben werden; evtl. ist ein Vertreter zu bestellen, vgl. FG Nürnberg v. 17.4.1985 – V 71/85, EFG 1985, 478; *Seer* in Tipke/Kruse, § 197 AO Rz. 15 (Okt. 2015).

Prüfungsanordnung

„muss".[1] Jedenfalls genügen innerorganisatorische Gründe der Verwaltung für eine Ablehnung nicht aus.[2]

Die **Ablehnung** der **Verlegung** wird mit dem Einspruch angefochten. Antrag auf Aussetzung der Vollziehung ist hier nicht möglich, da der Verwaltungsakt, der vollzogen werden könnte, noch fehlt; anders, wenn die Anordnung des Termins selbst angefochten wird (s. nachfolgend Rz. 266 ff.). 202

In der **Praxis** ist das **Einvernehmen** über den Termin der Prüfung **selten** ein **Problem**. Im Einzelfall kann jedoch der Termin streitig werden. Hier hat der Steuerpflichtige sodann folgende Möglichkeiten:[3] Er kann die **Anordnung** des **Termins** unmittelbar mit dem Einspruch **anfechten**; gleichzeitig beantragt er Aussetzung der Vollziehung. Anschließend oder gleichzeitig kann er nach § 197 Abs. 2 AO eine **Verschiebung** des festgesetzten Termins **beantragen**.[4] Die Ablehnung ficht er mit dem Einspruch an. Vorläufiger Rechtsschutz kann bei einer Ablehnung im Wege der einstweiligen Anordnung gem. § 114 FGO erzielt werden.[5] 203

– **Name des Prüfers** und evtl. des Betriebsprüfungshelfers (§ 197 Abs. 1 Satz 1 AO).[6] Der Steuerpflichtige wird über die Person der Prüfer unterrichtet. Die Auswahl des Prüfers liegt im Ermessen der Verwaltung. Der Steuerpflichtige hat keinen Anspruch auf einen bestimmten Prüfer. Befürchtet er die Befangenheit des Prüfers, kann er einen Befangenheitsantrag stellen (s. Rz. 835 ff.). Zu dem Problem des Prüfers, dessen Ehepartner Finanzbeamter ist, s. Rz. 326. 204

Nehmen besondere **Auslandsprüfer**, Prüfer des BZSt oder **Gewerbesteuerprüfer** der Gemeinden teil, ist auch deren Name in die Prüfungsanordnung aufzunehmen. 205

– **Sonstige Nebenbestimmungen** zur Prüfungsanordnung: Die Prüfungsanordnung kann weitere Bestimmungen enthalten. Der Steuerpflichtige kann aufgefordert werden, Auskunftspersonen zu benennen (Rz. 332 ff.), Urkunden oder Beweismittel vorzulegen, bei der digitalen Außenprüfung Daten vorzulegen, auszuwerten (Rz. 404 ff.) 206

---

1 *Seer* in Tipke/Kruse, § 197 AO Rz. 15 (Okt. 2015); *Rüsken* in Klein, § 197 AO Rz. 22.
2 *Rüsken* in Klein, § 197 AO Rz. 22.
3 Von der Bestimmung des Termins zu trennen ist die Frage, mit welcher Frist die Anordnungen bekanntzugeben sind. Dazu Rz. 141 ff.
4 Die Wege des § 197 Abs. 1 und Abs. 2 AO stehen selbständig nebeneinander (BFH v. 18.12.1986 – I R 49/83, BStBl. II 1987, 408).
5 *Rüsken* in Klein, § 197 AO Rz. 22.
6 BFH v. 26.8.1991 – IV B 135/90, BFH/NV 1992, 509.

Voraussetzungen der Außenprüfung

usw. Soweit der Steuerpflichtige mit derartigen Nebenbestimmungen zu einem Tun, Handeln oder Unterlassen aufgefordert wird, handelt es sich um **selbständige**, mit dem Einspruch anfechtbare **Verwaltungsakte**; sie sind von der Prüfungsanordnung selbst zu trennen, auch wenn sie mit ihr in einem Schreiben verbunden sind.

207 – Mit der Prüfungsanordnung kann auch der **Ort der Prüfung** festgelegt werden (§ 5 Abs. 2 BpO, dazu Rz. 150 ff.); es handelt sich auch insoweit um einen eigenständigen Verwaltungsakt, der mit dem Einspruch anfechtbar ist (Rz. 802 ff.).

208 Schließlich gibt es einen **Pflichtinhalt** für Prüfungsanordnungen, der **keinen** anfechtbaren **Verwaltungsakt** darstellt:

209 – **Rechtsgrundlage** der Prüfung. Diese zusätzliche Bestimmung für den Inhalt der Prüfungsanordnung enthält § 5 Abs. 2 Satz 1 BpO. Ausreichend ist die Angabe der einschlägigen Paragraphen. Die Nichtangabe oder fehlerhafte Angabe des Rechtsgrundes beeinträchtigt nicht die Rechtswirksamkeit der Prüfungsanordnung, sofern tatsächlich eine ausreichende Rechtsgrundlage vorliegt. Zur weiteren Begründung s. Rz. 215 ff.

210 – In der Prüfungsanordnung sollen die **wesentlichen Rechte** und **Pflichten des Steuerpflichtigen** dargestellt werden (§ 5 Abs. 2 BpO). Wird dies unterlassen, ist die Anordnung nicht deshalb rechtswidrig. S. hierzu auch die Anl. 4.

211 Die **Rechtsfolgen** eines **Verstoßes** gegen den Inhalt der Prüfungsanordnung hängen von der Qualität des Inhalts ab. Ein Verzicht auf den notwendigen Inhalt der Prüfungsanordnung macht sie inhaltlich unbestimmt und damit **rechtswidrig**.[1] Dies soll jedoch dann nicht gelten, wenn zwar die Angaben enthalten, diese aber **unrichtig** sind.[2]

III. Form und Verfahren

212 Die Prüfungsanordnung ist **schriftlich** zu erteilen (§ 196 AO). Es handelt sich um zwingendes Recht.[3] Eine nur mündliche erteilte Prüfungsanordnung ist nichtig.[4] Sie entfaltet keine Wirkung.[5] Ein etwaiger Ver-

---

[1] *Gosch* in Beermann/Gosch, § 196 AO Rz. 26 (Sept. 2015).
[2] Thüringer FG v. 7.7.2015 – 2 K 114/15, EFG 2015, 1502 (NZB eingelegt, BFH I B 94/15).
[3] *Gosch* in Beermann/Gosch, § 196 AO Rz. 18 (Sept. 2015).
[4] *Seer* in Tipke/Kruse, § 196 AO Rz. 15 (Okt. 2013); *Schallmoser* in Hübschmann/Hepp/Spitaler, § 196 AO Rz. 27 (Febr. 2011); *Rüsken* in Klein, § 196 AO Rz. 40; aA *Wassermeyer*, FR 1987, 513 f.
[5] *Gosch* in Beermann/Gosch, § 196 AO Rz. 18 (Sept. 2015).

Prüfungsanordnung

zicht des Steuerpflichtigen auf die Schriftform kann dem nach zutreffender Ansicht nicht entgegengehalten werden (s. auch nachfolgend); er hat sein Recht insbesondere nicht durch sein Verhalten verwirkt.[1]

Problematisch sind die Fälle, in denen zwar eine schriftliche Prüfungsanordnung ergangen, jedoch **tatsächliches Prüfungshandeln** vorliegt, das nicht durch eine Prüfungsanordnung gedeckt ist. In der Praxis tritt dies zumeist als **„faktische Ausdehnung"** der Betriebsprüfung in Jahren auf, die von der Prüfungsanordnung nicht erwähnt sind. Eine Prüfung ohne rechtsgültige Prüfungsanordnung ist rechtswidrig (Rz. 157 ff.). Ein solcher Mangel läge jedoch dann nicht vor, wenn die tatsächliche Prüfung selbst als Verwaltungsakt zu werten wäre, der rechtsgültig wird, wenn der Mangel der Schriftform nicht durch den Einspruch gerügt wird. Nach richtiger Auffassung ist die faktische Prüfung nicht als Prüfungsanordnung zu werten.[2] Wenn § 196 AO die Schriftlichkeit der Prüfungsanordnung regelt, so soll damit die Rechtsgrundlage der Prüfung klar dokumentiert werden. Der Steuerpflichtige soll wissen, woran er ist. Diesem Gesetzeszweck würde es widersprechen, wenn auch aus faktischen Prüfungshandlungen eine Prüfungsanordnung herausgelesen werden könnte. Hinzu kommt, dass sich kaum abgrenzbare Schwierigkeiten ergäben. Jeder Prüfer wird bei einer Prüfung auch einen Blick in die Jahre außerhalb des Prüfungszeitraums werfen. Es ist nicht klar eingrenzbar, wann aus dieser flüchtigen Berührung ein Verwaltungsakt wird, der, ohne dass der geprüfte Steuerpflichtige dies erkennt, in Bestandskraft erwächst. Schließlich: Verwaltungsakte ohne Schriftform sind nach einem Monat bestandskräftig. Weder kann bei diesem faktischen Verwaltungsakt der Monatsbeginn exakt festgestellt werden noch ist ein Monat ausreichend, um dem Steuerpflichtigen die sichere Klarheit zu verschaffen, dass der Prüfer eine Ausdehnung angeordnet hat.[3] S. hierzu auch Rz. 853 ff. zu Einzelermittlungen außerhalb des Prüfungszeitraums.

213

Die Prüfungsanordnung muss **bestimmt** sein und daher **klar ausdrücken**, was geprüft werden soll. Dies umfasst den Steuerpflichtigen als

214

---

1 *Gosch* in Beermann/Gosch, § 196 AO Rz. 18 (Sept. 2015).
2 Im Ergebnis auch *Gosch* in Beermann/Gosch, § 196 AO Rz. 18 (Sept. 2015), ohne Differenzierung, ob insgesamt keine Prüfungsanordnung oder nur eine faktische Ausdehnung vorliegt.
3 Gl.A. BFH v. 14.8.1985 – I R 188/82, BStBl. II 1986, 2; der die faktische Ausdehnung nicht als Verwaltungsakt (also auch nicht als Prüfungsanordnung) wertet. Allerdings geht er davon aus, dass der Geprüfte sich spätestens im Einspruchsverfahren gegen die Auswertungsbescheide gegen die Ausdehnung wehren muss, um die Verwertung zu verhindern. Letztes ist uE jedenfalls bei Änderungsbescheiden nicht gerechtfertigt.

Voraussetzungen der Außenprüfung

diejenige Person, bei der die Prüfung durchgeführt werden soll, sowie den gegenständlichen und zeitlichen Prüfungsumfang (§ 194 Abs. 1 AO). Hierzu bedarf es regelmäßig auch der Prüfungszeiträume.[1] Nach Auffassung des BFH soll allerdings die Angabe „nicht verjährter Zeiträume" in der Prüfungsanordnung genügen.[2] Nach zutreffender Ansicht genügt dies nicht.[3] Die Ungewissheit wird verstärkt, sofern sich der Prüfungsbeginn verschiebt; entsprechend reduziert sich der in nicht rechtsverjährter Zeit zu erfassende Prüfungsbeginn.

215 Ein Verwaltungsakt – auch die Prüfungsanordnung – ist zu **begründen**, „soweit dies zu seinem Verständnis erforderlich ist" (§ 121 AO).

216 Zu unterscheiden ist zwischen **Inhalt** der Prüfungsanordnung **(Regelungsgegenstand)** und ihrer **Begründung**. Die Nennung der zu prüfenden Steuerarten gehört zum Inhalt der Prüfungsanordnung, nicht zu ihrer Begründung.

217 Der BFH und die hM differenzierten lange zwischen der sog. Routineprüfung (turnusmäßig durchgeführte Prüfungen ohne besonderen Anlass) und den Anlassprüfungen (Prüfung aus besonderem Anlass), wobei zur Begründung bei Routineprüfungen lediglich der Hinweis auf § 193 Abs. 1 AO als Rechtsgrundlage der Prüfung genügt.[4] Aufgrund der Schwierigkeiten zur Abgrenzung von Routine- und Außenprüfun-

---

1 Vgl. hierzu Rz. 112 ff.
2 BFH v. 1.12.1995 – VII R 44/95, BFH/NV 1996, 457, mwN.
3 So *Gosch* in Beermann/Gosch, § 196 AO Rz. 20 (Sept. 2015); kritisch auch *Seer* in Tipke/Kruse, § 196 AO Rz. 13 (Okt. 2013).
4 BFH v. 28.4.1983 – IV R 255/82, BStBl. II 1983, 621 (auch die Auswahl des geprüften Steuerpflichtigen ist nicht zu begründen); v. 16.12.1987 – I R 238/83, BStBl. II 1988, 233; v. 20.10.1988 – IV R 104/86, BStBl. II 1989, 180; v. 25.1.1989 – X R 158/87, BStBl. II 1989, 483; v. 2.9.1988 – III R 280/84, BStBl. II 1989, 6; v. 2.10.1991 – X R 89/89, BStBl. II 1992, 220; v. 2.10.1991 – X R 1/88, BStBl. II 1992, 274; v. 21.6.2000 – IV B 138/99, BFH/NV 2001, 2; v. 23.6.2003 – X B 165/02, BFH/NV 2003, 1147; v. 12.8.2002 – X B 210/01, BFH/NV 2003, 3; FG Köln v. 23.11.1982 – IX 110/82, EFG 1983, 436; FG Rh.-Pf. v. 16.2.1982 – 2 K 187/81, EFG 1982, 334; FG Rh.-Pf. v. 16.3.1983 – 1 K 292/82, EFG 1984, 9; *Mösbauer*, DB 1993, 67; *Stahl*, kösdi 2014, 18883 (18885); *Schallmoser* in Hübschmann/Hepp/Spitaler, § 193 AO Rz. 113 (Febr. 2011); ausführlich dazu *Drüen*, AO-StB 2014, 343 (346 f.); *Leitner*, EFG 2011, 1273; kritisch FG Münster v. 10.8.1989 – XIV-III 994/88, EFG 1990, 149; aA (auch die Regelprüfungen sind zu begründen) FG Rh.-Pf. v. 19.5.1980 – V 493/78, EFG 1981, 5; FG Berlin v. 16.7.1982 – III 41/82, EFG 1982, 603; v. 3.9.1982 – III 374/82, EFG 1983, 435; *Groh*, DStR 1985, 681; *Seer* in Tipke/Kruse, § 196 AO Rz. 19 (Sept. 2013) verlangt jedenfalls eine kurze Begründung; *Gosch* in Beermann/Gosch, § 196 AO Rz. 90 f., § 193 AO Rz. 35 (Sept. 2015) mit Differenzierungen.

Prüfungsanordnung

gen gab zwar der BFH mit seiner Entscheidung v. 2.10.1991[1], die Unterscheidung zwischen Routine- und Außenprüfung grundsätzlich auf; erhöhte Anforderungen gegenüber der bisherigen Rechtsprechung verband er damit jedoch nicht. Im Ergebnis bleibt es nach Auffassung des BFH so, dass bei **Routineprüfungen** der **Verweis** auf § 193 Abs. 1 AO grundsätzlich **ausreicht**.[2]

Dies gilt für **Mittel-, Klein-** und **Kleinstbetriebe** gleichermaßen.[3] 218

Für sog. **Millionärsprüfungen**[4] (§ 147a AO: positive Einkünfte von mehr als 500000,– Euro im Kalenderjahr) bedarf es **keiner** über den Verweis auf § 193 Abs. 1 AO hinausgehenden Begründung. Für Zeiträume vor Einführung des § 147a AO (also vor dem 1.1.2010) bestand ein besonderes Aufklärungsbedürfnis und damit die Begründungspflicht.[5] 219

Zeichnet sich die Anordnung der Prüfung nach § 193 Abs. 1 AO durch eine auffallende **Besonderheit** aus, so ist sie zu begründen. Ebenfalls sind Prüfungsanordnungen in anderen Fällen hinreichend zu begründen. Begründungspflicht besteht insbesondere in folgenden Fällen:[6] 220

Jede **Ausdehnung/Erweiterung** des regulären Prüfungszeitraums muss das Finanzamt begründen.[7] Sie muss substantiiert sein, auch wenn der betroffene Steuerpflichtige der Regelung nach § 193 Abs. 1 AO unterliegt.[8] Anderes gilt ausnahmsweise, wenn das Finanzamt dem Steuerpflichtigen die Gründe für die Erwartung nicht unerheblicher Änderungen der Besteuerungsgrundlagen bereits zuvor im Rahmen einer Besprechung mitgeteilt hat.[9] 221

---

1 BFH v. 2.10.1991 – X R 89/89, BStBl. II 1992, 220.
2 S. nur den bereits zitierten Beschluss des BFH v. 12.8.2002 – X B 210/01, BFH/NV 2003, 3.
3 BFH v. 28.10.1988 – III R 52/86, BFH/NV 1990; v. 23.6.2003 – X B 165/02, BFH/NV 2003, 1147; v. 20.6.2011 – X B 234/10, BFH/NV 2011, 1829; *Stahl*, kösdi 2014, 18883 (18885).
4 Vgl. zu den sonstigen Rechtsfolgen und Mitwirkungs- und Duldungspflichten von Einkünftemillionären *Brinkmann*, StBp. 2011, 125 ff.
5 BFH v. 23.2.2011 – VIII B 63/10, BFH/NV 2011, 964; *Stahl*, kösdi 2014, 18883 (18886).
6 Vgl. zu einer Übersicht *Gosch* in Beermann/Gosch, § 196 AO Rz. 87, § 193 AO Rz. 37 ff. (Sept. 2015).
7 BFH v. 10.2.1983 – IV R 104/79, BStBl. II 1983, 286; FG BW v. 10.10.1989 – IV K 85/86, EFG 1990, 148; *Leitner*, EFG 2011, 1273; *Stahl*, kösdi 2014, 18883 (18887).
8 *Stahl*, kösdi 2014, 18883 (18887).
9 BFH v. 16.9.2014 – X R 30/13, BFH/NV 2015, 150.

Voraussetzungen der Außenprüfung

222 **Abweichungen** von der **Verwaltungsanordnung** des § 4 BpO erfordern eine Begründung[1] allerdings nur, sofern sie belastend sind.[2]

223 **Anschlussprüfungen** bei **Kleinstbetrieben** sind so auffallend, dass eine Begründung erforderlich ist,[3] nach der BFH-Rechtsprechung nicht jedoch bei **Klein- und Mittelbetrieben**.[4]

224 Die Anordnung einer Prüfung nach **§ 193 Abs. 2 Nr. 2 AO** ist zu begründen.[5]

225 Die sog. **zeitnahe Betriebsprüfung** gem. § 4a BpO (s. Rz. 148) verkürzt ua. den Prüfungszeitraum. Ihre Anordnung steht im Ermessen der Finanzbehörde.[6] Es bedarf uE einer gesonderten Begründung.

226 Die Begründungspflicht ist für **jeden Gegenstand** der Prüfungsanordnung zu prüfen.[7]

227 Soweit eine Begründung erforderlich ist, kann diese nach Ansicht der Rechtsprechung auch **mündlich** erfolgen.[8] Dem ist nicht zu folgen.[9]

228 § 121 Abs. 1 AO sieht eine **schriftliche** Begründung vor, soweit dies zum Verständnis des Verwaltungsakts erforderlich ist. Ein Verzicht ist insbesondere deshalb nicht geboten, weil es sich um eine Ermessensentscheidung handelt.

229 Bleibt jedoch im Fortgang des streitigen Verfahrens die Frage der Begründung **streitig**, ist die Verwaltung jedenfalls spätestens in der Einspruchsentscheidung gezwungen, die Begründung **schriftlich** nieder-

---

1 BFH v. 20.6.1984 – I R 111/80, BStBl. II 1984, 815.
2 BFH v. 16.12.1987 – I R 238/83, BStBl. II 1988, 233 betreffend ein Unterschreiten der Prüfungsgrenzen.
3 FG Münster v. 10.8.1989 – XIV-III 2382/87, EFG 1990, 150.
4 BFH v. 2.10.1991 – X R 89/89, BStBl. II 1992, 220; v. 2.10.1991 – X R 1/88, BStBl. II 1992, 274.
5 BFH v. 7.11.1985 – IV R 6/85, BStBl. II 1986, 435; v. 13.3.1987 – III R 236/83, BStBl. II 1987, 664; v. 9.11.1994 – XI R 33/93, BFH/NV 1995, 578; *Schallmoser* in Hübschmann/Hepp/Spitaler, § 193 AO Rz. 107 (Febr. 2011).
6 *Gosch* in Beermann/Gosch, § 194 AO Rz. 50 (Sept. 2015).
7 Vgl. *Papperitz*, DStR 1983, 564; also auch auf jede Steuerart und jedes Besteuerungsjahr; *Gosch* in Beermann/Gosch, § 196 AO Rz. 87 (Sept. 2015).
8 BFH v. 28.4.1983 – IV R 255/82, BStBl. II 1983, 621; v. 24.1.1985 – IV R 232/82, BStBl. II 1985, 568; v. 16.12.1986 – VIII R 123/86, BStBl. II 1987, 248.
9 So auch *Seer* in Tipke/Kruse, § 196 AO Rz. 15 (Okt. 2013); ablehnend auch *Rüsken* in Klein, § 196 AO Rz. 27, der die Entscheidungen als bedenklich bezeichnet.

zulegen, da nur auf diese Weise eine gerichtliche Überprüfung erfolgen kann (s. nachfolgend).[1]

Besondere **praktische** Bedeutung kommt den Begründungserfordernissen in der Regel jedoch nicht zu:[2] 230

Rügt der Steuerpflichtige das Begründungsdefizit, wird die Betriebsprüfung die Begründung in aller Regel nachholen. Bis wann dies möglich ist, hängt von der **Art des Defizits** ab. Ist eine Begründung vorhanden, diese jedoch nicht ausreichend (zB der bloße Verweis auf die Rechtsgrundlage bei einer Sonderprüfung), kann sie bis zum Abschluss der Tatsacheninstanz eines finanzgerichtlichen Verfahrens nachgeholt werden (§ 126 Abs. 1 Nr. 2 iVm. Abs. 2).[3] Fehlt hingegen die Begründung vollständig, kann sie nur bis zum Abschluss des Verwaltungsverfahrens, dh. bis zur Einspruchsentscheidung, nachgeholt werden.[4] Grund: Ermessensentscheidungen können gem. § 102 Satz 2 FGO im finanzgerichtlichen Verfahren nur eingeschränkt nachgebessert werden, eine bloße Ergänzung ist zulässig, eine Nachholung nicht.[5] In der Praxis empfiehlt es sich daher, auf die Einsicht in die **Arbeitsakten** des Betriebsprüfers zu bestehen.[6] Fehlt ein Aktenvermerk über die angebliche Begründung, ist es für deren Nachholung im Klageverfahren zu spät. 231

Gleichwohl kann es im Einzelfall sinnvoll sein, auch bei einer **Routineprüfung** die lediglich auf die Begründung des § 193 Abs. 1 AO gestützte Begründung anzugreifen, wenn der Rechtsstreit im finanzgerichtlichen Verfahren fortgeführt werden soll. Das Finanzamt hat trotz Routineprüfung die tragenden Erwägungen seiner Entscheidung so offen zu legen, dass sie für das Gericht nachvollziehbar sind. Dazu gehört selbst bei einem Verweis auf § 193 Abs. 1 AO auch, ob und dass die Auswahl desjenigen Steuerpflichtigen, dem gegenüber die Außenprüfung angeordnet worden ist, tatsächlich auf dem Zufallsprinzip beruht. Kann nicht darge- 232

---

1 So ging es in BFH v. 16.12.1986 – VIII R 123/86, BStBl. II 1987, 248, nur um die Frage der Schriftlichkeit der Begründung, nicht um ihren Inhalt selbst; dieser war unstreitig.
2 *Gosch* in Beermann/Gosch, § 176 AO Rz. 88 (Sept. 2015).
3 FG Hamburg v. 14.12.2011 – 2 K 39/11, nv. (juris); *Seer* in Tipke/Kruse, § 196 AO Rz. 18 (Okt. 2013).
4 *Stahl*, kösdi 2014, 18883 (18885); BFH v. 20.6.1984 – I R 111/80, BStBl. II 1984, 815; v. 23.1.1985 – I R 53/81, BStBl. II 1985, 566; v. 3.4.1985 – IV B 26/85, BFH/NV 1986, 710 (noch zur damaligen Beschwerdeentscheidung).
5 *Seer* in Tipke/Kruse, § 186 AO Rz. 18 (Okt. 2013); *Stahl*, kösdi 2014, 18883 (18885).
6 *Gosch*, StBp. 1992, 263.

Voraussetzungen der Außenprüfung

legt werden, dass die Prüfung maßgeblich auf dem Zufallsprinzip beruht, würde es sich um eine Prüfung aus besonderem Anlass handeln. Dies bedürfte stets einer Begründung.[1]

233 **Zuständig** für den Erlass der Prüfungsanordnung ist das für die Besteuerung sachlich und örtlich zuständige Finanzamt (§ 195 AO). Allerdings gilt auch hier, dass das Finanzamt die Prüfungsstelle selbst, sofern sie Teil einer anderen Behörde ist, mit dem Erlass der Prüfungsanordnung **beauftragen** kann (s. Rz. 48).

234 Innerhalb der zuständigen Finanzbehörde kann jeder mit der Betriebsprüfung beauftragte Beamte **zeichnen**, auch der Sachgebietsleiter der Außenprüfung.[2] Dies kann auch der Leiter der Veranlagungsstelle sein.[3] Eine insgesamt fehlende Unterschrift macht die Prüfungsanordnung anfechtbar, jedoch nach hM nicht nichtig (§ 127 AO).[4]

235 Die Prüfungsanordnung muss dem Steuerpflichtigen **bekannt gegeben** werden (§ 197 Abs. 1 AO). Eine förmliche Zustellung ist nicht erforderlich.

236 Bei der Bekanntgabe sind zu **unterscheiden** der Inhaltsadressat, der Bekanntgabeadressat und der Empfänger.

237 Zwingend erforderlich ist die Angabe, bei welchem Steuerpflichtigen (Prüfungssubjekt) die Außenprüfung stattfinden soll.[5] **Prüfungssubjekt** und damit **Inhaltsadressat** im Sinne des § 122 Abs. 1 Satz 1 AO ist derjenige, an den sich die Prüfungsanordnung richtet und dem aufgegeben wird, die Außenprüfung in dem in der Anordnung näher beschriebenen Umfang zu dulden und an ihr mitzuwirken.[6]

---

1 Vgl. zu diesem Gedanken *Gosch* in Beermann/Gosch, § 196 AO Rz. 84 (Sept. 2015).
2 Dies war **umstritten**. Gegen das Zeichnungsrecht FG Rh.-Pf. v. 19.5.1980 – V 493/78, EFG 1981, 5. Geklärt durch BFH v. 12.1.1983 – IV R 211/82, BStBl. II 1983, 360; v. 16.12.1987 – I R 238/83, BStBl. II 1988, 233; v. 11.4.1986 – III R 192/82, BFH/NV 1986, 445; wie BFH auch FG Rh.-Pf. v. 1.12.1981 – 2 K 109/81, EFG 1982, 335; FG Berlin v. 16.7.1982 – III 41/82, EFG 1982, 603; FG Köln v. 23.11.1982 – IX 110/82 S, EFG 1983, 436.
3 *Seer* in Tipke/Kruse, § 196 AO Rz. 10 (Okt. 2013).
4 BFH v. 25.6.1992 – IV R 87/90, BFH/NV 1993, 457; *Schallmoser* in Hübschmann/Hepp/Spitaler, § 196 AO Rz. 28 (Febr. 2011); zu Recht zweifelnd *Rüsken* in Klein, § 196 AO Rz. 40.
5 *Rüsken* in Klein, § 196 AO Rz. 3; *Seer* in Tipke/Kruse, § 196 AO Rz. 21 (Okt. 2013).
6 AEAO zu § 197 Nr. 2.1.

Prüfungsanordnung

Der **Bekanntgabeadressat** ist die Person/Personengruppe, der die Prüfungsanordnung bekanntzugeben ist. Der Bekanntgabeadressat ist regelmäßig mit dem Prüfungssubjekt identisch; soweit die Bekanntgabe an das Prüfungssubjekt nicht möglich oder nicht zulässig ist, kommen Dritte als Bekanntgabeadressaten in Betracht (zB Eltern eines minderjährigen Kindes, Geschäftsführer einer nicht rechtsfähigen Personenvereinigung, Liquidator). Bei fehlender Personenidentität muss die Prüfungsanordnung einen erläuternden Zusatz aufnehmen, aus dem der **Grund** für die Anordnung beim Bekanntgabeadressaten erkennbar wird.[1]   238

Der **Empfänger** ist derjenige, dem die Prüfungsanordnung tatsächlich zugehen soll, damit sie durch Bekanntgabe wirksam wird, also der Inhaber der **postalischen** Anschrift. In der Regel ist dies der Bekanntgabeadressat und damit regelmäßig auch der Inhaltsadressat. Es kann auch eine andere Person sein.[2]   239

Ist ein **Bevollmächtigter** bestellt, kann die Prüfungsanordnung an ihn bekanntgegeben werden (§§ 80 Abs. 1, 122 Abs. 1 Satz 3 AO), muss sich jedoch der Inhaltsadressat aus dem Inhalt der Anordnung ergeben.[3]   240

Ohne die eindeutige Angabe des Prüfungssubjekts/Inhaltsadressaten ist die Prüfungsanordnung mangels **Bestimmtheit** nichtig.[4] Gleiches gilt für Prüfungsanordnungen, die an ein **nicht** mehr **existierendes Steuersubjekt** gerichtet ist.[5] Zweifel bei der Bestimmung des Inhaltsadressaten können aber ggf. durch Auslegung behoben werden.[6] Verbleiben Unklarheiten, gehen diese zulasten der Verwaltung.[7]   241

Einen ausführlichen **Katalog**, an wen die Prüfungsanordnungen für verschiedenste Konstellationen zu richten und welche Formulierungen im Einzelfall durch die Finanzverwaltung zu verwenden ist, hat die Finanzverwaltung in **AEAO** zu § 197 Nr. 3 – 9.5 niedergelegt. Die nachfolgend   242

---

1 AEAO zu § 197 Nr. 2.2.
2 AEAO zu § 197 Nr. 2.3.
3 BFH v. 14.3.1989 – 1 B 50/88, BStBl. II 1989, 590.
4 *Schallmoser* in Hübschmann/Hepp/Spitaler, § 196 AO Rz. 34 (Febr. 2011); *Rüsken* in Klein, § 197 AO Rz. 4; *Seer* in Tipke/Kruse, § 196 AO Rz. 21 (Okt. 2013); *Gosch* in Beermann/Gosch, § 197 AO Rz. 34 (Sept. 2015).
5 BFH v. 25.4.2006 – VIII R 46/02, BFH/NV 2006, 2037; *Schallmoser* in Hübschmann/Hepp/Spitaler, § 196 AO Rz. 34 (Febr. 2011).
6 BFH v. 29.6.1988 – IV B 70/88, BFH/NV 1989, 613; *Schallmoser* in Hübschmann/Hepp/Spitaler, § 196 AO Rz. 34 (Febr. 2011).
7 BFH v. 14.3.1989 – 1 B 50/88, BStBl. II 1989, 590; *Gosch* in Beermann/Gosch, § 197 AO Rz. 34 (Sept. 2015).

Voraussetzungen der Außenprüfung

dargestellten Beispiele sind auch in dem vorgenannten Erlass wiedergegeben. Eine Aufzählung von Gestaltungen, in denen fehlerhafte Bezeichnungen des Inhaltsadressaten zur Nichtigkeit der Prüfungsanordnung führen, ist in Hübschmann/Hepp/Spitaler nachzuschlagen.[1]

243 Werden die Besteuerungsgrundlagen der **Ehepartner**[2] geprüft, ist beiden Ehepartnern eine Prüfungsanordnung zuzustellen.[3] Beide Anordnungen können in einem Formular zusammengefasst[4] und – bei entsprechender Bevollmächtigung – einem Ehepartner zugestellt werden (allerdings wird es an einer Bevollmächtigung im Allgemeinen fehlen);[5] ebenfalls kann die Zustellung an eine gemeinsame Anschrift erfolgen. Diese Grundsätze finden auch auf **eingetragene Lebenspartner** Anwendung.[6]

244 Prüfungsanordnungen gegen **Personenhandelsgesellschaften** (OHG, KG; s. auch Rz. 111) sind der Gesellschaft unter deren Firma zuzustellen, nicht den einzelnen Gesellschaftern, soweit die Besteuerungsgrundlagen dieser Gesellschaften geprüft werden sollen (zB USt, GewSt).[7] Dies gilt nach überwiegender Ansicht auch hinsichtlich der einheitlichen **Gewinnfeststellung**[8] und der Bewertung **Einheitsbewertung**.[9] Begründet wird dies für die Gewinnfeststellung mit der fehlenden analogen Anwendbarkeit der § 183 AO, § 48 FGO.[10] Dies birgt Risiken bei der Klagebefugnis. Eine gesonderte Prüfungsanordnung für die Gesellschafter ist auch dann nicht notwendig, wenn deren persönlichen steuerlichen Verhältnisse mitgeprüft werden.[11]

---

1 *Schallmoser* in Hübschmann/Hepp/Spitaler, § 196 AO Rz. 49 (Febr. 2011).
2 S. hierzu auch Rz. 78 f., 184.
3 BFH v. 5.11.1981 – IV R 179/79, BStBl. II 1982, 208. Die Ehe muss allerdings bestehen; eine an einen Ehemann und eine **nicht existierende Ehefrau** gerichtete Prüfungsanordnung ist nichtig (FG Rh.-Pf. v. 27.1.1986 – 5 K 214/85, EFG 1986, 378).
4 BFH v. 28.10.1988 – III R 52/86, BStBl. II 1989, 257.
5 Allein im Antrag auf Zusammenveranlagung kann zutreffenderweise eine solche Vollmacht nicht gesehen werden, *Rüsken* in Klein, § 197 AO Rz. 9; aA *Mösbauer*, StBp. 1999, 188 ff.
6 *Gosch* in Beermann/Gosch, § 196 AO Rz. 61 (Sept. 2015).
7 BFH v. 16.3.1993 – XI R 42/90, BFH/NV 1994, 75; v. 19.2.1996 – VIII B 4/95, BFH/NV 1996, 660; *Seer* in Tipke/Kruse, § 196 AO Rz. 24 (Okt. 2013).
8 BFH v. 12.2.2015 – IV R 63/11, BFH/NV 2015, 832.
9 Vgl. die Nachweise bei *Seer* in Tipke/Kruse, § 196 AO Rz. 25 (Okt. 2013); *Rüsken* in Klein, § 197 AO Rz. 5; vgl. zur nachträglich festgestellten Mitunternehmerschaft Rz. 178.
10 Z.B. FG Köln v. 20.1.2010 – 7 K 4391/07, EFG 2010, 895, mit instruktiver Anm. *Kühnen*, EFG 2010, 898 f.
11 *Gosch* in Beermann/Gosch, § 196 AO Rz. 45 (Sept. 2015).

Prüfungsanordnung

Dies gilt entsprechend bei Prüfungsanordnungen, die sich auf die Besteuerungsgrundlagen **nichtrechtsfähiger Personenvereinigungen** beziehen. Auch diese Prüfungsanordnung richtet sich nach hM in den genannten Fällen an die Personenvereinigung, nicht an die Mitglieder.[1] Dies gilt auch für Bauherrengemeinschaften.[2] 245

Wird die Prüfung der Feststellung der **Überschusseinkünfte** (zB aus Vermietung und Verpachtung), des Vermögens und der Schulden bei einer Gesellschaft bürgerlichen Rechts oder bei einer Gemeinschaft (zB Grundstücksgemeinschaft) angeordnet, ist die **nicht rechtsfähige** Personenvereinigung als Grundstücksgesellschaft oder Bauherrengemeinschaft insoweit **nicht** selbst Prüfungssubjekt.[3] Vielmehr ist der einzelne Gesellschafter der Träger der steuerlichen Rechte und Pflichten.[4] 246

Die Regeln für die Personengesellschaft oder die Gemeinschaft gelten auch im **Liquidationsfall**, solange die Liquidation noch andauert.[5] 247

Befindet sich eine Gesellschaft in der **Insolvenz**, ist die Prüfungsanordnung für die Gesellschaft an den Insolvenzverwalter zu richten.[6] Wird der Gesellschafter von der Prüfung selbst betroffen, ohne dass auch über sein Vermögen das Insolvenzverfahren eröffnet ist, ist auch ihm eine Prüfungsanordnung bekanntzugeben. 248

Ist die Personengesellschaft oder -gemeinschaft **abgewickelt** oder **aufgelöst**, ist zwischen der Auflösung und Vollbeendigung der Gesellschaft zu unterscheiden. Vollbeendet ist die Personengesellschaft, wenn sie aufgelöst worden ist und einer der Gesellschafter das Gesellschaftsvermögen ohne Liquidation übernommen hat.[7] Wird die Prüfungsanordnung in einem solchen Fall noch an die Personengesellschaft gerich- 249

---

1 BFH v. 16.11.1989 – IV R 29/89, BStBl. II 1990, 272.
2 BFH v. 25.9.1990 – IX R 84/88, BStBl. II 1991, 120; *Seer* in Tipke/Kruse, § 196 AO Rz. 25 (Okt. 2013). Zur **atypisch stillen Gesellschaft** s. BFH v. 4.10.1991 – VIII B 93/90, BStBl. II 1992, 59; FG München v. 6.8.1987 – VI 33/83, EFG 1988, 401; *Rüsken* in Klein, § 197 AO Rz. 5e: Adressat ist regelmäßig der Inhaber des Handelsgeschäfts.
3 BFH v. 25.9.1990 – IX R 84/88, BStBl. II 1991, 120; v. 18.10.1994 – IX R 128/92, BStBl. II 1995, 291.
4 *Kühnen*, EFG 2010, 898 (899).
5 *Schallmoser* in Hübschmann/Hepp/Spitaler, § 196 AO Rz. 41 (Febr. 2011).
6 *Schallmoser* in Hübschmann/Hepp/Spitaler, § 196 AO Rz. 41 (Febr. 2011).
7 Es dürfen auch keine Rechtsbeziehungen mehr zwischen ihr und dem Finanzamt bestehen.

Voraussetzungen der Außenprüfung

tet, so ist sie unwirksam.[1] Wird die Personengesellschaft aber nicht in dieser Form vollbeendet und Steuerschulden oder Steuererstattungsansprüche der Gesellschaft bestehen, ist diese noch Adressat der Prüfungsanordnung.[2]

250 Soweit aufgrund einer **Umwandlung** eine Gesellschaft im Wege der **Gesamtrechtsnachfolge** auf ein anderes Unternehmen umgewandelt ist, ist die Prüfungsanordnung für die Zeit vor der Umwandlung an die Gesellschaft zu richten, auf die umgewandelt wurde.[3]

251 Ist ein **Gesellschafter** aus einer Personengesellschaft oder einer Gemeinschaft **ausgeschieden**, richtet sich die Prüfungsanordnung an die weiterhin existente Gesellschaft. Eine Bekanntgabe an den ausgeschiedenen Beteiligten ist nicht angezeigt.[4] Er ist jedoch über die Prüfungsfeststellungen zu unterrichten, soweit diese für seine Besteuerung relevant sind; er kann den Feststellungsbescheid gleichwohl selber anfechten.[5]

252 Besteht **Unklarheit** über das Vorliegen einer Gesellschaft oder Gemeinschaft, ist jedem an dem unklaren Verhältnis Beteiligten die Prüfungsanordnung zuzustellen.[6]

253 Bei **Einzelrechtsnachfolge** (Beispiel: Kauf eines Unternehmens) ist entscheidend, ob der Zeitraum vor dem Übergang oder nach diesem geprüft wird. Für die Zeit vor dem Übergang ist noch der veräußernde Steuerpflichtige der richtige Adressat.

254 Werden **Mitglieder, Gesellschafter** usw. nach **§ 194 Abs. 2 AO** mitgeprüft, wird ihnen die entsprechende Prüfungsanordnung bekanntgegeben (vgl. § 197 Abs. 1 AO).

255 Die Prüfungsanordnung kann dem **Bevollmächtigten** bekanntgegeben werden.[7] Dann muss der geprüfte Steuerpflichtige diese Bekanntgabe

---

[1] *Gosch* in Beermann/Gosch, § 196 AO Rz. 46 (Sept. 2015); *Rüsken* in Klein, § 197 AO Rz. 5d: Die Prüfungsanordnung ist dann an den Rechtsnachfolger zu adressieren.
[2] BFH v. 18.11.2008 – VIII R 40/07, BFH/NV 2009, 705; v. 12.2.2015 – IV R 63/11, BFH/NV 2015, 832; *Kühnen*, EFG 2010, 898 (899); *Rüsken* in Klein, § 197 AO Rz. 5c; *Gosch* in Beermann/Gosch, § 196 AO Rz. 46 (Sept. 2015).
[3] AEAO zu § 196 Nr. 9.1 – 9.5 mit weiteren Differenzierungen.
[4] *Gosch* in Beermann/Gosch, § 196 AO Rz. 48 (Sept. 2015); *Kühnen*, EFG 2010, 898 (899); *Rüsken* in Klein, § 197 AO Rz. 5b.
[5] Str., vgl. *Gosch* in Beermann/Gosch, § 196 AO Rz. 48 (Sept. 2015), mwN; *Rüsken* in Klein, § 197 AO Rz. 5b.
[6] BFH v. 13.11.1984 – VIII R 5/84, BFH/NV 1985, 61.
[7] AEAO zu § 197 Nr. 2.4.

Prüfungsanordnung

gegen sich wirken lassen. Umgekehrt stellt sich die Frage, ob die Bekanntgabe der Prüfungsanordnung gleichwohl wirksam an den **Steuerpflichtigen** erfolgen kann. Dies ist keine spezielle Problematik des § 197 AO, sondern der §§ 122 Abs. 1 Satz 3, 80 Abs. 3 AO. Nach der Rechtsprechung des BFH soll eine Verpflichtung zur Bekanntgabe an den Bevollmächtigten im Sinne einer Ermessensreduzierung auf Null nur dann bestehen, wenn der Steuerpflichtige dem Bevollmächtigten eindeutig und unmissverständlich (ausdrücklich) auch zum Bekanntgabeadressaten bestellt hat und dies sich unmittelbar aus der Erklärung des Steuerpflichtigen oder seines Bevollmächtigten ergibt.[1] Der (heilbare) Bekanntgabemangel führt zur Unwirksamkeit der Zustellung. Liegt hingegen keine ausdrückliche Empfangsvollmacht, sondern nur eine **allgemeine** (**Vertretungs-**)**Vollmacht** vor, soll die Finanzverwaltung nach Auffassung der Rechtsprechung trotz § 80 Abs. 3 AO den Verwaltungsakt dem Steuerpflichtigen selbst wirksam bekanntgeben können.[2]

Diese **Differenzierung** bedingt nach zutreffender Auffassung die **Gefahr** von Rechtsnachteilen für den Steuerpflichtigen, weil der steuerlich Unkundige seinen Bevollmächtigten in der täglichen Praxis häufig nicht oder nicht rechtzeitig über den Erlass und den Inhalt des Steuerverwaltungsakts informiert; hierdurch können insbesondere Rechtsbehelfsfristen versäumt werden.[3] Diese Grundsätze müssen auch im Rahmen der Bekanntgabe der Prüfungsanordnung im Sinne des § 197 Abs. 1 AO gelten.[4] Ob das Prüfungsfinanzamt von der Bevollmächtigung wusste, ist unerheblich, wenn es sich erkundigen konnte.[5] Die Adressierung an den Steuerpflichtigen selbst sollte daher in diesen Fällen angefochten werden. 256

Die Prüfungsanordnung muss **„angemessene Zeit"** vor der Prüfung bekanntgegeben werden (§ 197 Abs. 1 AO). 257

Angemessen ist nach Ansicht der Verwaltung (vgl. § 5 Abs. 4 BpO) bei Großbetrieben eine Frist von **vier**, bei Mittelbetrieben eine Frist von **zwei** 258

---

1 BFH v. 9.6.2005 – IX R 25/04, BFH/NV 2006, 225; v. 18.1.2007 – IV R 53/05, BStBl. II 2007, 369.
2 BFH v. 5.10.2000 – VII R 96/99, BStBl. II 2001, 86; aA der IX. Senat des BFH v. 9.6.2005 – IX R 25/04, BFH/NV 2006, 225.
3 So *Seer* in Tipke/Kruse, § 122 AO Rz. 42, 44 (Okt. 2015), mwN; differenzierend *Gosch* in Beermann/Gosch, § 122 AO Rz. 27.3 (Nov. 2014).
4 *Seer* in Tipke/Kruse, § 197 AO Rz. 13 (Okt. 2013); bejahend in diesem Sinne bei einer „Duldungsvollmacht" FG Berlin v. 8.2.1985 – III 515/84, EFG 1985, 540; v. 26.6.1985 – II 33/84, EFG 1996, 162.
5 *Seer* in Tipke/Kruse, § 197 AO Rz. 13 (Okt. 2013).

Voraussetzungen der Außenprüfung

Wochen. UE ist die Frist von zwei Wochen in jedem Fall zu kurz. Die Prüfungsanordnung sollte immer vier Wochen vorher zugehen. Der BFH ist zugunsten der Verwaltung großzügig. Nach seiner Ansicht kann in besonderen Fällen die Bekanntgabe der Prüfungsanordnung mit dem Beginn der Prüfung zusammenfallen.[1] Dies soll insbesondere bei Erweiterungsanordnungen[2] und Ergänzungsprüfungen der Fall sein.[3] Ein solcher besonderer Umstand ist jedoch grundsätzlich nicht der drohende Ablauf der Festsetzungsverjährung, auch wenn Verjährung kurz bevorsteht.[4]

259 Auf die **vorherige Bekanntgabe** in angemessener Zeit kann **verzichtet** werden (§ 197 Abs. 1 Satz 2 AO).[5] Außerdem bedarf es ihrer nicht, wenn der Prüfungszweck dadurch gefährdet wird (vgl. § 197 Abs. 1 Satz 1 AO). Ein Verzicht liegt nicht bereits darin, dass der Steuerpflichtige sich erst nach Abschluss der Prüfung gegen die Rechtmäßigkeit der Prüfung gewandt hat.[6]

260 Der **Verzicht** spielt in der **Prüfungspraxis** eine nicht unerhebliche Rolle. Der Prüfer ruft Donnerstag an, ob er am kommenden Montag mit der Prüfung beginnen könne; eine andere Prüfung sei ausgefallen; er werde die Prüfungsanordnung mitbringen. Der Steuerpflichtige erklärt sein Einverständnis und verzichtet damit auf die Einhaltung der „angemessenen" Frist. UE ist diese Praxis **bedenklich**. Der Steuerpflichtige und sein Berater müssen ausreichende Zeit haben, die Rechtmäßigkeit der Außenprüfung zu erörtern und zu prüfen; auch benötigt der Steuerpflichtige hinreichende Zeit, um die Prüfung vorzubereiten. Der Steuerpflichtige und sein Berater sollten daher keine Scheu haben, die Bitte des Prüfers abschlägig zu bescheiden. Führt dies zu einer Missstimmigkeit, belastet sie die Prüfung auf keinen Fall nachhaltig. Die Prüfung ohne ausreichende Vorprüfung und Vorbereitung ist in jedem Fall der größere Nachteil.

---

1 BFH v. 4.2.1988 – V R 57/83, BStBl. II 1988, 413, mit HFR-Anm. 1988, 459.
2 *Gosch* in Beermann/Gosch, § 197 AO Rz. 58 ff. (Sept. 2015).
3 *Rüsken* in Klein, § 197 AO Rz. 11, der allerdings **Zweifel** anmeldet.
4 BFH v. 24.2.1989 – III R 36/88, BStBl. II 1989, 445; *Rüsken* in Klein, § 197 AO Rz. 11.
5 FG Berlin v. 12.10.1984 – III 572/83, EFG 1985, 161; v. 8.2.1985 – III 515/84, EFG 1985, 540; v. 23.4.1985 – VII 192/83, EFG 1986, 3; v. 6.2.1986 – I 244/85, EFG 1986, 478: Wirksamer Verzicht setzt Kenntnis des Steuerpflichtigen von seinen Rechten voraus.
6 BFH v. 4.2.1988 – V R 57/83, BStBl. II 1988, 413; *Rüsken* in Klein, § 197 AO Rz. 12; aA wohl *Seer* in Tipke/Kruse, § 197 AO Rz. 5, 7 (Okt. 2013), der darin lediglich keinen Verzicht auf die Anfechtung der Prüfungsanordnung sieht.

Prüfungsanordnung

Erfolgt die Bekanntgabe der Prüfungsanordnung nicht in einer angemessenen Zeit vor Beginn, aber noch **vor Abschluss** der Prüfung, ist die Prüfungsanordnung nicht nichtig.[1] In dem vorgenannten Fall soll gleichwohl regelmäßig kein Verwertungsverbot greifen.[2] UE ist demgegenüber jedenfalls eine Verhältnismäßigkeitsprüfung durchzuführen. 261

Die Festlegung des Beginns einer Außenprüfung auf einen bestimmten Tag stellt einen **Verwaltungsakt** dar und kann mit dem Einspruch angegriffen werden, wenn die Frist unangemessen oder die Terminsbestimmung ermessensfehlerhaft ist.[3] 262

Zur Möglichkeit, die **Verlegung** der Prüfung zu beantragen, s. Rz. 201 ff. 263

IV. Anfechtung

1. Überblick

Ob und welcher Rechtsbehelf gegen Prüfungsmaßnahmen zur Verfügung steht, bestimmt sich in erster Linie nach dem **Charakter** dieser Maßnahme. Dies gilt insbesondere für die Durchsetzung von Verwertungsverboten. Dem Steuerpflichtigen stehen die „regulären" Rechtsbehelfe (Einspruch, Klage) zur Überprüfung der Verwaltungsmaßnahmen nur dann zur Verfügung, wenn diese Maßnahmen die Rechtsform eines Verwaltungsakts haben. Handelt es sich lediglich um einen Realakt, ist der Betroffene auf die Anfechtung der nachfolgenden Steuerbescheide angewiesen. Im Rahmen dieses Rechtsbehelfsverfahrens ist ggf. auch die als Realakt ausgeführte Prüfungsmaßnahme auf ihre Rechtmäßigkeit hin zu überprüfen, ein isoliertes Vorgehen gegen die Maßnahmen als solche ist hingegen ausgeschlossen.[4] Ähnlich stellt sich die Situation bei unwirksamen Verwaltungsakten dar. 264

Nach der Qualifikation der Maßnahme ergeben sich unterschiedliche **Rechtsbehelfsmöglichkeiten**. Zu den sonstigen Rechtsschutzmaßnahmen s. Rz. 786 ff. Eine gute schematische Übersicht über Rechtsbehelfe gegen Maßnahmen der Außenprüfung von *Gosch*[5] ist als **Anl. 4** am Ende dieses Buches wiedergegeben.[6] 265

---

[1] *Seer* in Tipke/Kruse, § 197 AO Rz. 7 (Okt. 2013).
[2] *Gosch* in Beermann/Gosch, § 197 AO Rz. 61 (Sept. 2015).
[3] *Rüsken* in Klein, § 197 AO Rz. 13 f.
[4] Vgl. hierzu und zum Vorhergehenden *Gosch* in Beermann/Gosch, § 196 AO Rz. 363 (Sept. 2015).
[5] *Von Wedelstädt* in Beermann/Gosch, § 196 AO Rz. 165 (Sept. 2015).
[6] Eine weitere schematische Übersicht gibt *Drüen*, AO-StB 2009, 88 (89).

Voraussetzungen der Außenprüfung

2. Technik

266 Die Prüfungsanordnung wird mit dem Einspruch (§ 347 AO) und, ist dieser erfolglos, mit der Klage (§ 40 Abs. 1 FGO) **angefochten** (s. Rz. 802 ff.). Das gilt für die **Prüfungsanordnung selbst** (Rz. 191 ff.) und für die mit ihr verbundenen **sonstigen Verwaltungsakte** (Rz. 198 ff.).

267 **Anfechtungsberechtigt** ist grundsätzlich der Inhaltsadressat der Prüfungsanordnung, aber auch der Gesellschafter, auf den sich die Erstreckungsanordnung im Sinne von § 196 Abs. 2 AO bezieht.[1]

268 Bei einer Prüfung, die sich auf die einheitliche und gesonderte Feststellung gewerblicher Einkünfte oder des Einheitswerts des Betriebsvermögens bezieht, ist die **Personengesellschaft** selbst Prüfungsobjekt und daher nur diese, nicht die Gesellschafter, rechtsmittelbefugt; insofern gilt im Klageverfahren § 48 Abs. 1 Nr. 3 FGO nicht.[2]

269 Soweit **Dritte**[3] von einer Prüfungsanordnung betroffen sind – zB der Arbeitnehmer von der Lohnsteuerprüfung beim Arbeitgeber –, ist **zweifelhaft**, ob der Dritte die Prüfungsanordnung anfechten kann. Die Prüfungsanordnung entfaltet grundsätzlich nur Wirksamkeit zwischen der Finanzverwaltung und dem Adressaten (vgl. Rz. 157 ff.). Die wohl hM verwehrt dem Dritten ein eigenständiges Anfechtungsrecht der Prüfungsanordnung, da er nicht zur Duldung von Prüfungshandlungen verpflichtet sei und er die Auswertung der Prüfungsergebnisse in der Form geänderter Steuerbescheide durch die Anfechtung dieser Bescheide vermeiden könne.[4] Zu berücksichtigen ist uE jedoch, dass die Rechtsprechung die Verwertung der Prüfungsergebnisse bei Dritten unabhängig von der Rechtmäßigkeit der Prüfungsanordnung (Rz. 177 ff.) ermöglicht, somit kein Verwertungsverbot bei rechtswidrig erlangten Feststellungen (jedenfalls bei Änderungsbescheiden und Vorbehaltsbescheiden) ermöglicht. Versäumt der Dritte die Anfechtung der gegen ihn ergangenen „Auswertungsbescheide", muss er die ggf. rechtswidrig erlangten Kenntnisse gegen sich gelten lassen. Er soll uE die Möglichkeit haben, die Prüfungsanordnung anzufechten, um die Feststellung der Rechtswidrigkeit in Bezug auf seine Person bereits im Vorfeld zu erreichen.

---

1 *Vogelsang* in Vogelsang/Stahl, Rz. D 210; *Gosch* in Beermann/Gosch, § 196 AO Rz. 169 (Sept. 2015); FG Köln v. 20.1.2010 – 7 K 4391/07, EFG 2010, 895. Zu einer Übersicht vgl. *Schallmoser* in Hübschmann/Hepp/Spitaler, § 196 AO Rz. 145 (Febr. 2011).
2 *Rüsken* in Klein, § 197 AO Rz. 5b.
3 S. auch zur Mitwirkungspflicht Dritter Rz. 437.
4 *Vogelsang* in Vogelsang/Stahl, Rz. D 210, m.w.N.

Prüfungsanordnung

Die **Frist** für den Einspruch beträgt **einen Monat**, sofern die Prüfungsanordnung eine **Rechtsbehelfsbelehrung** enthält. Anderenfalls beträgt die Einspruchsfrist ein Jahr (§ 356 Abs. 2 AO; s. Rz. 806 f.).[1] Dadurch, dass der Steuerpflichtige sich zunächst ohne Protest auf die Prüfung einlässt, verwirkt er nicht das Rechtsbehelfsrecht.[2] Anderenfalls hätte die Verwaltung sogar die Möglichkeit, durch Weglassen der Rechtsbehelfsbelehrung die Anfechtungsfrist ggf. abzukürzen.

270

Die Prüfungsanordnung kann trotz Einspruchs bzw. Klage durch Beginn der Außenprüfung vollzogen werden. Ein Suspensiveffekt besteht nicht. Dies gilt nicht, wenn aufgrund eines Antrags oder von Amts wegen durch das Finanzamt (§ 361 AO) oder aufgrund eines Antrags durch das FG (§ 69 FGO) **Aussetzung** der **Vollziehung** verfügt wird.[3]

271

Wird die **Prüfung durchgeführt**, obwohl die Prüfungsanordnung angefochten worden ist, erledigt sich das Einspruchsverfahren nicht. Vielmehr ändert sich nach der Durchführung (in der Regel mit Zusendung des Prüfungsberichts)[4] das Rechtsbehelfsbegehren. Es geht sodann nicht mehr um die Anfechtung der Prüfungsanordnung, sondern um die Feststellung, dass die Prüfung rechtswidrig war. Der Einspruch setzt sich als Fortsetzungsfeststellungseinspruch, die Anfechtungsklage als sog. **Fortsetzungsfeststellungsklage** (§ 100 Abs. 1 Satz 4 FGO) fort, jeweils mit dem Begehren, festzustellen, dass die Prüfungsanordnung rechtswidrig war.[5]

272

Allerdings setzt auch diese Fortsetzungsfeststellungsklage das Beschwerdeverfahren als **Vorverfahren** voraus.[6]

273

---

[1] *Frotscher* in Schwarz/Pahlke, § 196 AO Rz. 11 (Juni 2012).
[2] BFH v. 18.7.1991 – V R 54/87, BStBl. II 1991, 824; *Vogelsang* in Vogelsang/Stahl, Rz. D 208; *Rüsken* in Klein, § 197 AO Rz. 57; *Frotscher* in Schwarz/Pahlke, § 196 AO Rz. 16 (Juni 2012); speziell für den Fall, dass eine Rechtsmittelbelehrung fehlt: BFH v. 7.11.1985 – IV R 6/85, BStBl. II 1986, 435; *Seer* in Tipke/Kruse, § 196 AO Rz. 47 (Okt. 2013).
[3] BFH v. 17.9.1974 – VII B 122/73, BStBl. II 1975, 197; diese Entscheidung zur RAO gilt auch zur AO 1977 (vgl. AEAO zu § 197 Nr. 1).
[4] Vgl. *Seer* in Tipke/Kruse, § 196 AO Rz. 41 (Okt. 2013); dies kann von der Frage abweichen, wann die Sperre für die strafbefreiende Selbstanzeige des § 371 Abs. 2 Satz 1 Nr. 1a AO wieder entfällt, vgl. dazu *Streck/Spatscheck/Talaska*, Die Steuerfahndung, Rz. 280, und unten Rz. 301 ff.
[5] *Seer* in Tipke/Kruse, § 196 AO Rz. 41 (Okt. 2013); für die Fortsetzungsfeststellungsklage BFH v. 30.8.1994 – IX R 65/91, BFH/NV 1995, 517 (518).
[6] BFH v. 17.7.1985 – I R 214/82, BStBl. II 1986, 21; v. 2.6.1987 – VIII R 192/83, BFH/NV 1988, 104.

Voraussetzungen der Außenprüfung

274 In jedem Fall ist ein **Feststellungsinteresse** erforderlich, das in der Möglichkeit gesehen werden kann, ein Verwertungsverbot zu erreichen.[1] Hingegen **fehlt** es zB, wenn das Finanzamt zusagt, Prüfungsfeststellungen nicht zu verwerten,[2] die Steuerfahndung die Betriebsprüfung überholt hat,[3] die Prüfungsanordnung wegen Rechtswidrigkeit zurückgenommen wurde[4] oder die Nichtigkeit der Unwirksamkeit der Prüfungsanordnung geltend gemacht wird.[5] Im Übrigen folgt aus der später festgestellten Rechtswidrigkeit grundsätzlich das Verbot, die Außenprüfungsergebnisse zu verwerten.[6]

275 Da auf diese Weise der Rechtsschutz ausreichend gesichert ist, ist **kein Raum** für eine **einstweilige Anordnung**, die Ergebnisse einer rechtswidrigen Außenprüfung nicht zu verwerten.[7]

276 Befürchtet der Steuerbürger, dass eine Prüfung bei ihm nur angeordnet sei, um die **Ergebnisse an Dritte weiterzugeben**, so ist hiergegen eine vorbeugende Unterlassungsklage zulässig.[8] Diesem Abwehranspruch kann durch einstweilige Anordnung (Sicherungsanordnung gem. § 114 Abs. 1 Satz 1 FGO) Wirkung verschafft werden.[9]

3. Richtiger Anfechtungsgegenstand; Durchsetzung des Verwertungsverbots

277 Insbesondere zur Durchsetzung des Verwertungsverbots stellt sich die Frage, ob sowohl die Prüfungsanordnung bzw. die mit ihr verbundenen sonstigen Verwaltungsakte einerseits und darüber hinaus die aus den gezogenen Feststellungen resultierenden Steuerbescheide angefochten

---

1 *Seer* in Tipke/Kruse, § 196 AO Rz. 41 (Okt. 2015).
2 Vgl. FG Berlin v. 8.2.1985 – III 515/83, EFG 1985, 540.
3 FG Nürnberg v. 14.6.1989 – III 95/88, EFG 1989, 589.
4 BFH v. 2.6.1987 – VIII R 192/83, BFH/NV 1988, 104. S. allerdings auch BFH v. 9.5.1985 – IV R 172/83, BStBl. II 1985, 579.
5 Das Feststellungsinteresse fehlt, weil Nichtigkeit oder Unwirksamkeit unmittelbar im Streit gegen die Auswertungsbescheide geltend gemacht werden kann (BFH v. 20.2.1990 – IX 83/88, BStBl. II 1990, 789; s. auch Rz. 171).
6 Vgl. hierzu und zu der einschränkenden Rechtsprechung Rz. 171.
7 BFH v. 24.6.1982 – IV B 3/82, BStBl. II 1982, 659.
8 FG Berlin v. 18.2.1983 – III 659/660/81, EFG 1984, 33, allerdings ohne Erfolg für den Kläger in diesem Fall; *Seer* in Tipke/Kruse, § 196 AO Rz. 42 (Okt. 2013).
9 *Seer* in Tipke/Kruse, § 196 AO Rz. 42 (Okt. 2013).

Prüfungsanordnung

werden müssen (sog. **zweistufiges** Verfahren) oder ob es genügt, lediglich die Steuerbescheide anzugreifen (sog. **einstufiges** Verfahren).[1]

Ist die **Prüfungsanordnung** ergangen (dh. bekannt gegeben worden), **muss** diese angefochten werden, um ein Verwertungsverbot im Besteuerungsverfahren durchsetzen zu können.[2] Die Prüfungsanordnung kann in solchen Fällen das Handeln des Prüfers nur dann nicht mehr legitimieren, wenn die Prüfungsanordnung tatsächlich aufgehoben oder im Wege der Fortsetzungsfeststellungsklage ihre Rechtswidrigkeit festgestellt worden ist. Die Rechtswidrigkeit der Prüfungsanordnung führt somit nicht automatisch zur Rechtswidrigkeit der Steuerbescheide.[3] 278

Haben die **Prüfungsfeststellungen** bereits Eingang in **Steuerbescheide** gefunden, müssen zur Beseitigung der aus der Prüfungsfeststellung gezogenen Folgerungen **zusätzlich** die Steuerbescheide angefochten werden, um das Verwertungsverbot durchzuführen.[4] 279

Ist eine **Prüfungsanordnung nicht ergangen**, zB weil sie nicht bekannt gegeben wurde[5] oder die Prüfungsanordnung nichtig ist, kann sie die Prüfungshandlungen nicht legitimieren. In diesem Fall bedarf es keiner Anfechtung der Prüfungsanordnung, vielmehr kann der Steuerpflichtige das Verwertungsverbot unmittelbar mit der Anfechtung der aufgrund der Prüfung erlassenen Bescheide geltend machen (einstufiges Verfahren).[6] 280

In der **Praxis** sollte sich der Steuerpflichtige jedoch nicht auf das einstufige Verfahren beschränken. Nicht jeder behauptete Mangel einer Prüfungsanordnung führt im Ergebnis zur Nichtigkeit und ist für den Steu- 281

---

1 *Vogelsang* in Vogelsang/Stahl, Rz. D 218 f.; *Seer* in Tipke/Kruse, § 196 AO Rz. 37 (Okt. 2013); *Rüsken* in Klein, § 196 AO Rz. 48 f.; *Kuhfus*, EFG 2014, 169 (170).
2 BFH v. 9.11.1994 – XI R 33/93, BFH/NV 1995, 621; FG Köln v. 7.4.2004 – 7 K 7227/99, EFG 2004, 1184; *Kuhfus*, EFG 2014, 169 (170).
3 Hierzu und zum Vorherigen *Kuhfus*, EFG 2014, 169 (170); *Vogelsang* in Vogelsang/Stahl, Rz. D 218.
4 *Rüsken* in Klein, § 196 AO Rz. 51; BFH v. 16.12.1986 – VIII R 123/86, BStBl. II 1987, 248.
5 Gleiches gilt, wenn die Finanzbehörde die Bekanntgabe nicht nachweisen konnte, zB wie im Urteil des FG München v. 12.9.2013 – 10 K 3728/10, rkr., EFG 2014, 167.
6 BFH v. 25.11.1997 – VIII R 4/94, BStBl. II 1998, 461; v. 20.2.1990 – IX R 83/88, BStBl. II 1990, 789; FG München v. 12.9.2013 – 10 K 3728/10, rkr., EFG 2014, 167; *Seer* in Tipke/Kruse, § 196 AO Rz. 37 (Okt. 2013).

Voraussetzungen der Außenprüfung

erpflichtigen nicht ohne weiteres erkennbar. Die Anfechtung lediglich der Auswertungsbescheide ist damit mit erheblicher Rechtsunsicherheit verbunden. Der sicherere Weg ist damit die **Doppelanfechtung**.[1]

4. Zweckmäßigkeit und Praxis der Anfechtung

282 Während der rechtswidrige Verwaltungsakt in der Regel angefochten werden sollte, kann dieser Satz nicht unbesehen in das Betriebsprüfungsrecht übernommen werden. **Außenprüfungen** sind in ihrer großen Vielzahl **keine typischen förmlichen Streitverfahren**. Die **einvernehmliche** Außenprüfung ist die Regel; sie sollte auch das Ziel sein.

283 Ist eine Außenprüfung **zulässig** und wird sie voraussichtlich keine Probleme bringen, ist sie möglicherweise sogar **erwünscht**, hat eine Anfechtung, zB wegen förmlicher Fehler, wenig Sinn.

284 Ist mit **Mehrergebnissen** zu rechnen, die möglicherweise auch streitig bleiben, so sollte Einspruch gegen die Prüfungsanordnung eingelegt werden, falls diese mögliche formelle Mängel aufweist. Auf Aussetzung der Vollziehung kann man verzichten. Das Einspruchsverfahren gegen die Anordnung hält die Möglichkeit offen, die formellen Mängel zumindest als zusätzliches Argument in einem späteren Streit zu verwenden. An die Wiederholbarkeit der Prüfungsanordnung und der Prüfung sollte man jedoch denken (Rz. 174).

285 Bestehen an der **Prüfungsberechtigung Zweifel**, muss das Rechtsbehelfsverfahren gegen die Prüfungsanordnung auf jeden Fall durchgeführt werden, um eine Verwertung der Prüfungsergebnisse möglichst zu verhindern (Rz. 277 zum zweistufigen Verfahren).

286 Die **Ausdehnung** der Außenprüfung sollte regelmäßig angefochten werden (vgl. auch Rz. 277).

287 Zu bedenken sind stets jedoch auch **Überlegungen**, die **gegen** eine **Anfechtung** oder Beanstandung sprechen. Eine Prüfung, die durch den Prüfungsauftrag nicht gedeckt ist, hemmt zB nicht den Ablauf der Festsetzungsfrist.[2] Wird der Mangel gerügt, so verursacht man eine Korrektur der Prüfungsanordnung und folglich eine heilende Wirkung im Hinblick auf die Festsetzungsfrist.

---

1 So auch *Gosch* in Beermann/Gosch, § 196 AO Rz. 83 (Sept. 2015); *Vogelsang* in Vogelsang/Stahl, Rz. D 219.
2 S. hierzu Festsetzungsfrist Rz. 187.

Prüfungsanordnung

Zur **Aussetzung** der **Vollziehung**: Wenn gewichtige Gründe gegen die Prüfung sprechen, sollte der Einspruch stets mit dem Antrag auf Aussetzung der Vollziehung gekoppelt werden, anders allenfalls bei nur formellen Bedenken gegen die Anordnung. **288**

Der Antrag auf Aussetzung der Vollziehung ist insbesondere dann zwingend geboten, wenn die **Ausdehnung** einer Außenprüfung **angefochten** wird. Nach § 4 Abs. 3 BpO hängt die Ausdehnungsmöglichkeit von den zu erwartenden Mehrsteuern ab (Rz. 130 ff.). Niemand wird nach einer vollzogenen Außenprüfung in der Lage sein, die zu erwartenden Mehrsteuern von den tatsächlichen Mehrsteuern zu trennen (vgl. Rz. 133). **289**

Ein Antrag auf Aussetzung der Vollziehung ist auch deshalb angebracht, weil die **Klärung** der Rechtmäßigkeit einer Prüfungsanordnung nach **durchgeführter** Außenprüfung **problematisch** ist (vgl. hierzu Rz. 272). **290**

Ist der **Antrag** auf Aussetzung der Vollziehung **gestellt**, aber noch nicht beschieden, sollte regelmäßig alles unternommen werden, dem **Prüfer** den **Beginn** der **Prüfung** so lange zu **verwehren**, wie der Antrag auf Aussetzung der Vollziehung nicht bestands- oder rechtskräftig beschieden ist. Zwar führt später ein Erfolg des Einspruchs gegen die Prüfungsanordnung grundsätzlich zum Verbot der Verwertung des tatsächlich Geprüften. Das Wissen im Kopf des Beamten ist jedoch nicht mehr zu löschen. Als Mittel stehen hier **Gegenvorstellung** und **Dienstaufsichtsbeschwerde** zur Verfügung (Rz. 790 ff., Rz. 828 ff.).[1] Betriebsprüfer und Sachgebietsleiter müssen schriftlich und/oder mündlich davon überzeugt und dazu gebracht werden, in derartigen Fällen die Prüfung vorerst zu unterlassen. Ist dieses Bemühen ohne Erfolg, bleibt der Ausweg, **jede** Prüfungsanforderung als **Einzelmaßnahme** mit dem Einspruch anzufechten, selbst dann, wenn es sich nicht um Verwaltungsakte handeln sollte (vgl. hierzu Rz. 376 ff.). **291**

Die **Praxis** zeigt, dass die Prüfungsstellen für das Anliegen des Steuerpflichtigen ein breites Verständnis haben und die **Prüfung regelmäßig** so lange **zurückstellen**, bis über den Antrag auf Aussetzung der Vollziehung, häufig auch bis über den Einspruch gegen die Prüfungsanordnung selbst entschieden ist. Die Beamten haben die verständliche Befürchtung, andernfalls Prüfungsergebnisse zu erarbeiten, die später **292**

---

[1] *Seer* in Tipke/Kruse, vor § 196 AO Rz. 35 (Okt. 2013).

Voraussetzungen der Außenprüfung

ggf. nicht verwertet werden dürfen. Allerdings hat die Rechtsprechung des BFH zur Einschränkung des Verwertungsverbots bei Erstbescheiden und Vorbehaltsbescheiden diese Besorgnis reduziert.

293 Die **Praxis** zeigt, dass Anträge auf Aussetzung der Vollziehung wegen des Ermessensspielraums der Finanzbehörde häufig **nicht** von **Erfolg** gekrönt sind.[1] Dies soll den Steuerpflichtigen gleichwohl nicht abhalten, in den genannten Fällen den Antrag zu stellen.

---

1 *Drüen*, AO-StB 2014, 343 (349).

Zweiter Teil
Die Prüfung

A. Vorbereitung auf die Außenprüfung

I. Zweck

Die **notwendige** und **sorgfältige** Vorbereitung einer Außenprüfung hat tatsächlich einen hohen, in der Praxis oft einen geringen Stellenwert. Die Buchführung – einschließlich ihrer Probleme – glaubt man zu kennen, die Streitfragen sind vorbereitet, so dass die angesetzte Prüfung selbst keine eigentliche Vorbereitung mehr erfordert. Der Druck und die Hektik des Tagesgeschäfts, die Arbeitsbelastung des Steuerberaters tun das Ihre, um die Notwendigkeit der Vorbereitung zu verdrängen. Überraschungen während der Außenprüfung zeigen später, wie viel vergessen und übersehen worden ist. 294

Der **Berater** muss den zu prüfenden Steuerpflichtigen zu einer sorgfältigen Vorbereitung führen. Besser, die zeitaufwendige Vorbereitung erweist sich später in der Außenprüfung als überflüssig, als das Bedauern, die Prüfung nicht ausreichend im Vorhinein bedacht zu haben. Es darf nur die Überraschung seitens des Geprüften geben, dass es keine überraschende Entdeckung gab. 295

Vorbereitung heißt: Buchführung, Bilanzen, Vertragsgestaltungen des Prüfungszeitraums sollen gedanklich oder im Gespräch mit dem Berater erörtert werden. Die Erinnerung muss auf diese Weise aktiviert werden, um Problemfelder zu sehen. Nur so tauchen verdrängte Fragenkreise wieder auf. Die Auseinandersetzung mit dem Außenprüfer kann antizipiert werden. 296

Die **Verträge, Urkunden, Belege** etc. für bestimmte Problemfelder sollten vor der Außenprüfung zusammengestellt werden, auch wenn sich diese Arbeit später als nutzlos erweist. Es ist in keinem Fall optimal, wenn die Unterlagen erst während der Prüfung – gewissermaßen oder wörtlich „über Nacht" – zusammengesucht werden müssen oder – noch schlimmer – wenn die Unterlagen durch das selbständige Prüfungshandeln des Prüfers entdeckt werden. 297

Zur Vorbereitung gehört, die **Auskunftspersonen** zu bestimmen (s. Rz. 331 ff.). 298

Die Prüfung

299 Zur Vorbereitung gehört weiter, den **Arbeitsplatz** des Prüfers auszuwählen und herzurichten (s. Rz. 421).

300 Bei größeren Betrieben ist es sinnvoll, die **Mitarbeiter**, die möglicherweise mit dem Prüfer Kontakt haben werden, zu **instruieren**. Hier können auch schriftliche Informationen und **Anweisungen** angebracht sein. Insbesondere sind die übrigen Mitarbeiter des Unternehmens, die keine Auskunftspersonen sind, anzuweisen, dem Prüfer keine Fragen zu beantworten, sondern ihn stets an den Steuerpflichtigen oder seine von ihm benannten Auskunftspersonen (Rz. 331 ff.) zu verweisen. Hier ist in der Regel etwas Nachdruck angebracht, weil man das Abblocken von Fragen als unhöflich empfindet. Das Prüfungsklima wird hierdurch doch allenfalls momentan belastet. Der Prüfer wird schnell spüren, dass die Mitarbeiter des Unternehmens über die Rechte und Pflichten unterrichtet sind, und sich sodann korrekt verhalten. Im Einzelfall kann im Laufe der Prüfung auch angebracht sein, den Prüfer zur Rede zu stellen, wenn er sich wiederholt hinter dem Rücken des Steuerpflichtigen oder der Auskunftspersonen an sonstige Mitarbeiter wendet.

II. Selbstanzeige

301 Wenn die Außenprüfung „droht", wenn Steuerhinterziehungen zutage treten können, ist an die **Selbstanzeige** zu denken, die noch möglich ist.

302 Die Selbstanzeige ist die im **Steuerstrafrecht einzigartige Möglichkeit**, **rückwirkend** eine Steuerstraftat, und zwar die vorsätzliche Steuerhinterziehung und die leichtfertige Steuerverkürzung, wieder zu beseitigen.

303 Die **Wirkung** der Selbstanzeige tritt dann ein, wenn dem Finanzamt die richtigen Besteuerungsgrundlagen mitgeteilt werden.

304 Die Selbstanzeige ist nur dann wirksam, wenn die **nachzuzahlende Steuer** innerhalb der Frist, die von dem Finanzamt nach der Erstattung der Selbstanzeige gesetzt wird, gezahlt wird. Kann der Steuerpflichtige die nachzuzahlende Steuer nicht zahlen, ist fraglich, ob eine Selbstanzeige noch sinnvoll ist.

305 Es gibt **Sperren**, die die Möglichkeit einer Selbstanzeige hindern. **Ursprünglich** hemmte die Bekanntgabe der Prüfungsanordnung die strafbefreiende Selbstanzeige noch nicht. Erst das **Erscheinen** des Prüfers stellte eine Sperre dar (§ 371 Abs. 2 Nr. 1a AO).

Vorbereitung auf die Außenprüfung

Allerdings **verschärfte** der Gesetzgeber die Sperrgründe mit Wirkung zum 3.5.2011.[1] Die Neuregelung stellt auf die **Bekanntgabe** einer „Prüfungsanordnung nach § 196 AO" ab. Mündliche oder telefonische Ankündigungen entfalten keine Sperrwirkung, denn § 196 AO setzt ausdrücklich die **Schriftform** voraus. Für den Zeitpunkt der Bekanntgabe gilt § 122 AO. Damit finden auch die gesetzlichen **Bekanntgabefiktionen** von § 122 Abs. 2 und Abs. 2a AO Anwendung.[2] Für die Neuregelung hat dies erhebliche Bedeutung, indem sich ein – kleines – Zeitfenster für die Abgabe der Selbstanzeige öffnet. Die Selbstanzeige bleibt möglich, bis die Drei-Tages-Fiktion des § 122 Abs. 2 AO eingetreten und die Prüfungsanordnung damit wirksam bekannt gegeben worden ist. Erst am dritten Tag nach Aufgabe zur Post kann die Anordnung wirksam werden. Dies ist steuerrechtlich uE eindeutig und knüpft an klare Rechtsprechung des BFH zum Merkmal der Bekanntgabe als Wirksamkeitsvoraussetzung der Prüfungsanordnung an.[3] Die Kritik einzelner BGH-Richter[4] übersieht, dass es hier nicht um eine steuerliche Sachverhaltsfiktion geht, die strafrechtlich ggf. unbeachtlich sein könnte.

306

In Anbetracht der beschriebenen Probleme könnten manche Betroffene auf den Gedanken kommen, den **Zugang der Prüfungsanordnung zu bestreiten**, um den Weg zu einer strafbefreienden Selbstanzeige offen zu halten. Praktisch dürfte dies in den meisten Fällen erfolgreich sein, denn der Zugang einer mit einfachem Brief versandten Prüfungsanordnung ist de facto nur im Ausnahmefall zu beweisen. Für den betroffenen Steuerpflichtigen selbst wäre ein solches Bestreiten zum Zwecke der **Selbstbegünstigung** auch **tatbestandslos**. Schwieriger wird es für den Berater: Denn die bewusst wahrheitswidrige Behauptung, die Prüfungsanordnung sei im Büro nicht eingegangen, um dem Mandanten noch die Abgabe einer Selbstanzeige zu ermöglichen, dürfte erhebliche Probleme unter dem Gesichtspunkt der **Strafvereitelung** (§ 258 StGB) aufwerfen und insoweit nicht anzuraten sein.

307

Keine Prüfung im Sinne von § 371 Abs. 2 Nr. 1c AO ist nach zutreffender (aber umstrittener) Ansicht die **Umsatzsteuernachschau** (§ 27b UStG; Rz. 1074 ff.), **die Lohnsteuernachschau** (§ 42g EStG; Rz. 1074 ff.) oder

308

---

[1] Durch das Schwarzgeldbekämpfungsgesetz v. 28.4.2011, BGBl. 2011 I, 676.
[2] *Wulf/Kamps*, DB 2011, 1714.
[3] Vgl. BFH v. 13.12.2000 – X R 96/98, BStBl. II 2001, 274 – ggf. unter Einrechnung weiterer Tage, wenn der dritte Tag auf ein Wochenende oder einen gesetzlichen Feiertag fällt, vgl. nur *Ratschow* in Klein, § 122 AO Rz. 52, mwN.
[4] *Jäger* in Klein, § 371 AO Rz. 39b.

Die Prüfung

eine Liquiditätsprüfung (Rz. 1086 ff.).[1] Für die Nachschau hat der Gesetzgeber dies mittelbar bestätigt, indem zum 1.1.2015 in § 371 Abs. 2 Nr. 1e AO ein **gesonderter** Sperrgrund geschaffen worden ist.[2]

309 Keine Sperrwirkung entfaltet eine **nichtige** Prüfungsanordnung.[3] Im Rahmen **der Rechtswidrigkeit** ist die Frage umstritten und wird hinsichtlich formeller und materieller Fehler, die zur Rechtswidrigkeit führen, differenziert.[4] In jedem Fall sollte dann die Prüfungsanordnung mit dem Einspruch **angefochten** werden.

310 § 371 Abs. 2 Nr. 1c AO sieht einen weiteren Sperrgrund im Rahmen der Betriebsprüfung vor: Mit dem Erscheinen des Prüfers ist eine Selbstanzeige nicht mehr möglich. Maßgeblich ist das **körperliche Erscheinen** des **Prüfers** auf dem Grundstück mit den Betriebs- oder Wohnräumen des Steuerpflichtigen. Nach der **Vorverlegung der Sperrwirkung** auf den Zeitpunkt der Bekanntgabe der Prüfungsanordnung hat dieser Sperrgrund nur noch einen geringen praktischen Anwendungsbereich. Liegt eine wirksame Prüfungsanordnung vor, so kommt es auf das Erscheinen nicht mehr an. Liegt hingegen entgegen § 196 AO keine wirksame Prüfungsanordnung vor, so kann auch das Erscheinen des Prüfers keine Sperrwirkung herbeiführen.[5] Das Erscheinen des Prüfers zur steuerlichen Prüfung kann demnach nur von Relevanz sein, wenn es sich um eine Prüfung handelt, für die eine Anordnung nach § 196 AO nicht erforderlich ist.

311 Der **Umfang** der **Sperrwirkung** der Betriebsprüfung nach § 371 Abs. 2 Nr. 1a Alt. 1 AO aF richtete sich **zeitlich** bei einer Außenprüfung nach der Prüfungsanordnung.[6] Das Schwarzgeldbekämpfungsgesetz vom 28.4.2011 (BGBl. I, 676) hatte jedoch gegenüber der alten Rechtslage auch für die Sperrgründe der Bekanntgabe der Prüfungsanordnung und des Erscheinens des Prüfers das Prinzip der „**Infektionswirkung**" eingeführt.[7] So sperrte die Außenprüfung bei einer GmbH für die KSt, GewSt und USt 2009 bis 2011 die Abgabe einer Selbstanzeige für diese

---

1 *Joecks* in Joecks/Jäger/Randt, § 371 AO Rz. 224; *Schauf* in Kohlmann, § 371 AO Rz. 437 (Aug. 2015).
2 Vgl. *Joecks*, DStR 2014, 2264 ff.
3 BGH v. 16.6.2005 – 5 StR 118/05, wistra 381, 383.
4 Vgl. zum Meinungsstand *Apitz*, StBp. 2007, 1 (6 f.); *Jäger* in Klein, § 371 AO Rz. 39c; *Joecks* in Joecks/Jäger/Randt, § 371 AO Rz. 213; restriktiv *Jäger* in Klein, § 371 AO Rz. 39d (keine Sperrwirkung nur bei Nichtigkeit).
5 BGH v. 16.6.2005 – 5 StR 118/05, wistra 2005, 381 (383).
6 Vgl. exemplarisch BGH v. 5.4.2000 – 5 StR 226/99, wistra 2000, 219 (225); *Streck/Spatscheck/Talaska*, Die Steuerfahndung, Rz. 276.
7 *Wulf*, wistra 2015, 166 (170).

Vorbereitung auf die Außenprüfung

Steuerarten auch in allen anderen Zeiträumen (sog. Berichtigungsverbund). Für die dauergeprüften Unternehmen hatte dies zur Folge, dass die Korrektur von Fehlern weitgehend unmöglich gemacht wurde.[1]

Das „Gesetz zur Änderung der Abgabenordnung und des Einführungsgesetzes zur Abgabenordnung" vom 22.12.2014 sieht mit Bezug auf die Prüfungsanordnung mit Wirkung zum **1.1.2015** eine **Erleichterung** im Hinblick auf die **gesperrten Zeiträume** vor. Die Sperrwirkung wird beschränkt auf den „sachlichen und zeitlichen Umfang der angekündigten Außenprüfung" (§ 371 Abs. 2 Nr. 1a und Nr. 1c AO). Veranlagungszeiträume, die nicht Gegenstand der Prüfungsanordnung sind, fallen nicht in den Berichtigungsverbund; für diese bleibt der Weg zur Strafbefreiung damit offen. In dem vergangenen Beispiel wäre also nach neuer Rechtslage trotz der laufenden Außenprüfung eine Korrektur für die KSt, GewSt und/oder USt der Jahre bis 2008 und der Jahre ab 2012 möglich. 312

Der Umfang der Sperrwirkung der Außenprüfung ist seit dem 1.1.2015 in **persönlicher** Hinsicht **ausgeweitet**. In § 371 Abs. 2 Nr. 1a AO (Bekanntgabe einer Prüfungsanordnung) wird zu diesem Zweck anstelle des „Täters" auf den „an der Tat Beteiligten" abgestellt, um auch **Anstifter** und **Gehilfen** zu erfassen. Zudem führt das Gesetz den neuen Terminus des „**Begünstigten**" im Sinne des § 370 Abs. 1 AO" ein. Hierunter dürfte der Schuldner der verkürzten Steuer zu verstehen sein.[2] Für den Bereich von Kapitalgesellschaften wird damit letztlich eine sehr umfassende Sperrwirkung herbeigeführt. Bei einer zu kritisierenden weiten Auslegung würden zB ausgeschiedene Mitarbeiter von der Abgabe von Selbstanzeigen abgehalten werden würden, da für sie das Vorliegen eines Sperrgrunds überhaupt nicht mehr zu erkennen ist.[3] 313

Die Abgabe einer Selbstanzeige kann in zwei Fällen auch dann noch **sinnvoll** sein, **wenn** sie durch eine Prüfungsanordnung oder das Erscheinen des Prüfers in ihrer Wirkung **gesperrt** ist: Zum einen wird von der Steuerstrafverfolgung auch die sog. „**verunglückte Selbstanzeige**" strafmildernd berücksichtigt. Zum anderen gibt es anzuzeigende Sachverhalte, die sich auch auf Zeiträume **außerhalb** des Prüfungszeitraums erstrecken. Bezüglich jener Zeiträume entfaltet die Selbstanzeige seit dem 1.1.2015 erneut Wirkung. Der strafrelevante Sachverhalt kann auf 314

---

1 *Wulf*, wistra 2015, 166 (170).
2 *Wulf*, Stbg. 2013, 166 (171), aA Hunsmann, NJW 2015, 113 (114), der auf § 371 Abs. 3 AO abstellt.
3 *Joecks*, DStR 2014, 2261 (2263); *Beneke*, BB 2015, 408.

Die Prüfung

diese Weise so reduziert werden, dass die Sanktionen weitaus geringer ausfallen.

315 Außerdem ist eine Selbstanzeige nicht mehr möglich, wenn ein **Steuerstrafverfahren** eingeleitet und bekannt gegeben worden ist (§ 371 Abs. 2 Nr. 1b AO).

316 Unabhängig von der Bekanntgabe der Prüfungsanordnung besagt § 371 Abs. 2 Nr. 1c AO, dass die Selbstanzeige nicht mehr möglich ist, wenn ein **Prüfer** zur Prüfung erschienen ist. Dies bezieht sich zB auf eine überraschend erscheinende Steuerfahndungsprüfung.

317 Eine Selbstanzeige wegen **leichtfertiger Steuerverkürzung** ist nach dem Erscheinen des Prüfers noch möglich. Bezüglich der leichtfertigen Verkürzung schließt nur die ausdrückliche Einleitung des Steuerstrafverfahrens die bußgeldbefreiende Selbstanzeige aus. Vgl. § 378 AO.

B. Die Personen der Prüfung

I. Der Prüfer

Der **Prüfer** kann auch eine Prüferin sein. Das Vorurteil, die Prüferin sei wegen ihres Geschlechts schlechter qualifiziert, wird während der Prüfung rasch beseitigt. 318

Der Prüfer gehört in der Regel zum **gehobenen Dienst** der Finanzverwaltung (Inspektor, Oberinspektor usw.). Der gehobene Dienst ist exzellent ausgebildet. Es ist ein Fehler, seine Fähigkeiten zu unterschätzen. 319

Ausnahmsweise kann die Prüfung auch ein Beamter des **höheren Dienstes** (Regierungsrat) durchführen, zB wenn dies im Rahmen seiner Ausbildung gefordert ist. 320

Vorgesetzter des Prüfers ist der **Sachgebietsleiter**. Es handelt sich regelmäßig um einen Beamten des höheren Diensts, der entweder als ausgebildeter Jurist sofort in den höheren Dienst übernommen oder als sog. Aufstiegsbeamter aus dem gehobenen Dienst aufgestiegen ist. Der Sachgebietsleiter tritt bei der Prüfung nicht ständig in Erscheinung. Man sollte aber den Namen kennen. In der Regel nimmt er an der Schlussbesprechung teil. 321

Es gibt keinen **typischen Prüfer** mit kennzeichnenden Erscheinungsweisen und Charakteren. Prüfer sind so unterschiedlich, wie sich Menschen voneinander unterscheiden. Vorschnelle Urteile des Steuerpflichtigen, auch des Beraters, sind oft Vorurteile. So sind gute Prüfer mit strengen Maßstäben nicht deshalb politisch „links". Den Prüfer richtig zu behandeln und ernst zu nehmen, gehört zur allgemeinen Kunst der Menschenbehandlung und der Führung eines Beratungsmandats. 322

Der Prüfer ist angewiesen, **zugunsten** wie **zuungunsten** zu prüfen (§ 199 Abs. 1 AO und Rz. 17). Seine Funktion und das Bemühen der Steuerpflichtigen, Auslegungsmöglichkeiten der Steuergesetze zu ihren Gunsten zu nutzen, bringen es jedoch mit sich, dass er **regelmäßig zugunsten** des **Finanzamts** prüft.[1] 323

---

[1] Vgl. hierzu auch BVerwG v. 26.6.1980 – 2 C 37.78, BStBl. II 1980, 625; dazu auch *Wenzig*, StBp. 1981, 202, und die scharfe Kritik von *Brezing*, FR 1981, 109.

Die Prüfung

324 Innerhalb der Finanzverwaltung qualifiziert sich der Betriebsprüfer nicht durch die **Mehrergebnisse** (auch wenn dies ein unausrottbares Vorurteil ist), sondern durch gute Prüfungen und durch die Anzahl der geprüften Betriebe. Gleichwohl hat das Mehrergebnis Auswirkungen auf die tatsächliche Prüfungstätigkeit. Hat der Prüfer bestimmte Punkte aufgegriffen, die zu einem Mehrergebnis führen (und die möglicherweise ein persönliches Erfolgserlebnis verschaffen), wird seine Prüfungsintensität nachlassen.

325 Der Steuerpflichtige hat **keinen Anspruch** auf einen **bestimmten Prüfer**. Die Auswahl ist Sache der Finanzverwaltung.[1] Es besteht die Möglichkeit, den Prüfer wegen Befangenheit abzulehnen (s. Rz. 835 ff.). Die Namen des Prüfers erfährt der Steuerpflichtige durch die Prüfungsanordnung.

326 Problematisch ist die Situation, wenn der **Ehepartner des Prüfers** am gleichen Ort als Steuerberater tätig ist. Hier wird der Anschein der Gefahr erweckt, Informationen wechseln vom Prüfer zum Ehepartner-Steuerberater und geben diesem einen Wettbewerbsvorteil. Der BFH hat die Bedenken jedoch als nicht durchgreifend angesehen.[2]

327 Dass in erster Linie der Prüfer Ansprechpartner ist, dass er wesentlich und entscheidend das Prüfungsgeschehen bestimmt, steht außer Frage. Diese tatsächliche Bedeutung des Prüfers lässt die **leitende Hand des Sachgebietsleiters** leicht vergessen. Hin und wieder scheint es, als gerate die eigene Funktion beim dem Sachgebietsleiter selbst in Vergessenheit. Dass der träge, umständliche, uneffektive Prüfer einer Führung bedarf, erwähne ich hier am Rande. Aus der Sicht des Geprüften ist insbesondere dann der Sachgebietsleiter wichtig, wenn der Prüfer kein Ende findet, wenn er sich – durchaus mit großer Sorgfalt – in Fälle, in Details verrennt, wenn er der Prüfung die Dimension einer Lebensaufgabe gibt. Hier muss sein Vorgesetzter, der Sachgebietsleiter, die Zügel anziehen. Er muss in der Lage sein, dem Prüfer deutlich zu machen, dass er auch dann noch ein qualifizierter Beamter ist, wenn er Ermittlungsverzichte leistet. Ggf. muss der Sachgebietsleiter den Verzicht

---

[1] Dabei lässt sich diskutieren, ob es sinnvoll ist, einen **Prüfer** immer wieder bei dem **gleichen Betrieb** einzusetzen (so die eine Praxis, die das intime Wissen des Prüfers um den Betrieb nutzen will), oder ob es nicht gerade sinnvoll ist, den Betrieb immer wieder durch andere Prüfer prüfen zu lassen (um **Betriebsblindheit** zu **vermeiden**); vgl. hierzu auch *Strunz*, StBp. 1984, 92.
[2] BFH v. 14.12.1983 – I R 301/81, BStBl. II 1984, 409, in einem Befangenheitsverfahren; dazu *Felix*, DStZ 1984, 259, und *Offerhaus*, StBp. 1982, 71, zur Entscheidung der Vorinstanz FG Rh.-Pf. v. 19.5.1981 – 2 K 237/80, EFG 1982, 6.

Die Personen der Prüfung

ausdrücklich anordnen. Die Mehrarbeit einer Prüfung kann zu irgendeinem Zeitpunkt in keinem Verhältnis mehr zu dem Mehrergebnis stehen. Hier ist es sinnvoller, wenn der Prüfer andere Unternehmen prüft, anstatt die Prüfung in diesem einen konkreten Fall fortzusetzen. Ist hier der skrupelhafte Prüfer in der Befürchtung alleingelassen, Fehler zu begehen, wenn er die Prüfungstätigkeit abbricht, so liegen Führungsfehler vor, unter denen auch der Steuerpflichtige leidet.

II. Der Steuerpflichtige

Geprüft werden die steuerlichen Verhältnisse eines Steuerpflichtigen oder mehrerer Steuerpflichtiger. Er (bzw. sie) ist (sind) unmittelbar **Subjekt(e)** der Außenprüfung. Sie sind nicht zu typisieren, da alle Steuerpflichtigen betroffen sind. 328

III. Der Berater

Der **Steuerberater** ist in der Betriebsprüfung seines Mandanten besonders gefordert. Er ist der entscheidende Gesprächspartner des Prüfers. In der Regel ist er besonders engagiert, da es gerade um seine Arbeit geht, die geprüft wird. Allerdings liegt hier auch die Gefahr, dass er die für den Berater notwendige Distanz verlieren kann. Der Steuerpflichtige muss diese Spannung zwischen Neutralität und Eingebundensein ständig selbstkritisch überprüfen. 329

Bemerkenswert ist, dass die Praxis eine Prüfung kennt, die häufig ohne den Steuerberater durchgeführt wird. Es handelt sich um die **Lohnsteueraußenprüfung**. Offenbar halten die Tatsachen, dass es sich bei der nachzuzahlenden Lohnsteuer um eine abzugsfähige Steuer handelt und dass es oft nur um „Centbeträge" geht, Mandant und Steuerberater davon ab, bei dieser Prüfung zueinanderzufinden. Die Folge ist – dies ist unsere sichere Erfahrung –, dass in Lohnsteueraußenprüfungen oft Ergebnisse akzeptiert werden, die einer sorgfältigen Prüfung nicht standhalten. Kommt es, zumal bei Steuerstrafverfahren, zu einer genauen Analyse der Prüfungsfeststellungen, so zeigt sich viel an finanzamtseigenen Üblichkeiten und pauschalierenden Betrachtungsweisen und wenig an genauen Gesetzesanwendungen. 330

IV. Auskunftsperson des Steuerpflichtigen

Neben dem Steuerpflichtigen tritt die ausdrücklich von ihm benannte Auskunftsperson. 331

Die Prüfung

332 Wegen der **Erteilung** von **Auskünften** und der Erfüllung von Mitwirkungspflichten muss sich der Prüfer grundsätzlich an den **Steuerpflichtigen selbst** oder an die von ihm benannte **Auskunftsperson** halten. Dies ist in § 200 Abs. 1 Satz 3 AO und § 8 BpO eindeutig bestimmt. Die Regelung soll verhindern, dass sich der Prüfer heimlich hinter dem Rücken des Geprüften an seine Mitarbeiter und Arbeitnehmer wendet.

333 Die Bestimmung der Auskunftsperson ist von **großer Bedeutung**. Nur auf diese Weise kann aufseiten des Steuerpflichtigen kontrolliert werden, welche Auskünfte dem Prüfer gegeben wurden. Die Konzentration der Mitwirkung auf den Steuerpflichtigen und seine Auskunftsperson ist Voraussetzung für ein einheitliches Auftreten und ein einheitliches Argumentieren gegenüber der Prüfung.

334 Auskunftsperson kann **jeder Dritte** sein; in der Regel ist es ein mit den steuerlichen Verhältnissen des Unternehmens vertrauter Mitarbeiter.

335 Auch der **Steuerberater** kann als Auskunftsperson bestimmt werden. Ihn zu benennen empfiehlt sich jedoch nicht. In der Regel hat er nicht das Detailwissen um den Betrieb, das in der Prüfung notwendig ist. Auch steht er nur zeitlich eingeschränkt zur Verfügung. Schließlich sind Konfliktsituationen zwischen dem Beratungsauftrag und seiner Funktion als Auskunftsperson denkbar; er soll den Steuerpflichtigen bei der Erfüllung dessen Pflichten beraten, sie nicht selbst erfüllen.[1]

336 Der Steuerpflichtige kann eine oder **mehrere Auskunftspersonen** benennen.

337 Er kann auch ihre **Rangfolge** untereinander bestimmen, etwa nach der Maßgabe, der Prüfer möge sich zuerst an A, hilfsweise an B wenden.

338 Es steht im pflichtgemäßen **Ermessen** des Prüfers, ob er sich an den Steuerpflichtigen oder an die Auskunftsperson wendet. Allerdings wird die Benennung der Auskunftsperson von dem Zweck getragen, ihm bei der Mitwirkung in der Prüfung den Vorrang einzuräumen. Es müssen daher besondere Gründe vorliegen, wenn sich der Prüfer unmittelbar an den Steuerpflichtigen selbst wendet. Insoweit ist es zutreffend, § 80 Abs. 3 AO entsprechend anzuwenden.[2]

339 Hat ein Auskunftsersuchen an die Auskunftsperson **keinen Erfolg**, „so kann der Außenprüfer auch andere Betriebsangehörige um Auskunft ersuchen" (§ 200 Abs. 1 Satz 3 AO). Damit der Prüfer nicht vorschnell

---

1 *Seer* in Tipke/Kruse, § 200 AO Rz. 17a (Okt. 2013).
2 *Papperitz*, StBp. 1980, 247.

Die Personen der Prüfung

auf diese Möglichkeit ausweicht, wurde er von der Verwaltung selbst dadurch noch einmal auf die Wichtigkeit der Regelung der Auskunftspersonen hingewiesen, dass § 7 BpO (aF) bestimmte, dass in diesem Fall der Prüfer den Steuerpflichtigen rechtzeitig darüber zu unterrichten hat, dass er andere Betriebsangehörige anhört. Dies ist in § 8 BpO (nF) nicht übernommen, sollte aber als Grundsatz weitergelten.

In der **Praxis** führt die Regelung dazu, dass die Außenprüfung in aller Regel das Recht, eine Auskunftsperson zu bestimmen, achtet. Auskunftsersuchen an Betriebsangehörige gegen den Willen des Geprüften sind selten. Dies gilt insbesondere dann, wenn der Steuerpflichtige und sein Berater von Beginn an dem Prüfer den Eindruck vermitteln, dass sie auf die Rechte des Steuerpflichtigen achten. 340

Zur Ausnahme bei der **Lohnsteueraußenprüfung** s. Rz. 1054 ff. 341

V. Beteiligung Dritter

1. Anwärter

Zu **Ausbildungszwecken** können Steuerbeamte an der Prüfung teilnehmen. Soweit die Auszubildenden die Prüfung nicht nennenswert belasten, ist hiergegen nichts zu unternehmen. 342

2. Bundeszentralamt für Steuern

Zur **Beteiligung** des BZSt s. Rz 44 f. 343

Die Beteiligung eines **Prüfers** des BZSt ist **nicht unproblematisch**. Die Prüfer kennen nicht die Last der Durchführung von Prüfungsfeststellungen im Veranlagungsverfahren. Sie neigen dazu, Probleme zu entdecken, hin und wieder auch zu schaffen, die sodann von anderen, nämlich den Finanzämtern, bewältigt werden müssen. Im Übrigen neigen sie dazu dort, wo sie besonders ausgebildet sind, „Besserwisser" zu sein. Sie akzeptieren selten eine abweichende Rechtsmeinung von einem Berater, auch wenn dieser ebenfalls als Fachmann ausgewiesen ist. 344

3. Ausländische Finanzbeamte

Ausländische Finanzbeamte können auf eine Außenprüfung Einfluss nehmen oder an ihr **teilnehmen**. Auch können sie im Einzelfall Prüfungshandlungen vornehmen oder zumindest ein Anwesenheitsrecht haben. 345

Die Prüfung

346 In jedem Fall ist eine **vertragliche Grundlage** notwendig.[1] Es gibt hier die sog. koordinierte Außenprüfung oder Simultanprüfung, die sich mit einer Abstimmung begnügt. Auch gibt es Vereinbarungen, die Teilnahme ausländischer Steuerbeamter erlauben. Schließlich werden sog. gemeinsame Außenprüfungen angestrebt, die in der Tat den ausländischen Prüfer auch Prüfungstätigkeit zubilligen.

347 Zur fiskalischen **internationalen Amtshilfe** s. im Übrigen Rz. 955 ff.

4. Gemeinde

348 Soweit die Gewerbesteuer von den Finanzämtern vorwaltet wird und die Gemeinden sie erheben, haben die Gemeinden ein **Teilnahmerecht** an der Außenprüfung (§ 21 Abs. 2, 3 FVG). Größere Städte verfügen über **eigene Gewerbesteuerprüfer**. Die Finanzämter sind nicht verpflichtet, die Gemeinden über anstehende Prüfungen zu unterrichten. Insoweit müssen sich die Gemeinden die entsprechenden Informationen selbst beschaffen.

349 Für **Streitigkeiten** betreffend einen Verwaltungsakt einer Gemeinde, mit dem diese die Teilnahme eines eigenen Beamten an einer Außenprüfung anordnet, ist der Finanzrechtsweg nicht gegeben.[2] Nicht geklärt ist die Frage, ob die Gemeinde ihr Teilnahmerecht nach § 21 Abs. 3 FVG nur gegenüber dem Finanzamt oder auch gegenüber dem Steuerpflichtigen geltend machen kann.[3] Das OVG NRW hat diese Möglichkeit für NRW verneint.[4]

350 Gewerbesteuerprüfer sind – auch von den Prüfern des Finanzamts – nicht unbedingt geliebte **Gäste**. Durch ihren Spezialauftrag stellen sie gewerbesteuerliche Fragen unangemessen und **ungewichtig** in den Vordergrund.

5. Steuerfahndung

351 Nach Ansicht der Finanzverwaltung können **Steuerfahndung** und **Außenprüfung** nebeneinander dergestalt prüfen, dass auf beide Prüfungen

---

[1] Vgl. hierzu die Nachweise bei *Seer* in Tipke/Kruse, Vor § 193 AO Rz. 43 (Okt. 2013).
[2] BFH v. 13.2.1990 – VIII R 188/85, BStBl. II 1990, 582.
[3] HFR-Anm. 1990, 559, zu BFH v. 13.2.1990 – VIII R 188/85, BStBl. II 1990, 582.
[4] OVG NW v. 13.11.1991 – 22 A 137/91, StBg. 1992, 527; so auch *Seer* in Tipke/Kruse, § 21 FVG Rz. 2 (Jan. 2010).

Die Personen der Prüfung

die jeweils für sie geltenden Rechtsvorschriften Anwendung finden. Nach unserer Ansicht liegt bei der Beteiligung der Steuerfahndung eine einheitliche Steuerfahndungsprüfung vor. S. hierzu im Einzelnen *Streck/ Spatscheck/Talaska*, Die Steuerfahndung.

6. Polizei

Zur **Ausbildung** von Polizeibeamten in der Verfolgung von Wirtschaftsdelikten sollen Kriminalpolizisten Betriebsprüfer bei den Prüfungen begleiten.[1] 352

Dies kann nur mit **Zustimmung** der geprüften Steuerpflichtigen geschehen.[2] Die Zustimmung sollte in der Regel verwehrt werden. Auch der Prüfer wird dies letztlich danken. Die Anwesenheit eines Kriminalpolizisten belastet die Prüfung zulasten des Steuerpflichtigen und des Finanzamts. Polizisten haben weder die Erfahrung noch ausreichende Steuerrechtskenntnisse noch das Gespür für einen vernünftigen Ablauf dieses „partnerschaftlichen" Prüfungsverfahrens. Kein Unternehmer sollte fürchten, dass die Ablehnung nachteilig für die Prüfung sei. Wir haben Fälle kennengelernt, in denen sich der Prüfer des Begleiters entledigte, weil dieser intern den Prüfer zur Rede stellte, er gehe nicht hart genug vor und einige sich unsachgemäß. 353

---

1 Vgl. die inzwischen relativ alte Kleine Anfrage Landtag NRW v. 16.5.1979, LT-Drucks. 8/4537.
2 So die Praxis in NRW (vgl. LT-Drucks. 8/4537, und FinMin. NRW v. 3.7.1978 an die Steuerberaterkammer Köln); uE ist dies aber nicht nur eine Gefälligkeit, sondern Rechtsnotwendigkeit (*Felix*, kösdi 1979, 3285; Deutscher Steuerberaterverband, Stbg. 1979, 245).

C. Prüfungsbeginn und Prüfungszeit

354 Der voraussichtliche **Prüfungsbeginn** wird in der Prüfungsanordnung bestimmt. Diese Festlegung kann mit dem Einspruch angefochten werden.

355 Außerdem kennt § 197 Abs. 2 AO ein formalisiertes Verfahren, ein **Hinausschieben** der Prüfung zu beantragen. Vgl. Rz. 199 ff.

356 Unabhängig von diesem rechtlichen Rahmen des Prüfungsbeginns wird er in der Regel mündlich oder telefonisch abgesprochen. Der Zeitpunkt des Beginns einer Prüfung ist **kein typischer** Streitfall.

357 „Der **Beginn** der Außenprüfung ist unter Angabe von **Datum** und **Uhrzeit aktenkundig** zu machen" (§ 198 Satz 2 AO). Dieser Zeitpunkt ist zB von Bedeutung für den Beginn der Ablaufhemmung der Festsetzungsfrist (§ 171 Abs. 4 AO). Wird gegen diese Pflicht verstoßen und lässt sich der tatsächliche Beginn nicht feststellen, so ist der dem Steuerpflichtigen günstigste Zeitpunkt anzunehmen.

358 „Die Prüfer haben sich bei Erscheinen unverzüglich **auszuweisen**" (§ 198 Satz 1 AO). Nach hA führt die Verletzung dieser Pflicht nicht zu einem Verwertungsverbot.[1]

359 Weist sich der Prüfer nicht aus, besteht **keine Pflicht**, dem Prüfer **Zugang** zu gewähren.[2]

360 „Die Außenprüfung findet während der **üblichen** Geschäfts- und Arbeitszeiten statt" (§ 200 Abs. 3 AO). Die Prüfungszeit richtet sich also nach den Geschäfts- und Arbeitszeiten des Geprüften, nicht nach den Dienstzeiten des Prüfers und nach den Dienstzeiten des Finanzamts. Der Prüfer hat keinen Anspruch darauf, dass er seine Prüfung um 7.30 Uhr beginnen kann, wenn der Betrieb üblicherweise um 9.00 Uhr mit der Arbeit beginnt.

---

1 Vgl. *Seer* in Tipke/Kruse, § 198 AO Rz. 2 (Okt. 2013).
2 *Seer* in Tipke/Kruse, § 198 AO Rz. 2 (Okt. 2013).

D. Prüfungstätigkeit und Prüfungsgrundsätze

I. Prüfungstätigkeit

Die Prüfung als das **Handeln** des **Prüfers**, die Durchsicht der Unterlagen, die Überprüfung der Zahlen, das Vergleichen von Buchungsvorgängen und Belegen sind **keine** angreifbaren **Verwaltungsakte**. Dies gilt auch für die Methode und Art der Prüfungstätigkeit, ihre Einschränkung, Wiederaufnahme und Fortsetzung. 361

Rechtsakte werden aus dieser Tätigkeit erst, wenn der Prüfer konkrete Anforderungen an den geprüften Steuerpflichtigen oder an Dritte stellt, dies pflichtwidrig unterlässt oder in anderer Weise mit rechtlicher Auswirkung handelt. 362

Grundsätzlich liegt die **Art und Weise** der Prüfung im **Ermessen** des Prüfers.[1] 363

Der Steuerpflichtige hat **keinen Anspruch** auf eine bestimmte Art oder auf eine bestimmte Dauer der Prüfung. Weder Art der Prüfung noch ihre Dauer sind ein Verwaltungsakt. Dies berührt allerdings nicht den Anspruch des Steuerpflichtigen auf eine Schlussbesprechung (Rz. 630 ff.) 364

Umfangreiche, aber auch „angespannte" Prüfungen weichen häufig mehr und mehr auf ein **schriftliches Verfahren** aus. Der Prüfer wendet sich mit „**Prüfungsfeststellungen**" oder „Prüferanfragen" an den geprüften Steuerpflichtigen. Soweit diese Feststellungen und Anfragen Anforderungscharakter haben, handelt es sich um Verwaltungsakte. Sie sind mit dem Einspruch anfechtbar (s. Rz. 487 ff.). 365

Einfluss des Steuerpflichtigen und seines Beraters auf die Prüfungstätigkeit: Prüfungstätigkeit und Prüfungshandlungen liegen im Ermes- 366

---

[1] Mit dem **Begriff** der **Prüfungshandlung** ist ein breit angelegter Beitrag von *Wenzig* überschrieben, der sich mit den einzelnen Bedingungen dieser Prüfungstätigkeit selbst befasst (*Wenzig*, Die Prüfungshandlung, StBp. 1981, 73, 117, 193, 241; 1982, 1, 49, 99; vgl. auch *Wenzig*, Die steuerliche Groß- und Konzernbetriebsprüfung, S. 132 ff.). So grundsätzlich auch *Wenzig* dieses Thema angeht, so bleibt doch der Mangel der konkreten Anwendbarkeit seiner Ergebnisse. Im Übrigen **interessiert** die Prüfungstätigkeit, dh. die Prüfung aus der Sicht des Prüfers, den **Steuerpflichtigen** nur insoweit, als sie Auswirkungen auf seinen Rechtskreis hat. Anforderungen nach Informationen und Unterlagen, Beweiserhebungen bei Dritten, die Ergebnisse der Prüfung sind Themen, die den geprüften Steuerpflichtigen angehen. Die Prüfungstätigkeit selbst tritt daher in dieser Schrift zurück.

Die Prüfung

sen des Prüfers. Rechtlich haben der Geprüfte und sein Berater nur geringe Einflussmöglichkeiten. Tatsächlich können sie durch Gespräche, Argumente, Verhaltensweise, Mitwirkungshandlungen, Verweigerungen Einfluss auf das Prüfen nehmen.

367 Im Einzelfall kann es richtig sein, auch mit den in der Außenprüfung möglichen **Rechtsbehelfen** (s. Rz. 786 ff.) den Versuch zu unternehmen, das **Prüfungsgeschehen zu steuern**. Anforderungen des Betriebsprüfers können mit dem Einspruch angefochten werden. Ein solcher Einspruch kann eingelegt werden, wenn die Anforderung rechtswidrig ist oder wenn sie auf ein fehlgebrauchtes Ermessen hindeutet. Solche Einspruchsverfahren sind selten. Sie sollten auch erst dann eingesetzt werden, wenn die Mittel des Argumentierens versagen. Ist dieses Stadium jedoch erreicht, können mit den Einsprüchen auch ganze Prüfungsfelder blockiert werden. Ist der Geprüfte der Ansicht, der Prüfer bewegt sich in unzulässigem Gebiet (zB außerhalb der Prüfungsanordnung), so können alle Prüfungsanforderungen mit dem Einspruch angegriffen werden. Der Einspruch ist mit dem Antrag auf Aussetzung der Vollziehung und dem Antrag auf schriftliche Fixierung der Anordnung zu verbinden (vgl. Rz. 797).

368 Selbst die **Beschleunigung** einer Prüfung kann mit Einsprüchen angestrebt werden. Die Rechtsbehelfe können in diesem Fall damit begründet werden, dass eine bestimmte Prüfungstätigkeit als zu kleinlich angegriffen wird; der Prüfer stelle nicht auf das Wesentliche ab. Durch die Art seiner Arbeit werde die Prüfungszeit unangemessen ausgedehnt.

369 Prüft der Prüfer **mehrere Unternehmen** in einer Unternehmensgruppe und mehrere Zeiträume, ohne dass in der Prüfung ein System zu erkennen ist, so kann ebenfalls der Versuch unternommen werden, mit Rechtsbehelfen eine Steuerung zu erreichen, die eigentlich durch den Vorgesetzten des Prüfers vorgenommen werden müsste. Prüfungshandlungen, die mehrere Jahre betreffen, können mit der Begründung angegriffen werden, eine Prüfung sei hier erst dann ermessensgerecht, wenn die älteren Jahre prüfungsmäßig abgeschlossen seien. Prüfungshandlungen bei dem Unternehmen A können mit der Rechtfertigung angegriffen werden, der Prüfer möge zuerst die Prüfung im Unternehmen B zu Ende führen.

370 Dieser Einsatz der Einsprüche ist der **Ausnahmefall**. Dann allerdings sind die Einsprüche angebracht, wenn die Art und Weise der Prüfung sich ebenfalls als krasser Ausnahmefall erweist.

Prüfungstätigkeit und Prüfungsgrundsätze

II. Grundsätze für den Prüfer in der Prüfung

Die Außenprüfung wird von **allgemeinen Grundsätzen** getragen. Diese Grundsätze sind selten unmittelbar in bestimmte Handlungsweisen und Rechtsfolgen umzusetzen. Sie prägen jedoch das gesamte konkrete Pflichtengefüge der Außenprüfung. Sie sind im Übrigen wichtige Argumente für die Auseinandersetzung mit dem Prüfer. 371

Eine Außenprüfung hat **zugunsten** des Steuerpflichtigen ebenso zu erfolgen wie zu seinen **Ungunsten** (§ 199 Abs. 1 AO). Das Gesetz selbst verbietet eine nur auf Mehrergebnisse abzielende Prüfung. 372

Diesem Grundsatz muss in der Prüfung insbesondere in Richtung auf eine Prüfung **zugunsten** des **Steuerpflichtigen** Wirkung verschafft werden. Angesichts der Unlust der Bürger, Steuern zu zahlen, und ihrer Lust, steuerliche Freiräume zu ihren eigenen Gunsten auszunutzen, wird auf der anderen Seite der Prüfer stets von einer bestimmten Fiskallastigkeit bestimmt sein.[1] Es bedurfte daher eigentlich keines Gesetzes um den Prüfer zu einer Prüfung **zuungunsten** des Steuerpflichtigen anzuhalten, während die Prüfung zu dessen Gunsten mit normativem Druck ausgestattet sein muss. 373

„Die Betriebsprüfung ist auf das **Wesentliche** abzustellen ..." (§ 7 BpO). Auf diesen Grundsatz muss manch ein detailverliebter Prüfer immer wieder hingewiesen werden. In § 7 Satz 1 BpO ist das objektiv Wesentliche angesprochen, nicht das, was der Prüfer nach seiner höchst subjektiven Einsicht für wesentlich ansieht. Hier liegt ein Aufgabenfeld der Sachgebietsleiter; denn die Prüfung des Wesentlichen ist ein Interesse beider Parteien. 374

„... ihre Dauer (ist) auf das **notwendige Maß** zu beschränken" (§ 7 Satz 2 BpO). Neben die Wesentlichkeit der Sache tritt das notwendige Maß der Zeit. Das eben Gesagte gilt entsprechend. 375

Die Prüfung soll sich in erster Linie **mit endgültigen Steuerausfällen** befassen (§ 7 Satz 3 BpO). So sind Gewinnverlagerungen nur zu prüfen, wenn sie nicht unbedeutend sind. Hierbei handelt es sich um eine Konkretisierung des Grundsatzes, die Prüfung auf das Wesentliche abzustellen (Rz. 374). In dieser Präzisierung drückt sie in erster Linie das Interesse des Fiskus aus. Aus der Sicht des geprüften Steuerpflichtigen ist es durchaus hinnehmbar, wenn die Außenprüfung mit Gewinnverlagerungen endet, die sich im Zeitpunkt der Schlussbesprechung schon ausgeglichen haben. Die Kapazität des Prüfers ist beschränkt. Der 376

---

[1] Vgl. *Groh*, DStR 1985, 676.

Die Prüfung

Steuerpflichtige nimmt aus dieser Beschränkung eher Verlagerungen als endgültige Steuerbelastungen hin.

377 Der geprüfte Steuerpflichtige ist **fortlaufend zu unterrichten** (§ 199 Abs. 2 AO).

378 Jeder Prüfer sollte eine Grundregel der Prüfungstätigkeit beherzigen, wonach sich **Prüfungsarbeit** und **Mehrergebnis** zueinander **nicht linear** verhalten. Die ersten Tage, die ersten Wochen bringen in der Regel den wesentlichen Teil des Mehrergebnisses. Mit dem weiteren Verlauf der Prüfung wird immer mehr Zeit für immer weniger Mehrergebnisse benötigt. Vor diesem Hintergrund kann ein Ermittlungsverzicht zu einem bestimmten Zeitpunkt der Prüfung auch dann ermessensgerecht sein, wenn die Fortsetzung der Prüfung nur noch eine geringe Steigerung des Mehrergebnisses bringen würde.

III. Grundsätze für den Geprüften in der Prüfung

379 Ebenso wie es Prüfungsgrundsätze für Prüfer gibt, gibt es **grundsätzliche Erkenntnisse** für den geprüften Steuerpflichtigen. Diese befassen sich mit Rechtsgrundsätzen, aber auch mit Grundregeln des taktischen Verhaltens.

380 Die **Außenprüfung** ist grundsätzlich **kein Streitfeld**. Die Vielzahl der Prüfungen wird partnerschaftlich und einvernehmlich abgewickelt. Dies ist ein positiver Tatbestand des Besteuerungsverhältnisses. Das partnerschaftliche Verhältnis funktioniert jedoch nur dann gleichwertig und gleichgewichtig, wenn der rechtliche Rahmen eingehalten wird und die Möglichkeit des Rechtsstreits bewusst ist.

381 Der geprüfte Steuerpflichtige ist mit weittragenden **Mitwirkungspflichten** belastet. Er muss dies grundsätzlich akzeptieren. Es hat wenig Sinn, bzgl. jeder Einzelanforderung einen Grundsatzdisput zu beginnen.

382 Die **reibungslose Erfüllung** der selbstverständlichen Pflichten erleichtert nicht nur die Prüfung, sondern verhindert im Übrigen, dass der Prüfer durch unnötigen Streit veranlasst (gereizt) wird, in weitere Tiefen vorzudringen. Eine elegante, geschmeidige Prüfung ist nicht nur die Folge der Problemlosigkeit, sondern auch deren Ursache.

383 Soweit dem Steuerpflichtigen **Rechte** zur Seite stehen, sind sie selbstverständlich und **selbstbewusst** auszuüben. Der Prüfer wird dies akzep-

Prüfungstätigkeit und Prüfungsgrundsätze

tieren. Rechtsunsicherheit und Rechtunkenntnis wird der Prüfer bewusst oder unbewusst zu eigenen Gunsten ausnutzen.

Das gute **Prüfungsklima** hat einen hohen Stellenwert. Es ist jedoch ein 384
schillernder Begriff, hinter dem sich Vorteiliges und Nachteiliges verbirgt. Im Übrigen gilt auch hier, dass das gute Klima nicht nur Bedingung für die gute Betriebsprüfung, sondern ebenso sehr die Folge einer guten Betriebsprüfung ist.

Ein gutes **Prüfungsklima** ist für den Steuerpflichtigen **nachteilig**, wenn 385
es dadurch bedingt ist, dass

– selbstverständliche Rechte nicht ausgeübt werden,
– Fehlverhalten und Rechtsverletzungen des Prüfers ängstlich hingenommen werden,
– die eigene Unsicherheit in Sach- und Rechtsfragen das gute Klima wünschenswert erscheinen lässt,
– es eine schlechte Vorbereitung überdecken soll.

Das **gute Prüfungsklima** ist Bedingung und Folge 386

– des fairen Umgangs miteinander,
– des wechselseitigen Akzeptierens der Rechte und Pflichten,
– beidseitig vorhandener Sachkompetenz,
– des Wahrens anerkannter Formen sachlicher Auseinandersetzungen,
– des Vermeidens von persönlichen Angriffen.

Die Außenprüfung ist entsprechend ihrer Bedeutung **ernst** zu nehmen. 387
Der Prüfer darf nicht unterschätzt, seine Funktion als Hoheitsträger auch nicht überschätzt werden.

Die Außenprüfung ist vom ersten bis zum letzten Tag gedanklich, beobachtend und **aktiv** zu **begleiten**, um auf Änderungen, neue Entwicklungen, mögliche Erkenntnisse des Prüfers sofort reagieren zu können. 388

Der Steuerberater ist, falls er nicht ständig an der Prüfung teilnimmt, 389
fortlaufend zu **unterrichten**.

IV. Klassische Prüfungsfelder

Nachfolgend sind **typische Sachverhalte** zusammengestellt, denen der 390
Prüfer seine Aufmerksamkeit in der Regel widmen wird.

Die Prüfung

391 – **Verträge zur Unternehmensform, Umwandlungsvorgänge,**
392 – steuerliche Beurteilungen der **Unternehmensform**, insbesondere Überprüfung, ob den zivilrechtlich gewollten Gestaltungen auch steuerlich gefolgt werden kann,
393 – steuerlich erhebliche **Verträge** unter **Angehörigen** (neben den Verträgen über Personengesellschaften denken wir insbesondere an Arbeits-, Miet- und Verträge über Darlehensverhältnisse),
394 – Verträge und **Gestaltungen** über die **Grenze**, insbesondere mit ausländischen Gesellschaften, die möglicherweise mit dem inländischen Steuerpflichtigen verbunden sind,
395 – **Privatabgrenzungen**: Auto-, Telefon-, Reise-, Bewirtungskosten und sonstige Spesen. Grundsätzliche Überprüfung der Betriebsbedingtheit von Aufwendungen, die auch den privaten Bereich berühren (Aufwendungen für Reisen, Sportveranstaltungen, Möbel etc., die auch in der Privatwohnung genutzt werden können uÄ),
396 – Geschenke, offene und verdeckte **Schmiergelder,**
397 – aus der **Bilanzierung**: Hinreichende Aktivierung; überhöhte Passivierungen von Rückstellungen uÄ,
398 – berechtigter **Schuldzinsenabzug,**
399 – **verdeckte Gewinnausschüttungen** (Leistungsbeziehungen und Wertzuflüsse zwischen einer Kapitalgesellschaft und ihren Gesellschaftern),
400 – **formeller** Zustand der Buchführung,
401 – **materielle** Richtigkeit der **Buchführung**, insbesondere durch Überprüfung der Einnahmen aufgrund von Nachkalkulationen, Vermögenszuwachsrechnungen und dergleichen,
402 – **ungeklärte** Bankzugänge, ungeklärte Geldabgänge,
403 – Versteuerung der **Zinsen**.

E. Mitwirkungs- und Duldungspflichten

I. Mitwirkungspflichten

Den Mitwirkungs- und Duldungspflichten während der Außenprüfung kommt eine **zentrale Bedeutung** zu. Im Mittelpunkt stehen die Mitwirkungspflichten. Dem Steuerpflichtigen obliegen auch in der Außenprüfung die allgemeinen Mitwirkungspflichten der AO (§§ 85 ff. AO).[1] Zugeschnitten auf die Prüfung sind diese Pflichten in § 200 AO exemplarisch **konkretisiert**, zum Teil **erweitert**.[2] 404

Der Steuerpflichtige hat nach dem **Wortlaut** des § 200 Abs. 1 Sätze 1 und 2 AO insbesondere **Auskünfte** zu erteilen, **Aufzeichnungen**, Bücher, Geschäftspapiere und andere Urkunden zur Einsicht und Prüfung vorzulegen, erforderliche **Erläuterungen** zu geben und ihn beim **Datenzugriff** zu unterstützen. 405

Die **Finanzverwaltung** interpretiert die gesetzlichen Vorgaben dahin gehend, der Steuerpflichtige habe alle Unterlagen vorzulegen, die nach **Einschätzung** des **Prüfers** erforderlich seien, ohne dass dies einer weiteren Begründung bedürfe (AEAO zu § 200 Nr. 1 Satz 2). Diese Ansicht ist **zu weitgehend**. Aus dem Wortlaut und dem Sinn und Zweck des Gesetzes ergibt sich, dass nur solche Unterlagen vorlagepflichtig sind, die für die Prüfung notwendig sind. Es kommt nicht auf die Einschätzung des Prüfers, sondern auf die objektive Prüfungsrelevanz an.[3] 406

Auch unter Zugrundelegung eines objektiven Maßstabs bleibt der **Umfang** der vorzulegenden Unterlagen **unklar**. Um eine nachvollziehbare Konkretisierung zu gewährleisten, sind nach zutreffender, wenn auch nicht überwiegender Ansicht einschränkend nur die nach **§ 147 AO aufbewahrungspflichtigen** Unterlagen vorzulegen.[4] 407

---

1 *Seer* in Tipke/Kruse, § 200 AO Rz. 1 (Okt. 2013).
2 BFH v. 28.10.2009 – VII R 78/05, BStBl. II 2010, 455 (457); *Rüsken* in Klein, § 200 AO Rz. 1; *Sauer* in Beermann/Gosch, § 200 AO Rz. 2 (Mai 2002).
3 So *Intemann* in Koenig, § 200 AO Rz. 17; *Drüen*, StbJb. 2006/2007, 273 (283 ff.).
4 So FG Rh.-Pf. v. 25.4.1988 – 5 K 351/87, EFG 1988, 502; *Seer* in Tipke/Kruse, § 200 AO Rz. 8 (Okt. 2013); ähnlich *Intemann* in Koenig, § 200 AO Rz. 17; aA BFH v. 28.10.2009 – VIII R 78/05, BStBl. II 2010, 455; FG Münster v. 22.8.2009 – 6 K 2712/00, EFG 2001, 4; *Schallmoser* in Hübschmann/Hepp/Spitaler, § 200 AO Rz. 48 (Sept. 2014); *Frotscher* in Schwarz/Pahlke, § 200 AO Rz. 3 (Juli 2014); offengelassen von BFH v. 24.6.2009 – VIII R 80/06, DStR 2009, 2006 (2007); überblicksartig auch *Nöcker*, AO-StB 2011, 251 (254).

Die Prüfung

408 Gleichwohl bleibt die Abgrenzung schwierig. Gem. § 147 Abs. 1 Nr. 5 AO besteht eine Aufbewahrungspflicht für sonstige Unterlagen, soweit sie für die Besteuerung von Bedeutung sind.[1] Sind Unterlagen betroffen, die der Steuerpflichtige nicht unter diese Vorschrift subsumiert und insoweit Zweifel bestehen, muss der Prüfer **begründen**, worin eine mögliche steuerliche Bedeutung liegen kann.[2]

409 Damit müssen aus dem **betrieblichen** Bereich insbesondere vorgelegt werden:[3]

410 Die **Buchführung** (Konten und Belege), Geschäftspapiere, Personalakten, betriebliche Sparbücher, Organisationspläne, interne Arbeitsanweisungen und Revisionsberichte; außerdem alle Verträge und sonstigen rechtlich erheblichen Urkunden.

411 Grundsätzlich sind auch **Aufsichtsrats- und Vorstandsprotokolle** vorzulegen.[4] Hierzu sollte der Prüfer jedoch eine besondere, über die normale Begründung hinausgehende Begründung geben.[5] AEAO zu § 200 Nr. 1 Satz 3 nennt auch einzelne **Konzernunterlagen**.[6]

412 **Nicht** umfasst werden dagegen Papiere über steuerliche Wertungen oder Schlussfolgerungen, so zB **Strategiepapiere**, Untersuchungen (ua. Tax Due-Diligence) und Gutachten, auch von Beratern.[7] Gleiches gilt für sonstige **interne Unterlagen** zur Unternehmensführung, wie betriebswirtschaftliche Berechnungen, Managementerfolgsrechnungen.[8] Kostenstellenpläne werden nur erfasst, soweit sie für die Bewertung von Wirtschaftsgütern oder Passiva von Bedeutung sind.[9] Ein Vorlageverlangen, das sich auf Unterlagen richtet, deren Existenz beim Steuerpflichtigen ihrer Art nach nicht erwartet werden kann, ist rechtswidrig.[10]

---

1 S. dazu auch BFH v. 14.12.2011 – XI R 5/10, BFH/NV 2012, 1921 (1923).
2 *Drüen* in Tipke/Kruse, § 147 AO Rz. 22 (Juli 2015).
3 Zu einer Übersicht *Schallmoser* in Hübschmann/Hepp/Spitaler, § 200 AO Rz. 49 (Sept. 2014); *Rogge*, DB 2013, 2470 (2472 ff.).
4 S. dazu BFH v. 13.2.1968 – GrS 5/67, BStBl. II 1968, 365 (367); v. 27.6.1968 – VII 243/63, BStBl. II 1968, 592 (594); die Entscheidungen sind noch aktuell; *Frotscher* in Schwarz/Pahlke, § 200 AO Rz. 3 (Sept. 2004); mit Einschränkungen *Intemann* in Koenig, § 200 AO Rz. 19.
5 *Frotscher* in Schwarz/Pahlke, § 200 AO Rz. 3 (Juli 2014).
6 Zu Recht mit kritischem Blick *Seer* in Tipke/Kruse, § 200 AO Rz. 10 (Okt. 2013).
7 *Seer* in Tipke/Kruse, § 200 AO Rz. 10 (Okt. 2013).
8 FG Rh.-Pf. v. 13.6.2006 – 1 K 1743/05 EFG 2006, 1634 (1636).
9 FG Rh.-Pf. v. 13.6.2006 – 1 K 1743/05 EFG 2006, 1634 (1636).
10 BFH v. 28.10.2009 – VIII R 78/05, BStBl. II 2010, 455.

Mitwirkungs- und Duldungspflichten

Entsprechendes gilt für den **Privatbereich**. Allerdings besteht eine Vorlagepflicht von reinen Privatkonten nicht.¹ Die Unerlässlichkeit der Vorlage zur Ermittlung der Besteuerungsgrundlagen genügt uE nicht.² Anders kann es sich bei Privatkonten verhalten, wenn hierüber auch betriebliche Zahlvorgänge abgewickelt werden.³ 413

Bei fremdsprachlichen Unterlagen kann der Prüfer eine **Übersetzung** verlangen (§ 87 Abs. 2 AO). 414

Der Steuerpflichtige ist verpflichtet, **Erläuterungen** zu den vorgelegten Unterlagen zu geben (§ 200 Abs. 1 Satz 2 AO). 415

Im Übrigen kennt die Vorlagepflicht **Grenzen**: Der Steuerpflichtige ist zur Vorlage, nicht zur Beschaffung verpflichtet. Unabhängig davon, ob er bezüglich bestimmter Urkunden und Unterlagen aufbewahrungspflichtig ist, kann von ihm nur die Vorlage solcher Unterlagen verlangt werden, die sich in seinem **Gewahrsam** befinden.⁴ Private Kontoauszüge, die vernichtet sind, kann er nicht vorlegen; das Gleiche gilt – ungeachtet der Aufbewahrungspflicht – für nicht vorhandene Buchführungsunterlagen. In beiden Fällen ist er **nicht** zur **Beschaffung** verpflichtet. Den Steuerpflichtigen trifft keine Pflicht, für die Betriebsprüfung bestimmte Dokumente, Zusammenstellungen, Statistiken oder Eigen- oder Nachkalkulationen **zu fertigen**.⁵ Soweit er nicht aufbewahrungspflichtig war, können an die Unmöglichkeit der Vorlage **keine negativen Folgerungen** geknüpft werden; anders können die Rechtsfolgen sein, soweit er aufbewahrungspflichtig war. 416

Vorlagepflicht heißt, dass der Steuerpflichtige selbst die Urkunden und Unterlagen heraussuchen und vorlegen muss, und zwar an dem Ort der Außenprüfung. Dem **Prüfer** ist es verwehrt, sich selbst im Unternehmen ohne Zustimmung des Steuerpflichtigen die Unterlagen herauszusuchen. Er hat **kein** irgendwie geartetes steuerliches „**Beschlagnahmerecht**".⁶ Der Steuerpflichtige sollte dem Prüfer in der Regel nicht 417

---

1 FG Rh.-Pf. v. 25.4.1988 – 5 K 351/87, EFG 1988, 502 (503); *Rüsken* in Klein, § 200 AO Rz. 4; *Hennigfeld*, EFG 2012, 1522.
2 AA *Hennigfeld*, EFG 2012, 1522.
3 BFH v. 15.9.1992 – VII R 66/91, BFH/NV 1993, 76 (77); *Intemann* in Koenig, § 200 AO Rz. 18.
4 Exemplarisch *Frotscher* in Schwarz/Pahlke, § 200 AO Rz. 5 (Juli 2014).
5 Vgl. *Rüsken* in Klein, § 200 AO Rz. 3; *Seer* in Tipke/Kruse, § 200 AO Rz. 15 (Okt. 2013).
6 *Seer* in Tipke/Kruse, § 200 AO Rz. 14 (Okt. 2013); *Streck*, kösdi 1978, 2809 (2812).

Die Prüfung

gestatten, sich im Unternehmen in der Buchführung die Unterlagen selbst aus Schränken, Ordnern usw. zusammenzusuchen (keine Selbstbedienung). Er würde jeden Überblick darüber verlieren, welche Unterlagen der Prüfer einsieht.

418 Bei problematischen Prüfungen kann es sinnvoll sein, **„Spiegelbild-Akten"** anzufertigen, also eine Akte, die beleg- und urkundenmäßig den Akteninhalt des Prüfers wiedergibt. Dann weiß der Geprüfte stets, über welche Unterlagen der Prüfer verfügt.

419 Der Prüfer kann grundsätzlich die Vorlage von **Originalurkunden** verlangen, da nur diese den vollen Beweiswert entfalten.[1] Ist das Risiko einer Manipulation ausgeschlossen, genügen auch Fotokopien.[2]

420 Wünscht der Prüfer **Kopien** von Originalen für seine Prüferhandakte, ist der Steuerpflichtige zur **Fertigung** nicht verpflichtet, jedoch zur Herausgabe der Unterlagen, damit der Außenprüfer an Amtsstelle Fotokopien fertigen kann.[3] Aus taktischen Überlegungen kann es sinnvoll sein, den Prüfer um die Vorlage einer Liste der gewünschten Unterlagen zu bitten und dies als eine Art **Übergabeprotokoll** zu fertigen. Dies könnte zusätzlichen Aufschluss über den Prüfungsschwerpunkt geben. Im Ergebnis würde es sich um eine abgeschwächte Form zur „Spiegelbild-Akte" handeln.

421 Dem Prüfer ist ein **Raum oder Arbeitsplatz** für die Außenprüfung zur Verfügung zu stellen (§ 200 Abs. 2 Satz 2 AO), und zwar unentgeltlich.[4] Soweit die Möglichkeit zur ungestörten Überprüfung der Unterlagen durch den Prüfer gefordert wird,[5] besteht gleichwohl kein Anspruch auf ein eigenes Zimmer, uE auch nicht auf ein solches, das den Einblick Dritter verwehrt.

422 **„Erforderliche Hilfsmittel"** sind ebenfalls unentgeltlich nach § 200 Abs. 2 Satz 2 AO bereitzustellen. Mit den Hilfsmitteln sind nur solche Gegenstände gemeint, die gerade für den zu prüfenden Betrieb notwendig sind, zB Lampe, Heizung. Der Prüfer hat keinen Anspruch auf

---

1 FG Hamburg v. 8.11.1990 – II 113/88, EFG 1991, 564; *Schallmoser* in Hübschmann/Hepp/Spitaler, § 200 AO Rz. 47 (Sept. 2014).
2 *Buse*, AO-StB 2012, 373 (375).
3 *Seer* in Tipke/Kruse, § 200 AO Rz. 14 (Okt. 2013); *Schallmoser* in Hübschmann/Hepp/Spitaler, § 200 AO Rz. 47 (Sept. 2014).
4 *Seer* in Tipke/Kruse, § 200 AO Rz. 34 (Okt. 2013).
5 So *Schallmoser* in Hübschmann/Hepp/Spitaler, § 200 AO Rz. 78 (Sept. 2014).

Mitwirkungs- und Duldungspflichten

Papier, Schreibzeug, Telefon, Personal uÄ, um ihn bei der Prüfungstätigkeit zu unterstützen.[1]

Zur Mitwirkungspflicht bei der **digitalen Außenprüfung** s. Rz. 496 ff.   423

Bei **Auslandsbeziehungen** gilt die gesteigerte Mitwirkungspflicht des § 90 Abs. 2 AO (Rz. 556 f.).   424

Die geforderte Mitwirkung muss objektiv und subjektiv möglich sein.[2] Der Prüfer darf **nichts Unmögliches** verlangen. Eine weitere Grenze ist die **Zumutbarkeit**.[3] Der Prüfer darf nichts fordern, was für den Steuerpflichtigen unzumutbar ist. Die Zumutbarkeitsgrenze ist in der Praxis schwer zu bestimmen.   425

Mitwirkungspflichtig ist der **Steuerpflichtige selbst**. Bei Personengesellschaften trifft diese Pflicht die zur Vertretung berufenen Personen;[4] darüber hinaus kann sich der Prüfer auch, soweit die Prüfungsanordnung reicht, an die Personengesellschafter halten. Bei juristischen Personen wird die Mitwirkungspflicht, die grundsätzlich die juristische Person als solche trifft, durch die **gesetzlichen Vertreter** erfüllt.   426

Mitwirkungspflichtige können sich zur Erfüllung **Beauftragter** bedienen (§ 8 Abs. 1 BpO). S. dazu ausführlich Rz. 333 ff. Ist eine **Auskunftsperson** bestimmt, so erfüllt diese weitgehend die Mitwirkungspflichten für den Steuerpflichtigen. Bei entsprechender Benennung ist der Prüfer grundsätzlich verpflichtet, sich an die genannte Auskunftsperson zu halten. Er darf nicht einfach auf unbenannte Dritte zurückgreifen.[5] Erst wenn sich herausstellt, dass der Steuerpflichtige selber oder die von ihm benannte Person oder Personen nicht in der Lage sind, Auskünfte zu erteilen oder deren Auskünfte unzureichend sind, kann der Prüfer auch andere, nicht benannte Betriebsangehörige um Auskunft ersuchen (§ 200 Abs. 1 Satz 3 AO). Der Prüfer soll nicht ohne Kenntnis der Steuerpflichtigen andere Betriebsangehörige ohne weiteres befragen.[6]   427

---

1 *Felix*, kösdi 1988, 7180; *Rüsken* in Klein, § 200 AO Rz. 3; *Seer* in Tipke/Kruse, § 200 AO Rz. 41 (Sept. 2013).
2 *Papperitz*, StBp. 1980, 245 (250); *Seer* in Tipke/Kruse, § 200 AO Rz. 25 (Okt. 2013); *Schallmoser* in Hübschmann/Hepp/Spitaler, § 200 AO Rz. 20 (Sept. 2014).
3 BFH v. 28.10.2009 – VIII R 78/05, BStBl. II 2010, 455; *Sauer* in Beermann/Gosch, § 200 AO Rz. 34 (Mai 2002).
4 *Schallmoser* in Hübschmann/Hepp/Spitaler, § 200 AO Rz. 23 (Sept. 2014).
5 *Seer* in Tipke/Kruse, § 200 AO Rz. 17a (Okt. 2013).
6 § 8 Abs. 2 BpO; *Rüsken* in Klein, § 200 AO Rz. 12.

Die Prüfung

Der Steuerpflichtige und auch sein Berater darf bei der Befragung von Betriebsangehörigen zugegen sein.[1]

428 Der Außenprüfer darf nach § 93 AO auch **dritte Personen** hören, die keine Betriebsangehörigen sind. Rechtsgrundlage hierfür ist § 93 Abs. 1 AO.[2]

429 Die Befragung betriebsfremder, dh. **außenstehender Dritter**, ist durch den Prüfer nur dann zulässig, wenn die Möglichkeiten des § 200 Abs. 1 Satz 3 AO erschöpft sind.[3] Der Prüfer muss daher zunächst versuchen, die begehrten Informationen über entsprechende Mitwirkungsverlangen vom Steuerpflichtigen selbst, der von ihm benannten Personen oder von anderen Betriebsangehörigen zu erlangen, ehe er sich aufgrund der allgemeinen Vorschriften an andere Personen, die nicht Betriebsangehörige sind, wenden kann (**Subsidiaritätsgrundsatz**).[4] Insofern kann die allgemeine Vorschrift des § 93 Abs. 1 Satz 3 durch § 200 Abs. 1 Satz 3 AO ergänzt werden, dass der Kreis der in § 93 Abs. 1 Satz 3 genannten „Beteiligten" durch die benannten Auskunftspersonen oder sonstigen Betriebsangehörigen erweitert wird.

430 Außenstehende Dritte dürfen nicht bereits deshalb herangezogen werden, weil die Sachverhaltsaufklärung durch den Steuerpflichtigen und seine Mitarbeiter langwierig, zeitraubend und schwierig ist.[5] Diese Subsidiaritätsregel darf **nicht leichtfertig** umgangen werden. Reine Zweckmäßigkeitserwägungen, Zeitersparnis, Verfahrensökonomie sind keine ausreichenden Gründe, um einen Dritten vorschnell anstelle des Steuerpflichtigen zu hören.[6]

431 Die Finanzbehörde darf sich erst dann unmittelbar an andere Personen als den Beteiligten wenden, wenn sie es im Rahmen einer vorweggenommenen Beweiswürdigung aufgrund **konkret** nachweisbarer Tatsachen als zwingend ansieht, dass der Versuch der Sachverhaltsaufklärung durch den Beteiligten **erfolglos bleiben** wird.[7] Die Erfolglosigkeit

---

1 *Frotscher* in Schwarz/Pahlke § 200 AO Rz. 15 (Aug. 2014); *Schallmoser* in Hübschmann/Hepp/Spitaler, § 200 AO Rz. 26 (Sept. 2014).
2 *Seer* in Tipke/Kruse, § 200 AO Rz. 21 (Okt. 2013); *Schallmoser* in Hübschmann/Hepp/Spitaler, § 200 AO Rz. 28 (Sept. 2014).
3 *Rüsken* in Klein, § 200 AO Rz. 12.
4 *Roser* in Beermann/Gosch, § 93 AO Rz. 19 (Dez. 2011); *Schallmoser* in Hübschmann/Hepp/Spitaler, § 200 AO Rz. 28 (Sept. 2014); *Seer* in Tipke/Kruse, § 200 AO Rz. 21 (Okt. 2013). S. auch Rz. 429.
5 *Rüsken* in Klein, § 200 AO Rz. 12.
6 Vgl. dazu auch *Seer* in Tipke/Kruse, § 90 AO Rz. 19 (Mai 2013).
7 BFH v. 29.7.2015 – X R 4/14, BStBl. II 2016, 135; s. dazu auch AEAO zu § 93 Nr. 1.2.2; näher *Seer* in Tipke/Kruse, § 93 AO Rz. 17 (Mai 2013).

Mitwirkungs- und Duldungspflichten

ist im Rahmen einer **Prognoseentscheidung** festzustellen. Die Finanzbehörde hat zu entscheiden, ob der Sachverhalt durch die Befragung des Beteiligten noch aufgehellt werden kann oder nicht. Erst wenn die Erfolglosigkeit der Befragung des Beteiligten nicht mit an Sicherheit grenzender Wahrscheinlichkeit ausgeschlossen werden kann, ist die Befragung des Dritten zulässig.[1]

Nach den allgemeinen Grundsätzen muss die Inanspruchnahme der Dritten erforderlich, verhältnismäßig und zumutbar sein. Hierbei ist eine **Interessenabwägung** vorzunehmen.[2] Insofern dürfte eine Rolle spielen, ob durch das Auskunftsersuchen die Geschäftsbeziehung zwischen dem Steuerpflichtigen und dem Dritten nachhaltig geschädigt wird. 432

Weder § 200 AO noch die Betriebsprüfungsanordnung bestimmen hinreichend die konkreten Pflichten der Steuerpflichtigen in der einzelnen Prüfung. Es bedarf daher einer Konkretisierung der geforderten Mitwirkung, die durch das **Mitwirkungsverlangen** des jeweiligen Prüfers erfolgt. 433

Das Mitwirkungsverlangen stellt grundsätzlich einen **Verwaltungsakt** dar, der mit Einspruch und Klage anfechtbar ist.[3] Aufgrund eines Urteils des BFH v. 10.11.1998[4] wird fast einheitlich die Auffassung vertreten, nicht jedes Mitwirkungsverlangen stelle einen Verwaltungsakt dar, wobei die **Differenzierungen** variieren. 434

Der **BFH** hatte die schriftliche Aufforderung eines Prüfers, bestimmte Fragen zu beantworten und genau bezeichnete Belege, Verträge und Konten vorzulegen, nicht als Verwaltungsakt, sondern als Realakt qualifiziert. Im konkreten Fall hätten die Ermittlungen ausschließlich steuermindernden Umständen gedient und seien deshalb nicht erzwingbar.[5] Zum Teil wird dieses Abgrenzungskriterium als Auslegungsmaxime grundsätzlich akzeptiert.[6] Nach anderer Auffassung soll nur eine Auf- 435

---

1 *Roser* in Beermann/Gosch, § 93 AO Rz. 19 (Dez. 2011).
2 BFH v. 4.10.2006 – VIII R 54/04, BFH/NV 2007, 190; *Schallmoser* in Hübschmann/Hepp/Spitaler, § 200 AO Rz. 28 (Sept. 2014).
3 BFH v. 8.4.2008 – VIII R 61/06, BStBl. II 2009, 579; v. 15.9.1992 – VII R 66/91, BFH/NV 1993, 76, jeweils mwN; *Frotscher* in Schwarz/Pahlke, § 200 AO Rz. 17 (Juli 2014); *Stahl* in Vogelsang/Stahl, Rz. K 18; *Seer* in Tipke/Kruse, § 200 AO Rz. 6 (Okt. 2013).
4 BFH v. 10.11.1998 – VIII R 3/98, BStBl. II 1999, 199.
5 BFH v. 10.11.1998 – VIII R 3/98, BStBl. II 1999, 199.
6 So *Rüsken* in Klein, § 200 AO Rz. 6; *Stahl* in Vogelsang/Stahl, Rz. K 18.

Die Prüfung

forderung zur Mitwirkung und nicht lediglich die Bitte um Vorlage von Unterlagen oder Erteilung von Auskünften einen Verwaltungsakt darstellen.[1] Andere wollen erst dann eine Verwaltungsaktsqualität annehmen, wenn das Verlangen als eigenständige, auf eine bestimmte Rechtsfolge abzielende Regelung aufzufassen sei, und zwar aufgrund von Wortwahl, Rechtsbehelfsbelehrung oder Zwangsmittelhinweis.[2]

436 Überzeugend erscheint die Ansicht, wonach entgegen dem oben genannten BFH-Urteil v. 10.11.1998 im **Zweifel stets** von einer Verwaltungsaktqualität des Mitwirkungsverlangens auszugehen ist.[3] Die Qualifizierung kann insbesondere nicht davon abhängig gemacht werden, in welche Form der Prüfer das Verlangen kleidet oder mit welcher Wortwahl er dieses formuliert;[4] von einem objektiven Empfängerhorizont wird das Verlangen stets als verbindliche Aufforderung gewertet werden. Schließlich würde dem Steuerpflichtigen der effektive Rechtsschutz verweigert, sollten die Aufforderungen nicht bereits mit dem Einspruch angefochten, sondern zunächst die Verwertung in einem späteren Steuerbescheid abgewartet werden müssen.

437 Ist das Mitwirkungsverlangen ausnahmsweise gegen **Dritte**, beispielsweise einen Betriebsangehörigen im Sinne des § 200 Abs. 1 Satz 3 AO gerichtet, muss sich der **Inhaltsadressat** der Prüfung auch gegen ein solches (rechtswidriges) Mitwirkungsverlangen zur Wehr setzen können.[5] Dies dient dem effektiven Rechtsschutz. Zudem liegt alleine in der Tatsache, dass ein Dritter über das Außenprüfungsverfahren und auch darüber informiert wird, dass vom Steuerpflichtigen selbst keine ausreichenden Informationen zu erlangen sind, eine Beeinträchtigung der Rechte des Geprüften.[6]

438 Zu **Weigerungsrechten** s. Rz. 449 ff.

---

[1] So *Frotscher* in Schwarz/Pahlke, § 200 AO Rz. 17a (Juli 2014).
[2] So *Seer* in Tipke/Kruse, § 200 AO Rz. 6 (Okt. 2013).
[3] So *Schallmoser* in Hübschmann/Hepp/Spitaler, § 200 AO Rz. 17 (Sept. 2014).
[4] Nds. FG v. 10.5.2012 – 6 K 27/12, EFG 2012, 1519, mit Anm. *Hennigfeld*, EFG 2012, 1522, wertet zB die als „Bitte" formulierte Aufforderung, Unterlagen vorzulegen, gleichwohl als Verwaltungsakt.
[5] *Schallmoser* in Hübschmann/Hepp/Spitaler, § 200 AO Rz. 117 (Sept. 2014); *Kuhfus/Schmitz*, StuW 1992, 333 (338 ff.); aA *Seer* in Tipke/Kruse, § 200 AO Rz. 45 (Okt. 2013).
[6] So auch *Schallmoser* in Hübschmann/Hepp/Spitaler, § 200 AO Rz. 117 (Sept. 2014).

Mitwirkungs- und Duldungspflichten

II. Duldungspflicht (Betretungs- und Besichtigungsrecht; Inaugenscheinnahme)

Die Außenprüfung ist in den **Geschäftsräumen** des Steuerpflichtigen durchzuführen (§ 6 Abs. 1 BpO).[1] Die Prüfer sind berechtigt, **Grundstücke** und Betriebsräume zu **betreten** und zu **besichtigen** (§ 200 Abs. 3 Satz 2 AO).[2] Bei der Betriebsbesichtigung soll der Betriebsinhaber oder sein Beauftragter hinzugezogen werden (§ 200 Abs. 3 Satz 3 AO). Dieses Betretungs- und Besichtigungsrecht ist eine konkrete Ausformung des Rechts der Finanzbehörde, Gegenstände in **Augenschein** zu nehmen. Auch in der Außenprüfung gilt grundsätzlich ergänzend dieses Recht nach §§ 98, 99 AO. 439

Inaugenscheinnahme und Betriebsbesichtigung sind **keine Durchsuchungen**.[3] Ohne die Zustimmung des Steuerpflichtigen dürfen keine Behältnisse, Schränke und sonstige Verwahrungsgeräte geöffnet werden.[4] Inaugenscheinnahme und Betriebsbesichtigung können **mehrmals** stattfinden, wenn dies ermessensgerecht ist. 440

Die **privaten Wohnräume** des Steuerpflichtigen dürfen gegen den Willen des Inhabers nicht betreten werden (§ 99 Abs. 1 Satz 3 AO).[5] Dies ist unmittelbare Auswirkung des Art. 13 GG.[6] Dies gilt für den Betriebsprüfer – im Unterschied zur Regelung in § 99 Abs. 1 Satz 3 AO – auch dann, wenn das Betreten zur **Verhütung** dringender **Gefahren** für die öffentliche Sicherheit und Ordnung notwendig ist. Denn § 200 Abs. 3 Satz 3 AO erwähnt nur die „Grundstücke und Betriebsräume", nicht aber Wohnräume.[7] 441

Ist die Besichtigung der privaten Wohnung erforderlich, um bestimmte steuerliche Tatbestände zu ermitteln (Privatanteile, Arbeitszimmer etc.), so soll die Weigerung das Finanzamt berechtigen, eine **Schätzung** vor- 442

---

[1] Zur Frage, wann ein Geschäftsraum zur Durchführung einer Außenprüfung geeignet ist, s. auch AEAO zu § 200 Nr. 2.
[2] Inwieweit und unter welchen Voraussetzungen der Prüfer berechtigt ist, Fotos während der Außenprüfung zu fertigen, s. *Sterzinger*, DStR 2012, 887 (888); ohne eine Beweisnot jedenfalls rechtswidrig, ebenfalls in Privaträumen.
[3] *Kaligin*, 136 f.; *Seer* in Tipke/Kruse, § 200 AO Rz. 22, 24 (Okt. 2013).
[4] *Sauer* in Beermann/Gosch, § 200 AO Rz. 65 (Mai 2002).
[5] *Sterzinger*, DStR 2012, 887 (888).
[6] *Frotscher* in Schwarz/Pahlke, § 200 AO Rz. 21 (Juli 2014).
[7] So auch *Seer* in Tipke/Kruse, § 200 AO Rz. 23 (Okt. 2013). Im Ergebnis gleich, soweit die Außenprüfung nicht zur Verhütung dringender Gefahren für die öffentliche Sicherheit und Ordnung dienen kann, *Frotscher* in Schwarz/Pahlke, § 200 AO Rz. 30 (Juli 2014).

Die Prüfung

zunehmen.[1] Da das Verwehren des Zutritts zur Wohnung keine Pflichtverletzung darstellt, ist eine bestrafende Schätzung unzulässig.

443 Die Anordnung des Betretungs- und Besichtigungsrechts sowie die Anordnung einer Inaugenscheinnahme ist ein **Verwaltungsakt**, der ggf. mit dem Einspruch angefochten werden kann.[2]

III. Exkurs: Grundsätze für Geschenke und Bewirtungen

444 **Vorteilszuwendungen** an den Prüfer – dazu gehören **Geschenke** und **Bewirtungen** – sind sorgfältig abzuwägen. Sie können unproblematisch sein. Die Annahme solcher Vorteile kann aber für den Beamten ein Dienstvergehen darstellen. Für den Steuerpflichtigen und den Prüfer kommen im Übrigen die Straftatbestände der **Vorteilsannahme** (§ 331 StGB) und **Vorteilsgewährung** (§ 333 StGB) sowie die Tatbestände der **Bestechlichkeit** (§ 332 StGB) und **Bestechung** (§ 334 StGB) in Betracht.

445 Das vom Dienstherrn erwartete Verhalten der **Bundes- und Landesbeamten** wird durch die allgemeinen Verwaltungsvorschriften zum Verbot von **Belohnungen, Geschenken** und sonstigen Vorteilen ausgefüllt.[3]

446 Die praktische Anwendung und Relevanz der Verwaltungsvorschriften in der Praxis dürfte als *„gering"* anzusehen sein. Zur eigenen Meinungsbildung wird die Verwaltungsvorschrift für Beamte des Landes NRW[4] jedoch in Teilstücken wörtlich wiedergegeben.

Verwaltungsvorschrift zu § 42 BeamtStG/ § 59 LBG NRW

1. Das **Bewusstsein** über das grundsätzliche Verbot der Annahme von Vorteilen, die in Bezug auf das Amt gegeben werden, muss geschärft und aufrechterhalten werden.

    1.1. Beamtinnen und Beamte müssen jeden Anschein vermeiden, im Rahmen ihrer Amtsführung für persönliche Vorteile empfänglich zu sein. Die Annahme von Belohnungen oder Geschenken ohne ausdrückliche oder allgemeine **Zustimmung** der dienstvorgesetzten Stelle ist ein Dienstvergehen (§ 47 BeamtStG). Sie stellt einen Verstoß gegen die aus § 42 Abs. 1 BeamtStG folgende Pflicht der Beamtinnen und Beamten dar. Bei Ruhe-

---

[1] *Sauer* in Koenig, § 200 AO Rz. 59.
[2] *Frotscher* in Schwarz/Pahlke, § 200 AO Rz. 28 (Juli 2014); grundsätzlich gleich, aber differenzierend, *Rüsken* in Klein § 200 AO Rz. 6.
[3] Vgl. hierzu für Bundesbeamte Rundschreiben zum Verbot der Annahme von Belohnungen in der Bundesverwaltung v. 8.11.2004 – D I 3 – 210170/01, GMBl. 2004, 1074.
[4] Verwaltungsvorschrift zur Ausführung des Landesbeamtengesetzes v. 10.11.2009 – 24-1.3.2002-101/09, MBl. NRW 2009, 529.

Mitwirkungs- und Duldungspflichten

standsbeamtinnen und -beamten oder früheren Beamtinnen und Beamten mit Versorgungsbezügen gilt es nach § 47 Abs. 2 BeamtStG als Dienstvergehen, wenn sie gegen das Verbot der Annahme von Belohnungen oder Geschenken in Bezug auf ihr früheres Amt verstoßen.

2. Eine Beamtin oder ein Beamter machen sich unter bestimmten Voraussetzungen durch die Annahme von Belohnungen und Geschenken **strafbar** (vgl. §§ 331 ff. StGB).

3. Ein Verstoß gegen das Verbot der Annahme von Belohnungen und Geschenken kann **dienst-, disziplinar-** und **strafrechtliche** Folgen nebeneinander nach sich ziehen.

4. Belohnungen und Geschenke sind alle Zuwendungen **wirtschaftlicher** oder **nichtwirtschaftlicher** Art, die von der Geberin oder vom Geber oder in ihrem oder seinem Auftrag von dritten Personen der Beamtin oder dem Beamten unmittelbar oder mittelbar zugewendet werden, ohne dass die Beamtin oder der Beamte einen Rechtsanspruch hierauf haben (Vorteil).

4.1. Ein Vorteil kann liegen in

[...]

– **Bewirtungen,**

[...]

6. Die Beamtin oder der Beamte darf eine Zuwendung ausnahmsweise annehmen, wenn die vorherige Zustimmung der dienstvorgesetzten Stelle vorliegt oder wenn die Zuwendung nach VV 8 als **stillschweigend genehmigt** anzusehen ist.

[...]

8.2 Als stillschweigend genehmigt kann auch die Teilnahme an Bewirtungen aus Anlass oder bei Gelegenheit dienstlicher Handlungen, Besprechungen, Besichtigungen oder dergleichen angesehen werden, wenn die Bewirtungen **üblich** und **angemessen** sind und wenn sie ihren Grund in den Regeln des Verkehrs und der **Höflichkeit** haben, denen sich auch eine Beamtin oder ein Beamter nicht entziehen kann, ohne gegen gesellschaftliche Formen zu verstoßen.

[...]

Restriktiver zeigt sich die Bekanntmachung des **Bayerischen Staatsministeriums der Finanzen**[1] zum „Verbot der Annahme von Belohnungen oder Geschenken durch Bedienstete der Steuerverwaltung".

„Die in (...) vorgesehene **stillschweigende Genehmigung** der Teilnahme an Bewirtungen aus Anlass oder bei Gelegenheit dienstlicher Handlungen gilt **nicht** für eine Bewirtung anlässlich dienstlicher Handlungen im **Steueraufsichtsdienst** und bei **Betriebsprüfungen**. Bewirtungen anlässlich solcher Handlungen wären, da die Beamtinnen und Beamten hierbei fortlaufend oder über längere Zeit hin tätig werden, geeignet, die Unbefangenheit der Beamtin oder des Beamten zu beeinträchtigen oder jedenfalls bei Dritten Zweifel in dieser Richtung zu wecken. Gerade im Steueraufsichtsdienst oder bei Betriebsprüfungen muss jedoch jeder

---

1 V. 27.4.2011 – 22-P 1011-003-17 783/11, FMBl. 2011, 218.

Die Prüfung

Anschein einer nicht völlig korrekten Handlung der Beamtin oder des Beamten vermieden werden. Die Teilnahme an verbilligten Mahlzeiten in Werkskantinen gegen Entrichtung des üblichen Entgelts wird hierdurch nicht ausgeschlossen, wenn eine andere Möglichkeit zur Einnahme der Mahlzeit nicht besteht oder mit erheblichem Zeitverlust verbunden wäre. Keine Bewirtung im Sinn dieser Regelung ist die Entgegennahme von Tagungsgetränken und Zwischenmahlzeiten in angemessenem Rahmen."

448 **Fazit**: Der Prüfer vollzieht bei jeder „Vorteilsannahme" oder „Bewirtungsannahme" eine gefährliche **Gratwanderung**. Gleichwohl sollte man sehen, dass die Praxis häufig großzügiger verfährt, ohne dass dies sogleich zu einer Straftat führt.

IV. Weigerungsrechte

1. Allgemeines

449 Der **Steuerpflichtige** selbst hat grundsätzlich **kein Mitwirkungsverweigerungsrecht** in der eigenen Außenprüfung.[1]

450 Soweit sich der Steuerpflichtige jedoch einer **Steuerstraftat** oder einer **Steuerordnungswidrigkeit bezichtigen** müsste, kann die Mitwirkung nicht mehr erzwungen werden (§ 393 Abs. 1 AO).[2] Dies führt in diesen Fällen praktisch zu einem Aussageverweigerungsrecht.[3]

451 Für benannte **Auskunftspersonen** gelten die Weigerungsrechte für Dritte (vgl. hierzu Rz. 582 ff.). Machen sie von dem Auskunftsverweigerungsrecht Gebrauch, so muss der Steuerpflichtige selbst mitwirken oder eine andere Auskunftsperson benennen.[4]

2. Prüfung bei Berufsgeheimnisträgern in eigener Sache (Berufliche Verschwiegenheitspflicht)

452 Bestimmten Personen steht aufgrund ihres Berufs ein **Auskunftsverweigerungsrecht** gegenüber der Finanzbehörde zu (§ 102 AO). Dies betrifft in erster Linie **Rechtsanwälte**, **Notare**, **Steuerberater** und **Ärz-**

---

1 Zustimmend *Seer* in Tipke/Kruse, § 200 AO Rz. 30 (Okt. 2013), mwN.
2 BFH v. 28.10.2009 – VIII R 78/05, BStBl. II 2010, 455; allgemein zur Schnittstelle Steuerverfahren/Steuerstrafverfahren s. auch *Mack*, Stbg. 2012, 440; zu der Frage, wann ein Verdacht einer Steuerstraftat bei einer Außenprüfung besteht, s. *Beyer*, AO-StB 2015, 77.
3 Vgl. hierzu ausführlich *Streck/Spatscheck/Talaska*, Die Steuerfahndung, Rz. 657 ff., sowie *Schiffer*, BB 2015, 343 (347).
4 Vgl. § 8 Abs. 1 Satz 3 BpO 2000 sowie *Seer* in Tipke/Kruse, § 200 AO Rz. 17a (Okt. 2013), mwN.

Mitwirkungs- und Duldungspflichten

te.[1] Nach dem Wortlaut des § 102 Abs. 1 Nr. 3 AO können solche Berufsgeheimnisträger die Auskunft über das verweigern, was ihnen in ihrer beruflichen Eigenschaft anvertraut oder bekannt geworden ist.[2] Soweit die Auskunft verweigert werden darf, gilt dies auch für die Vorlage von „Urkunden" (§ 104 Abs. 1 AO);[3] hierzu zählen auch sog. Zufallsurkunden, also **sämtliche Belege** und **Datenträger** wie zB Rechnungen, Verträge, Dateien.[4] Zudem sind die Berufsgeheimnisträger zur **Verschwiegenheit** verpflichtet.[5]

Diese Rechte stehen jedoch der Anordnung einer **eigenen** steuerlichen **Außenprüfung** bei den Berufsgeheimnisträgern nicht entgegen.[6] Auch sind Berufsgeheimnisträger in eigenen Steuerangelegenheiten weiterhin zur Mitwirkung im Besteuerungsverfahren und in der Außenprüfung verpflichtet.[7] Die Mitwirkungspflicht ist jedoch **beschränkt**. Das Verweigerungsrecht bezieht sich vorwiegend auf die Vorlage von einzelnen Unterlagen.[8] 453

Das Auskunfts- und Vorlageverweigerungsrecht erstreckt sich bei Rechtsanwälten und Steuerberatern nur auf die **Identität** des Mandanten und die Tatsache seiner **Beratung**.[9] Daher braucht zB ein Steuerberater **Postausgangsbücher** oder **Fahrtenbücher** insoweit nicht vorzulegen, als sich aus ihnen Namen von Mandanten ergeben.[10] 454

---

1 Zur Zulässigkeit einer Außenprüfung bei zur Verschwiegenheit verpflichteten und zur Auskunftsverweigerung berechtigten Berufsträgern s. BFH v. 8.4.2008 – VIII R 61/06, BStBl. II 2009, 579; umfassend mit Überblick über Rechtsprechung und Literatur Wissenschaftlicher Arbeitskreis Steuerrecht des DWS-Instituts, Beihefter zu DStR 2012, 123 (Heft 48).
2 BFH v. 28.10.2009 – VIII R 78/05, BStBl. II 2010, 455.
3 BFH v. 8.4.2008 – VIII R 61/06, BStBl. II 2009, 579.
4 *Rätke* in Klein, § 104 AO Rz. 1.
5 ZB für Steuerberater § 57 Abs. 1 StBerG.
6 BFH v. 8.4.2008 – VIII R 61/07, BStBl. II 2009, 579; Sächsisches FG v. 16.5.2015 – 6 K 843/14, nv. (juris); mit umfassenden Nachweisen *Dumke* in Schwarz/Pahlke, § 102 AO Rz. 1 (April 2008); zum Schutz des Berufsgeheimnisses bei Steuerberatern s. *Becherer*, IStR 2010, 555.
7 Ständige Rechtsprechung: BFH v. 8.4.2008 – VIII R 61/06, BStBl. II 2009, 579; v. 28.10.2009 – VIII R 78/05, BStBl. II 2010, 455, m. Anm. *Mutschler*, DStR 2010, 1356.
8 *Steinhauff*, NWB 2014, 1156; *Buse*, AO-StB 2010, 68 ff.; *Kaligin*, Teil 1. Kap. XII. Rz. 2.1.
9 BFH v. 14.5.2002 – IX R 31/00, BStBl. II 2002, 712; v. 4.12.2014 – V R 16/12, BFH/NV 2015, 645 (letzteres auch instruktiv zu Verweigerungsrechten eines Schönheitschirurgen im Rahmen eines Umsatzsteuerstreits).
10 BFH v. 14.5.2002 – IX R 31/00, BStBl. II 2002, 712; v. 8.4.2008 – VIII R 61/06, BStBl. II 2009, 579; v. 4.12.2014 – V R 16/12, BFH/NV 2015, 645.

Die Prüfung

455 Der Berufsträger kann sich jedoch dann nicht auf Auskunfts- und Vorlageverweigerungsrechte berufen, soweit die Finanzbehörde Unterlagen verlangt, die keine mandantenbezogenen Daten enthalten (zB **private Kontoauszüge**, Unterlagen hinsichtlich der Einkünfte aus Kapitalvermögen).[1]

456 Gleiches gilt, wenn der Name des Mandanten bereits **bekannt** war und der Mandant auf die Geheimhaltung **verzichtet** hat, ggf. auch **konkludent**. Letzteres soll zB der Fall sein, wenn der Steuerberater vom Mandanten bereits zur Vertretung vor dem Finanzamt oder dem FG beauftragt worden war.[2]

457 Zulässig ist es, dass die Finanzbehörde Unterlagen mit mandantenbezogenen Informationen in **anonymisierter** Form verlangt.[3] Das Finanzamt ist nicht verpflichtet, dem Berufsträger Angaben über die Art, wie das Geheimhaltungsinteresse bei ihm gewahrt werden könne, zu machen, da der Berufsträger eine größere Sachnähe besitzt.[4]

458 Der Berufsträger hat stets **nachzuweisen**, dass es sich bei den (verweigerten) Geschäftsvorfällen nicht um eigene private Geschäfte handelt.[5]

459 Berufsgeheimnisträger stehen somit regelmäßig in einem **Spannungsverhältnis** zu den Mitwirkungspflichten bei der eigenen Außenprüfung.[6] Dies führt zu Konfliktsituationen, soweit es um typische Tatsachen geht, die einem strikten Berufsgeheimnis unterliegen.[7]

460 **Patientenkartei** und Liquidationen des Arztes:[8] Da die Patientenkartei Angaben über Krankheiten enthält, die der beruflichen Schweigepflicht unterliegen, kann der Arzt grundsätzlich den Einblick in die Pa-

---

1 *Buse*, AO-StB 2010, 68 (69); eine beispielhafte Übersicht über die vorzulegenden Unterlagen eines Steuerberaters bei *Mutschler*, DStR 2010, 950 (951).
2 BFH v. 8.4.2008 – VIII R 61/06, BStBl. II 2009, 579; *Buse*, AO-StB 2010, 68 (69).
3 BFH v. 4.12.2014 – V R 16/12, BFH/NV 2015, 645.
4 BFH v. 28.10.2009 – VIII R 78/05, BStBl. II 2010, 455; so auch *Steinhauff*, NWB 2011, 1156 (1163).
5 *Dumke* in Schwarz/Pahlke, § 102 AO Rz. 8 (April 2008).
6 Vgl. *Mutschler*, DStR 2010, 1355 (1356); *Steinhauff*, NWB 2014, 1156.
7 *Hentschel* bezeichnet diese Konfliktsituation vom Bestehen einer Mitwirkungspflicht im Besteuerungsverfahren und dem Bestehen der beruflichen Schweigepflicht zutreffend als Fahrt zwischen „Skylla und Charybdis", NJW 2009, 810.
8 Grundlegend dazu BFH v. 11.12.1957 – II 100/53 U, BStBl. III 1958, 86; kritisch jedoch *Steinhauff*, NWB 2011, 1156 (1163), wonach die für die Patientenkartei aufgestellten Grundsätze nicht mehr uneingeschränkt gelten sollen.

Mitwirkungs- und Duldungspflichten

tientenkartei verweigern. Soweit die Patientenkartei jedoch auch über die Liquidationen Auskunft gibt, müssen diese Informationen dem Prüfer zugänglich gemacht werden, sei es dadurch, dass die geschützten Informationen abgedeckt werden, sei es dadurch, dass der Arzt aus der Kartei Auszüge und Zusammenstellungen fertigt. Ist es nicht möglich, die Identität des Patienten und die Tatsache seiner Behandlung zu verschweigen, kann die Herausgabe uE verweigert werden.[1]

Entsprechendes gilt für die **Akten** der **Rechtsanwälte** und sonstiger **beratender Berufe**.[2] Auch Ausgangsrechnungen offenbaren regelmäßig das Mandatsverhältnis als solches und damit auch den Namen des betroffenen Mandanten. Diese Angaben unterliegen dem Auskunftsverweigerungsrecht gem. § 102 Abs. 1 Nr. 3b AO.[3] Der Prüfer hat nur insoweit einen Anspruch auf die „Informationen der Akte", als sie die **Honorarabrechnung** betreffen. Bietet die Akte die Möglichkeit einer isolierten Einsicht, ist diese zu gewähren; andernfalls sollten auch hier ggf. geschwärzte Auszüge und dergleichen gefertigt werden. 461

Empfehlung: Steuerpflichtige mit geschützter Verschwiegenheit sollten – insbesondere um dem strafrechtlichen Vorwurf des § 203 StGB zu entgehen – die Einsicht in die Daten verweigern, auf die sich ein Auskunftsverweigerungsrecht nach § 102 AO erstreckt.[4] Der Berufsträger hat bereits im Vorfeld und in der laufenden Aktenführung organisatorische Maßnahmen zu treffen, um seiner eigenen Mitwirkungsverpflichtung im Steuerverfahren berufs- wie auch strafrechtlich unbedenklich nachkommen zu können. Ein in der Praxis bewährter Weg ist es, **Rechnungsverkehr**, **Honorarabrechnungen** usw. von den sonstigen Akten zu **trennen**, um von vornherein nicht der Gefahr zu begegnen, der Verschwiegenheit unterliegende Tatsachen zu offenbaren bzw. zeitaufwendige Trennungen durchzuführen. Bei Papierbelegen bietet es sich an, den jeweiligen Namen zu schwärzen oder abgedeckt zu kopieren. 462

---

1 BFH v. 4.12.2014 – V R 16/12, BFH/NV 2015, 645, müsste zum gleichen Ergebnis kommen, da er nur eine anonymisierte Vorlage für gerechtfertigt hält.
2 S. konkret zu **Postausgangsbüchern** und **Fahrtenbüchern** BFH v. 4.12.2014 – V R 16/12, BFH/NV 2015, 645, und oben Rz. 454.
3 BFH v. 14.5.2002 – IX R 31/00, BStBl. II 2002, 712; sowie *Buse*, AO-StB 2010, 68 (69); *Becherer*, IStR 2010, 555; zu der Offenbarung des Mandantennamens bei Bewirtungsbelegen im Rahmen des Betriebskostenabzugs s. BFH v. 26.2.2004 – IV R 50/01, BStBl. II 2004, 502; Wissenschaftlicher Arbeitskreis Steuerrecht des DWS-Instituts, Beihefter zu DStR 2012, 131 (Heft 48); *Seer* in Tipke/Kruse, § 102 AO Rz. 16 (Mai 2013).
4 S. dazu *Dannecker* in Graf/Jäger/Wittig, § 203 StGB Rz. 131.

Die Prüfung

463 **Anderkonten**: Da der Berater insoweit Treuhänder ist, ist das Konto steuerlich dem Auftraggeber zuzurechnen (§ 39 Abs. 2 Nr. 1 Satz 2 AO). Es ist in der Prüfung des Treugebers (Mandanten) voll zugänglich. In der Prüfung des Beraters unterliegt es hingegen dem Auskunftsverweigerungsrecht. Nach § 104 Abs. 2 AO müssen trotz bestehenden Auskunftsverweigerungsrechts solche Unterlagen herausgegeben werden, die für einen Beteiligten verwahrt werden, soweit der Beteiligte zur Vorlage verpflichtet wäre. In einer Außenprüfung des Beraters sind dessen Mandanten jedoch nicht „beteiligt". § 104 Abs. 2 AO ist nicht anwendbar. Die Vorschrift greift nur dann ein (kein Verweigerungsrecht), wenn der Mandant selbst geprüft wird.

464 Besonderheiten ergeben sich bei Anderkonten jedoch aus § 159 Abs. 1 AO – Pflicht zur Treugeberbenennung –, obwohl gem. § 159 Abs. 2 AO das Auskunftsverweigerungsrecht nicht berührt wird. Für die Anerkennung der Treuhandschaft ist ein klarer und eindeutiger **Nachweis** erforderlich. Die unter § 102 Abs. 1 Nr. 3b AO fallenden Berufsgruppen haben im eigenen Besteuerungsverfahren alles Zumutbare zu unternehmen, um den Nachweis zu erbringen, dass es sich bei den von ihnen verwahrten Rechten oder Sachen nicht um eigenes, sondern um fremdes Vermögen handelt.[1] Die bloße Behauptung, es handele sich um Fremdgelder, reicht nicht aus; grundsätzlich müssen die verwahrten Gelder auf einem Anderkonto eingezahlt sein.[2] Macht der Berater von seinem Auskunftsverweigerungsrecht Gebrauch, muss die Finanzbehörde selbst ermitteln. Soweit Anlass besteht, kann die Finanzbehörde weitere Ermittlungen anstreben und Auskünfte einfordern, bspw. Zusammenstellungen, die nicht unter das Auskunftsverweigerungsrecht fallen, Vorlage von Einzahlungsbelegen oder Kontoauszügen, sofern sich daraus keine Rückschlüsse auf den Mandanten ergeben.[3] Darüber hinaus können die Finanzbehörden auch unmittelbar bei den Kreditinstituten Auskunft nach § 93 AO verlangen, ob es sich um Fremdgelder handelt.[4] Zu beachten ist hierbei, dass die Bank selbst, die die Anderkonten führt, gegenüber der ermittelnden Finanzbehörde auch bei Anderkonten kein Weigerungsrecht hat. Soweit der Mandant auf die

---

[1] *Schmieszek* in Beermann/Gosch, § 159 AO Rz. 21 (März 2011); *Seer* in Tipke/Kruse, § 159 AO Rz. 14 (Jan. 2014); FG Sachsen-Anhalt v. 20.4.2015 – 1 K 1209/11, nv. (juris).
[2] *Cöster* in Koenig, § 159 AO Rz. 22; *Rüsken* in Klein, § 159 AO Rz. 11.
[3] *Schmieszek* in Beermann/Gosch, § 159 AO Rz. 21 (März 2011); *Rüsken* in Klein, § 159 AO Rz. 11.
[4] *Schmieszek* in Beermann/Gosch, § 159 AO Rz. 22 (März 2011).

Mitwirkungs- und Duldungspflichten

Wahrung des Berufsgeheimnisses verzichtet, greift das Aussageverweigerungsrecht nicht.[1]

Zur Frage der **Kontrollmitteilungen** in diesen Fällen s. Rz. 618 ff. 465

Im Rahmen der **digitalen Außenprüfung** (s. dazu auch Rz. 535) nach 466
§ 147 Abs. 6 AO wird dem Berufsgeheimnisträger die Möglichkeit eingeräumt, nicht relevante oder dem Berufsgeheimnis unterliegende Daten Zugriffsbeschränkungen zu unterwerfen, um damit sicherzustellen, dass die Außenprüfung auf diese Daten nicht zugreifen kann.[2] Nach Auffassung der FG[3] sind Datenbestände so zu organisieren, dass bei einer zulässigen Einsichtnahme in die steuerlich relevanten Datenbestände keine geschützten Bereiche tangiert werden können. Der Datenzugriff sei nicht deshalb ermessenswidrig, weil bei dem Steuerpflichtigen eine Trennung zwischen steuerlich relevanten und nicht relevanten Daten nicht möglich sei. Nichts anderes könne hinsichtlich der Trennung ungeschützter und geschützter Daten innerhalb des steuerlich relevanten Bereichs gelten. Bei Fehlen einer Trennung der Daten sei das Finanzamt nicht gehindert, die Buchhaltungsdaten nebst Buchungstexten auf Datenträgern zu verlangen.[4]

Der Berufsgeheimnisträger sollte mithilfe der auf dem Markt erhältli- 467
chen Softwareprogramme die Mandantennamen unkenntlich machen oder sperren. Sollte bei einer EDV-gestützten Buchhaltung eine **Anonymisierung** der Namen aus technischen Gründen nicht möglich sein, bleibt noch die Möglichkeit des Ausdrucks der Buchhaltung in Papierform.[5]

V. Realisierung der Pflichten; Zwangsmittel; Verzögerungsgeld

Die Aufforderungen des Prüfers, bestimmte Handlungen vorzunehmen, 468
können **mündlich** oder **schriftlich** ergehen. Die Auswahl steht im Ermessen des Prüfers.[6] Die Schriftform ist nur in Ausnahmefällen vorgeschrieben (zB für die Prüfungsanordnung, Rz. 212).

---

1 *Seer* in Tipke/Kruse, § 102 AO Rz. 19 (Mai 2013).
2 BFH v. 16.12.2014 – VIII R 52/12, BFH/NV 2015, 911; umfassend dazu *Schaumburg*, DStR 2002, 829 (835); *Leitner*, EFG 2010, 98.
3 FG Nürnberg v. 30.7.2009 – 6 K 1286/2008, EFG 2009, 1991; FG BW v. 16.11.2011 – 4 K 4819/08, EFG 2012, 577; zu der berechtigten Kritik s. *Mutschler*, DStR 2010, 1355 (1356).
4 FG BW v. 16.11.2011 – 4 K 4819/08, EFG 2012, 577.
5 *Buse*, AO-StB 2010, 68 (69).
6 *Seer* in Tipke/Kruse, § 200 AO Rz. 7 (Okt. 2013).

Die Prüfung

469 In der **Praxis** kennt die Prüfung eines **kleineren Betriebs** regelmäßig die **mündliche** Anforderung, während in **größeren Betrieben** ein fast schon bürokratisches **Schriftlichkeitsverfahren** vorherrscht (zB durch Prüfungsanfragen, die fortlaufend beziffert werden; s. Rz. 365).

470 Soweit der Prüfer mündlich vorgeht, besteht **kein** grundsätzlicher **Anspruch** auf **schriftliches Auskunftsersuchen** (vgl. den Ausschluss des § 93 Abs. 2 Satz 2 AO in § 200 Abs. 1 Satz 4 AO).[1] Allerdings hat der Steuerpflichtige bei berechtigtem Interesse den Anspruch, sich den verfügten Verwaltungsakt schriftlich bestätigen zu lassen (vgl. § 119 Abs. 2 Satz 2 AO; Rz. 797 ff.).[2]

471 Die Aufforderung des Prüfers ergeht in der Regel ohne **Begründung**, weil sich diese aus dem Prüfungsgegenstand ergibt (vgl. § 121 Abs. 1 AO).[3] Nur wenn aus dem erkennbaren Prüfungsrahmen fallende Fragen gestellt werden, muss der Prüfer sie begründen.

472 Weigert sich der Steuerpflichtige, Anforderungen nachzukommen, so hat der Außenprüfer **nicht** das **Recht**, die **Anforderungen** selbst unmittelbar zu **realisieren**. Die §§ 193 – 203 AO stellen klar, dass dem Außenprüfer bei Durchführung der Außenprüfung keinerlei Zwangsmittel zur Verfügung stehen. Dies gilt auch für die in den §§ 328 ff. AO genannten Zwangsmittel der Finanzverwaltung.[4]

473 Weigert sich der Steuerpflichtige, so gibt die AO dem **Finanzamt** die **Zwangsrechte** nach §§ 328 ff. AO (Zwangsgeld, Ersatzvornahme, unmittelbarer Zwang, Ersatzzwangshaft, Verzögerungsgeld).[5] Diese Zwangsmittel können, müssen aber nicht angewandt werden. Sie sind in der Prüfungspraxis äußerst selten. Aus der Mitwirkungsverweigerung kann der Prüfer nämlich auch unmittelbar Schlussfolgerungen ziehen. Nach den Grundsätzen der Feststellungslast (objektive Beweislast) kann auch zum Nachteil des Steuerpflichtigen verfahren werden. Dabei gehen alle Umstände, die nicht aufgeklärt werden können, zulasten des Steuer-

---

1 *Rüsken* in Klein, § 200 AO Rz. 14; *Wenzig*, S. 217.
2 *Seer* in Tipke/Kruse, vor § 193 AO Rz. 34 (Okt. 2013) sowie § 200 AO Rz. 7 (Okt. 2013).
3 So auch *Schallmoser* in Hübschmann/Hepp/Spitaler, § 200 AO Rz. 34 (Sept. 2014).
4 *Sauer* in Beermann/Gosch, § 200 AO Rz. 67 ff. (Mai 2002).
5 *Sauer* in Beermann/Gosch, § 200 AO Rz. 67 ff. (Mai 2002); **anders**, wenn das **Steuerstrafverfahren** eingeleitet ist oder sich der Steuerpflichtige einer Steuerstraftat oder Steuerordnungswidrigkeit bezichtigen müsste. Hier entfallen die Zwangsrechte. Vgl. Rz. 919 ff.

Mitwirkungs- und Duldungspflichten

pflichtigen.¹ Ultima ratio bei Verletzung der Mitwirkungspflicht ist die Schätzung.²

Allerdings erliegt die Verwaltung hin und wieder der Versuchung, schlechte Prüfungstätigkeit als Folge der Verletzung von Mitwirkungspflichten auszugeben. Dem FG des Saarlandes ist daher zuzustimmen, dass die **Verletzung** der **Mitwirkungspflicht** zu **dokumentieren** ist. Unterlässt der Prüfer dies und wird die Verletzung der Mitwirkungspflicht später bestritten, so gehen die sich daraus ergebenden **Unsicherheiten zulasten** des **Finanzamts**.³ 474

In jüngeren Jahren ist die Finanzverwaltung verstärkt dazu übergegangen, im Vorfeld oder zu Prüfungsbeginn dem Steuerpflichtigen umfangreiche **Fragebögen** zur Beantwortung zu übergeben. Ob eine **Verpflichtung** besteht, diese Fragebögen auszufüllen, ist bisher nicht abschließend geklärt.⁴ Gleiches gilt für die Frage, ob die Aufforderung, den Fragebogen auszufüllen, einen **Verwaltungsakt** darstellt.⁵ UE handelt es sich nicht um eine bloße **Vorbereitungshandlung**, sondern um einen Verwaltungsakt, der entsprechend mit dem Einspruch angefochten werden kann.⁶ Unklar ist ebenfalls, ob der Finanzverwaltung bei der Weigerung zur Ausfüllung der Fragebögen Zwangsmittel zur Verfügung stehen, zB ein Verzögerungsgeld gem. § 164 Abs. 2b AO. Sofern die Auskünfte mittels vorgefertigten Fragebogens abgefragt werden, spricht vieles für eine entsprechende Rechtsgrundlage.⁷ 475

Im JStG 2009 wurde in **§ 146 Abs. 2b AO** ein weiteres Sanktionsmittel geschaffen, das sog. **Verzögerungsgeld**.⁸ In der Praxis wurde es anfangs als angeblicher „Papiertiger" nicht ernst genommen. Inzwischen 476

---

1 Die Beweismaßreduzierung gilt nicht im Steuerstrafverfahren, vgl. *Seer* in Tipke/Kruse, § 90 AO Rz. 16 (Aug. 2013).
2 *Sauer* in Beermann/Gosch, § 200 AO Rz. 67 ff. (Mai 2002) sowie AEAO zu § 200 Nr. 1 Satz 2; *Schiffer*, BB 2015, 343 (348).
3 FG des Saarlandes v. 28.7.1983 – I 280–281/82, EFG 1984, 5.
4 Vgl. *Stahl*, kösdi 2014, 18889.
5 Verneinend nur, wenn der Steuerpflichtige die Aufforderung nach ihrem objektiven Erklärungsinhalt nicht als Maßnahme zur Schaffung einer Rechtsgrundlage für die Einleitung eines Erzwingungsverfahrens verstehen musste; BFH v. 10.11.1998 – VIII R 3/98, BStBl. II 1999, 199; *Stahl*, kösdi 2014, 18883 (18889); hingegen Verwaltungsakt-Charakter: Nds. FG v. 20.6.2011 – 3 K 401/08; *Wacker*, DStR 2012, 783 (784).
6 S. bereits zu Qualifikation allgemeinen Mitwirkungsverlangens Rz. 434.
7 So auch *Stahl*, kösdi 2014, 18809; *Wacker*, DStR 2012, 783.
8 Das BMF hat im Internet einen Katalog mit „Fragen und Antworten zum Verzögerungsgeld nach § 146 Abs. 2b AO erstellt, abrufbar unter www.bundesfinanzministerium.de, Stichwort „Verzögerungsgeld".

Die Prüfung

machen die Finanzämter vom Verzögerungsgeld großzügig Gebrauch,[1] obwohl weiterhin ungeklärte Rechtsprobleme bei der Anwendung bestehen.[2]

477 Das Verzögerungsgeld stellt ein weiteres Zwangsmittel im Sinne des § 328 AO dar: Es stellt ein Druckmittel eigener Art mit **präventivem** und **repressivem** Charakter dar.[3] Sinn und Zweck des Verzögerungsgelds ist es, den Steuerpflichtigen zur zeitnahen Mitwirkung bei der Außenprüfung anzuhalten. Es tritt als weitere steuerliche Nebenleistung neben die §§ 328 ff. AO.[4] Eine analoge Anwendung der für die §§ 328 ff. AO geltenden Vorschriften ist unzulässig.[5]

478 Gem. § 146 Abs. 2b AO kann ein Verzögerungsgeld von **2500 Euro**[6] **bis 250000 Euro** ua. festgesetzt werden, wenn ein Steuerpflichtiger seinen Pflichten nach § 146 Abs. 2a Satz 4 AO, zur Einräumung des Datenzugriffs nach § 147 Abs. 6 AO, zur Erteilung von Auskünften oder zur Vorlage angeforderter Unterlagen im Sinne des § 200 Abs. 1 AO im Rahmen einer Außenprüfung innerhalb einer ihm bestimmten angemessenen Frist nach Bekanntgabe durch die zuständige Finanzbehörde nicht nachkommt.[7]

479 Die Vorschrift nimmt ua. auf § 146 Abs. 2a Satz 4 AO und damit auf die Buchführungsverlagerung ins **Ausland** Bezug. Gleichwohl findet das Verzögerungsgeld auch bei der Verletzung von Mitwirkungspflichten im Inland Anwendung.[8]

480 Die Festsetzung des Verzögerungsgelds vor oder nach Abschluss einer Außenprüfung ist unzulässig. Das Verzögerungsgeld dient lediglich zur

---

1 *Schiffer*, BB 2015, 343, der sich auf die Aussagen von *Rätke* bezieht, in BBK 2016, 786.
2 S. dazu auch *Schraut/Stumpf*, BB 2014, 2910 (2911).
3 BT-Drucks. 16/10189, 81; *Geißler*, NWB 2012, 800; FG Kiel v. 3.2.2010 – 3 V 243/09, EFG 2010, 686.
4 Zur Abgrenzung zu Zwangsgeld und Schätzung, s. *Haubner*, StBp. 2012, 314; eine Übersicht über die weiteren Nebenleistungen zur „Ahndung von Mitwirkungsverpflichtungen" s. *Fumi*, EFG 2011, 848.
5 *Drüen* in Tipke/Kruse, § 146 AO Rz. 48 (Juni 2012).
6 S. zum gesetzlich vorgeschriebenen Mindestbetrag *Matthes*, EFG 2011, 1950 (1951); wobei das Hessische FG v. 19.3.2010 – 12 U 396/10, nv. (juris), der Ansicht ist, dass es keiner weiteren Begründung bei Festsetzung des Mindestbetrags bedarf, s. dazu auch *Matthes*, EFG 2011, 299.
7 Vgl. zum Inhalt auch BFH v. 24.4.2014 – IV R 25/11, BStBl. II 2014, 819; zu den weiteren einschlägigen Fallgruppen *Schraut/Stumpf*, BB 2014, 2913.
8 BFH v. 16.6.2011 – IV B 120/10, BStBl. II 2011, 855; v. 28.6.2011 – X B 37/11, BFH/NV 2011, 1833; *Hopp/Bruns*, DStR 2012, 1485.

Mitwirkungs- und Duldungspflichten

Mitwirkung einer **laufenden** Außenprüfung.[1] Die Festsetzung des Verzögerungsgelds setzt eine nach § 196 AO wirksame und vollziehbare Außenprüfungsanordnung voraus.[2] Bei gewährter **Aussetzung der Vollziehung** der Prüfungsanordnung oder bei **Nichtigkeit** darf kein Verzögerungsgeld festgesetzt werden.[3] Ein Verzögerungsgeld scheidet auch aus, sobald parallel zu der Außenprüfung ein **Steuerstrafverfahren** eingeleitet worden ist. Dies folgt aus § 393 Abs. 1 AO.[4]

Dem Steuerpflichtigen muss eine **angemessene Frist** für sein Mitwirken gesetzt werden, die die Vornahme der Mitwirkungshandlung im gewöhnlichen Geschäftsgang erlaubt.[5] Im Rahmen einer Außenprüfung sind grundsätzlich drei bis vier Wochen angemessen.[6] Bei wiederholter Aufforderung zur Mitwirkung oder einfachen Routinehandlungen erscheint eine kürzere Frist möglich.[7] Die Frist kann – auch rückwirkend – verlängert werden.[8]   481

Bei **Erfüllung** der Mitwirkungshandlung **nach** Fristablauf, jedoch vor Festsetzung, sollte eine Festsetzung nicht erfolgen. Sinn und Zweck des Verzögerungsgelds als Druckmittel sind in diesen Fällen nicht mehr zu erreichen.[9] Kommt der Steuerpflichtige erst nach der Festsetzung des Verzögerungsgelds seiner Mitwirkung nach, stehen Bestand und Vollstreckbarkeit weiterhin im Ermessen der Finanzbehörde.[10] Die Festsetzung sollte in diesen Fällen mit Einspruch angefochten und Aussetzung der Vollziehung beantragt werden.   482

Eine **Androhung** eines Zwangsgelds sieht § 146 Abs. 2a AO nicht vor. Gleichwohl muss das allgemeine Anhörungsrecht gem. § 91 AO ge-   483

---

1 S. dazu *Görke* in Hübschmann/Hepp/Spitaler, § 146 AO Rz. 95; *Hopp/Bruns*, DStR 2012, 1485; so auch *Schraut/Stumpf*, BB 2014, 2910 (2911).
2 Einzelheiten zu der Frage, welche Prüfungen solche des § 146 Abs. 2b AO sind, s. *Haubner*, StBp. 2012, 314.
3 *Rätke* in Klein, § 146 AO Rz. 71.
4 *Wulf*, AG 2011, 819 (822); *Haubner*, StBp. 2012, 314 (315).
5 S. *Haubner*, StBp. 2012, 314 (315).
6 *Görke* in Hübschmann/Hepp/Spitaler, § 146 AO Rz. 98 (Juni 2015); *Rätke* in Klein, § 146 AO Rz. 72; das FG Sachsen-Anhalt hat eine erstmalige Frist von zwölf Tagen zur Vorlage von Buchführungsunterlagen als unangemessen angesehen, v. 21.11.2011 – 1 V 896/11, nv. (juris).
7 S. auch BFH v. 16.6.2011 – IV B 120/10, DStR 2011, 1423.
8 *Görke* in Hübschmann/Hepp/Spitaler, § 146 AO Rz. 98 (Juni 2015).
9 *Görke* in Hübschmann/Hepp/Spitaler, § 146 AO Rz. 100 (Juni 2015).
10 Zwingender Vollzug nach AEAO zu § 146 Nr. 3 Satz 3. Die Frage, ob ein festgesetztes Verzögerungsgeld wieder aufgehoben werden muss, ist höchstrichterlich noch nicht geklärt, s. dazu *Schiffer*, BB 2015, 343; *Schraut/Schrumpf*, BB 2014, 2910.

Die Prüfung

währt werden.[1] Die Androhung wird zu Recht als rechtsmittelfähiger **Verwaltungsakt** angesehen.[2]

484 Die Festsetzung des Verzögerungsgelds erfolgt durch Bescheid und ist gem. § 121 AO zu begründen. Die Finanzbehörde hat dabei sowohl **Entschließungs-**[3] als auch **Auswahlermessen**[4] auszuüben. Gesetzliche Ermessenserwägungen enthält allerdings § 146 Abs. 2b AO nicht. Dies gibt dem Berater erhebliches **Streitpotenzial** an die Hand.[5]

485 Die **Finanzverwaltung**[6] berücksichtigt ua. die Dauer der Fristüberschreitung, die Gründe der Pflichtverletzung, das Ausmaß der Beeinträchtigung der Prüfung und die Unternehmensgröße als Elemente der Ermessensausübung. Nach der **Rechtsprechung** ist zudem das Verschulden zu berücksichtigen; zudem führe ein objektiver Verstoß weder zwingend noch regelmäßig zu einem Verzögerungsgeld.[7] Richtigerweise dürfen im Rahmen des Entschließungsermessens demnach nur wesentliche Verstöße zu einem Verzögerungsgeld führen; in Bagatellfällen ist eine Anordnung unzulässig. Diese Leitlinien sind im Ausgangspunkt anerkannt, gleichwohl verbleibt ein erheblicher „Graubereich".[8]

486 Gegen die Festsetzung des Verzögerungsgelds ist **Einspruch** und die **Aussetzung der Vollziehung** statthaft.[9] Klagen gegen die Festsetzung eines Verzögerungsgelds haben regelmäßig gute **Erfolgsaussichten**: Die Ermessenserwägungen der Finanzbehörde sind regelmäßig fehleranfällig und genau zu überprüfen.[10]

---

1 S. dazu *Wulf*, AG 2011, 819 (820).
2 FG Rh.-Pf. v. 29.7.2011 – 1 V 1151/11, EFG 2011, 1942; aA *Schraut/Stumpf*, BB 2014, 2913; *Görke* in Hübschmann/Hepp/Spitaler, § 146 AO Rz. 114 (Juni 2015).
3 FG Sachsen-Anhalt v. 11.9.2013 – 3 K 1236/10, EFG 2014, 698; FG Hamburg v. 12.12.2013 – 6 K 187/13, EFG 2014, 514, rkr.
4 S. dazu auch *Matthes*, RFG 2011, 1950 (1951).
5 Zu den Erfolgsaussichten eines Streits s. *Deimel*, EFG 2014, 1845 (1846).
6 BMF-Schreiben v. 28.9.2011, Fragen- und Antwortenkatalog zu § 146 Abs. 2b AO, abrufbar über www.bundesfinanzministerium.de, Rz. 16; Finanzministerium des Landes Schleswig-Holstein v. 26.10.2010 – VI 328-S 0316-032 (juris).
7 BFH v. 24.4.2014 – IV R 25/11, AO-StB 2014, 261; zur Bemessung des Verzögerungsgelds s. auch FG Berlin-Bdb. v. 11.6.2014 – 12 K 12203/13, EFG 2014, 1842, rkr.
8 *Wulf*, AG 2011, 819 (821); ausführlich zu den einzelnen Kriterien *Görke* in Hübschmann/Hepp/Spitaler, § 146 AO Rz. 101 ff. (Juni 2015).
9 S. dazu auch *Wulf*, AG 2011, 819 (822).
10 *Drüen* in Tipke/Kruse, § 146 AO Rz. 48 (Juni 2012); *Görke* in Hübschmann/Hepp/Spitaler, § 146 AO Rz. 115 (Juni 2015).

Mitwirkungs- und Duldungspflichten

VI. Rechtsbehelfe

Die AO enthält keine speziell auf die Außenprüfung oder Prüfungsmaßnahmen zugeschnittenen Rechtsbehelfe. Der Rechtsschutz richtet sich somit nach der **Rechtsnatur** der Maßnahme.[1] 487

Ein **Auskunfts- und Mitwirkungsverlangen** des Prüfers, das dem Steuerpflichtigen ein bestimmtes Tun oder Dulden aufgibt, ist uE ein Verwaltungsakt (s. Rz. 593).[2] Dies gilt insbesondere dann, wenn der Steuerpflichtige die Aufforderung nach ihrem objektiven Erklärungsinhalt als Maßnahme zur Schaffung einer Rechtsgrundlage für die Einleitung eines Erzwingungsverfahrens verstehen musste.[3] 488

Das Verlangen gegenüber dem Steuerpflichtigen, den **Datenzugriff** nach § 147 Abs. 6 AO zu gewähren, stellt einen Verwaltungsakt dar.[4] 489

Prüfungsmaßnahmen, die als Verwaltungsakt zu qualifizieren sind, sind selbständig mit dem **Einspruch** anzufechten, um die Bestandskraft zu verhindern. 490

Empfehlung: Bei **Zweifeln** an der Verwaltungsakt-Qualität der Prüfermaßnahme sollte diese mit dem Einspruch **angefochten** werden. Weiterhin muss Aussetzung der Vollziehung beantragt werden, um den Vollzug der Anordnung zu verhindern. Gleiches gilt auch für unberechtigte Mitwirkungsverlangen des Prüfers. Dies ermöglicht einen zeitnahen und effektiven Rechtsschutz. 491

Außerdem hat der Steuerpflichtige bei mündlichen Anforderungen in der Regel einen Anspruch auf **schriftliche Fixierung** (Rz. 797 ff.). 492

Maßnahmen in der Außenprüfung ohne Verwaltungsakt-Charakter können erst **inzident** im Rahmen des Einspruchsverfahrens gegen den Steuerbescheid überprüft werden.[5] 493

---

1 Die Rechtsnatur von Mitwirkungshandlungen im Rahmen der Außenprüfung ist in Rechtsprechung sowie Literatur umstritten, s. dazu Rz. 593.
2 Nochmals: BFH v. 4.10.2006 – VIII R 54/04, BFH/NV 2007, 190; *Schallmoser* in Hübschmann/Hepp/Spitaler, § 200 AO Rz. 17; *Rogge*, DB 2013, 2470 (2475).
3 BFH v. 10.11.1998 – VIII R 3/98, BStBl. II 1999, 199; v. 4.9.2001 – VIII B 119/00, BFH/NV 2002, 157; *Tormöhlen*, AO-StB 2013, 192 (194).
4 *Tormöhlen*, AO-StB 2013, 192 (194).
5 Eine Feststellungsklage gem. § 41 Abs. 2 Satz 1 AO ist unstatthaft, *Drüen*, AO-StB 2009, 88; zu Rechtsbehelfen und Rechtsschutz s. Rz. 786 sowie *Seer* in Tipke/Kruse, § 200 AO Rz. 45 (Okt. 2003).

Die Prüfung

VII. Kosten

494 Die **Betriebsprüfungs-** und **Ermittlungskosten**, die die Außenprüfung auslöst, trägt das **Finanzamt**. Sie können dem Steuerpflichtigen nicht belastet werden.

495 Soweit dem Steuerpflichtigen selbst bei der Erfüllung der **Mitwirkungspflichten Kosten** entstehen, muss er sie – endgültig – selbst tragen. Dies gilt auch für die **Beratungskosten**.

VIII. Besonderheiten bei Zugriff auf elektronische Daten (digitale Außenprüfung)

1. Grundlage

496 Im Rahmen der Mitwirkungs- und Duldungspflichten aufgrund einer Außenprüfung kommt dem Zugriff auf elektronische Daten zunehmend eine **zentrale Bedeutung** zu.[1]

497 Nur Bücher und Aufzeichnungen, die den Vorschriften der §§ 140 bis 146 AO entsprechen, sind der Besteuerung zugrundezulegen (§ 158 AO). Andernfalls ist die Finanzverwaltung gem. § 162 Abs. 2 Satz 2 AO grundsätzlich (s. aber unter Rz. 544) zur Schätzung befugt.[2] Danach ist auch die Ordnungsvorschrift des § 146 AO (Ordnungsvorschrift für **Buchführung** und für **Aufzeichnungen**) zu beachten.

498 Die Ordnungsmäßigkeit der Buchführung ist gem. § 146 Abs. 5 **Satz 1** AO auch gewährleistet, wenn die Buchführung auf Datenträgern gespeichert ist. Damit gestattet der Gesetzgeber die Buchführung in der Form der **Speicherung auf Datenträgern**.

499 Gem. § 146 Abs. 5 Satz 2 AO muss der Steuerpflichtige sicherstellen, dass während der Aufbewahrungsfrist die Daten jederzeit verfügbar und unverzüglich lesbar gemacht werden können. Die Form, wie dies geschieht, ist in § 146 Abs. 5 AO nicht geregelt.[3] Gesetzliche Vorgaben hierzu ergeben sich aus § 147 AO (Ordnungsvorschrift für die **Aufbewahrung** von Unterlagen) und dort aus § 147 **Abs. 5** AO (sog. **Archivie-**

---

[1] Als besondere Prüfungsart soll die Schnittstellenverprobung elektronischer Betriebsverwaltungen das kommende Standardprüffeld werden; *Webel/Danielmeyer*, StBp. 2015, 353 ff.
[2] *Märtens* in Beermann/Gosch, Vor §§ 140 – 148 AO Rz. 16 (März 2009); *Seer* in Tipke/Kruse, § 162 AO Rz. 40 (Mai 2014); *Matthes*, EFG 2015, 265 (267).
[3] *Rätke* in Klein, § 146 AO Rz. 110.

rung von gespeicherten Datenträgern). Diese Daten sind auf Verlangen der „allgemeinen Finanzverwaltung" zugänglich zu machen.

Der seit dem 1.1.2002 eingefügte § 147 **Abs. 6** AO[1] gewährt im Falle der datenverarbeitungsgestützten Buchführung speziell der **Außenprüfung** ein Zugriffsrecht auf diese Daten (sog. **digitale Außenprüfung**).[2] § 147 Abs. 6 AO eröffnet der **Außenprüfung** – und nur dieser[3] – das Recht, in elektronisch geführte Daten und Aufzeichnungen Einsicht zu nehmen und diese maschinell auszuwerten. Die **Ziele** des Gesetzgebers waren das Sicherstellen der Überprüfbarkeit der papierlosen Buchführung sowie das Schaffen der Voraussetzungen für den Einsatz rationeller Prüfmethoden und der damit verbundenen Verkürzung der Prüfungsdauer.[4]

500

Die Finanzverwaltung veröffentlichte Ende 2014 neue „Grundsätze zur ordnungsgemäßen Führung und Aufbewahrung von Büchern, Aufzeichnungen und Unterlagen in elektronischer Form sowie zum Datenzugriff **(GoBD)**".[5] Die GoBD treten an die Stelle der bislang geltenden BMF-Schreiben (GoBS[6], GDPdU[7], inkl. der GDPdU-FAQ[8]).

501

Die GoBD fassen die **Aufbewahrungsregeln** der GoBS und die Anwendungsregeln zum **Datenzugriff** der ursprünglichen GDPdU zusammen und enthalten nun die Anforderungen, die an eine ordnungsgemäße elektronische Buchhaltung zu stellen sind.[9] Die Vorgaben bezüglich des Datenzugriffsrechts sind im Vergleich zu den bislang geltenden GDPdU jedoch im Wesentlichen unverändert geblieben.[10]

502

---

1 BGBl. I 2000, 1433.
2 *Rätke* in Klein, § 146 AO Rz. 60; *Huber/Wähnert*, NWB 2009, 2814 ff. Der Datenzugriff ist ebenfalls in den Fällen der USt-Sonderprüfung sowie in den Fällen des § 208 Abs. 1 Satz 1 Nr. 2 nach § 208 Abs. 1 Satz 3 AO zulässig, vgl. dazu *Tormöhlen*, AO-StB 2014, 243 (244).
3 *Ochs/Wargrowske*, DStR 2015, 2689 (2692); einschließlich zeitnaher und abgekürzter Betriebsprüfung, *Seer* in FS Streck, 2011, S. 403 (411).
4 BT-Drucks. 14/2683, 129.
5 BMF v. 14.11.2014 – IV A 4 - S 0316/13/10003 – DOK 2014/0353090, BStBl. I 2014, 1450; das BMF-Schreiben gilt für alle Veranlagungszeiträume, die nach dem 31.12.2014 beginnen.
6 Grundsätze ordnungsgemäßer DV-gestützter Buchführungssysteme, BMF-Schreiben v. 7.11.1995 – IV A 8 - S 0316 – 52/95, BStBl. I 1995, 738.
7 Grundsätze zum Datenzugriff und zur Prüfbarkeit digitaler Unterlagen, BMF v. 16.7.2001 – IV D 2 - S 0316 – 136/01, BStBl. I 2001, 415.
8 S. dazu *Goldshteyn/Thelen*, DStR 2015, 326; *Roser*, GmbHR 2015, R 33, bereits am ersten Diskussionsentwurf des BMF zu den GoBD wurde frühzeitig Kritik laut, s. dazu *Kleemann/Kalina-Kerschbaum*, DStR 2013, 1098.
9 *Goldshteyn/Thelen*, DStR 2015, 326 (327); *Roser*, GmbHR 2015, R 33.
10 *Goldshteyn/Thelen*, StBp. 2015, 289 (292).

Die Prüfung

503 Ergänzend zu den GoBD fasste das **BMF** am **14.11.**2014 in einem weiteren Schreiben zusammen, wie die **Datenüberlassung** im Rahmen einer (digitalen) Außenprüfung durch den Steuerpflichtigen zu erfolgen hat. Das Schreiben regelt, welche Dateiformate die Finanzverwaltung unterstützt. Die Ergänzung erfolgte insbesondere vor dem Hintergrund, dass zum einen die Finanzverwaltung nun bundeseinheitlich die Prüfungssoftware IDEA (s. dazu Rz. 525) benutzt und zum anderen, dass kleineren bis mittleren Unternehmen die benötigten Standardformate nicht ausreichend bekannt waren. Durch das Schreiben sollen die möglichen „erheblichen Probleme" bei der Datenträgerüberlassung vermieden werden.

504 Zum **Umfang** des **Zugriffs** im Rahmen der digitalen Außenprüfung s. Rz. 530.

505 Nach der Rechtsprechung des BFH kann die Betriebsprüfung auch bei **Berufsgeheimnisträgern** (im konkreten Fall Steuerberater) die Vorlage solcher digitalen Daten verlangen, aus denen nach Anonymisierung die Identität der Mandanten und die Tatsache ihrer Beratung nicht zu ersehen sind.[1]

2. Arten des Zugriffs

506 Dem Prüfer stehen **drei Möglichkeiten** des Zugriffs auf die digitalen Daten und Aufzeichnungen des Steuerpflichtigen zur Verfügung (§ 147 Abs. 6 AO):[2]
- **Unmittelbarer Datenzugriff** (§ 147 Abs. 6 Satz 1 AO, auch „Z1-Zugriff"),
- **mittelbarer Datenzugriff** (§ 147 Abs. 6 Satz 2 Alt. 1 AO, auch „Z2-Zugriff"),
- **Datenträgerüberlassung** (§ 147 Abs. 6 Satz 2 Alt. 2 AO, auch „Z3-Zugriff").

---

1 BFH v. 16.12.2014 – VIII R 52/12, BFH/NV 2015, 1455 (konkret Datenzugriff durch Übergabe der Datenträger, Z3-Zugriff); ohne Bezug zur digitalen Außenprüfung BFH v. 28.10.2009 – VIII R 78/05, BStBl. II 2010, 455 (Rechtsanwalt, Notar und Steuerberater). S. zu unserer Kritik auch Rz. 406 ff.
2 Zur Terminologie s. auch FG Rh.-Pf. v. 13.6.2006 – 1 K 1743/05, EFG 2006, 1635 (1636); *Intemann/Cöster*, DStR 2004, 1981; GoBD, Rz. 165 ff.; zu den Datenzugriffsmöglichkeiten der Finanzverwaltung bei Verlagerung der Buchführung ins Ausland s. *Goldshteyn/Thönnes*, DStZ 2010, 416.

Mitwirkungs- und Duldungspflichten

a) Unmittelbarer Datenzugriff

Bei Nutzung des unmittelbaren Datenzugriffs **(Z1)** nimmt der Außenprüfer unmittelbar in Form eines „Nur-Lesezugriffs" Einsicht in die gespeicherten Daten. Dem Prüfer stehen bei dieser Form des Zugriffs das **Lesen, Filtern** und **Sortieren** der Daten einschließlich der **Nutzung** der im **DV-System** des Steuerpflichtigen vorhandenen Auswertungsmöglichkeiten zu. 507

Der Prüfer ist jedoch **nicht** berechtigt, **eigene** Auswertungssoftware auf dem Datenverarbeitungssystem des Steuerpflichtigen zu **installieren**.[1] 508

Ebenso kann der Außenprüfer **nicht verlangen**, sich mithilfe seines Notebooks in das DV-System des Steuerpflichtigen **„einzuklinken"**[2] oder dass der Steuerpflichtige bestimmte, bisher nicht vorhandene Auswertungsmöglichkeiten auf seinem DV-System **installiert**.[3] Diese Beschränkung dient auch dem Schutz vor Vireninfektionen des Systems des Geprüften. Dem Prüfer muss jedoch für den Zeitraum der Prüfung eine Zugangsberechtigung eingeräumt und in die Benutzung der EDV-Anlage eingewiesen werden. Eine darüber hinausgehende Pflicht, wie zB die Bereitstellung von eigenem Personal, besteht nicht.[4] 509

Der unmittelbare Datenzugriff dient dazu, die Prüfung im Rahmen der **technischen Gegebenheiten** des zu prüfenden Betriebs durchzuführen. Es ist daher nicht vorgeschrieben, wie das Datenverarbeitungssystem auszugestalten ist, um den Zugriff zu ermöglichen.[5] 510

Der unmittelbare Datenzugriff ermöglicht dem Außenprüfer somit einen umfangreichen **Prüfungsspielraum**. Mithilfe der eigenen Unternehmenssoftware kann der Prüfer schon vor Ort in alle steuerlich relevanten Konten „einsteigen", umfangreiche Plausibilitätsprüfungen vornehmen und so atypische Buchungen aufdecken.[6] 511

---

1 *Rätke* in Klein, § 147 AO Rz. 63; *Drüen* in Tipke/Kruse, § 147 AO Rz. 78 (Juli 2015).
2 *Schüßler*, Der Datenzugriff der Finanzverwaltung im Rahmen der (digitalen) Außenprüfung, S. 21; *Drüen* in Tipke/Kruse, § 147 AO Rz. 78a (Juli 2015); aA *Sauer* in Beermann/Gosch, § 147 AO Rz. 64 (Juni 2002), ohne dies jedoch näher zu begründen.
3 *Höreth/Schiegl*, BB 2001, 2509 (2511); *Eberlein*, DStZ 2002, 249 (250); *Drüen* in Tipke/Kruse, § 147 AO Rz. 78 (Juli 2015); aA aber *Burchert*, INF 2001, 230 (232).
4 *Drüen* in Tipke/Kruse, § 147 AO Rz. 78a (Juli 2015); *Tormöhlen*, AO-StB 2014, 243 (244).
5 *Intemann/Cöster*, DStR 2004, 1981 (1983); *Drüen* in Tipke/Kruse, § 147 AO Rz. 78 (Juli 2015).
6 *Schaumburg*, DStR 2002, 829 (831); *Tormöhlen*, AO-StB 2014, 243 (244).

Die Prüfung

b) Mittelbarer Datenzugriff

512 Der mittelbare Datenzugriff **(Z2)** berechtigt den Prüfer, **vom Steuerpflichtigen** zu verlangen, die Daten nach seinen Vorgaben **auszuwerten** oder von einem Dritten auswerten zu lassen.

513 Der Steuerpflichtige muss tun, was zur steuerlichen Aufklärung **notwendig, verhältnismäßig** und **zumutbar** ist. Er darf jedoch **nicht** zum „**Hilfsprüfer**" gemacht werden. Die Sachaufklärungspflicht der Finanzverwaltung kann nicht auf den Steuerpflichtigen übertragen werden.[1] So ist er insbesondere nicht dazu verpflichtet, aktiv auf den Außenprüfer zuzugehen und diesen auf eine sinnvolle Verknüpfung von bestimmten Daten hinzuweisen oder eigene Auswertungsvorschläge zu entwickeln.[2]

514 Vor allem kann der Prüfer nur solche Auswertungen verlangen, die das System selbst zulässt.[3] Da die Zugriffsform identisch mit derjenigen des unmittelbaren Zugriffs ist,[4] darf der Prüfer **eigene Programme** zur Datenanalyse **nicht zuschalten**.[5] Der Prüfer muss die Kriterien, nach denen die Daten verknüpft werden, selber festlegen und kann nur ergänzende EDV-spezifische Fragen an den Steuerpflichtigen stellen; der Auswertungsaufwand darf dem Steuerpflichtigen nicht aufgebürdet werden.[6] Dies ist letztlich eine Abwägungsfrage der Verhältnismäßigkeit des Eingriffs. Diese Zugriffsvariante soll etwa bei der Prüfung von Großbetrieben zum Einsatz kommen, falls Abfragen mit langen Laufzeiten durchgeführt werden sollen, die das System des Unternehmens im regulären Betrieb stark belasten und daher außerhalb der normalen Betriebszeiten vom Unternehmer durchgeführt werden kann.[7]

c) Datenträgerüberlassung

515 Der Z3-Zugriff stellt den **Standardfall** in der Praxis dar.[8] Er ermöglicht die elektronische Weiterverarbeitung der Daten.

---

1 *Drüen* in Tipke/Kruse, § 147 AO Rz. 79 (Juli 2015).
2 *Schaumburg*, DStR 2002, 829 (834); *Schüßler*, Der Datenzugriff der Finanzverwaltung im Rahmen der (digitalen) Außenprüfung, S. 23; *Rätke* in Klein, § 147 AO Rz. 63.
3 *Tormöhlen*, AO-StB 2014, 243 (245), mwN. In diesem Zusammenhang ist strittig, ob der Prüfer eigene Programme zur Datenanalyse zuschalten darf.
4 BMF v. 14.11.2014 – IV A 4 - S 0316/13/10003 – DOK 2014/0353090, BStBl. I 2014, 1450 (1456).
5 *Drüen* in Tipke/Kruse, § 147 AO Rz. 79 (Juli 2015).
6 *Drüen* in Tipke/Kruse, § 147 AO Rz. 79 (Juli 2015).
7 *Burchert*, INF 2006, 744 (746).
8 *Rätke* in Klein, § 147 AO Rz. 63.

Mitwirkungs- und Duldungspflichten

Die Finanzbehörde kann den Datenzugriff auch per Datenträgerüberlassung (**Z3**) vornehmen. Dabei sind dem **Prüfer** die Daten auf einem maschinell verwertbaren Datenträger (CD, DVD, BluRay, USB-Stick) zur Verfügung zu stellen, damit dieser die Auswertung **selbst** vornehmen kann. Dies gilt auch dann, wenn sich die Daten bei Dritten (zB Steuerberater, DATEV) befinden.[1] 516

Der Außenprüfer ist nicht berechtigt, den **Datenexport** selbst vorzunehmen.[2] Weiterhin fehlt es für einen **Online-Zugriff** auf die Daten des Steuerpflichtigen an einer Ermächtigungsgrundlage. Ein solcher Zugriff ist dem Prüfer nicht erlaubt. 517

Im Rahmen von § 146 Abs. 6 Satz 2 Alt. 2 AO **war strittig**, was unter „zur Verfügung gestellt" zu verstehen ist: Müssen dem Prüfer die ihm überlassenen Datenträger auch **außerhalb** der Räume des Steuerpflichtigen überlassen werden?[3] Regelmäßig spielt hier die ernst zu nehmende Sorge eine Rolle, dass die Daten in falsche Hände geraten und bei den Prüfern nicht hinreichend geschätzt seien.[4] Jedermann weiß inzwischen, dass Terrabytes an Daten mit einem Mausklick in alle Welt gelangen können. Gegen eine solche Pflicht spricht auch der restriktive Charakter der Norm und der Wortlaut des § 147 Abs. 6 AO, der lediglich eine „Zurverfügungstellung" und nicht die „Überlassung" vorsieht.[5] 518

Nach dem Urteil des BFH v. 16.12.2014[6] kann der Prüfer im Rahmen einer Außenprüfung jedoch die Herausgabe digitalisierter Steuerdaten 519

---

1 *Rätke* in Klein, § 147 AO Rz. 65; *Sauer* in Beermann/Gosch, § 147 AO Rz. 57 (Aug. 2014).
2 Vgl. *Tormöhlen*, AO-StB 2014, 243 (245).
3 So ausdrücklich die GoBD, die davon ausgehen, dass die Datenträgerüberlassung auch die Mitnahme der Daten aus der Sphäre des Steuerpflichtigen umfasst. Allerdings soll die Mitnahme der Datenträger im Regelfall nur in Abstimmung mit dem Steuerpflichtigen erfolgen, vgl. GoBD, Rz. 168.
4 *Hennigfeld*, EFG 2013, 271 (272).
5 So auch die überwiegende Literatur, vgl. *Drüen* in Tipke/Kruse, § 147 AO Rz. 80a (Juli 2015); *Tormöhlen*, AO-StB 2014, 243 (245); aA zB FG BW v. 16.11.2011 – 4 K 4819/08, nv. (juris), mwN; trotz alledem ist die Überlassung bis dato wohl in der Praxis der Regelfall, s. dazu *Hennigfeld*, EFG 2013, 271 (272).
6 BFH v. 16.12.2014 – VIII R 52/12, BFH/NV 2015, 1455, mit zustimmender Anm. *Neufang/Schäfer*, StB 2015, 388 (390 f.); mit ausführlicher Anm. *Ochs/Wargrowske*, DStR 2015, 2689 ff. (2695), die im Grundsatz für Daten auf dem überlassenen Datenträger (zB USB-Stick) zustimmen, nicht jedoch für auf (mobilen) Rechner der Finanzverwaltung importierte Daten; Letztere unterlägen den genannten Beschränkungen nicht. AA *Rätke* in Klein, § 147 AO Rz. 63, der diese Entscheidung als praxisfern kritisiert.

Die Prüfung

zur Speicherung und Auswertung auch auf **mobilen Rechnern** der Prüfer verlangen, allerdings nur, wenn Datenzugriff und **Auswertung** in den **Geschäftsräumen** des Steuerpflichtigen oder in den **Diensträumen** der Finanzverwaltung stattfinden. Damit muss im Ergebnis sowohl das Notebook des Prüfers, auf das er die Daten gespeichert hat, als auch das ggf. vom Steuerpflichtigen zur Verfügung gestellte eigene Notebook, auf dem die Daten gespeichert sind, in den Räumen des geprüften Steuerpflichtigen verbleiben. Eine Mitnahme in die Privaträume – einschließlich eines häuslichen Arbeitszimmers des Prüfers – oder sonstige Orte ist unzulässig.[1] Dies muss auch für den **Heimarbeitsplatz** gelten.[2]

520 Damit dürfte auch die Ansicht, wonach eine **Überspielung** der Daten auf den **Rechner des Außenprüfers** nur mit der Einwilligung des Steuerpflichtigen erlaubt sei,[3] nicht durchsetzbar sein.

521 Findet eine Betriebsprüfung nach § 6 Satz 3 BpO ausnahmsweise weder in den Betriebs-/Wohnräumen des Steuerpflichtigen noch an Amtsstelle statt, sondern zB in den **Räumlichkeiten** des **Steuerberaters**, gilt uE die oben genannte Rechtsprechung des BFH v. 16.12.2014 entsprechend: Der Prüfer muss sein Notebook in den Geschäftsräumen des Steuerberaters belassen; eine Mitnahme ist nur möglich für die Speicherung und Auswertung der Daten auf einem Rechner in den Diensträumen des Finanzamts.[4]

522 Zudem entschied der BFH mit vorgenanntem Urteil einen weiteren Streit: Eine **Speicherung** von Daten über den tatsächlichen Abschluss der Prüfung hinaus ist durch § 147 Abs. 6 Satz 2 AO nur gedeckt, soweit und solange die Daten noch für Zwecke des Besteuerungsverfahrens (zB bis zum Abschluss etwaiger Rechtsbehelfsverfahren) benötigt werden.[5] Danach sind die Daten jedenfalls vollständig zurückzugeben oder zu löschen.[6]

---

1 *Neufang/Schäfer*, StB 2015, 388 (390); *Rätke* in Klein, § 147 AO Rz. 63.
2 AA *Ochs/Wargowske*, DStR 2015, 2689 (2695); offen insofern *Neufang/Schäfer*, StB 2015, 388 (390).
3 S. *Schaumburg*, DStR 2002, 829 (834).
4 So auch *Neufang/Schäfer*, StB 2015, 388 (390); *Rätke* in Klein, § 147 AO Rz. 63, der dies allerdings als praxisfern wertet.
5 BFH v. 16.12.2014 – VIII R 52/12, BFH/NV 2015, 1455; zustimmend *Neufang/Schäfer*, StB 2015, 388 (390); auch insofern weiterhin kritisch *Ochs/Wargowske*, DStR 2015, 2689 (2692).
6 GoBD, Rz. 169; *Ochs/Wargowske*, DStR 2015, 2689 (2692); *Neufang/Schäfer*, StB 2015, 388 (390). Die Betriebsprüfung hat lediglich für den Zeitraum der Prüfung ein Besitzrecht, der Rückgabeanspruch ergibt sich unmittelbar aus § 985 BGB.

Mitwirkungs- und Duldungspflichten

Aufgrund des mit der Datenträgerüberlassung verbundenen Verlusts der Kontrollmöglichkeit, bietet es sich an, nur **schreibgeschützte** Datenträger zur Verfügung zu stellen und eine Sicherheitskopie anzufertigen. Als zulässig wird angesehen, den überlassenen Datenträger mit einem maschinellen **Ablaufdatum** zu versehen, der auch bei einem PC-Wechsel weiterwirkt. Die Zeitspanne der Befristung sollte sich an der voraussichtlichen Dauer der Betriebsprüfung und des anschließenden Festsetzungsverfahrens orientieren.[1]

523

3. Datenanalyse und Auswertungsmöglichkeiten der Finanzverwaltung

Während die Datenanalyse und Auswertungstiefe beim unmittelbaren und mittelbaren Datenzugriff von der jeweilig eingesetzten Software des Steuerpflichtigen abhängt, stehen der Finanzverwaltung für die Auswertung bei der Datenträgerüberlassung eigene **Prüf- und Analyseprogramme** zur Verfügung.

524

Die Finanzverwaltung setzt bundesweit die Prüfungssoftware **IDEA** ein – sowie das auf IDEA basierende Programm **AIS Tax Audit**.[2] Die besondere Stärke dieser Programme liegt in der Bewältigung und Bearbeitung von Massendaten.[3]

525

Mit IDEA kann die Finanzverwaltung Daten umfangreich **analysieren, extrahieren** und **Stichprobenkontrollen** durchführen sowie (nachträglich eingefügte) Manipulationen der Daten aufdecken.[4] Typische Schwachstellen, die mit IDEA aufgedeckt werden können, betreffen im Wesentlichen negative Kassenbestände, fehlende oder doppelte Rechnungen, fehlende Lagerbuchungen, ungerechtfertigte Zahlungen, steuerfreie Reisekosten trotz Anwesenheit, mögliche Scheingeschäfte und -arbeitsverhältnisse sowie die Aufdeckung von Karussellgeschäften.[5]

526

---

1 *Drüen* in Tipke/Kruse, § 147 AO Rz. 80a (Juli 2015).
2 *Hauschildt/Wähnert*, NWB F 17, 2181 ff. (Okt. 2007); *Watrin/Struffert*, DB 2006, 1748; FG Rh.-Pf. v. 13.6.2006 – 1 K 1743/05, EFG 2006, 1634 (1635); zu praktischen Auswirkungen in der Betriebsprüfung vgl. *Stahl/Durst*, Stbg. 2009, 149 (152 f.).
3 *Buchert*, INF 2002, 677. Daneben geht die Finanzverwaltung auch innovative Wege und prüft den Einsatz von neuen interaktiven Prüfungstechniken, wie zB der **Summarischen Risikoprüfung**, vgl. *Huber/Wähnert*, NWB 2009, 2814.
4 *Götzenberger*, Der gläserne Steuerbürger, 3. Aufl. 2013, S. 140 ff.
5 *Stahl/Durst*, Stbg. 2009, 149 (153); weitere Anwendungsbeispiele bei *Groß/Georgius*, Stbg. 2006, 157 (158 ff.); *Vogelsang* in Vogelsang/Stahl, Rz. I 91 ff.; *Schüßler*, Der Datenzugriff der Finanzverwaltung im Rahmen der (digitalen) Außenprüfung, S. 21.

Die Prüfung

527 Da es sich bei IDEA um frei zugängliche Software handelt, können diese **Tests** auch zur Vorbereitung der Außenprüfung durch den Steuerpflichtigen bzw. dessen Berater **vorab** durchgeführt werden.[1] Ziel ist die **Risiko- und Gefahrenminimierung** durch EDV-gestützte Plausibilitätsprüfung. Angestrebt werden sollte eine möglichst umfassende Installierung von EDV-Instrumenten, die es ermöglichen, unerklärliche Abweichungen oder Häufungen von Unstimmigkeiten herauszuarbeiten, um sodann gezielte Bereiche des Rechnungswesens einer Einzelfallprüfung zu unterziehen.[2]

528 Darüber hinaus ermöglicht IDEA relativ unproblematisch eine Auswertung der Daten des Steuerpflichtigen in der Form des **Zeitreihenvergleichs (ZRV)** und der statistischen Datenanalyse, zB Prüfung der Zahlen mittels sog. **„Chi-Quadrat-Test"** bzw. **„Benford"-Gesetz**.[3] Diesen statistischen Testverfahren liegt die gemeinsame Annahme zugrunde, dass manipulierte Datensätze andere Eigenschaften als natürliche Daten aufweisen.[4]

529 Vgl. ausführlicher **zum ZRV** und dem **Chi-Quadrat-Test** bzw. **„Benford"-Gesetz** im Rahmen der Schätzung und Verprobung Rz. 1161.

4. Umfang des Zugriffs im Rahmen der digitalen Außenprüfung – Aufzeichnungs- und Aufbewahrungspflichten

530 Der Umfang des Zugriffs im Rahmen der digitalen Außenprüfung ist weder gesetzlich gesondert normiert noch seitens der Finanzverwaltung durch eindeutige Regelungen vorgegeben.[5] Er richtet sich – unter Einbeziehung des Gegenstands der Außenprüfung – nach den Aufzeichnungs- und Aufbewahrungsvorschriften.[6] Denn das Datenzugriffsrecht nach § 147 Abs. 6 AO korrespondiert mit den steuerlichen **Aufzeichnungs- und Aufbewahrungspflichten**.[7] Mit der Einführung

---

1 Vgl. zu diesem Gedanken auch *Groß/Georgius*, DStR 2006, 2067 (2070).
2 So *Ehlers*, NWB 2012, 1535 (1540).
3 *Vogelsang* in Vogelsang/Stahl, Rz. I 14 ff.
4 *Watrin/Struffert*, DB 2006, 1748; *Schüßler*, Der Datenzugriff der Finanzverwaltung im Rahmen der (digitalen) Außenprüfung, S. 141.
5 Vgl. *Drüen* in Tipke/Kruse, § 147 AO Rz. 71 f. (Juli 2015).
6 *Cöster* in Koenig, § 147 AO Rz. 38; *Drüen* in Tipke/Kruse, § 147 AO Rz. 71 (Juli 2015).
7 BFH v. 16.12.2014 – X R 42/13, BStBl. II 2015, 519 (akzessorisch); v. 24.6.2009 – VIII R 80/06, DStR 2009, 2006 (2007). Davon zu unterscheiden ist die Frage, ob sich die Vorlagepflicht in der Außenprüfung nach § 200 Abs. 1 AO auch auf nicht vorhandene Unterlagen bezieht; allgemein zum Datenzugriff und zu Aufzeichnungspflichten *Engelberth*, NWB 2010, 2307, sowie *Tormöhlen*, AO-StB 2013, 279.

Mitwirkungs- und Duldungspflichten

des Datenzugriffs ist der Umfang der Außenprüfung gerade nicht erweitert worden, lediglich die Art des Zugriffs hat sich geändert.[1] Aufbewahrungspflichtig sind alle Unterlagen des **§ 147 Abs. 1 AO**.

Insbesondere gibt es kein Recht, auf **alle digitalisierten Daten** des Steuerpflichtigen zuzugreifen.[2] So ist zB eine Steuerberatersozietät nicht verpflichtet, die über die Aufzeichnungspflichten eines Einnahmeüberschussrechners hinausgehenden Sachkonten im Rahmen der digitalen Betriebsprüfung zur Verfügung zu stellen.[3] 531

Der Steuerpflichtige ist **nicht** zur elektronischen Erfassung **verpflichtet**. Setzt er jedoch Datenverarbeitungssysteme ein, muss er den Zugriff darauf dulden.[4] Dies gilt insbesondere dann, wenn er papierene Eingangsrechnungen digitalisiert, scannt und speichert.[5] 532

Soweit der Steuerpflichtige der Ansicht sein sollte, einzelne in der Datei enthaltene Daten seien nicht steuerrelevant, obliegt es ihm, diese zu selektieren (sog. **Erstqualifikationsrecht**).[6] Ist ihm dies nicht möglich, kann er zB den Zugriff nicht verweigern.[7] Er trägt die Verantwortung und damit auch das Risiko, wenn er steuerrelevante und nicht steuerrelevante Daten ununterscheidbar vermengt haben sollte. 533

Der Qualifikation kommt besondere Bedeutung zu, soweit Daten außerhalb der **Buchhaltung** im **engeren Sinne** betroffen sind.[8] So hat der BFH die Aufbewahrungspflicht für eine **freiwillig** erstellte Bestandsbuchhaltung zugunsten des Steuerpflichtigen abgelehnt, der seinen Gewinn durch Einnahmeüberschussrechnung nach § 4 Abs. 3 EStG ermittelte.[9] Diese Entscheidung ist von den Urteilen des X. Senats des 534

---

1 *Rätke* in Klein, § 147 AO Rz. 61; BFH v. 24.6.2009 – VIII R 80/06, DStR 2009, 2006 (2007); FG Rh.-Pf. v. 13.6.2006 – 1 K 1743/05, EFG 2006, 1634.
2 FG BW v. 16.11.2011 – 4 K 4819/08, EFG 2012, 577.
3 BFH v. 24.6.2009 – VIII R 80/06, DStR 2009, 2006 (2008); allgemeine Hinweise zur Außenprüfung des Steuerberaters *Kaligin*, S. 247 f.
4 FG Hamburg v. 13.11.2006 – 2 K 198/05, DStRE 2007, 441 (442).
5 BFH v. 26.9.2007 – I B 53,54/07, BStBl. II 2008, 415; *Tormöhlen*, AO-StB 2012, 154.
6 BFH v. 16.12.2014 – X R 42/13, BStBl. II 2015, 519; *Drüen* in Tipke/Kruse, § 147 AO Rz. 72 (Juli 2015).
7 Im konkreten Fall die Verkaufsdatei mit den Kasseneinzeldaten, BFH v. 16.12.2014 – X R 42/13, BStBl. II 2015, 519.
8 *Drüen* in Tipke/Kruse, § 147 AO Rz. 72 (Juli 2015), mit Hinweisen zur Abgrenzung zum sekundären Qualifikationsrecht der Finanzverwaltung; FG Rh.-Pf. v. 13.6.2006 – 1 K 1743/05, EFG 2006, 1634 ff.
9 BFH v. 24.6.2009 – VIII R 80/06, BStBl. II 2010, 452; v. 14.12.2011 – XI R 5/10, BFH/NV 2012, 1921.

Die Prüfung

BFH v. 16.12.2014[1] zu Einzelaufzeichnungen bei **Apothekern** abzugrenzen. Von der grundsätzlich bestehenden Verpflichtung, jede Betriebseinnahme einzeln aufzuzeichnen, kann ausnahmsweise abgesehen werden, wenn es unzumutbar ist, einzelne bare Betriebseinnahme bei ständig wechselnden Kunden aufzuzeichnen, so zB bei Apothekern. Entscheidet sich der Steuerpflichtige jedoch zur Aufzeichnung der einzelnen Verkäufe mittels eines modernen PC-Kassensystems, entfällt die Unzumutbarkeit und entsteht die Vorlagepflicht.[2] Diese Aufzeichnungen seien auch nicht deshalb „freiwillig", weil die Anschaffung der Kasse mit den damit verbundenen Aufzeichnungsmöglichkeiten primär aus **betriebswirtschaftlichen** Gründen erfolgt.[3]

535 Es ist Sache des Steuerpflichtigen, seine nicht steuerlich relevanten Daten in der EDV gegen eine Einsichtnahme durch die Außenprüfung **abzusichern**.[4] Zur Vermeidung eines Datenzugriffs auf nicht steuerliche Daten sollten dem Betriebsprüfer die Daten auf einem vom internen Netz abgekoppelten PC zur Verfügung gestellt werden („**digitale Spiegelakte**"). Eine solche Vorgehensweise ist zulässig, da § 147 Abs. 6 AO nicht das Recht gewährt, sämtliche DV-Systeme zu überprüfen, sondern lediglich „Einsicht in die gespeicherten Daten zu nehmen und das Datenverarbeitungssystem zur Prüfung dieser Unterlagen zu nutzen".[5] Dies ist bei der **Strukturierung** der Datenspeicherung, spätestens bei der Vorbereitung der Außenprüfung, zu berücksichtigen.[6]

536 Das Verlangen zum Zugriff auf Daten ist **rechtswidrig**, wenn Informationen dem Prüfer **bereits** in verwertbarer Form vorliegen oder wenn sie für die Besteuerung nicht von Bedeutung sein können.[7]

537 Die **Archivierung** von **E-Mails** ist noch nicht abschließend geklärt.[8] Richtigerweise besteht jedenfalls dann keine Archivierungspflicht,

---

1 BFH v. 16.12.2014 – X R 42/13, BStBl. II 2015, 519 (mit ausführlicher Besprechung der Vorinstanz – des Hessischen FG v. 24.4.2013 – 4 K 422/12, EFG 2013, 1186; *Harle/Büttelborn*, StBp. 2013, 333); v. 16.12.2014 – X R 29/13, BFH/NV 2015, 793.
2 BFH v. 16.12.2014 – X R 42/13, BStBl. II 2015, 519; v. 16.12.2014 – X R 29/13, BFH/NV 2015, 793.
3 BFH v. 16.12.2014 – X R 42/13, BStBl. II 2015, 519; vgl. zu weiteren Abgrenzungen *Matthes*, EFG 2015, 264 (266 f.).
4 Vgl. *Ditz*, DStR 2004, 2038 (2040); *Rätke* in Klein, § 147 AO Rz. 162, mwN.
5 Vgl. *Burkhard/Adler*, § 196 AO Rz. 19.
6 Vgl. dazu auch *Wagner*, EFG 2010, 1966.
7 FG Rh.-Pf. v. 13.6.2005 – 1 K 1743/05, EFG 2006, 1634 (1637).
8 *Burchert*, INF 2006, 699 (703); *Cöster* in Koenig, § 147 AO Rz. 22.

wenn die E-Mails nach der betrieblichen Praxis zur weiteren Verwendung im Unternehmen ausgedruckt und danach gelöscht werden.[1]

5. Auswahl des Zugriffs

Der Prüfer hat die Auswahl der Einsichtnahme nach pflichtgemäßem **Ermessen** zu treffen,[2] und zwar, ob er den Datenzugriff überhaupt durchführt – Entschließungsermessen –, und welche der drei Zugriffsformen er dann wählt – Auswahlermessen.[3] Ein Rangverhältnis bestimmt das Gesetz nicht.[4] Dennoch muss der Prüfer den Grundsatz der Verhältnismäßigkeit wahren.[5] Zum Teil wird die Auffassung vertreten, die Variante der Datenträgerüberlassung (Z3) stelle im Allgemeinen den am wenigsten belastenden Eingriff dar und in der Praxis den Normalfall.[6] Demgegenüber weist das FG Münster mit rechtskräftigem Urteil v. 7.11.2014 zutreffend darauf hin, dass die floskelhafte Begründung des Prüfers, die Datenüberlassung sei der „geringstmögliche Eingriff", nicht zur Begründung des Ermessens genüge, da auch der „Nur-Lese-Zugriff (Z1)" in Betracht gekommen sei.[7]

538

Nach § 147 Abs. 6 Satz 3 AO trägt der **Steuerpflichtige** die **Kosten** für die Durchführung des Datenzugriffs.[8]

539

Die Aufforderungen, dem Prüfer Einsicht in die gespeicherten Daten zu gewähren, das Datenverarbeitungssystem zur Prüfung nutzen zu können, die Daten nach Verfahren der Finanzbehörde aufzubereiten oder ihr auf einem Datenträger zur Verfügung zu stellen, sind jeweils gesonderte **Verwaltungsakte**, die mit dem Einspruch und der Anfech-

540

---

1 *Stahl*, kösdi 2005, 14532 (14534); *Intemann/Cöster*, DStR 2004, 1981 (1984); *Drüen* in Tipke/Kruse, § 147 AO Rz. 73 (Juli 2015); weitergehend GoBD, Rz. 1461 ff.
2 FG Münster v. 7.11.2014 – 14 K 2901/13 AO, rkr., EFG 2015, 262; *Neufang/Schäfer*, StB 2015, 388 (390); *Drüen*, StuW 2003, 365; zur Unzulässigkeit beim Ermessensnichtgebrauch s. *Tormöhlen*, AO-StB 2014, 243.
3 BFH v. 27.9.2010 – II B 164/09, BFH/NV 2011, 193; *Rätke* in Klein, § 147 AO Rz. 66; *Ochs/Wargrowske*, DStR 2015, 2689 (2692).
4 BFH v. 27.9.2010 – II B 164/09, BFH/NV 2011, 193; FG Münster v. 7.11.2014 – 14 K 2901/13 AO, rkr., EFG 2015, 262; *Drüen* in Tipke/Kruse, § 147 AO Rz. 76a (Juli 2015).
5 FG Münster v. 7.11.2014 – 14 K 2901/13 AO, rkr., EFG 2015, 262.
6 Vgl. *Hennigfeld*, EFG 2013, 271; *Tormöhlen*, AO-StB 2014, 243. Standardfall: *Rätke* in Klein, § 147 AO Rz. 63.
7 FG Münster v. 7.11.2014 – 14 K 2901/13 AO, rkr., EFG 2015, 262.
8 Zu der Frage, ob Rückstellungen für die Kosten einer künftigen Betriebsprüfung zu bilden sind, s. BFH v. 6.6.2012 – I R 99/10, DB 2012, 2019, sowie *Eckert*, DB 2012, 2187; *Zeidler/Mißbach*, NWB 2012, 3368.

Die Prüfung

tungsklage angegriffen werden können.[1] Vorläufiger Rechtsschutz kann durch Aussetzung der Vollziehung gewährt werden.[2]

541 Der Datenzugriff kann bei **Verweigerung** auch mit Zwangsgeld (§ 328 AO) und Verzögerungsgeld (§ 146 Abs. 2b AO) durchgesetzt werden.[3]

542 Bei **Überschreiten** der Grenzen des **Zugriffsrechts** steht ein Verwertungsverbot im Raum.[4] Dies gilt insbesondere, wenn die Grenzen des Datenzugriffs bewusst überschritten wurden.

543 **Fehler** in den Aufzeichnungen oder die fehlende maschinelle Auswertbarkeit können im **Betriebsprüfungsbericht** vermerkt werden. Dies hat möglicherweise Negativauswirkungen, wenn ein Wirtschaftsprüfer auf diese Berichte zugreift und den Hinweis auf formelle Mängel in seinen Bericht übernimmt.

544 Wie unten ausgeführt (Rz. 1102), ist gem. § 162 Abs. 2 Satz 2 AO die Finanzverwaltung insbesondere dann zur **Schätzung** der Besteuerungsgrundlagen berechtigt, wenn der Steuerpflichtige Bücher oder Aufzeichnungen, die er nach den Steuergesetzen zu führen hat, nicht vorlegen kann. Gleiches gilt, wenn die Bücher oder Aufzeichnungen der Besteuerung nicht nach § 158 AO zugrunde gelegt werden. Nach § 158 AO müssen die Bücher oder Aufzeichnungen den §§ 140 – 148 AO entsprechen. Damit würde auch eine **unzureichende Archivierung** und maschinelle Auswertbarkeit der digitalen Daten im Sinne von § 147 Abs. 6 AO zur Schätzung ermächtigen[5] und ein erhebliches Risiko in der Betriebsprüfung begründen. Alleine die Tatsache, dass die Finanzverwaltung sich nicht der neuen Methode der digitalen Prüfung bedienen kann, rechtfertigt jedoch eine **Schätzungsbefugnis nicht**.[6] Wenn etwa Papieraufzeichnungen vollständig geführt wurden, besteht allein aufgrund des Verstoßes gegen die Ordnungsvorschrift des § 147 Abs. 6 AO keine Schätzungsbefugnis.[7]

---

1 Vgl. Nds.FG v. 10.5.2012 – 6 K 27/12, EFG 2012, 1519; BFH v. 8.4.2008 – VIII R 61/06, BFH/NV 2008, 1223 (1225); *Schaumburg*, DStR 2002, 829 (832); zur Aufbewahrungspflicht von gescannten Belegen *Wagner*, EFG 2010, 1966.
2 Vgl. *Drüen* in Tipke/Kruse, § 147 AO Rz. 82 (Juli 2015).
3 *Goldshteyn/Thelen*, StBp.2015, 289 (294).
4 Zu Einzelheiten vgl. *Intemann/Cöster*, DStR 2004, 1981 (1984); *Ritzrow*, StBp. 2006, 55 ff.
5 So wohl die Ansicht der Finanzverwaltung im Frage-Antwort-Katalog, Rz. II 10, die dies „je nach den Umständen des Einzelfalls" für angezeigt hält.
6 Zutreffend *Intemann/Cöster*, DStR 2004, 1981 (1985); *Stahl*, kösdi 2005, 14532 (14539).
7 *Stahl*, kösdi 2005, 14532 (14539); *Rätke* in Klein, § 147 AO Rz. 19; *Drüen* in Tipke/Kruse, § 147 AO Rz. 64 (Juli 2015).

Mitwirkungs- und Duldungspflichten

Anders verhält es sich (Schätzungsbefugnis), wenn auch die in Papierform vorgelegten Unterlagen **Zweifel** an der sachlichen Richtigkeit der Buchführung begründen[1] oder der Betriebsprüfung der umfassende Datenzugriff **verwehrt** wird.[2] Gründet die Schätzungsbefugnis darauf, dass der Steuerpflichtige Unterlagen nicht vorlegen kann (§ 162 Abs. 2 Satz 2 AO), so ist es unerheblich, warum er sie nicht vorlegen kann, namentlich, ob ihn hieran ein Verschulden trifft.[3]

545

IX. Empfängerbenennung

Eine Spielart der **Mitwirkungsverpflichtung** des Geprüften ist die Benennung von Gläubigern und Zahlungsempfängern, sog. Empfängerbenennung im Sinne von **§ 160 AO**. Die Pflicht stellt kein Spezifikum der Außenprüfung dar, wird dort in der Regel jedoch zum ersten Mal virulent.[4]

546

Macht der Steuerpflichtige Aufwendungen als **Betriebsausgaben** oder **Werbungskosten** steuermindernd geltend, trifft ihn die Pflicht, den zugrunde liegenden Sachverhalt darzulegen und im Streitfall zu beweisen. Für den Steuerpflichtigen ist dies eine **Beweislastumkehr**.[5] Bleiben Zweifel, ob tatsächlich eine Zahlung geleistet wurde, kann das Finanzamt die Position streichen.

547

Nach der Vorschrift des § 160 AO sind Betriebsausgaben oder Werbungskosten zudem nur dann steuermindernd zu berücksichtigen, wenn der Steuerpflichtige den Empfänger zu benennen vermag. Dahinter steht das Ansinnen, dass Ausgaben bei einem Steuerpflichtigen nur dann steuermindernd wirken sollen, wenn die ihnen **korrespondie-**

548

---

1 Vgl. *Rätke* in Klein, § 147 AO Rz. 70.
2 BFH v. 28.10.2015 – X R 47/13, BFH/NV 2016, 171; *Matthes*, EFG 2015, 265 (266).
3 BFH v. 28.10.2015 – X R 47/13, BFH/NV 2016, 171; *Brinkmann*, S. 119.
4 Typische Konstellationen sind Zahlung von **Löhnen**, die als Einkäufe kaschiert werden; Fiktion von **Subunternehmerverhältnissen**; Lieferanten im **Schrotthandel**, **Antiquitäten und Kunsthandel**; Zinszahlungen, s. hierzu *Streck/Spatscheck/Talaska*, Die Steuerfahndung, Rz. 797 f., 1333 ff. Gleiches gilt für die Leistungen an sog. **Domizilgesellschaften**, zu denen regelmäßig das BZSt (bzw. zuvor das Bundesamt für Finanzen) vom Finanzamt um Auskunft angerufen wird, vgl. zB BFH v. 24.9.2008 – I B 102/08, nv. (juris); v. 17.10.2010 – I B 143/10; BFH/NV 2011, 198; FG Berlin-Bdb. v. 4.4.2012 – 12 V 12208/11, EFG 2012, 1462; uE sollten die Auskünfte und deren Erklärungsgehalt immer hinterfragt werden; keine Anwendung trotz Domizilgesellschaft als Leistender bei **Bauabzugsteuer** Nds. FG v. 13.1.2016 – 9 K 95/13, EFG 2016, 444, Rev. eingelegt, Az. des BFH: IV R 11/16.
5 Vgl. *Schiffer*, BB 2015, 343 (347); *Steinhauff*, AO-StB 2015, 111 (112).

Die Prüfung

renden Einnahmen bei dessen **Geschäftspartner** der (deutschen) Besteuerung unterworfen werden.[1]

549 Das Verfahren der Empfängerbenennung erfolgt in **zwei Stufen**:[2] Erforderlich ist zunächst ein „Benennungsverlangen" der Finanzbehörde, bezogen auf den konkreten einzelnen Aufwand. Kommt der Steuerpflichtige diesem Benennungsverlangen nicht nach, so hat die Behörde auf der zweiten Ebene über den steuerlichen Umfang der Aberkennung des Aufwands zu entscheiden. Beides sind **Ermessensentscheidungen**.[3]

550 Das Benennungsverlangen des Finanzamts ist nur dann erfüllt, wenn der Steuerpflichtige den **„wahren Empfänger"** der Zahlung benannt hat. Empfänger in diesem Sinne ist derjenige, dem der in der Betriebsausgabe enthaltene wirtschaftliche Wert übertragen worden ist und bei dem folglich die steuerlichen Auswirkungen eintreten müssten. Eine bloß zwischengeschaltete Person, die keine eigene wirtschaftliche Betätigung entfaltet, ist folgerichtig nicht als „Empfänger" im Sinne von § 160 AO anzuerkennen.[4]

551 Zur genauen Benennung des Empfängers gehört die Angabe des vollen Namens bzw. der Firma und der Adresse, so dass die betreffende Person ohne zusätzliche Ermittlungen der Finanzbehörde ausfindig gemacht werden kann. Der Steuerpflichtige muss sich Gewissheit über die Richtigkeit der ihm erteilten Angaben verschaffen. Erweisen sich die eingeholten Auskünfte später als falsch, so wirkt dies zulasten des Steuerpflichtigen. Damit stellt § 160 AO eine Art **„Gefährdungshaftung"** dar.[5] Maßgeblich sind allerdings die Verhältnisse im Zeitpunkt der Leistungserbringung und nicht, ob die betreffende Adresse Jahre später noch fortbesteht.[6]

552 Kann der Steuerpflichtige dem Benennungsverlangen nicht entsprechen, wird der Betriebsausgabenabzug ganz oder teilweise versagt.[7] Ob der Steuerpflichtige schuldhaft oder **unverschuldet** in die Situation

---

1 BFH v. 25.1.2006 – I R 39/05, BFH/NV 2006, 1618; *Gehm*, StBp. 2015, 283.
2 *Cöster* in Koenig, § 160 AO Rz. 1; *Gehm*, StBp. 2015, 283 (284).
3 *Rüsken* in Klein, § 160 AO Rz. 12; zur Ausübung des pflichtgemäßen Ermessens s. *Bruschke*, DStZ 2014, 315 (317 f.).
4 Zum Benennungsverlangen bei Zahlungen an ausländische Domizilgesellschaften s. BFH v. 11.7.2013 – IV R 27/09, BStBl. II 2013, 989, mit Anm. *Dräger*, StBW 2013, 1149.
5 *Spatscheck/Alvermann*, DStR 1999, 1427 (1429).
6 *Seer* in Tipke/Kruse, § 160 AO Rz. 24 (Jan. 2014).
7 S. dazu auch *Bruschke*, DStZ 2014, 315 (320).

Mitwirkungs- und Duldungspflichten

gelangt ist, ist steuerlich unerheblich, kann jedoch bei einer Ermessensentscheidung Berücksichtigung finden.[1] Die Rechtsprechung[2] erwähnt zwar bestimmte Fälle der Unzumutbarkeit, wenn der Steuerpflichtige etwa einer nicht erkennbaren Täuschung aufgesessen ist. Die Maßstäbe sind streng, das Finanzamt wird Unzumutbarkeit in kaum einem Fall anerkennen.

Der Steuerpflichtige sollte **Vorsorge** treffen und von seinem Vertragspartner Informationen einfordern, auf deren Grundlage ein späteres Benennungsverlangen erfüllt werden kann. Dies gilt insbesondere bei ausländischen Vertragspartnern. 553

Der **Berufsträger** darf in den Fällen des § 102 Abs. 1 Nr. 1 – 3 AO die Auskünfte verweigern.[3] Nach § 160 Abs. 2 AO bleibt das Auskunftsverweigerungsrecht unberührt. Die Verweigerung rechtfertigt die Versagung des steuerlichen Abzugs von Schulden bzw. Ausgaben nicht.[4] 554

Das Benennungsverlangen muss eindeutig formuliert sein und erkennen lassen, auf welche Betriebsausgaben oder Werbungskosten es sich bezieht. Es stellt **keinen Verwaltungsakt** dar, sondern eine nicht anfechtbare Vorbereitungshandlung.[5] Die Rechtmäßigkeit kann nur inzident im Rahmen des Einspruchsverfahrens gegen den Steuerbescheid erfolgen.[6] 555

X. Besondere Mitwirkungspflichten bei Auslandssachverhalten

Für Auslandssachverhalte normiert **§ 90 Abs. 2 AO** eine gesteigerte Mitwirkungspflicht der beteiligten Steuerpflichtigen bei Sachverhaltsaufklärung und Beweismittelbeschaffung: Sie haben alle für sie bestehenden rechtlichen und tatsächlichen Möglichkeiten auszuschöpfen (§ 90 Abs. 2 Satz 1 und 2 AO). Grund: Die deutschen Finanzbehörden sind nicht befugt, im Ausland Sachaufklärungsmaßnahmen durchzuführen 556

---

1 *Rüsken* in Klein, § 160 AO Rz. 11a; auch insoweit stellt § 160 AO eine Art Gefährdungshaftung dar, vgl. *Gehm*, StBp. 2015, 283; *Seer* in Tipke/Kruse, § 160 AO Rz. 30 ff. (Jan. 2014).
2 Nds. FG v. 31.3.2005 – 6 K 24/99, nv. (juris); FG Düsseldorf v. 19.7.2001 – 10 K 332/99 F, EFG 2001, 1340.
3 S. dazu auch *Bruschke*, DStZ 2014, 315 (321).
4 *Seer* in Tipke/Kruse, § 160 AO Rz. 27 (Jan. 2014); *Buciek* in Beermann/Gosch, § 160 AO Rz. 106 (Aug. 2009).
5 *Bruschke*, DStZ 2014, 315 (319).
6 *Seer* in Tipke/Kruse, § 160 AO Rz. 37.

Die Prüfung

und sind daher auf internationale Rechts- und Amtshilfeersuchen beschränkt, um die Angaben des Steuerpflichtigen zu überprüfen.[1]

557 **Zeugen**, die im Ausland ansässig sind, müssen vom Steuerpflichtigen (als präsentes Beweismittel) gestellt werden.[2]

558 § 90 Abs. 2 Satz 4 AO verlangt, dass der Steuerpflichtige eine **Beweisfürsorge** bei Auslandssachverhalten zu treffen hat.[3] Sowohl die Berufung auf einen Beweisnotstand wie auch der Einwand, dass er eine gescheiterte Aufklärung des Sachverhalts nicht zu vertreten habe, ist dem Beteiligten bei Nichterfüllung seiner Aufklärungsvorsorgepflicht verwehrt.[4]

559 Erfüllt der Steuerpflichtige die Mitwirkungspflichten aus § 90 Abs. 2 AO nicht, obwohl ihm dies möglich, erforderlich, verhältnismäßig und zumutbar war, muss die **Finanzbehörde** weiterhin alle Erkenntnismittel, die zugänglich sind und deren Verwendung ohne unverhältnismäßigen Aufwand möglich und zumutbar ist, ausschöpfen.[5] Erst bei Ausschöpfung aller Erkenntnismittel verringert sich das **Beweismaß** für die Tatsachen, für die die Finanzbehörde dem Grunde nach die Beweislast trägt.[6] Sowohl das Finanzamt als auch das FG dürfen in diesem Fall für den Steuerpflichtigen **nachteilige Schlüsse** ziehen, wenn unter Berücksichtigung der Beweisnähe des Steuerpflichtigen eine gewisse Wahrscheinlichkeit besteht.[7]

---

1 S. dazu auch *Kamps*, ErbStB 2016, 11; *Seer* in Tipke/Kruse, § 90 AO Rz. 18 (Aug. 2013); *Wenzig*, S. 389; zur gemeinsamen grenzüberschreitenden Betriebsprüfung und ersten praktischen Erfahrungen damit *Spensberger*, ISR 2015, 156 f., sowie *Beckram*, StBp. 2014, 66; *Peters/Kirchner/Moll*, IStR 2016, 2 ff.
2 *Seer* in Tipke/Kruse, § 90 AO Rz. 23 (Aug. 2013).
3 *Rätke* in Klein, § 90 AO Rz. 28.
4 *Söhn* in Hübschmann/Hepp/Spitaler, § 90 AO Rz. 166 (Nov. 2012).
5 *Söhn* in Hübschmann/Hepp/Spitaler, § 90 AO Rz. 157 (Nov. 2012); zustimmend *Seer* in Tipke/Kruse, § 90 AO Rz. 20 (Aug. 2013).
6 *Rätke* in Klein, § 90 AO Rz. 31; *Seer* in Tipke/Kruse, § 90 AO Rz. 21 (Aug. 2013).
7 *Seer* in Tipke/Kruse, § 90 AO Rz. 20 (Aug. 2013).

F. Ermittlungen bei Dritten

I. Ermittlungsmöglichkeiten

Die Außenprüfung kann die rechtlichen Möglichkeiten, bei Dritten zu ermitteln, einsetzen, die die Abgabenordnung dem **Finanzamt** zur Verfügung stellt (§§ 93 ff. AO).[1] 560

Der Prüfer kann sich nach § 93 AO an Dritte, zB an Lieferanten, Kunden, Banken usw. mit **Auskunftsersuchen** wenden, um Sachverhalte aufzuklären. 561

Andere (nicht benannte) Betriebsangehörige darf der Prüfer allerdings nur hören, wenn die Auskünfte des Steuerpflichtigen und seiner Auskunftsperson unzureichend sind (§ 200 Abs. 1 Satz 3 AO) und der Steuerpflichtige selbst nicht eine andere Person als Auskunftsperson benennt (§ 8 Abs. 2 BpO).[2] 562

Aus § 200 Abs. 1 AO und § 93 Abs. 1 Satz 3 AO folgt der **Subsidiaritätsgrundsatz**: Die Inanspruchnahme der Dritten ist zulässig, wenn der Steuerpflichtige oder Beteiligte tatsächlich keine Auskunft geben oder ihm eine weitere Mitwirkung nicht zugemutet werden kann oder er seiner allgemeinen Mitwirkungspflicht nicht nachkommt und die Auskunft verweigert. Nicht erforderlich ist, dass die Finanzbehörde zuvor versucht, die Auskunft durch Anwendung von Zwangsmitteln zu erzielen.[3] 563

Für ein Auskunftsersuchen bedürfen die Finanzbehörden eines hinreichenden Anlasses. Ermittlungen „**ins Blaue hinein**" sind unzulässig.[4] Ein hinreichender Anlass liegt nicht erst vor, wenn ein begründeter Verdacht dafür besteht, dass steuerrechtliche Unregelmäßigkeiten gegeben sind. Es genügt, wenn aufgrund konkreter Umstände oder aufgrund allgemeiner Erfahrung ein Auskunftsersuchen angezeigt ist.[5] 564

Nach den Regeln des § 96 AO kann der Betriebsprüfer sich auch der Sachkunde von **Sachverständigen bedienen**.[6] Insbesondere bei Wertermittlungen kommt dieses Beweismittel in Betracht. 565

---

1 Zur Reihenfolge bei einem Auskunftsbegehren, s. *Wenzig*, S. 212; *Seer* in Tipke/Kruse, § 93 AO Rz. 17 (Mai 2013).
2 *Seer* in Tipke/Kruse, § 200 AO Rz. 18 (Okt.2013). S. hierzu auch Rz. 429 ff.
3 *Roser* in Beermann/Gosch, § 93 AO Rz. 19 (Dez. 2011).
4 *Schallmoser* in Hübschmann/Hepp/Spitaler, § 200 AO Rz. 28 (Sept. 2014).
5 BFH v. 29.7.2015 – X R 4/14, BStBl. II 2016, 135.
6 *Rätke* in Klein, § 96 AO Rz. 1.

Die Prüfung

566 Auch für die Anforderungen an Dritte gelten die in Rz. 425 ff. erwähnten **Grenzen**. Die Leistung des Dritten muss objektiv und subjektiv **möglich** sein; sie darf **Zumutbarkeitsgrenzen** nicht überschreiten.[1] Die Zumutbarkeitsgrenze ist bei Dritten eher erreicht als bei dem Steuerpflichtigen.

567 Vor Befragung eines Dritten soll der **Beteiligte**, falls der Ermittlungszweck nicht gefährdet wird, über die **Möglichkeit** eines Auskunftsersuchens **informiert** werden, um es ggf. abwenden zu können. Der Beteiligte ist sodann über das Auskunftsersuchen bei Durchführung zu informieren.[2] Bei einer Anhörung des Dritten hat der Steuerpflichtige nach § 91 AO ein Recht zur **Teilnahme**.[3]

568 Das Auskunftsersuchen kann schriftlich oder mündlich gestellt werden. In der Praxis dürften die Ersuchen regelmäßig **schriftlich** erteilt werden.[4] Anzugeben ist, ob die Auskunft in eigener Steuersache oder für die Besteuerung anderer Personen verlangt wird. Das Auskunftsersuchen stellt einen mit dem Einspruch anfechtbaren **Verwaltungsakt** dar.[5] Ein Antrag auf Aussetzung der Vollziehung ist sinnvoll. Die Auskunft und Vorlage kann ggf. **erzwungen** werden.

II. Insbesondere: Banken

569 Banken – Privatbanken, Sparkassen, Genossenschaftsbanken, öffentlich-rechtliche Kreditinstitute – können im Rahmen einer Außenprüfung als Dritte um **Auskunft** und um **Vorlage** von **Unterlagen**, insbesondere von Konten und Kontounterlagen, gebeten werden. Wie jeder Dritte sind sie nach **§ 93 AO** verpflichtet, Auskunft zu erteilen.

570 Daraus folgt für die **Prüfungspraxis**: Kennt der Prüfer ein Konto, kann er bei der Bank Einsicht in die Kontounterlagen nehmen und erzwingen.

571 Das in **§ 30a AO** niedergelegte „**Bankgeheimnis**" steht dem nicht entgegen. Es schließt im Wesentlichen lediglich Routinekontrollen oder ei-

---

1 Seer in Tipke/Kruse, § 93 AO Rz. 14 (Mai 2013), und die Nachweise in Rz. 331 f.
2 Auch nur, sofern der Ermittlungszweck nicht gefährdet wird, AEAO zu § 93 Nr. 1.2.6.
3 Harle/Olles, Die moderne Betriebsprüfung, 2. Aufl. 2014, S. 159.
4 Seer in Tipke/Kruse, § 93 AO Rz. 22 (Mai 2013). Auf Verlangen des Auskunftspflichtigen hat das Ersuchen schriftlich zu ergehen (§ 93 Abs. 2 Satz 2 AO); Schallmoser in Hübschmann/Hepp/Spitaler, § 200 AO Rz. 28 (Sept. 2014).
5 Seer in Tipke/Kruse, § 93 AO Rz. 22 (Mai 2013); Wenzig, S. 221.

Ermittlungen bei Dritten

ne sog. **Rasterfahndung** nach steuerunehrlichen Bankkunden aus, nicht jedoch Ermittlungen aufgrund eines durch Tatsachen begründeten Verdachts.[1]

Auch § 30a AO verfügt kein **Aussage-** und **Vorlageverweigerungsrecht** für den Fall des Auskunftsersuchens durch den Betriebsprüfer. Die Bankenseite ist gegenüber der Finanzverwaltung ungeschützt. Ein echtes Bankgeheimnis kennt die AO nicht.[2] 572

In **§ 30a AO** ist, fasst man das Erhebliche zusammen, geregelt: 573

Nach **Abs. 1** haben die Finanzbehörden auf das **Vertrauensverhältnis** zwischen den Banken und deren Kunden besondere Rücksicht zu nehmen. Dies ist nichts als eine Leerformel.[3]

Nach **Abs. 2** dürfen von den Banken zum Zwecke der „allgemeinen Überwachung" die einmalige oder periodische Mitteilung von Konten bestimmter Art oder Höhe **nicht** verlangt werden.[4] Einzelermittlungen, die nicht der „allgemeinen Überwachung" dienen, bleiben zulässig.[5]

Nach **Abs. 3** ist es dem Außenprüfer anlässlich einer **Prüfung bei** den **Banken untersagt**, von Guthabenkonten und Depots, bei denen eine Legitimationsprüfung (§ 154 Abs. 2 AO) stattgefunden hat, ohne jeden Anlass im Rahmen einer routinemäßigen Überprüfung Kontrollmitteilungen zu fertigen.[6] Nicht geschützt sind Debitorenkonten, betriebsinterne Eigenkonten und Zwischenkonten der Kreditinstitute (Sammelkonten, CpD-Konten).[7] **Außerhalb** des legitimationsgeprüften Bankenbereichs sind hingegen nach ständiger Rechtsprechung des BFH **Kontrollmitteilungen** voraussetzungslos zulässig.[8]

Nach wie vor strittig ist, wann ein **hinreichender Anlass** besteht, der eine einzelfallabhängige Kontrollmitteilung zulässt.[9] Nicht erforderlich ist, dass ein konkreter strafrechtlicher Anfangsverdacht besteht. Neben konkreten Anhaltspunkten ist es bereits ausreichend, wenn sich dieser im Wege einer prognostischen Ein-

---

1 *Rüsken* in Klein, § 30a AO Rz. 3.
2 *Drüen* in Tipke/Kruse, § 30a AO Rz. 6 (Juli 2015).
3 Nach wohl hM kommt § 30a Abs. 1 AO im Bezug auf den Amtsermittlungsgrundsatz nur deklaratorische Wirkung zu, vgl. *Tormöhlen* in Beermann/Gosch, § 30a AO Rz. 44 (Juli 2011).
4 *Tormöhlen* in Beermann/Gosch, § 30a AO Rz. 47 (Juli 2011).
5 *Hellwig* in Hübschmann/Hepp/Spitaler, § 30 AO Rz. 17 (Juli 1998). Dies ergibt sich nach zutreffender Ansicht bereits aus § 208 Abs. 1 Satz 1 Nr. 3 AO, insofern ist die Vorschrift auch nur deklaratorisch, so *Intemann* in Koenig, § 30a AO Rz. 16.
6 *Rüsken* in Klein, § 30a AO Rz. 19 sowie 22a. Dies gilt nur für Kontrollmitteilungen im Rahmen der Außenprüfung gem. § 194 Abs. 3 AO, *Intemann* in Koenig, § 30a AO Rz. 39.
7 *Intemann* in Koenig, § 30a AO Rz. 38.
8 BFH v. 9.12.2008 – VII R 47/07, BStBl. II 2009, 509; *Rüsken* in Klein, § 30a AO Rz. 19a; zum Meinungsstand *Intemann* in Koenig, § 30a AO Rz. 27.
9 Ausführlich dazu auch *Matthes* in Kohlmann, § 404 AO Rz. 243 ff. (April 2013).

Die Prüfung

schätzung aufgrund allgemeiner Erfahrung ergibt.[1] Ein hinreichender Anlass liegt nach wohl hM dann vor, wenn das zu prüfende Bankgeschäft **Auffälligkeiten** gegenüber alltäglichen und banküblichen Geschäften aufweist und eine für Steuerhinterziehungen besonders auffällige Art der Geschäftsabwicklung erkennen lässt.[2]

Nach **Abs. 4** soll in Steuererklärungsformularen nicht nach Konten gefragt werden.

Nach **Abs. 5** gilt das **allgemeine Recht** für **Einzelermittlungen**. Dieser Absatz ist ua. für das Betriebsprüfungsverfahren einschlägig.

574 Hat der Prüfer Schwierigkeiten, die Mitwirkungspflicht der Bank zu realisieren, darf er nicht vorschnell auf **steuerstrafrechtliche Mittel** zurückgreifen, zB auf die Möglichkeit der Durchsuchung und Beschlagnahme.[3]

575 **Weitere Einzelheiten** zur Ermittlung bei Banken s. *Streck/Spatscheck/Talaska*, Die Steuerfahndung, Rz. 766 ff.

III. Teilnahmerechte und Informationspflichten

576 Die AO kennt **kein** ausdrücklich **formuliertes Recht** des geprüften Steuerpflichtigen und seines Beraters, an **Ermittlungshandlungen** des Prüfers **teilzunehmen** (Ausnahme: Teilnahme bei der Betriebsbesichtigung nach § 200 Abs. 3 Satz 3 AO).

577 Soweit der **Prüfer im Betrieb** des Steuerpflichtigen ermittelt – zB Bücher einsieht oder Auskunftspersonen befragt – ergibt sich das **Teilnahmerecht** aus dem Recht des Steuerpflichtigen, sich in seinem Betrieb frei zu bewegen. Im Übrigen kann aus dem Recht des Steuerpflichtigen, eine Auskunftsperson zu bestimmen, das Recht auf Teilnahme an Ermittlungen hergeleitet werden; denn die Auskunftsperson dient dem Zweck, Ermittlungen hinter dem Rücken des Steuerpflichtigen zu vermeiden. Aus diesem Grundgedanken folgt ein allgemeines Teilnahmerecht des Steuerpflichtigen.[4]

578 Konkretisiert man diesen Grundsatz, so heißt dies, dass der Steuerpflichtige ein Recht hat, an der **Befragung** von **Auskunftspersonen** wäh-

---

1 *Intemann* in Koenig, § 30a AO Rz. 129; *Rüsken* in Klein, § 30a AO Rz. 20, mwN.
2 BFH v. 9.12.2008 – VII R 47/07, BStBl. II 2009, 509; v. 16.5.2013 – II R 15712, BStBl. II 2014, 225; *Seer* in Tipke/Kruse, § 194 AO Rz. 29 (Okt. 2013), mwN; s. auch AEAO zu § 194 Nr. 6.
3 Durchsuchung und Beschlagnahme richten sich nach der StPO oder OWiG.
4 *Glade*, StbJb. 1978/79, 543; *Martens*, NJW 1978, 1468.

Ermittlungen bei Dritten

rend der Betriebsprüfung **teilzunehmen**. Dies gilt naturgemäß für die Befragung der Auskunftsperson des § 200 Abs. 1 Satz 3 AO und anderer Betriebsangehöriger,[1] aber auch für Dritte, die um Auskünfte ersucht werden.

Soweit der Prüfer **schriftliche Auskünfte** einholt, tritt an die Stelle des Teilnahmerechts die Informationspflicht nach §§ 93 Abs. 6 Satz 4, 199 Abs. 2 AO (s. auch Rz. 599 ff.). Der Betriebsprüfer muss **Kopien** der Auskunft an den Geprüften herausgeben.[2] 579

Aus der Pflicht, sich an Dritte erst nachrangig – subsidiär – (vgl. Rz. 563) zu wenden, folgt grundsätzlich die Pflicht, den geprüften Steuerpflichtigen zu **unterrichten**, bevor man sich an Dritte wendet.[3] 580

Soweit es sich bei der Prüfungstätigkeit um das **Prüfen** von **Unterlagen**, Belegen, Verträgen usw. selbst handelt, hat der Steuerpflichtige nur insoweit ein Teilnahmerecht, als er seine eigenen Räume betreten darf. Wird im Finanzamt geprüft, hat der Steuerpflichtige kein Anwesenheitsrecht. 581

IV. Weigerungsrechte

Werden von Dritten Auskünfte verlangt – geht es also nicht um die eigenen Steuerverhältnisse der angesprochenen Personen –, so haben bestimmte Dritte ein **Auskunftsverweigerungsrecht**:[4] 582

Angehörige können die Auskunft verweigern (§ 101 AO). Angehörige sind (§ 15 AO): Verlobte, Ehegatte, Verwandte und Verschwägerte gerader Linie, Geschwister, Kinder der Geschwister, Ehegatten der Geschwister und Geschwister der Ehegatten, Geschwister der Eltern, Pflegeeltern und Pflegekinder. 583

Die Angehörigen sind über das Auskunftsverweigerungsrecht zu **belehren** (§ 101 Abs. 1 Satz 2 AO). Die Belehrung ist aktenkundig zu machen (§ 101 Abs. 1 Satz 3 AO). 584

---

1 *Seer* in Tipke/Kruse, § 200 AO Rz. 20 (Okt. 2013); *Frotscher* in Schwarz/Pahlke, § 200 AO Rz. 15 (Aug. 2014); *Schallmoser* in Hübschmann/Hepp/Spitaler, § 200 AO Rz. 26 (Sept. 2014).
2 Vgl. *Schuster* in Hübschmann/Hepp/Spitaler, § 93 AO Rz. 48 f. (März 2005); zum rechtlichen Gehör s. *Seer* in Tipke/Kruse, § 93 AO Rz. 28 (Mai 2013).
3 S. dazu auch AEAO zu § 93 Nr. 1.2.6 und oben Rz. 567.
4 Vgl. *Seer* in Tipke/Kruse, Vor §§ 101-106 AO Rz. 1 ff. (Mai 2013).

Die Prüfung

585 Dem Auskunfts- entspricht ein **Eidesverweigerungsrecht** (§ 101 Abs. 2 AO).

586 Weiter können folgende **Berufsangehörige** die Auskunft über Berufsgeheimnisse verweigern (§ 102 AO):[1]
 – Geistliche,
 – Mitglieder des Bundestages und weitere politische Mandatsträger,
 – Verteidiger, Rechtsanwälte, Patentanwälte, Notare, Steuerberater, Wirtschaftsprüfer, Steuerbevollmächtigte, vereidigte Buchprüfer,
 – Ärzte, Zahnärzte, Psychotherapeuten, Apotheker und Hebammen,
 – Presseangehörige.

587 Der in § 102 AO aufgezählte Katalog ist **abschließend**.

588 Außerdem kann jeder nach § 103 AO die Auskunft auf solche Fragen verweigern, deren Beantwortung ihn selbst oder einen seiner Angehörigen (s. Rz. 583) der **Gefahr strafrechtlicher Verfolgung** oder eines Verfahrens nach dem Gesetz über Ordnungswidrigkeiten aussetzen würde. Auch über dieses Aussageverweigerungsrecht ist zu belehren.

589 Soweit die Auskunft verweigert werden kann, gilt dies auch für die Erstattung eines **Gutachtens** und die **Vorlage** von **Urkunden** oder Wertsachen (§ 104 Abs. 1 AO). Nicht verweigert werden kann jedoch die Vorlage von Urkunden oder Wertsachen, die für den geprüften Steuerpflichtigen aufbewahrt werden, soweit der Geprüfte bei eigenem Gewahrsam zur Vorlage verpflichtet wäre (§ 104 Abs. 2 AO).

590 **Kein** besonderes **Aussageverweigerungsrecht** haben:
 – der Steuerpflichtige selbst (Rz. 582 f.),
 – Banken (Rz. 569 ff.),
 – Rechtsbeistände,[2]
 – Angestellte und Mitarbeiter des Steuerpflichtigen, sofern nicht die Tatbestände der §§ 101 – 103 AO gegeben sind.

591 Zur Problematik der Weigerungsrechte bei **Kontrollmitteilungen** s. Rz. 618 ff.

---

1 Zu dem **Aussageverweigerungsrecht** der **beratenden Berufe** s. oben Rz. 482 und **ausführlich** *Streck/Spatscheck/Talaska*, Die Steuerfahndung, Rz. 892 ff.
2 *Seer* in Tipke/Kruse, § 102 AO Rz. 10 (Mai 2013).

V. Realisierung der Möglichkeiten

Die Realisierung der Ermittlungen bei Dritten erfolgt nach den §§ 93 ff. AO. Auf den Inhalt der Vorschriften wird hier hingewiesen. Die **Mitwirkung** kann nach den §§ 328 ff. AO erzwungen werden.

592

VI. Rechtsbehelfe

Besteht die Finanzbehörde auf die Mitwirkung von Dritten, insbesondere deren Auskunft, kann der betroffene **Dritte** dagegen mit dem Einspruch vorgehen. Das Auskunftsverlangen ist als **Verwaltungsakt** anzusehen. Das an den Geprüften gerichtete **Mitwirkungsverlangen** stellt grundsätzlich einen Verwaltungsakt dar;[1] dann muss dies erst recht für an Dritte gerichtete Mitwirkungsverlangen gelten. Mangels Kenntnis des Kontextes kann er die Rechtsfolgen nicht abschätzen und muss aus seiner Sicht (Empfängerhorizont) das Verlangen stets als verbindliche Aufforderung mit Regelungsgehalt qualifizieren. Dies gilt im besonderen Maße, wenn die Außenprüfung auf die Auskunft des Dritten besteht und dieser von seinem Auskunftsverweigerungsrecht Gebrauch gemacht hat.[2] Einstweiliger Rechtsschutz ist über § 361 AO, § 69 FGO zu erreichen.[3]

593

Neben dem Dritten kann sich auch der **Steuerpflichtige** selbst gegen das Mitwirkungsverlangen durch Einspruch und Klage richten.[4]

594

Um dem sofortigen Vollzug des Verwaltungsakts zu entgehen, müssen sie **Aussetzung** der **Vollziehung** beantragen (Rz. 818 ff.).

595

Hat der Prüfer mündlich bestimmte Auskünfte angefordert, können sie eine **schriftliche Ausfertigung** der mündlichen Anforderung verlangen (Rz. 797 ff.).

596

---

1 BFH v. 8.4.2008 – VIII R 61/06, BStBl. II 2009, 579; v. 15.9.1992 – VII R 66/91, BFH/NV 1993, 76, jeweils mwN; *Frotscher* in Schwarz/Pahlke, § 200 AO Rz. 17 (Juli 2014); *Stahl* in Vogelsang/Stahl, Rz. K 18; *Seer* in Tipke/Kruse, § 200 AO Rz. 6 (Okt. 2013) und zum Meinungsstand in Bezug auf die Abgrenzung zum bloßen Realakt oben Rz. 435.
2 *Schindler* in Beermann/Gosch, § 101 AO Rz. 20 (Juni 2013); *Seer* in Tipke/Kruse, § 101 AO Rz. 15 (Mai 2013), mwN.
3 *Schindler* in Beermann/Gosch, § 101 AO Rz. 20 (Juni 2013), mwN.
4 So auch *Schallmoser* in Hübschmann/Hepp/Spitaler, § 200 AO Rz. 117 (Sept. 2014). *Seer* in Tipke/Kruse, § 101 AO Rz. 15 (Mai 2013), scheint hingegen auf die Anfechtung des die Auskunft verwertenden Steuerbescheids zu verweisen.

Die Prüfung

VII. Kosten

597 Soweit Auskunftspflichtige und Sachverständige zu Beweiszwecken herangezogen werden, erhalten sie eine Entschädigung in entsprechender Anwendung des Gesetzes über die **Entschädigung** von Zeugen und Sachverständigen (§ 107 Satz 1 AO iVm. JEVG).[1]

598 Diese Ermittlungskosten bei Dritten können dem **geprüften Steuerpflichtigen nicht angelastet** werden. Sie gehen voll zulasten der ermittelnden Finanzverwaltung.

---

[1] S. dazu *Günther*, AO-StB 2014, 358.

G. Informations- und Beratungspflicht

I. Grundsätze

„Der Steuerpflichtige ist **während** der **Außenprüfung** über die festgestellten Sachverhalte und die möglichen steuerlichen Auswirkungen zu **unterrichten**, wenn dadurch Zweck und Ablauf der Prüfung nicht beeinträchtigt werden" (§ 199 Abs. 2 AO). 599

Das Gesetz fordert die **laufende Unterrichtung** über die festgestellten Sachverhalte und die möglichen rechtlichen Folgerungen. Dem Prüfer ist es untersagt, den geprüften Steuerpflichtigen erst unmittelbar vor der Schlussbesprechung oder sogar erst in der Schlussbesprechung mit dem Füllhorn seiner Feststellungen zu überraschen.[1] 600

Die **Informationspflicht entfällt**, wenn durch die Unterrichtung Zweck und Ablauf der Prüfung beeinträchtigt würden. Eine Beeinträchtigung liegt vor, wenn nach den Umständen des Falls damit zu rechnen ist, dass der Steuerpflichtige die Unterrichtung ausnutzt, um eine effektive Sachaufklärung (etwa durch Verschleierung, Verdunkelung, Beseitigen oder Wegschaffen von Urkunden, Beeinflussen von Auskunftspersonen, „Frisieren" von Buchführungsunterlagen) zu vereiteln oder zu verzögern.[2] Allerdings muss der Steuerpflichtige auch in diesem Fall zumindest zur **Schlussbesprechung** ausreichend informiert werden. 601

Erfolgt die Information **verspätet**, so kann der Steuerpflichtige verlangen, dass ihm nach der verspäteten Unterrichtung ausreichende Zeit gegeben wird, um sich auf das Prüfungsergebnis einzustellen. Die Prüfung kann nicht die Information mit der kurzfristig angesetzten Schlussbesprechung verbinden. Verletzt der Prüfer seine Pflicht nach § 199 Abs. 2 AO, stellt dies einen Verfahrensfehler dar. Der Fehler kann nach § 126 Abs. 1 Nr. 3 AO durch Nachholung der Information und damit des rechtlichen Gehörs spätestens bis zur mündlichen Verhandlung im FG-Verfahren geheilt werden. Ein Verstoß gegen Abs. 2 zieht **kein Verwertungsverbot** nach sich.[3] 602

---

[1] *Rätke* in Klein, § 199 AO Rz. 3; *Schallmoser* in Hübschmann/Hepp/Spitaler, § 199 AO Rz. 23 (Febr. 2011).
[2] *Seer* in Tipke/Kruse, § 199 AO Rz. 21 (Okt. 2013).
[3] BFH v. 26.6.1997 – XI B 174/96, BFH/NV 1998, 17 (allerdings im Rahmen einer NZB nicht streitentscheidend); *Schallmoser* in Hübschmann/Hepp/Spitaler, § 199 AO Rz. 36 (Febr. 2011); *Rüsken* in Klein, § 199 AO Rz. 3. UE jedoch bedenklich, s. zur **Kritik** an den beschränkten Verwertungsverboten oben Rz. 261.

Die Prüfung

603 Die Unterrichtung kann zutreffenderweise **eingeklagt** werden,[1] jedenfalls über den Weg, die Ablehnung der Unterrichtung durch den Prüfer mit dem Einspruch und dann der Verpflichtungsklage anzufechten.[2] Effektiver kann ggf. auch eine Dienstaufsichtsbeschwerde sein.[3]

604 Soweit der Prüfer über steuerliche Auswirkungen **unterrichtet**, sind diese für ihn **nicht bindend**. S. zu Bindungswirkungen aus Auskünften Rz. 868 ff.

II. Akteneinsicht

605 Der Steuerpflichtige hat **keinen Anspruch** darauf, die Steuerakten und die Betriebsprüfungsakten einzusehen.

606 Erst im **Rechtsbehelfsverfahren** wird ihm nach **§ 364 AO** ein Recht eingeräumt, das dem Akteneinsichtsrecht nahekommt.[4] Die Vorschrift ist Ausfluss des Rechts auf Gehör. Das Gebot des rechtlichen Gehörs ist gesetzlich ausdrücklich nur für das gerichtliche Verfahren normiert. Der Anspruch besteht aber auch in allen Stadien eines finanzbehördlichen Verfahrens.[5] § 364 AO gilt somit auch im Einspruchs- und im Verfahren zur Aussetzung der Vollziehung.[6]

607 Danach muss das Finanzamt dem Steuerpflichtigen während des Rechtsbehelfsverfahrens von Amts wegen oder auf Antrag die Besteuerungsunterlagen mitteilen. Hierzu zählen alle **Beweismittel** und **Mittel** der Glaubhaftmachung, auf die sich das Finanzamt stützt. Beispiele: Zeugenaussagen, Auskünfte, Gutachten, Vermerke über Ortsbesichtigungen etc.[7] Ebenfalls zählen hierzu alle **Schätzungsgrundlagen**[8] und **Berechnungsweisen**.

---

1 *Seer* in Tipke/Kruse, § 199 AO Rz. 23 (Okt. 2013); aA *Rüsken* in Klein, § 199 AO Rz. 3, der die gerichtliche Informationserzwingung als zweifelhaft ansieht.
2 *Schallmoser* in Hübschmann/Hepp/Spitaler, § 199 AO Rz. 40 (Febr. 2011); *Frotscher* in Schwarz/Pahlke, § 199 AO Rz. 11 (Juni 2001).
3 *Schallmoser* in Hübschmann/Hepp/Spitaler, § 199 AO Rz. 40 (Febr. 2011). Auch *Rüsken* in Klein, § 199 AO Rz. 3, weist darauf hin, dass ein förmliches Rechtsschutzverlangen ohnehin nur selten effektiv wäre.
4 Zur Abgrenzung zur Akteneinsicht s. *Seer* in Tipke/Kruse, § 364 AO Rz. 5 (Mai 2013).
5 *Birkenfeld* in Hübschmann/Hepp/Spitaler, § 364 AO Rz. 8 (Juni 2009).
6 *Seer* in Tipke/Kruse, § 364 AO Rz. 1 (Mai 2013); *Birkenfeld* in Hübschmann/Hepp/Spitaler, § 364 AO Rz. 18 (Juni 2009).
7 *Rätke* in Klein, § 364 AO Rz. 1; *Seer* in Tipke/Kruse, § 364 AO Rz. 4 (Mai 2013).
8 *Birkenfeld* in Hübschmann/Hepp/Spitaler, § 364 AO Rz. 37 (Juni 2009).

Informations- und Beratungspflicht

Volles Akteneinsichtsrecht hat der Steuerpflichtige erst im finanzgerichtlichen Verfahren (§ 78 FGO). Dem Gericht sind alle den Streitfall betreffenden Akten vorzulegen (§ 71 Abs. 2 FGO). Hierzu zählen auch die Betriebsprüfungsakten, und zwar auch die Handakten des Betriebsprüfers.[1] Viele Streitfragen können nur mit diesen Akten geklärt werden, insbesondere die Änderung gem. § 129 AO.

608

---

1 *Schönfeld* in Beermann/Gosch, § 71 FGO Rz. 37 (Aug. 2012); *Brandis* in Tipke/Kruse, § 71 FGO Rz. 5 (Febr. 2015), mwN.

H. Kontrollmitteilungen

609 Werden anlässlich einer Außenprüfung **Feststellungen** getroffen, die auch für die Besteuerung eines **Dritten** von Bedeutung sind, so kann die Außenprüfung diese Feststellungen dem Finanzamt, das für die Besteuerung des Dritten zuständig ist, mitteilen. Dieses Finanzamt des Dritten kann die Feststellungen verwerten. Die Mitteilungen heißen Kontrollmitteilungen. Diese Mitteilungen werden ohne Ersuchen regelmäßig spontan erteilt.[1] Sie fallen damit unter den Begriff der **Amtshilfe**.[2]

610 Für die Erstellung von Kontrollmitteilungen wird kein qualifizierter Mitteilungsanlass benötigt, kein besonderer Anlass gefordert. Sie sind selbst dann zulässig, wenn Anzeichen für das Vorliegen eines steuerpflichtigen Vorgangs fehlen. In der Regel kommt es zu den Mitteilungen, wenn ein vom Prüfer festgestellter Sachverhalt die **Vermutung** nahelegt, dass dieser bei einem Dritten steuerlich nicht zutreffend behandelt worden ist.[3]

611 Kontrollmitteilungen sind auch insoweit zulässig, als dass es um die Feststellung einer **unerlaubten Hilfeleistung in Steuersachen** geht.[4]

612 Die AO rechtfertigt das Schreiben von Kontrollmitteilungen in **§ 194 Abs. 3 AO**. Diese Vorschrift legitimiert die Kontrollmitteilungen und die Auswertung der Information bei dem Dritten.[5] Die AO enthält in den §§ 31, 31a und 93a Spezialermächtigungen für entsprechende Mitteilungen.[6]

613 Die Finanzverwaltung geht mehr und mehr dazu über, sich auch im **internationalen Bereich** Kontrollmitteilungen zuzuleiten (vgl. § 9 Satz 2

---

1 *Kaligin*, S. 188; *Seer* in Tipke/Kruse, § 194 AO Rz. 27 (Okt. 2013).
2 Im Sinne von Art. 35 Abs. 1 GG, §§ 111 ff. AO; vgl. *Frotscher* in Schwarz/Pahlke, § 194 AO Rz. 44 (Febr. 2010); zu sog. Spontanauskünften und Auskunftsklauseln s. *Hendricks* in Beermann/Gosch, § 117 AO Rz. 27 ff., mwN (Febr. 2015); *Olgemöller*, AG 2010, 490 f.
3 *Gosch* in Beermann/Gosch, § 194 AO Rz. 221 (Sept. 2015), mit einschlägigen Beispielen.
4 *Schallmoser* in Hübschmann/Hepp/Spitaler, § 194 AO Rz. 165. (Febr. 2011).
5 *Gosch* in Beermann/Gosch, § 194 AO Rz. 211 (Sept. 2015); *Schallmoser* in Hübschmann/Hepp/Spitaler, § 194 AO Rz. 107 f. (Febr. 2011) sowie *Rüsken* in Klein, § 194 AO Rz. 41, wonach eine substantielle gesetzliche Grundlage nicht besteht und auch nicht erforderlich ist.
6 Daneben sehen die Einzelgesetze weitere Ermächtigungsgrundlagen vor, vgl. *Seer* in Tipke/Kruse, § 194 AO Rz. 28 (Okt. 2013).

Kontrollmitteilungen

BpO; AEAO zu § 160 Nr. 4 Satz 5 sowie AEAO zu § 194 Nr. 7).[1] Dies erfolgt über das BZSt.

Die Kontrollmitteilungen selbst sind **keine Beweismittel**. Sie dienen dem Finanzamt als „Auslöser" für Feststellungen und Ermittlungen.[2] Kann das Finanzamt die mitgeteilte Feststellung nicht durch Auskünfte des Steuerpflichtigen, durch Auskünfte Dritter, durch Urkunden etc. erhärten, so ist die Kontrollmitteilung als solche kein ausreichender Grund, die Feststellungen der Besteuerung zugrunde zu legen. 614

Die Feststellung von Kontrollmaterial darf **nicht** selbst zum Zweck der Außenprüfung werden, dh. zu einer **eigenständigen Prüfung** des **Dritten** ausarten. Begrenzend wirkt insofern der Wortlaut des § 194 Abs. 3 AO, wonach die Kontrollmitteilungen nur „**anlässlich**" einer Außenprüfung gefertigt werden dürfen.[3] Das Merkmal „anlässlich" ist in § 194 Abs. 3 AO selber nicht näher definiert und verlangt neben einem zeitlichen Zusammenhang zwischen der Außenprüfung und der Feststellung steuerrelevanter Verhältnisse Dritter auch einen sachlichen Zusammenhang in der Art, dass bei einer konkreten und im Aufgabenbereich des Prüfers liegenden Tätigkeit ein Anlass auftaucht, der den Prüfer veranlasst, solche Feststellungen zu treffen.[4] 615

So ist es richtigerweise dem Außenprüfer – als Ausfluss des Verhältnismäßigkeitsprinzips – verwehrt, die Geschäftsunterlagen des Steuerpflichtigen gezielt oder „**ins Blaue hinein**" nach steuererheblichen Verhältnissen Dritter zu durchsuchen.[5] Gleiches gilt für Rasterfahndungen, Ausforschungsdurchsuchungen und ähnliche Ermittlungsmaßnahmen.[6] Kontrollmitteilungen sind damit nur als „**Nebenprodukt**"[7] der Außenprüfung **zulässig**. Allerdings sind stichprobenweise Überprüfungen 616

---

1 S. dazu *Seer* in Tipke/Kruse, § 194 AO Rz. 36 (Okt. 2013).
2 S. dazu auch *Schiffer*, BB 2015, 343.
3 Dazu BFH v. 4.10.2006 – VIII R 53/04, BStBl. II 2007, 227; v. 4.11.2003 – VII R 28/01, BStBl. II 2004, 1032; AEAO zu § 194 Nr. 5. Im Einzelnen sind die Abgrenzungen str.
4 BFH v. 4.10.2006 – VIII R 54/04, BFH/NV 2007, 190; *Rüsken* in Klein, § 194 AO Rz. 50.
5 Weitergehend als zulässig erachtet werden hingegen **stichprobenartige Erstellungen** von Kontrollmitteilungen, Nds. FG v. 30.9.1998 – X 437/98 V, EFG 1999, 10 (kein „hinreichender Anlass erforderlich"); *Intemann* in Koenig, § 194 AO Rz. 55; ähnlich auch *Rüsken* in Klein, § 194 AO Rz. 50.
6 *Buse*, AO-StB 2016, 127; *Schallmoser* in Hübschmann/Hepp/Spitaler, § 194 AO Rz. 121 (Febr. 2011); *Intemann* in Koenig, § 194 AO Rz. 54.
7 Vgl. *Seer* in Tipke/Kruse, § 194 AO Rz. 30 (Okt. 2013).

Die Prüfung

möglich.[1] Bestrebungen des Gesetzgebers, diese Beschränkungen zu eliminieren, sind bisher gescheitert.

617 **Beispiel:** Ein freiberuflich tätiger Mitarbeiter hat in 2016 nur einen Auftraggeber, eine Anwaltssozietät. Die Prüfung der Sozietät darf nicht dazu benutzt werden, durch Kontrollmitteilungen den Mitarbeiter mitzuprüfen. In einem solchen Fall ist eine ordnungsmäßige Prüfungsanordnung gegen den Mitarbeiter erforderlich.

618 Gesetzlich nicht ausdrücklich geregelt sind die **Schranken** des Rechts, Kontrollmitteilungen zu schreiben. Ursprünglich sah § 8 Abs. 1 Satz 2 BpO folgende Beschränkung vor: „Soweit der Steuerpflichtige ein **Auskunftsverweigerungsrecht** nach § 102 der Abgabenordnung hat und hierauf nicht ausdrücklich verzichtet, hat die Fertigung von Kontrollmitteilungen zu unterbleiben". Diese Bestimmung ist aus der Betriebsprüfungsordnung eliminiert worden. Gleichwohl ist in der Literatur allgemeine Auffassung, dass das Aussageverweigerungsrecht des **Berufsträgers**, bei dem die Betriebsprüfung stattfindet, verhindert, dass solche Informationen der Mandanten, die beim Berufsträger zur Kenntnis des Finanzamts kommen, im Wege der Kontrollmitteilungen weitergeleitet werden.[2] Dies muss über das in § 102 AO geregelte Auskunftsverweigerungsrecht hinaus auch für Auskunfts- und Eidesverweigerungsrechte der **Angehörigen** (§ 101 AO) des Auskunftsverweigerungsberechtigten bei Gefahr der Verfolgung wegen einer Straftat oder einer Ordnungswidrigkeit (§ 103 AO) und im Falle des Verweigerungsrechts zur Erstattung eines **Gutachtens** oder der Vorlage von Urkunden (§ 104 AO) gelten.[3] Der BFH hat die Frage bisher offengelassen.

619 Da die AEAO und die BpO eine Beschränkung der Kontrollmitteilungen im oben genannten Sinne nicht mehr vorsehen, kommt es in der **Praxis** auch in den Fällen der §§ 101 – 104 AO zu Kontrollmitteilungen.[4]

620 Zu Kontrollmitteilungen durch den **Bankenprüfer** s. Rz. 569.[5]

---

1 S. *Frotscher* in Schwarz/Pahlke, § 194 AO Rz. 48; kritisch *Streck/Peschges*, DStR 1997, 1993 f.
2 *Streck*, StuW 1981, 135 (137); *Gosch* in Beermann/Gosch, § 194 AO Rz. 247 (Sept. 2015); *Burchert*, INF 2000, 293 (299); aA hingegen wohl *Rüsken* in Klein, § 194 AO Rz. 45 f.
3 *Frotscher* in Schwarz/Pahlke, § 194 AO Rz. 50 f. (April 2014); *Seer* in Tipke/Kruse, § 194 AO Rz. 39 (Okt. 2013).
4 So auch *Schallmoser* in Hübschmann/Hepp/Spitaler, § 194 AO Rz. 171 (Febr. 2011).
5 Zur Fertigung von Kontrollmitteilungen anlässlich von Außenprüfungen bei Kreditinstituten *Ritzrow*, StBp. 2013, 168 ff.

Kontrollmitteilungen

621 Der Prüfer, der Kontrollmitteilungen fertigt, soll dies dem **Steuerpflichtigen**, der geprüft wird, **mitteilen**. Dies folgt aus der Möglichkeit eines Auskunftsverweigerungsrechts und dem damit gegebenen Verbot von Kontrollmitteilungen (Rz. 618 ff.). Nur wenn der Steuerpflichtige um die Kontrollmitteilungen weiß, kann er sein Auskunftsverweigerungsrecht geltend machen.[1]

622 Die Fertigung von Kontrollmitteilungen stellt ein schlicht hoheitliches Handeln (**Realakt**) und keinen Verwaltungsakt dar.[2] Als Rechtsschutz kommt daher die allgemeine Leistungsklage in Betracht (§ 40 Abs. 1 Alt. 1 FGO). Sofern die Kontrollmitteilung noch nicht an die Finanzbehörde übermittelt ist, kann sich der Steuerpflichtige dagegen mit der Unterlassungsklage wenden. Einstweiliger Rechtsschutz ist im Wege der einstweiligen Anordnung nach § 114 FGO zu erreichen.[3]

623 Kontrollmitteilungen interessieren die **Prüfungspraxis** in zweierlei Hinsicht:

624 Einmal: Vor der Prüfung muss der Steuerpflichtige daran denken, dass sich in **seiner Steuerakte Kontrollmaterial** befinden kann.

625 **Anfällig** für Kontrollmitteilungen sind insbesondere persönliche und freiberufliche Sonder- und Nebenleistungen (**Provisionen**, Beratungsentgelte usw.).[4] Außerdem werden für **Geldzahlungen** des Staats und der **öffentlichen Hand**, sofern sie nicht offensichtlich einem regelmäßigen Geschäftsverkehr zuzuordnen sind, Kontrollmitteilungen gefertigt (Stichworte: Beratungshonorar, Entgelte für Vorträge, Lehrveranstaltungen, Mehrstunden, Nebenunterricht etc.). Im gewerblichen Bereich gehören **Rückvergütungen** zu typischen Gegenständen von Kontrollmitteilungen. Zu den Mitteilungspflichten der Behörden s. auch **§ 93a AO**.

626 Soweit die Möglichkeit besteht, dass die Entgelte steuerlich nicht erfasst wurden, ist an eine **Selbstanzeige** zu denken (Rz. 301 ff.).[5]

---

1 So auch BFH v. 8.4.2008 – VIII R 61/06, BStBl. II 2009, 579; v. 24.8.2006 – I S 4/06, BFH/NV 2006, 2034; *Seer* in Tipke/Kruse, § 194 AO Rz. 33a (Okt. 2003). Davon zu unterscheiden ist die Frage, ob der betroffene Dritte vor Anfertigung der Mitteilung angehört werden muss, vgl. hierzu *Schallmoser* in Hübschmann/Hepp/Spitaler, § 194 AO Rz. 132 (Febr. 2011).
2 BFH v. 8.4.2008 – VIII R 61/06, BStBl. II 2009, 579; *Kaligin*, S. 199; *Schallmoser* in Hübschmann/Hepp/Spitaler, § 194 AO Rz. 180 (Febr. 2011).
3 *Schallmoser* in Hübschmann/Hepp/Spitaler, § 194 AO Rz. 180 (Febr. 2011).
4 Zu weiteren Fällen s. *Gosch* in Beermann/Gosch, § 194 AO Rz. 221 (Sept. 2015).
5 *Schallmoser* in Hübschmann/Hepp/Spitaler, § 194 AO Rz. 185 (Febr. 2011).

Die Prüfung

627 **Zum anderen**: Werden während der Außenprüfung Kontrollmitteilungen von dem Prüfer geschrieben, sollte man dem Prüfer deutlich sein **Interesse** an einer **Unterrichtung** bekunden. Da sich das Interesse an einer Information über Kontrollmitteilungen in der **Praxis** nur sehr umständlich und schwer einer Streitmöglichkeit öffnet (vgl. Rz. 621 ff.), ist es in der Regel eine Sache der **tatsächlichen Argumentation**, den Prüfer dahin zu führen, über die beabsichtigten Kontrollmitteilungen vorher zu informieren. Es gibt Prüfer, die diesem Begehren offen gegenüberstehen und die Information wie selbstverständlich geben.

628 Außerdem ist jetzt die Möglichkeit eröffnet, den **Betroffenen unmittelbar** zu **unterrichten**, um ihm ggf. die Möglichkeit der Selbstanzeige zu geben.

629 **Beispiel:** Der geprüfte B hat für ein günstiges Geschäft dem A eine Sonderprovision gezahlt. Der Prüfer stellt dies fest und fertigt die Kontrollmitteilung. B kann überlegen, ob er A hierüber sofort unterrichtet, damit A die Möglichkeit der Selbstanzeige hat, falls er die Sonderprovision nicht versteuert hat. Folge: Die Selbstanzeige ist noch möglich. Bei dem Dritten (dem A) hat eine Betriebsprüfung noch nicht begonnen, ihm ist eine Betriebsprüfungsanordnung noch nicht bekannt gegeben. Die „Tat" ist noch nicht entdeckt (die Kontrollmitteilungen sollen nur die Überprüfung veranlassen).[1] Die Information des Dritten erfüllt den gesetzlichen Zweck des § 371 AO; sie stellt auf keinen Fall eine Strafvereitelung oder Begünstigung (§§ 257, 258 StGB) dar.

---

1 So auch *Schauf* in Kohlmann, § 371 AO Rz. 684 f. (Aug. 2015).

J. Die Schlussbesprechung

I. Der rechtliche Rahmen

Die Schlussbesprechung ist die **Besprechung** zwischen Finanzverwaltung und geprüftem Steuerpflichtigen „über das **Ergebnis** der **Außenprüfung**" (§ 201 Abs. 1 AO).   630

Die Schlussbesprechung ist nach § 201 Abs. 1 AO zwingend vorgeschrieben. Der Steuerpflichtige hat auf sie einen **Anspruch**. Es handelt sich um eine „besonders effektive Art der Gewährung rechtlichen Gehörs".[1] Die ausdrückliche Ablehnung einer Schlussbesprechung stellt einen anfechtbaren Verwaltungsakt dar.[2] Allerdings hindert die Nichtabhaltung einer Schlussbesprechung nicht die Verwertung der in der Betriebsprüfung ermittelten Tatsachen.[3]   631

Es gibt nur zwei **Ausnahmevorschriften**: Keine Schlussbesprechung, wenn das Ergebnis der Prüfung zu **keiner Änderung** der Besteuerungsgrundlagen führt. Keine Schlussbesprechung, wenn der Steuerpflichtige auf die Besprechung **verzichtet**. Der Verzicht bedeutet keine Anerkennung der Prüfungsfeststellungen.[4] Liegt ein Verzicht vor, darf das Finanzamt die Schlussbesprechung nicht durchführen.[5] Die Ausnahmetatbestände sind klar umschrieben und klar bestimmbar. Liegen sie nicht vor, bleibt es bei dem unbedingten Anspruch auf die Schlussbesprechung.   632

In der Schlussbesprechung werden die **tatsächlichen Feststellungen** und die **rechtlichen Folgerungen** der Prüfung erörtert. Aus diesem Grund muss die Schlussbesprechung **vorbereitet** werden. Die Besprechungspunkte sind dem Steuerpflichtigen angemessene Zeit vor der Besprechung bekannt zu geben (§ 11 Abs. 1 BpO). Dies kann mündlich oder schriftlich geschehen. In der Praxis ist bei größeren Prüfungen üblich, dem geprüften Steuerpflichtigen vor der Schlussbesprechung ein „Exposé" oder eine „Zusammenstellung" der Prüfungspunkte oder einen „vorbereitenden Vermerk" über das Ergebnis der Prüfung zuzu-   633

---

1 *Seer* in Tipke/Kruse, § 201 AO Rz. 1 (Okt. 2013).
2 Vgl. BFH v. 24.10.1972 – VIII R 108/72, BStBl. II 1973, 542; v. 16.12.1987 – I R 66/84, BFH/NV 1988, 319.
3 BFH v. 24.5.1989 – I R 85/85, BFH/NV 1990, 274.
4 *Seer* in Tipke/Kruse, § 201 AO Rz. 1 (Okt. 2013).
5 Das gilt selbst dann, wenn der Verzicht zur Festsetzungsverjährung führt (BFH v. 20.10.2015 – IV B 80/14, BFH/NV 2016, 168).

Die Prüfung

senden oder auszuhändigen. Geschieht die Vorabinformation nicht, verletzt der Prüfer seine Informationspflicht nach § 199 Abs. 2 AO (Rz. 599 ff.). Hier sollte der Steuerpflichtige sich nicht scheuen, die Schlussbesprechung abzubrechen oder einen neuen Termin zu verlangen. Allerdings ist zu bedenken, dass eine schriftliche Vorabinformation die Postion des Prüfers bereits **verfestigen** kann.

634 Die **„angemessene Zeit"** (§ 11 Abs. 1 BpO), die zwischen Vorabinformation und Schlussbesprechung liegen soll, hängt von dem Umfang der Prüfungspunkte ab. Handelt es sich um wenige Punkte, die bereits seit Wochen streitig sind, genügen sicher 7 bis 14 Tage. Für eine umfangreichere Schlussbesprechung ist eine Vorbereitungszeit von mindestens vier Wochen erforderlich.

635 Der Steuerpflichtige sollte darüber unterrichtet werden, ob an der Schlussbesprechung ein für die **Entscheidung** über die Steuerfestsetzung **zuständiger Amtsträger** teilnimmt. Der Steuerpflichtige hat keinen Anspruch auf die Teilnahme eines bestimmten Beamten oder eines entscheidungsbefugten Beamten. Nimmt ein solcher teil, so sollte dies dem Steuerpflichtigen mitgeteilt werden. Kein Praxisproblem, da, zumindest auf Anfrage, dem Steuerpflichtigen regelmäßig der Teilnehmerkreis vonseiten der Finanzverwaltung mitgeteilt wird.

636 Bei der eben angesprochenen **Entscheidungsbefugnis** ist deutlich zu unterscheiden: Der zuständige Sachgebietsleiter der Veranlagung (oder der Vorsteher des Finanzamts) hat in der Regel die Kompetenz, sich mit dem Steuerpflichtigen über eine bestimmte Rechtsfolge zu einigen. Dies nennen wir die positive Entscheidungskompetenz. Lehnt der Sachgebietsleiter der Veranlagung in einem Punkt die Einigung mit dem Steuerpflichtigen ab, so heißt dies nicht zwingend, dass das Finanzamt auf Dauer bei seiner negativen Einstellung bleiben wird. Die negative Entscheidungskompetenz ist sehr viel weniger weitgreifend als die positive. Erfolgt in der Schlussbesprechung keine Einigung, kann in dem späteren Veranlagungs- und Einspruchsverfahren gleichwohl noch eine Einigung nachfolgen. Einigt man sich in einer Schlussbesprechung in bestimmten Punkten nicht, so folgt daraus mithin nicht zwingend, dass diese Streitpunkte dem FG vorgetragen werden müssen.

637 Betriebsprüfer neigen zu der Aussage, wenn man sich über diesen oder jenen Punkt nicht einige, so müsse die Sache halt dem FG vorgetragen werden, so folge notwendig ein **Steuerprozess**. Dem ist nicht so. Das auf die Betriebsprüfung folgende Rechtsbehelfsverfahren erlaubt immer, die Haltung und die Ansicht der Betriebsprüfung erneut zu über-

Die Schlussbesprechung

prüfen. War bei der Betriebsprüfung eine Verständigung nicht möglich, ist dies bei der Rechtsbehelfsstelle immer noch denkbar.

Aufseiten des **Steuerpflichtigen** hat dieser selbst ein Teilnahmerecht, ebenfalls sein Berater.[1] Auch dies ist regelmäßig kein Praxisproblem, auch wenn der Steuerpflichtige weitere Mitarbeiter seines Hauses zur Schlussbesprechung beizieht. 638

Ausgeschiedene Gesellschafter einer Personengesellschaft haben ein Teilnahmerecht.[2] Lassen sich die Besprechungspunkte, die für sie von Bedeutung sind, eingrenzen, so grenzt sich entsprechend das Teilnahmerecht ein. 639

Der **Ort** der Schlussbesprechung ist gesetzlich nicht bestimmt.[3] Regelmäßig findet die Schlussbesprechung im geprüften Unternehmen statt. Als Alternative bietet sich das Finanzamt an. In der Praxis führt die Frage nach dem Ort der Schlussbesprechung nicht zu Schwierigkeiten. 640

Die Ergebnisse der Schlussbesprechung müssen **nicht protokolliert** werden.[4] 641

Dass die Schlussbesprechung **streitig** sein kann, ist unbestritten. Für einen rechtlichen Streit gibt sie jedoch als solche nicht viel her. Die Schlussbesprechung selbst oder ein bestimmtes Ergebnis der Schlussbesprechung können nicht mit einem Rechtsbehelf angefochten werden. 642

II. Einigung und Tatsächliche Verständigung

In der Schlussbesprechung wird regelmäßig die **Einigung angestrebt**. Die Einigung wird auch als Regelfall später im Betriebsprüfungsbericht und in den Steuerbescheiden realisiert. Eine rechtliche Bindungswirkung an solche Einigungen besteht nur dann, wenn besondere Tatbestandbedingungen vorliegen. Einmal kann in der Schlussbesprechung eine Zusage durch einen entscheidungsbefugten Beamten erfolgen. Im Übrigen ist die Rechtsprechung zurückhaltend, nach Treu-und-Glauben-Überlegungen aus der Schlussbesprechung eine rechtliche Bindung abzuleiten (Rz. 894 ff.). 643

---

1 *Seer* in Tipke/Kruse, § 201 AO Rz. 7 (Okt. 2013).
2 *Seer* in Tipke/Kruse, § 201 AO Rz. 78 (Okt. 2013).
3 *Seer* in Tipke/Kruse, § 201 AO Rz. 10 (Okt. 2013).
4 *Seer* in Tipke/Kruse, § 201 AO Rz. 11 (Okt. 2013).

Die Prüfung

644 Bis zur „**Tatsächlichen Verständigung**" (Rz. 646 ff.) gab es die Einigung mithin als Instrument des „Fair Play" zwischen Steuerbürger und Finanzverwaltung. Man einigt sich auf einen Sachverhalt oder eine Steuerfolge. Die Einigung war **ohne Bindungskraft**. Sie realisiert sich erst durch bestandskräftige Steuerbescheide. Bis zu diesem Zeitpunkt muss das „Fair Play" durchgehalten werden.

645 Die auf dem Verhandlungsweg erreichte Einigung mit der Betriebsprüfung erschien wie ein „**Handel**", den es in dem Recht und Gesetz verpflichteten Steuerrecht eigentlich nicht geben darf. Die Praxis des Arrangements scheint hier das Recht zu überspielen; man kann von Grauzonen und vom Dämmerlicht des Rechts sprechen.[1] Die Praxis der Prüfung kann auf solche Einigungen jedoch nicht verzichten. Sie ist als Möglichkeit aus der Natur der Sache der Prüfung zwingend erforderlich. Im Übrigen ist sie durch den Ermessensrahmen bei der Sachverhaltsermittlung, durch Beweiswürdigungs-, Beurteilungs-, Bewertungs- und Schätzungsspielräume gerechtfertigt. Soweit ein rechtlich schlechtes Gewissen blieb, richtete sich dies nicht in erster Linie gegen die Praxis, sondern offenbarte eine fehlende wissenschaftliche Durchdringung der Einigungspraxis, eine fehlende wissenschaftliche Erhellung des angegriffenen Dämmerlichts.[2]

646 Die qualitative Erhellung des Dämmerlichts kam mit der **Tatsächlichen Verständigung**. Diese beruht letztlich auf der Erkenntnis, dass § 88 Abs. 1 Satz 2 AO es in das pflichtgemäße Ermessen der Finanzbehörde legt, Art und Umfang der Ermittlungen zu bestimmen. Hierbei soll sie sich nach pflichtgemäßem Ermessen der Beweismittel bedienen, die sie für erforderlich hält (§ 92 Satz 1 AO). Im Bereich der Sachverhaltsaufklärung steht der Finanzbehörde somit ein Ermittlungsspielraum zu, den sie im Konsens mit dem Steuerpflichtigen ausfüllen kann. Es fehlt allein an gesetzlichen Vorschriften, die einen Rahmen vorgeben.

647 Der **BFH** hat beginnend mit seinem **Urteil vom 11.12.1984**[3] senatsübergreifend das Rechtsinstitut der Tatsächlichen Verständigung als richter-

---

1 Vgl. *Tipke*, StuW 1979, 198; *Isensee*, Die typisierende Verwaltung, 1976, S. 191.
2 Vgl. hierzu *Schick*, Vergleiche und sonstige Vereinbarungen zwischen Staat und Bürger im Steuerrecht, 1967; *Streck*, Erfahrungen mit der Rechtsanwendungspraxis der Finanzämter (einschließlich Außenprüfungsstellen) bei der Abgrenzung der Betriebsausgaben/Werbungskosten von den Privatausgaben, DStJG 3 (1980), 273, zum Thema „Besteuerungswirklichkeit und Normauslegung".
3 BFH v. 11.12.1984 – VIII R 131/76, BStBl. II 1985, 354; dazu *Seer* in Tipke/Kruse, Vor § 118 AO Rz. 10-36 (Okt. 2015), § 201 AO Rz. 13 (Okt. 2013).

Die Schlussbesprechung

liches Gewohnheitsrecht eingeführt und seitdem konsequent fortentwickelt.[1] Die Finanzverwaltung ist dem gefolgt.[2] Rechtsdogmatisch wird die Tatsächliche Verständigung von der Rechtsprechung unmittelbar aus dem Grundsatz von Treu und Glauben hergeleitet.[3]

Folgende **Voraussetzungen** müssen vorliegen:[4] 648
- Die Verständigung darf **keine Rechtsfragen**, sondern nur Fälle erschwerter Sachverhaltsermittlung zum Gegenstand haben, insbesondere Schätzungsfälle.
- Die **zuständige Behörde**, also regelmäßig das Veranlagungsfinanzamt, muss durch einen Amtsträger, der zur Entscheidung über die Steuerfestsetzung befugt ist, mitwirken.
- Die Verständigung darf zu **keinem offensichtlich unzutreffenden Ergebnis** führen.

Von dem Grundsatz, dass eine Verständigung über Rechtsfragen unzulässig ist, macht der BFH nur eine Ausnahme, wenn die **Rechtsfragen** in einem so **engen Zusammenhang** mit **Tatsachen** stehen, dass eine sachgerechte Trennung nicht möglich ist,[5] wie zB bei der Tatsächlichen Verständigung über die „Angemessenheit" einer Geschäftsführer-Gesamtvergütung als Grenze zur vGA im Sinne von § 8 Abs. 3 KStG.[6] Ob die Bindungswirkung bei **Dauersachverhalten** über die Streitjahre hinaus auch für zukünftige Veranlagungszeiträume Geltung hat, ist noch nicht abschließend geklärt. 649

Der BFH hat eine **formlose**, mündliche Tatsächliche Verständigung grundsätzlich anerkannt.[7] Aus Beweisgründen ist jedoch dringend zur **Schriftform** zu raten. Üblicherweise wird dies in einer Urkunde bei Anwesenheit aller Beteiligten oder im Umlaufverfahren umgesetzt. Es reicht jedoch aus, dass der Vertragsabschluss durch einen konkreten 650

---

1 Vgl. BFH v. 5.10.1990 – III R 19/88, BStBl. II 1991, 45; v. 28.7.1993 – XI R 68/92, BFH/NV 1994, 290; v. 13.8.1997 – I R 12/97, BFH/NV 1998, 498; v. 12.8.1999 – XI R 27/98, BFH/NV 2000, 537; v. 21.6.2000 – IV B 138/99, BFH/NV, 2001, 1491 und weiter in ständiger Rechtsprechung.
2 Vgl. zusammenfassend BMF v. 30.7.2008, BStBl. I 2008, 831.
3 Kritisch hierzu die Lehre, die einen öffentlich-rechtlichen Vertrag annimmt (*Offerhaus*, DStR 2001, 2093 [2097], mwN).
4 Vgl. *Seer* in Tipke/Kruse, Vor § 118 AO Rz. 10 ff. (Okt. 2015); *Seer*, BB 2015, 2014.
5 *Seer* in Tipke/Kruse, Vor § 118 AO Rz. 13 (Okt. 2015).
6 BFH v. 13.8.1997 – I R 12/97, BFH/NV 1998, 498.
7 BFH v. 21.6.19200 – IV B 138/99, BFH/NV 2001, 1491. Die fehlende Schriftlichkeit stelle allerdings ein Indiz gegen den Rechtsbindungswillen dar.

Die Prüfung

Briefwechsel oder ein an Amtsstelle aufgenommenes Protokoll nachweisbar ist.[1]

651 Für die Finanzbehörde muss ein zur **Entscheidung** über die Steuerfestsetzung **zuständiger Amtsträger** beteiligt sein. Das sind regelmäßig der Vorsteher, dessen ständiger Vertreter, der jeweilige Veranlagungssachgebietsleiter und in Rechtsbehelfssachen der Leiter der Rechtsbehelfsstelle. Hierzu gehören nicht: Betriebsprüfer, Steuerfahnder oder Vollstreckungsbeamter. Wurde das Veranlagungsfinanzamt nicht beteiligt, ist die Tatsächliche Verständigung „schwebend unwirksam". Die Heilung tritt durch die Umsetzung der Verständigung durch Auswertungsbescheide des Veranlagungsfinanzamts ein.[2] Sind von der Verständigung zB der Steuerpflichtige, dessen GmbH oder die Personengesellschaft, an der er beteiligt ist, betroffen, müssen mehrere Tatsächliche Verständigungen mit den jeweils eigens zu ermittelnden Beteiligten gefertigt werden.

652 Soweit der Gegenstand der Tatsächlichen Verständigung reicht, führt dessen Tatbestandswirkung zu einem **materiellen Einwendungsausschluss** des Steuerpflichtigen.[3]

653 Die Grenze der Bindungswirkung stellt die **Nichtigkeit** der Tatsächlichen Verständigung dar. Sie wird zB angenommen, wenn der Verständigungsinhalt zu einer offensichtlich unzutreffenden Besteuerung führt[4] oder gegen das Kopplungsverbot verstoßen wird.[5] Umstritten ist, ob eine **Anfechtung** nach §§ 119 ff. BGB analog zulässig ist. Möglich soll eine Anfechtung analog § 123 BGB sein, wenn die Tatsächliche

---

1 *Seer* in Tipke/Kruse, Vor § 118 AO Rz. 26 (Okt. 2015).
2 Vgl. ua. FG Hamburg v. 4.12.1991 – II 125/89, EFG 1992, 379; FG BW v. 26.3.1992 – 3 K 132/86, EFG 1992, 706; FG Saarland v. 30.9.1992 – 1 K 8/92, EFG 1993, 279; Nds. FG v. 19.9.2007 – 12 K 334/05, EFG 2008, 180; aF FG Rh.-Pf. v. 21.9.2012 – 3 K 2493/10, EFG 2013, 186, mit Anm. *Wüllenkemper*.
3 *Seer* in Tipke/Kruse, § 85 AO Rz. 65 (Febr. 2002).
4 FG BW v. 8.6.1999 – 2 K 292/97, EFG 1999, 932; BFH v. 21.9.2015 – X B 58/15, BFH/NV 2016, 48. Die bewusste Herbeiführung einer offensichtlich unzutreffenden Tatsächlichen Verständigung kann selbst als **Steuerhinterziehung** oder Beihilfe hierzu strafbar sein (BGH v. 26.10.1998 – 5 StR 746/97, wistra 1999, 103 [106]; *Spatscheck/Mantas*, PStR 1999, 198).
5 Akzeptiert der Steuerpflichtige zB eine Hinzuschätzung im Gegenzug zu der Zusage, kein Ermittlungsverfahren einzuleiten, werden Besteuerung und Strafverfolgung dysfunktional auf sachfremde Weise miteinander verkoppelt (FG Münster v. 29.1.1996 – 8 V 5581/95 E ua., EFG 1996, 464; *Seer*, DB 2015, 214 ff.). Unabhängig von dieser Rechtsansicht muss eingeräumt werden, dass die **Koppelung** zum **Einigungsgeschäft** gehört. Sie darf nur nicht „aktenmäßig" durchgeführt werden.

Die Schlussbesprechung

Verständigung unter **Drohung** zustande kommt[1] oder nach § 124 BGB wegen **arglistiger Täuschung**.[2]

In der **Praxis** der Besteuerung kann von einem „**Siegeszug**" der Tatsächlichen Verständigung gesprochen werden. Es ist regelmäßig eher die Finanzverwaltung, die auf eine Verständigung drängt, als der Steuerpflichtige. 654

Soweit die Tatsächliche Verständigung auf **rechtliche Kritik** stößt, teilen wir sie nicht. Es gehört zu unserem sicheren Erfahrungstatbestand, dass Steuerrechtsanwendungen im Massenverfahren nicht so möglich sind, wie es der Student lernt, nämlich nach Maßgabe einer Sachverhaltsermittlung mit anschließender Subsumption unter einer Rechtsnorm. Die Einigung und damit das Überspielen des Rechts sind sachnotwendig; darin wird kein steuerrechtlicher Legalist oder Purist etwas ändern können. 655

Zur **praktischen Durchführung** der Tatsächlichen Verständigung: 656

Die Tatsächliche Verständigung erfüllt nur dann ihren Zweck, wenn sie inhaltlich klar und **eindeutig** ist. Allein schon deshalb ist die schriftliche Protokollierung empfehlenswert und in der Praxis die Regel. 657

Ebenfalls ist das Problem der **eindeutigen Formulierung** von nicht zu unterschätzender Bedeutung. Denn regelmäßig erfolgt die Formulierung nach langen und ermüdenden Verhandlungen einer Schlussbesprechung. Soll jetzt noch eine klare Vereinbarung in Worte gefasst werden, so grenzt das häufig ans menschlich Unmögliche. Je einfacher und schnörkelloser der Verständigungstext ist, desto weniger ist er später angreifbar. Begründungen, warum ein bestimmter Absatz gewählt wurde, gehören ebenso wenig in eine Tatsächliche Verständigung wie Absichtserklärungen. 658

Wenn nicht in einer Schlussbesprechung ein eindeutiger Text formuliert werden kann, dem die Beteiligten zustimmen, so empfiehlt sich, zuerst **Entwürfe** auszutauschen und sodann die Verständigung in einem abschließenden Treffen oder im Umlaufverfahren zu zeichnen. 659

---

1 FG Köln v. 20.10.2011 – 15 K 3692/08, EFG 2012, 754, mit Anm. *Köhnen* – sehr zurückhaltend – im Anschluss an BFH v. 1.9.2009 – VIII R 78/06, BFH/NV 2010, 593. Zu **weiteren Grenzen** der Tatsächlichen Verständigung FG Münster v. 20.5.2006 – 11 K 2674/03, EFG 2006, 1306; FG Düsseldorf v. 2.12.2008 – 6 K 2722/06, EFG 2010, 546; FG München v. 22.5.2009 – 15 V 182/09, EFG 2009, 1807.
2 FG Berlin-Bdb. v. 16.7.2015 – 13 K 13063/13, EFG 2015, 1762.

Die Prüfung

660 Die BFH-Rechtsprechung zur Tatsächlichen Verständigung erlaubt die Einigung über den Sachverhalt, **nicht** aber die **Einigung über das Recht** (Rz. 648). Diese Differenzierung ist schon theoretisch zweifelhaft. Denn letztlich „sind alle Fragen, die für eine rechtliche Entscheidung von Bedeutung sind, Rechtsfragen".[1] Für die Praxis stellt dies kein Problem dar. Jeder qualifizierte Finanzbeamte oder Berater ist in der Lage, jeden Einigungsgehalt in den Sachverhalt zu verlagern, auch wenn es im Grunde um rechtliche Streitigkeiten geht. Der BFH verbietet eine Verständigung über die „rechtliche" Steuerfreiheit von Einnahmen.[2] Also vereinbart man, dass solche Einnahmen nicht anfallen oder ihnen in gleicher Höhe Betriebsausgaben gegenüberstehen.

661 Die **Einigung ohne Rechtsbindung** wird erst durch Steuerbescheide in Rechtswirkungen umgesetzt. Obwohl diese Einigung den Bürger und seinen Berater nicht verpflichtet, bringt es zumeist keine Vorteile, sich einseitig von ihr zu lösen. Für den Berater ist es gefährlich, wenn sein Wort nicht mehr gilt. Nur überzeugende neue Umstände rechtfertigen – für beide Seiten – das Lösen von dem Einvernehmen. Hiervon zu trennen ist das gerade bei der nicht bindenden Einigung mögliche Nachbessern und Vervollständigen.

III. Bedeutung und Praxis der Schlussbesprechung

662 Die Schlussbesprechung ist ein äußerst **wichtiges Instrument** der Außenprüfung. Auf sie sollte grundsätzlich nicht verzichtet werden. Ihr **Ziel** ist regelmäßig die **Einigung** (s. Rz. 643 ff.).

663 Sie ist der **Schlussstein** der Prüfung, der seine Gewichtigkeit im Brückenschlag, den Rundbogen der Einigung ermöglicht.

664 Die Schlussbesprechung muss ausgezeichnet **vorbereitet** werden. Nach Möglichkeit darf es aufseiten des Steuerpflichtigen keine Überraschung geben. Die **Vorabinformation** muss **vollständig** sein. Auf diese Weise können Steuerpflichtiger und Berater alle Möglichkeiten erörtern und durchdenken.

665 In der Schlussbesprechung stehen die steuerliche Diskussionssachverhalte und steuerrechtlichen Folgen im Mittelpunkt; sie ist jedoch auch – mal ausschließlich, mal mehr, mal weniger – der Ort, in dem die an

---

[1] *Schick*, Vergleiche und sonstige Vereinbarungen zwischen Staat und Bürger, 1967, S. 33; vgl. ablehnend auch *Seer*, StuW 1995, 213 (222) und in Tipke/Kruse, Vor § 118 AO Rz. 13 (Okt. 2013).
[2] BFH v. 11.12.1984 – VIII R 131/76, BStBl. II 1985, 354.

Die Schlussbesprechung

der Außenprüfung beteiligten Personen ihren **höchstpersönlichen Ausgleich** finden.

Die Einigung ist nicht nur ein pragmatisches Ergebnis. Sie stellt einen **Rechtswert** dar, weil **Steuerrechtsfriede** geschaffen wird. Um dieses Rechtswertes willen kann in der Schlussbesprechung von weiteren Sachverhaltsermittlungen abgesehen, der Sachverhalt geglaubt, ein Sachverhalt einvernehmlich angenommen, jede Rechtsposition geräumt und jede Schätzung verändert werden. Scheinbar werden Kompromisse geschlossen, die außerhalb der Buchstaben der Gesetze zu liegen scheinen. 666

Wer hier vorschnell von einem **Halbdunkel** der **Legalität** spricht (Rz. 645), übersieht, dass das Massenverfahren der Besteuerung ohne solche Einigung nicht auskommt und dass dem Abgaberecht der Finanzverwaltung eine Vielzahl von Möglichkeiten zur Verfügung steht, um diese Einigung zu erreichen (vgl. Rz. 645 ff.). 667

Mehrere streitige **Punkte** müssen in ihrer **Gesamtheit** gesehen werden. Vorausgedacht werden müssen „Lösungsmodelle", die alle Streitpunkte erfassen, für den Steuerpflichtigen vertretbar und für das Finanzamt akzeptabel sind. Prinzipiell sollen alle Rechtsfolgen mit ihren Rechtsmöglichkeiten zur Disposition stehen. Gefährlich ist es, einen Punkt aus grundsätzlichen Erwägungen für unverfügbar zu halten. 668

In der Diskussion wirken bestimmte **Interessenlagen.** In der Regel geht es um die Prüfung eines mittelständigen Unternehmens. Der Geprüfte nimmt selbst teil. Es geht um sein Geld. Den Prüfer interessiert der Steueranspruch seines Arbeitgebers. Hier unterscheidet sich die Prüfung eines mittelständigen Unternehmens von der Prüfung eines Konzerns; dort verfügen beide Seiten über fremdes Geld; folglich gelten andere Regeln.[1] Es steht unmittelbar Privatinteresse gegen Fremdinteresse, es geht härter zu. Keineswegs ist hier der Prüfer a priori unterlegen; er kann jederzeit Argument und Taktik durch eine Hoheitsentscheidung (des Finanzamts) ersetzen, eine Möglichkeit, über die nur er verfügt. 669

Ohnehin **entzieht** sich der **Gegenstand** der **Prüfung** einer zwingenden **rechtlichen Subsumtion.** Der Prüfer hat – allein oder mit der Unterstützung eines Zweitprüfers – wochen-, oft monatelang ermittelt, Zahlen geprüft, Belege eingesehen, steuerliche Gesetzesvorschriften angewandt, Verwaltungserlasse vollzogen, klare und eindeutige Fehler er- 670

---

1 Vgl. *Groh*, DStR 1985, 679.

Die Prüfung

kannt und beseitigt, Fragen aufgeworfen, deren Sachverhalt unklar, nicht aufklärbar oder nur mit verhältnismäßigen Mühen feststellbar ist, Probleme „auf den Tisch" gelegt, deren steuerlichen Folgen umstritten und umstreitbar sind. Der Sachverhalt ist teils vollständig, teils halb, teils überhaupt nicht aufgeklärt. Die Prüfer – Folgerungen sind klar, halb klar, vertretbar, bestreitbar, möglich und unmöglich. Der Prüfer formuliert die Punkte, die unstreitigen und die streitigen. Die Formulierung selbst verschiebt abermals die Streit- und Nichtstreitgrenzen. Auf diese Weise entsteht die Liste der Schlussbesprechungspunkte. Dabei ist die Liste regelmäßig nur die Spitze des Bergs des bereits einvernehmlich Erledigten.

671 Die **Person** des **geprüften Steuerpflichtigen** bestimmt maßgebend den Charakter der Schlussbesprechung. Er ist regelmäßig der Ansicht, Steuern müssten gezahlt werden, aber nicht in der Höhe, die man von ihm verlangt. Durch die Prüfung wird sein höchstindividuelles Privatinteresse berührt. Folglich befindet er sich in Abwehrstellung. Der Fiskus ist ihm gegenüber im Angriff. Dem Prüfer steht er, je nach Naturell, skeptisch bis feindlich gegenüber. Dessen Arbeitsweise vermag ihm hin und wieder die Zornesröte in die Stirn zu treiben, insbesondere wenn nach Ansicht des Betroffenen Zeit und Aufwand des Prüfers in keinem Verhältnis zu dem Mehrergebnis steht.

672 Ihm steht der **Prüfer** gegenüber. Beamter des gehobenen Diensts. Vorzüglich ausgebildet. Ein exzellenter Kenner des Steuerrechts, erfahren in typischen steuerlichen Schwächen des Steuerpflichtigen, jedoch – da juristisch nicht geschult – Hand in Hand mit den Schwierigkeiten, die Auslegbarkeit des menschlichen Worts, des Gesetzes, des Erlasses, nicht gelernt zu haben. Er neigt zur Wortanklammerung. Wort und Satz nimmt er oft nicht aus dem Willen des Sprechenden, sondern aus dem von ihm selbst gewollten Ergebnis. Oft verrennt er sich in Probleme oder verliebt sich in sie. Schwer wird sodann der Rückweg oder die Liebenden zu trennen.

673 An der Seite des Prüfers steht sein **Sachgebietsleiter**. Er kann der entscheidende Mann der Schlussbesprechung werden. Gut, wenn er das Prüfergeschäft kennt, seine Notwendigkeit und Sachzwänge. Er sieht oft eher, ob der Weg des Prüfers weiter- oder nicht weiterführt. Er muss wissen, dass die juristische Erkenntnis, die Rechtsanwendungen führen nur zu einer einzig richtigen Entscheidung, in die Tat umzusetzen, barer Unsinn ist. Gefährlich können die jüngeren Beamten des höheren Diensts (Juristen) sein. Sie sind oft flexibleren Geists als „alte Fuhrleute" des gehobenen Dienstes, glauben aber häufig noch, die Welt mittels

Die Schlussbesprechung

Rechtserkenntnis und ohne Erfahrung ändern zu können. Demgegenüber können die Fuhrmänner der praktischen Besteuerungsvernunft durch Hoheitsentscheidung zum Durchbruch verhelfen, ohne nach subtiler Rechtfertigung zu fragen.

Außerdem tritt, nicht notwendig, der **Herr** oder die **Dame** vom **Finanzamt** (Veranlagung) auf. Zumeist schlecht informiert, sowohl was den Sachverhalt als auch was die Rechtsdetailkenntnis angeht, aber gleichwohl ausgestattet mit der letzten Entscheidungskompetenz. Sein (ihr) Unwissen kann unter diesem Gesichtspunkt heilsam sein. Es zuzugeben, geht nicht an; also folgt er (sie) der Prüfung und gibt dieser damit gleichzeitig Rechtfertigung und Stütze. Seine (ihre) Anwesenheit kann aber auch hemmen, wenn er (sie) sich zB gegenüber der Prüfung ins rechte Licht setzen will, was eben nur fiskalisch geht; dann ist häufig der Rechtsbehelf gewiss. 674

Mitarbeiter und **Berater** des **Steuerpflichtigen**: Bei manchen Betrieben beherrscht der Steuerexperte des Unternehmens die Schlussbesprechung. Er kennt alle Details und ist daher der wichtigste Gesprächspartner des Prüfers. Er trägt seinem Chef gegenüber die Verantwortung für alle Einzelheiten und ist folglich bereit und willens, um jede Position zu kämpfen. Anstelle oder neben diesen Angestellten des Unternehmens tritt der Berater. Vielschichtig sind hier die Antriebe und Interessen. Sie beraten und vertreten als Fachleute; das ist ihre Aufgabe. Aber darüber hinaus: Der Berater muss sein Beratungswerk der letzten Jahre verteidigen; seine Antistellung gegenüber dem Prüfer ist oft klarer als die des Mandanten. Seine Stärke liegt in der Kenntnis des Sachverhalts. Aber auch er hat Lieblingsprobleme, von denen er nur ungerne ablässt. Der Berater ist Freiberufler. Sein Auftritt in der Prüfung ist gleichzeitig Teil des werbenden Existenzkampfs. Er streitet mit dem Fiskus um Steuergeld aber auch um den Mandanten. 675

Das **Steuerfachgespräch**: Dieses Gespräch ist nicht Mittelpunkt der Schlussbesprechung. Worte werden gewechselt, Argumente. Waren die Probleme bekannt, sind die Rechtsstandpunkte unverrückbar. Hier gibt es kaum Flexibilität. Selten, dass im Rechtsdisput die ein oder andere Seite überzeugt wird. Interne Vorabklärung verbietet das; denn es scheint Gesichtsverlust zu bedeuten. Anderes ist nur möglich bei neuen Rechtsüberlegungen, die nicht vorgeurteilt und mit Vorurteilen belegt werden können. 676

Der **Festigkeit** im Recht steht die **Beweglichkeit** im **Sachverhalt** gegenüber, wenn das Ziel der Einigung es gebietet. Die Welt kehrt sich um. Die Werte des Rechts werden zu Fixpunkten; das tatsächliche Gesche- 677

Die Prüfung

hen wird variabel. Der Geprüfte lässt Sachverhaltsfeststellungen des Prüfers gelten, wenn die Auswirkungen gering, der Gegenbeweis schwierig ist, obwohl sie falsch sind. Die Betriebsprüfung erfragt Sachverhalte, die in der Schlussbesprechung in der Kürze der Zeit nicht vollständig, leicht steuerbürgerfreundlich gefärbt dargestellt werden, und lässt sie bestehen, um die Übereinstimmung zu erreichen. Eine Sachverhaltsdarstellung, eine Tatbestandsbehauptung, das Akzeptieren einer Sachverhaltsdarstellung, entscheiden häufiger über den Ausgang der Prüfung als der gelehrte Rechtsstreit.

678 Schlussbesprechungen leben von der **Bewertung** von **Unsicherheiten**. Strenggläubige Juristen leiten die Rechtsfolge aus dem Sachverhalt ab und die Steuer aus dem (gesetzlichen) Tatbestand. Strenggläubige behindern leicht die letzten wenigen Meter zur Einigung. Der Strenggläubige sagt: Der Sachverhalt A führt zur Steuer 46456,– Euro. Der Steuerbürger sagt: Nein, streiten wir 10 Jahre bis zum BFH. Der Strenggläubige antwortet: Dies ist richtig so. Habe ich Recht, zahlst Du 46456,– Euro. Wird mein Recht nicht anerkannt, zahlst Du nichts. In einer solchen Klarheit des Geistes würde die Praxis der Schlussbesprechung untergehen. Der Praktiker wird die Unsicherheit der Position des Strenggläubigen nach Wahrscheinlichkeitsgrundsätzen bemessen. Sei der Unsicherheitsfaktor X, so multipliziert er X mit 45456,– Euro. Dieses ergibt die richtige und gerechte Steuer, auf die man sich einigen kann, wenn eine Einigung über den Unsicherheitsfaktor Zeit erzielt wird.

679 Dem **Strenggläubigen** kann jedoch auch in anderer Weise genüge getan werden. Der Geist des Strenggläubigen beherrscht die **Akten**. Diese müssen „stimmen". Aus der Einigung der Schlussbesprechung wird eben der Sachverhalt als richtig erkannt und in Prüfungsberichten mit zwei Worten erwähnt, da er nach Art des Strenggläubigen gerade die Steuer erzeugt, auf die man sich geeinigt hat. Gut also der Prüfer, gut also der Berater, die in der Schlussbesprechung über Sachverhaltsphantasie verfügen, die Einigungsmodelle erzeugt. Sie geben der beidseitig gewollten Einigung das rechtliche Gerippe und erlauben damit, den entsprechenden Sachverhalt festzustellen. Was hier zuerst da ist, die Zahl oder das Einigungsmodell, gleicht häufig der Frage nach der Priorität von Huhn oder Ei; eines folgt aus dem anderen.

680 **Flexibilität** und **Phantasie** müssen die Schlussbesprechung beherrschen. Bekannte Streitpunkte sind häufig vordiskutiert, folglich als Rechtsposition nicht aufgebbar. Wie glücklich sind alle Schlussbesprecher, die sich in Stunden um unverrückbare Positionen gedreht haben,

Die Schlussbesprechung

X hier, Y drüben, wenn einer der Teilnehmer die Möglichkeit Z ins Spiel bringt. Unbelastet taucht sie auf, noch nicht diskutiert, noch nicht mit Pro und Contra belegt, so recht zum Ergreifen steht sie da. Dass diese Möglichkeit zahlenmäßig etwa in der Mitte von X und Y liegt, sei am Rande bemerkt. Hier geht es auch nicht stets nur und allein um den Vorteil des geprüften Steuerpflichtigen. Praktische Besteuerungsvernunft lässt auf diese Weise manchen Euro in die Staatskasse fließen, der durch Steuergesetze nicht zu begründen ist.

Reizprobleme haben ihren besonderen Reiz. Über viele lässt der Bürger mit sich reden: Warenbewertungen, Rückstellungen, Zuschätzungen, nur eins ist fast indiskutabel: „Privatanteile" von Pkw, Telefon, Spesen und Wohnung. Hier wird's persönlich, privat, intim. Der Prüfer wird natürlich vom absoluten Fehlverständnis geleitet. Der Steuerbürger fährt nun mal immer betrieblich; er telefoniert immer betrieblich; er isst immer betrieblich; und hiervon ist er zutiefst überzeugt. Auf der anderen Seite ist es für einen Beamten oft unvorstellbar, dass tatsächlich ein Mittagessen in der Schlemmerstube über Geschäfte entscheidet und man sich in Paris und Nizza auch betriebsbedingt aufhalten kann (Gelsenkirchen ist selten ein Problem). Das Private dem Grunde nach ist hier ebenso umstritten und umstreitbar wie die Bemessung der Privatanteile der Höhe nach. Gleichwohl sind jedoch diese Bereiche der Einigung nicht verschlossen. Ich nehme gerade diesen Problembereich zum Anlass, die Einigungstechniken weiter zu konkretisieren (Rz. 686 ff.). 681

Wichtig ist die **Wiederbelebung** des **Erledigten**. Regelmäßig ist vor der Schlussbesprechung eine Summe von Einzelfeststellungen erledigt und abgehakt. Sie sind klar und eindeutig. Gleichwohl müssen beide Seiten sie kennen und beherrschen. Ihre Reanimation gehört zum taktischen Werkzeug. Wenn die Positionen sich verhärten, „dann wird um alles zum BFH gestritten"; „dann streiten wir um jeden Cent"; „dann werden alle bisherigen Einigungen widerrufen". Erschreckt vor dem, was jeder der anderen Seite antun könnte, kehrt man zur Einigungssuche zurück. 682

Bilden sich Frontverhältnisse, müssen sie aufgelöst werden. Je größer die **Anzahl der Teilnehmer** der Schlussbesprechung, desto bewegungsloser die Fronten. Der Sachgebietsleiter der Betriebsprüfung darf seinem Prüfer nie in den Rücken fallen. Der Finanzamtsvertreter kann die Prüfung nicht brüskieren und sein Entscheidungsrecht ausüben. Kein Beamter kann einen Fehler eingestehen. Der Steuerbürger muss seiner Erregung proportional zu dem Engagement der Schlussbesprechungs- 683

155

Die Prüfung

teilnehmer Ausdruck verleihen, sofern er nicht dieses selbst durch die eigenen „Ausbrüche" bestimmt. Der Berater muss nachziehen; „auf keinen Fall" darf er fiskalische Gedanken äußern; dem Finanzamt zuzustimmen, scheint bereits fiskalisch. Das Vortasten zum **Kompromiss** wird zum Kampf gegen den vermeintlichen Anschein, Schwäche zu zeigen. Ein großes Positionsreden zieht sich über den Morgen, bis die Fronten, einvernehmlich erlösend, aufgebrochen werden. In „Kleingesprächen" (Beispiel: Sachgebietsleiter/Berater), im Separee abgeschirmt, lässt man hinter die Fassaden schauen und den Verhandlungsspielraum abmessen. Was zwei Stunden diskutiert und verfestigt wurde, so als ob es um Dogmen bester Güte ginge, wird in zehn Minuten erledigt. Das Einzelgespräch kann auch anders zusammengesetzt sein. Es gibt Unternehmer, die mit Lust Härte zeigen, um im Vier-Augen-Gespräch mit dem Vorsteher in das große Entgegenkommen einzusteigen und zugleich wesentliche Zugeständnisse des geschmeichelten und hervorgehobenen Vorstehers mitzunehmen. Natürlich gibt es auch Beamte, die dies beherrschen.

684 Ziel einer Schlussbesprechung im Einigungsweg ist stets der **sachliche Erfolg**. Nicht der persönliche Triumph. Beraterwort: „Die gute Einigung bringt dem Steuerpflichtigen den Erfolg und der Betriebsprüfung das Erfolgsgefühl".

685 Ist die **Einigung erreicht**, ist ein Stück **steuerlicher Rechtsfrieden** geschaffen.

IV. Einigungstechniken im Detail

686 Die Prüfungspraxis hat eine **Vielzahl** von **Methoden,** Verfahren, Argumente, Scheinargumente etc. entwickelt, um Einigungen zu realisieren. Einige Techniken stellen wir hier bespielhaft am Problem der **Abgrenzung** der **betrieblichen** von der **privaten Sphäre** dar.[1]

687 Die Techniken müssen folgenden **Bedingungen** genügen, um für den Steuergesetzen verpflichteten Beamten akzeptabel zu sein:

688 Dem Finanzamt wird **dem Grunde** nach **zugebilligt**, Privataufwendungen von berufsbedingten Aufwendungen zu trennen.

---

[1] Vgl. hier auch *Streck*, Erfahrungen mit der Rechtsanwendungspraxis der Finanzämter (einschließlich Außenprüfungsstellen) bei der Abgrenzung der Betriebsausgaben/Werbungskosten von den Privatausgaben, in DStJG 3 (1980), 273 (283); dort insbesondere auch wN.

Die Schlussbesprechung

Dem Finanzamt wird darüber hinaus das Recht zuerkannt, **Betriebs-** 689
ausgaben, die eine irgendwie bestimmte Privatsphäre berühren, entweder zu **streichen** oder **aufzuteilen**. Hierbei gilt die Vermutung, dass der Steuerbürger in dieser Ausgabengruppe ohnehin etwas versteckt hat, so dass man einer Streichung in einvernehmlicher Höhe kaum ausweichen kann.

Privatsphäre ist der Bereich, den der Beamte und der Steuerbürger jeweils 690
hierunter verstehen. Man akzeptiert, dass beide Vorstellungen nicht übereinstimmen, aber über eine „Schnittmenge" verfügen. Auf Einzelheiten geht man nicht ein.

Der **Beamte unterlässt** es, in den privaten Lebensbereich durch **Ermitt-** 691
lungen einzudringen. Fragen werden auf ein Minimum reduziert. Behauptungen hinsichtlich des Sachverhalts werden geglaubt.

Der **Steuerbürger unterlässt** es, dem Prüfer die **eigenen** Vorstellungen 692
von dem Privatbereich, insbesondere aber das eigene Selbstverständnis des Berufs aufzudrängen.

Wechselseitig wird akzeptiert, dass man sich nicht über die Rechtferti- 693
gung einigen kann, über die **Rechtsfolge** aber **einigen** muss.

Die Einigung umfasst **keine Präjudizierung**. Sie gilt nur für den Sach- 694
verhalt und nur für den Zeitraum, auf den sie sich bezieht.

Unter Wahrung dieser Grundposition **einigt** man sich „schlicht" auf 695
Zahlen, seien es Kürzungs-, Anerkennungs- oder Aufteilungszahlen. Durch die Neutralität der Ziffern zieht man sich aus dem streitgefährdeten Bereich der „wahren" Sachverhalte zurück. Geht der Prüfer mit dem Steuerpflichtigen Spesenbeleg für Spesenbeleg durch, wird es zu keiner Einigung über auch nur einen Euro zweifelhaften Aufwand kommen. Völlig unabhängig hiervon ist eine Pauschalkürzung aller Spesenaufwendungen iHv. 1000,– Euro pro Jahr einvernehmlich erreichbar.

Ausgehend von diesen Grundannahmen lässt sich folgender **Katalog** 696
von **Einigungstechniken** formulieren:

Gibt es **Pauschalierungen** der **Finanzverwaltung** (zB in Richtlinien 697
oder Erlassen), so werden diese wegen ihrer formalen Qualität anerkannt. Der Steuerbürger fragt kaum danach, ob die Pauschalen zutreffend pauschalieren oder schätzen; ihm reicht die Ziffer. Hinzu kommt, dass die Pauschalen selten zwingend sind. Dem Steuerbürger wird die Alternative angeboten: Annahme der Pauschalen oder Einzelnachwei-

Die Prüfung

se. Dies ist eine faire Wahlmöglichkeit, selbst wenn die in der Regel gewählten Pauschalen zu gering sind. Der Geprüfte spürt subjektiv keine Rechtsverkürzung und wählt den praktikableren Weg.[1]

698 Neben diese Richtlinienregelungen treten Verfahren der **individuellen Verhandlung** im Einzelfall. So werden Privataufwendungen gestrichen, weil die Privatveranlassung – so wie sie Prüfer und Steuerbürger verstehen und wie der Bürger akzeptiert, dass der Prüfer sie verstehen muss, – gegeben sind. Die Bereitwilligkeit des Bürgers kann durchaus außersteuerliche Gründe haben, so können zB Streitkosten und Streitbetrag in keinem für ihn sinnvollen Verhältnis stehen.[2]

699 Aufwendungen werden gestrichen, weil der Beamte dies für geboten hält. Dem Streit wird dadurch ausgewichen, dass das Finanzamt in irgendeinem anderen Bereich eine „**Kompensation**" gewährt.

700 Aufwendungen, die privatverdächtig sind, werden **pauschal** um einen bestimmten Betrag oder Prozentsatz **gekürzt**. Etwa Kürzungen um 1200,– Euro pro Jahr; Streichungen von 15 % der Spesen usw. Bemerkenswert an dieser pauschalen Kürzung ist wiederum die Tatsache, dass der Kürzungsbetrag nicht mit dem Anspruch ermittelt wird, der normativen Strenge exakt zu entsprechen. Der Kürzung haftet vielmehr etwas Formelhaftes an, um den eingangs ausgedrückten Umständen zu entsprechen.

701 Ähnlich ist der Weg, gebuchte **tatsächliche Kosten**, die dem Prüfer als unangemessen erscheinen, durch **fiktive**, typische Kosten zu **ersetzen**. Gedanklich erfolgt keine Kürzung, sondern eine Substituierung.

702 Alle **Aufteilungsmöglichkeiten** werden großzügig auch dort genutzt, wo das strenge Recht die Aufteilung verbietet. Aufteilungsverbote werden als praxisunfreundlich angesehen, da häufig nur die Aufteilung, die Abkehr vom „Alles oder Nichts" ermöglicht und den Weg zur Einigung ebnet.

---

1 Die **Befriedungsfunktion** der **Pauschalierung** wird in der rechtskräftigen Entscheidung des FG Düsseldorf v. 6.12.1978 – VIII 307/74 E, EFG 1979, 224, deutlich: Das Finanzamt war in die – naturgemäß streiterzeugende – Detailermittlung eingetreten, um festzustellen, dass die Dienstreisepauschalen zu einer unzutreffenden Besteuerung führen. Das FG wies dies eindeutig zurück; der Zweck der Pauschalen würde in ihr Gegenteil verkehrt, wenn ihre Berechtigung aufgrund eines gebotenen Einzelnachweises überprüft werden könnte. Vgl. BFH v. 25.10.1985 – VI R 15/81, BStBl. II 1986, 200; dazu HFR-Anm. 1986, 184.
2 Ein einseitiges zulasten des Steuerbürgers wirkendes Motiv; denn der Beamte trägt kein Kostenrisiko.

Die Schlussbesprechung

Berufsbedingte Mehrausgaben für typische **Privatbereiche** werden im Wege **pauschalierender Schätzungen** erfasst. In der BFH-Entscheidung vom 11.11.1976[1] zum Kleidermehraufwand einer Sängerin spiegelt sich ein in der Praxis geübtes Verfahren wider. Der Gesamtaufwand wird im Schätzungswege gekürzt oder der Mehraufwand unmittelbar geschätzt. 703

Hat der **Steuerpflichtige** selbst **Aufwendungen** aufgeteilt, spricht die tatsächliche Vermutung für die Richtigkeit der Aufteilung. Dies gilt allerdings nicht für Telefon- und Pkw-Kosten, bei denen die Aufteilung allgemein üblich und üblicherweise von Beginn an selbst Streitstoff ist. Angesprochen sind die Aufwendungen, die in der Regel nicht aufgeteilt werden und bei denen der Steuerbürger folglich durch seine Aufteilung bereits einen atypischen Schritt auf die Verwaltung hin unternimmt. Es wird eine objektive Gegebenheit geschaffen, die die Zuordnung ermöglicht. 704

Ist ein **Gegenstand**, der sowohl privat als auch beruflich nutzbar ist, doppelt vorhanden, ist es möglich, ein Objekt der beruflichen, ein Objekt der privaten Sphäre zuzuordnen. Ein Gegenstand wäre von dem Aufteilungsverbot betroffen; zwei Gegenstände erlauben die Trennung ohne Aufteilung, die sich für die einvernehmliche Beurteilung mit kaum zu erhöhender Eindringlichkeit anbietet. Durch die BFH-Rechtsprechung ist sie vorgezeichnet.[2] Man kann diese Art der Aufteilung als unsozial bezeichnen, man kann über sie spotten – ihre Kraft eine streitvermeidende Besteuerung im Abgrenzungsbereich zu ermöglichen, wird man hierdurch nicht berühren. 705

Prüfer streichen Betriebsausgaben **ungerne allein** wegen **formeller Mängel**, zB aus Gründen des § 4 Abs. 7 EStG. Erkennt der Beamte, dass Aufwendungen tatsächlich angefallen sind und nur formelle Voraussetzungen des Abzugs fehlen, ist häufig erreichbar, dass zumindest ein Teilabzug anerkannt wird.[3] 706

Auf der anderen Seite: Sind bei Betriebsausgaben, die die Privatsphäre berühren, die **formellen Voraussetzungen gegeben**, dringt der Beamte selten bis zur materiellen Berechtigung vor. Die formelle Korrektheit er- 707

---

1 BFH v. 11.11.1976 – IV R 3/73, BB 1978, 1293.
2 Vgl. zB BFH v. 28.4.1972 – VI R 305/69, BStBl. II 1982, 723, betreffend Fachliteratur; v. 29.4.1977 – VI R 208/75, BStBl. II 1977, 716.
3 Die Praxis sträubt sich, die strengen formellen Anforderungen voll zu realisieren. Es fällt auch Prüfern schwer, Betriebsausgaben zu streichen, die unstreitig Betriebsausgaben sind.

Die Prüfung

laubt ihm, auf den streitbefangenen Eingriff in die Privatsphäre zu verzichten.

708 Schließlich kennt die Praxis die Möglichkeit einer durch § 12 Nr. 1 EStG oder durch § 4 Abs. 7 EStG gebotenen vollständigen Streichung einvernehmlich dadurch die Härte zu nehmen, dass zwar einerseits die **Streichung akzeptiert** wird, andererseits aber der Prüfer bereit ist, Betriebsausgaben oder Werbungskosten im Betrag von X zu **schätzen**. Natürlich handelt es sich hierbei um einen Schein-Normvollzug. Man folgt dem Gebot der Nichtanerkennung. Die Möglichkeit der Ausgabenschätzung entnimmt man im Übrigen einer anderen Norm, nämlich § 162 AO. In der Entscheidung zur Bekleidung einer Sängerin ist der BFH selbst diesen Weg gegangen.[1]

709 Sucht man in der Schlussbesprechung eine Einigung über mehrere Punkte, so sind **Abgrenzungsfragen** stets **Schlusspunkte**, nicht aber der Diskussionsbeginn. Stehen sie am Anfang des Gesprächs, bieten sie sich geradezu an, Gegenstand einer langandauernden, heftigen Diskussion zu werden. Stehen sie am Schluss der Schlussbesprechung, bieten sich die vorerwähnten Techniken umgekehrt mit der gleichen Intensität an, um die Einigung nicht an der leidigen Abgrenzung scheitern zu lassen.

V. Die Schlussbesprechung ohne Einigung; der notwendige Streit

710 Es gibt auch Betriebsprüfungsfälle, die **streitig** bleiben oder streitig bleiben müssen.

711 Ursache des fortdauernden Streits kann die **Unfähigkeit** sein, zu einer Einigung zu finden.

712 Häufig wird der Fortbestand der Auseinandersetzung durch ein eingeleitetes oder drohendes **Steuerstrafverfahren** verursacht. Da der Vorwurf der Steuerhinterziehung voraussetzt, dass Steuern verkürzt wurden, ist es vernünftig und verständlich, dass die Verteidigung eben bei

---

1 BFH v. 11.11.1976 – IV R 3/73, BB 1978, 1293, mit Anm. *Oswald*: Die Kleidungskosten hätten eigentlich dem Abzugsverbot des § 12 Nr. 1 EStG unterliegen müssen (ebenso *Tipke*, StuW 1979, 202); gleichwohl wurden 60 % der Ausgaben zum Abzug zugelassen; Grund: Der Abzug komme deshalb in Betracht, „weil die **Anwendung** des **Aufteilungs**- und **Abzugsverbots** in Streitfall nicht nur über seinen Sinn und Zweck hinausgreift, sondern auch gegen das **Gebot** der **materiellen Steuergerechtigkeit** und damit gegen ein höherrangiges Rechtsprinzip verstoßen würde" (Hervorhebung von uns). Dazu *Görlich*, DB 1979, 715: Das Gesetz weicht dem Recht.

Die Schlussbesprechung

dem Steueranspruch ansetzt. Das Bemühen, den materiellen Steueranspruch, den der Prüfer oder ein Strafverfolger für strafverdächtig hält, durchzusetzen, führt unweigerlich zum Streit.

Der Hintergrund von möglichen **Haftpflichtansprüchen** kann den Streit verursachen. 713

Natürlich kann auch die **von beiden Seiten akzeptierte** und der Sache nach vertretbare **Auseinandersetzung** über eine Sachverhalts- oder Rechtsfrage zum Streit führen. 714

Der Grund des Streits bestimmt seinen **Umfang**. 715

Geht es um **isolierte Rechts- und Sachfragen**, so steht der Einigung im Übrigen nichts im Wege. Das Gleiche gilt, wenn nur bestimmte einzelne Punkte einen Steuerstrafverdacht auslösen oder zu einer Haftpflichtgefahr führen. 716

Gelangen Steuerpflichtiger und sein Berater jedoch zu der Erkenntnis, dass die **Finanzverwaltung** eine durchaus gewollte und mögliche Einigung wegen ihrer besonders **harten Position** verweigert, oder stehen mehrere Punkte im Steuerstrafverdacht, so empfiehlt es sich nicht, über einzelne Punkte vorab eine Klärung herbeizuführen. Hier sollte über alle Punkte gestritten werden. Einigungen über Teilbereiche haben sodann noch keine Wirksamkeit mehr.[1] Auch sie sind in den Streit aufzunehmen. Die Gründe sind einsichtig. Wenn die Finanzverwaltung angesichts des Steuerpflichtigen nicht bereit ist, in angemessenem Umfang nachzugeben, so fehlt auch für den Steuerpflichtigen jeder berechtigte Grund, in Einzelfragen nachzugeben und zwar auch in solchen Punkten, in denen man sich bereits im Hinblick auf eine Gesamtbereinigung geeinigt hatte. Auch sollte bei solchen Streitüberlegungen eine zukünftige Einigung nicht aus dem Auge verloren werden. In dieser Einigung sollen sich alle Streitpunkte zu einem angemessenen Ergebnis zusammenfügen; dies ist jedoch nur dann möglich und denkbar, wenn die Streitpunkte bis zu diesem Zeitpunkt offenbleiben. 717

---

1 Zum Problem der bindenden Tatsächlichen Verständigung s. Rz. 644 ff.

K. Prüfungsbericht (Betriebsprüfungsbericht)

718 „Über das **Ergebnis** der **Außenprüfung** ergeht ein schriftlicher Bericht (Prüfungsbericht). Im Prüfungsbericht sind die für die Besteuerung erheblichen Prüfungsfeststellungen in tatsächlicher und rechtlicher Hinsicht sowie die Änderungen der Besteuerungsgrundlagen darzustellen. Führt die Außenprüfung zu keiner Änderung der Besteuerungsgrundlagen, so genügt es, wenn dies dem Steuerpflichtigen schriftlich mitgeteilt wird" (§ 202 Abs. 1 AO).[1] Dieser im Gesetz als Prüfungsbericht bezeichnete Bericht heißt in der Prüfungsumgangssprache kurz „Betriebsprüfungsbericht".

719 Nach § 202 Abs. 1 AO hat der Steuerpflichtige grundsätzlich einen **Anspruch** auf den Prüfungsbericht. Werden Abfassungen und Zusendungen unterlassen, so kann der Geprüfte dies mit der Untätigkeitsklage (§ 46 FGO) anfechten.[2] Ein seltenes Streitfeld.

720 Nur wenn die Prüfung zu **keiner Änderung** führt, so genügt eine schriftliche Mitteilung hierüber (§ 202 Abs. 1 Satz 3 AO).[3] In der kommentarlosen Zusendung eines Betriebsprüfungsberichts kann eine solche Mitteilung nicht gesehen werden.[4]

721 Die **Prüfungsfeststellungen** sollen in tatsächlicher und rechtlicher Hinsicht **dargestellt** werden. Eine solche Darstellung muss aus sich selbst heraus verständlich sein. Die lapidare Mitteilung von ergebnismäßig zusammengefassten Zahlen stellt keinen Betriebsprüfungsbericht dar. Dies gilt auch dann, wenn diese Mitteilung mit dem Hinweis verbunden ist, nähere Einzelheiten könnten in der Prüfungsakte eingesehen werden. Weder der Steuerpflichtige noch das auswertende Finanzamt noch später das FG sind verpflichtet, sich die Prüfungsfeststellungen aus Akten zusammen zu suchen.

722 Aus Rationalisierungsgründen tendiert die Verwaltung zu **Kurzberichten**. Soweit im Bericht Feststellungen dargestellt werden, über die Einigkeit erzielt wurde, ist die Kürze vertretbar. Bleiben Punkte offen

---

1 BFH v. 17.7.1985 – I R 214/82, BStBl. II 1986, 21: Der Prüfungsbericht dient auch dazu, rechtliches Gehör zu gewähren.
2 Zum Finanzrechtsweg s. BFH v. 11.12.1980 – IV R 127/87, BStBl. II 1981, 457.
3 Kein Verwaltungsakt, der eine allgemeine Änderungssperre für die in der Betriebsprüfung festgestellten Sachverhalte auslöst (BFH v. 29.4.1987 – I R 118/83, BStBl. II 1988, 168).
4 BFH v. 14.12.1989 – III R 158/85, BStBl. II 1990, 283.

Prüfungsbericht (Betriebsprüfungsbericht)

und streitig, so ersetzt die hoheitliche Kürze auf keinen Fall die notwendige Begründung. Werden Punkte, über die Einigkeit erzielt worden ist, wieder streitig, muss die Darstellung und Begründung nachgeliefert werden. Der nicht selten anzutreffende Hinweis, der Prüfer habe seine Feststellungen und Folgerungen mündlich erläutert, reicht nicht; man überlege nur, ob auf diese Weise die Finanzamtsposition gegenüber dem FG gerechtfertigt werden könnte.

Der Bericht wird dem Steuerpflichtigen oder seinem Berater **zugestellt**. 723

Bei **Personengesellschaften** geht der Bericht an die Personengesellschaft. Ausgeschiedene Gesellschafter haben einen Anspruch auf Zusendung des Berichts. Allerdings nur die Teile, die sich auf die Zeiträume ihrer Beteiligung beziehen.[1] 724

Grundsätzlich kann gelten: Der Prüfungsbericht wird demjenigen zugestellt, dem auch die Prüfungsanordnung bekannt zu geben ist. Daher sei hier auf die Rz. 235 ff. verwiesen. 725

Das Gesetz geht davon aus, dass der **Prüfungsbericht** mit den **Auswertungsbescheiden** (Rz. 732 ff.) zugesandt wird. 726

Auf **Antrag** des Steuerpflichtigen ist jedoch der **Bericht** vor **Auswertung zuzusenden,** um dem Steuerpflichtigen die Möglichkeit zu geben, Stellung zu nehmen (§ 202 Abs. 2 AO). In der Praxis ist der Antrag auf vorherige Zusendung des Berichts die Regel. Der Steuerpflichtige sollte die Antragsmöglichkeit nutzen. Er hat sodann die Möglichkeit, sich zum Betriebsprüfungsbericht zu äußern, bevor dieser in Steuerbescheide umgesetzt wird. Er kann überprüfen, ob das Ergebnis der Schlussbesprechung richtig dargestellt ist. Auch kann er ggf. zu einzelnen strittigen Punkten noch einmal Stellung nehmen. 727

Gegen den Prüfungsbericht selbst kann ein **Rechtsbehelf nicht** eingelegt werden.[2] 728

In **Streitfällen** ist es nicht immer zweckmäßig, zum Betriebsprüfungsbericht Stellung zunehmen. Das gilt insbesondere dann, wenn in der Stellungnahme nur längst bekannte Sachverhaltshinweise und Argumente wiederholt werden. In solchen Fällen ist nicht zu erwarten und kann nicht erwartet werden, dass der Betriebsprüfungsbericht vor seiner Auswertung geändert wird; s. auch Rz. 738. Sinnvoll ist eine Stel- 729

---

1 BFH v. 11.12.1980 – IV R 127/78, BStBl. II 1981, 457.
2 BFH v. 17.7.1985 – I R 214/82, BStBl. II 1986, 21.

Die Prüfung

lungnahme allerdings dann, wenn Prüfungsberichte mit entscheidend neuen Angriffsmitteln angegangen werden.

730 Das **Finanzamt** ist durch den Prüfungsbericht **nicht gebunden**. Etwas anderes gilt nur dann, wenn bereits in der Schlussbesprechung verbindliche Entscheidungen getroffen wurden oder eine Tatsächliche Verständigung vorangegangen ist (vgl. Rz. 644 ff.). Ist dies nicht der Fall, so werden die Feststellungen der Prüfung erst durch die Auswertungsbescheide Entscheidungen des Finanzamts. Bis zu diesem Zeitpunkt kann das Finanzamt zulasten des Steuerpflichtigen vom Bericht abweichen. Für diesen Fall ordnet § 12 BpO an, dass vor einer Abweichung grundsätzlich die Außenprüfung zu hören ist. „Bei wesentlichen Abweichungen zuungunsten des Steuerpflichtigen soll auch diesem Gelegenheit gegeben werden, sich hierzu zu äußern" (§ 12 Abs. 2 Satz 3 BpO). Die letztgenannte Einschränkung auf wesentlicher Abweichung ist uE nicht angebracht. Weicht das Finanzamt von einem Betriebsprüfungsbericht ab, so sollte es grundsätzlich den Steuerpflichtigen anhören. Dies folgt aus dem Gebot der Gewährung des rechtlichen Gehörs.[1]

731 Die Praxis kennt neben dem Prüfungsbericht und dem Grünbericht (s. Rz. 843) noch den sog. **Rotbericht**, dh. den Bericht des Prüfers über steuerstrafrechtlich erhebliche Umstände. Nach § 202 AO ist der gesamte Bericht des Prüfers dem Steuerpflichtigen bekannt zu geben. Es ist zweifelhaft, ob hiernach ein „geheimer" Rotbericht für die Bußgeld- und Strafsachenstelle zulässig ist (der in der Regel dem Steuerpflichtigen auch im Wege der Akteneinsicht nicht zugänglich wird). Das Problem ist wenig diskutiert. UE erstreckt sich zumindest das Akteneinsichtsrecht im Strafverfahren auf den Rotbericht.

---

1 Vgl. hierzu auch BFH v. 17.7.1985 – I R 214/82, BStBl. II 1986, 21.

L. Auswertung

I. Auswertungsbescheide

Führt der Prüfungsbericht zu Mehr- oder Minderergebnissen, so wertet das Finanzamt ihn in Grundlagen- und/oder Steuerbescheiden aus.[1] In der Praxis werden diese Bescheide **Auswertungsbescheide** genannt.[2] Diese Bezeichnung ist richtigerweise nicht nur bei Mehr- oder Minderergebnissen, sondern auch zB bei der Aufhebung des Vorbehalts der Nachprüfung zu verwenden. Für sie gelten die allgemeinen Regeln der Steuerbescheide.

732

Die Auswertung erfolgt durch das für den Steuerpflichtigen oder die Gesellschaft **zuständige Finanzamt**.

733

Innerhalb des **Finanzamts** ist grundsätzlich der Beamte zuständig, in dessen Zuständigkeit die Veranlagung für den Steuerpflichtigen bzw. die Gesellschaft fällt (Innendienst).[3]

734

In der Veranlagungspraxis ist die Auswertungsdauer in der Regel zu lang.[4] Erhebliche Verzögerungen bedingen für den Berater eine neue Einarbeitung, gewähren jedoch dem Steuerpflichtigen zum Teil wichtigen zeitlichen Spielraum, um die Finanzierung eines gravierenden Mehrergebnisses zu organisieren, falls keine Aussicht auf Aussetzung der Vollziehung besteht. Ein längerer Zeitraum zwischen Prüfungsbericht und Auswertungsbescheiden begründet in der Regel **keine Verwirkung**. Anderes kann gelten, wenn das Finanzamt zusätzliche Vertrauenstatbestände verwirklicht.

735

Aufgrund innerorganisatorischer Anweisungen kann auch der Prüfungsdienst selbst die bescheidmäßige Auswertung vornehmen. Dies ist die sog. **veranlagende Betriebsprüfung**.[5] Verfahrensmäßig ist dies regelmäßig nur dann möglich, wenn die Betriebsprüfung Teil des für den Veranlagungsdienst zuständigen Finanzamts ist. § 195 Satz 3 AO gestattet jedoch darüber hinaus, die mit einer Außenprüfung beauftragte Finanzbehörde (vgl. Rz. 48) auch damit zu beauftragen, im Namen der zuständigen Finanzbehörde die Steuerfestsetzung vorzunehmen.

736

---

1 *Seer* in Tipke/Kruse, § 202 AO Rz. 14 (Okt. 2013).
2 Vgl. zB FG Berlin-Bdb. v. 23.3.2011 – 2 K 2080/07, EFG 2012, 312.
3 *Buck/Klopfer*, § 12 AO Rz. 30.
4 *Buse*, AO-StB 2008, 50 (51); *Seer* in Tipke/Kruse, § 202 AO Rz. 15 (Okt. 2013).
5 Ausführlich dazu *Stoffers* in Schröder/Muuss, Handbuch der steuerlichen Betriebsprüfung, Rz. 5100 (3/2014).

Die Prüfung

737 In der **Praxis** hat sich die Organisationsform der veranlagenden Betriebsprüfung bewährt,[1] insbesondere aus Gründen der Beschleunigung.[2]

738 **Praxishinweis**: Wertet die Außenprüfung ihre eigenen Berichte selbst aus, ist eine eigene Stellungnahme zum Prüfungsbericht vor der Auswertung in aller Regel wenig sinnvoll.

II. Berichtigungsmöglichkeit

739 In der Regel sind die geprüften Veranlagungszeiträume bereits veranlagt. Führt die Prüfung zu Feststellungen, die eine Berichtigung dieser Steuerveranlagungen erforderlich machen, so können die vorliegenden **Veranlagungen nur geändert** werden, wenn dies **gesetzlich möglich** ist.

740 In aller Regel stehen die Steuerbescheide bis zur Betriebsprüfung unter dem **Vorbehalt** der **Nachprüfung (§ 164 AO)**. „Solange der Vorbehalt wirksam ist, kann die Steuerfestsetzung aufgehoben oder geändert werden" (§ 164 Abs. 2 Satz 1 AO). Daraus folgt, dass in den Fällen des Vorbehalts der Nachprüfung die Steuerbescheide nach einer Außenprüfung ohne weiteres geändert werden können.

741 Nach § 164 Abs. 3 Satz 3 AO ist der **Vorbehalt** der **Nachprüfung nach** einer **Außenprüfung aufzuheben**, wenn sich Änderungen gegenüber der Steuerfestsetzung unter dem Vorbehalt der Nachprüfung **nicht** ergeben. Dies gilt abweichend vom Wortlaut auch, wenn sich Änderungen ergeben.[3] Lässt die Auswertungsstelle den Vorbehalt der Nachprüfung rechtswidrig bestehen, soll nach ständiger Rechtsprechung der Bescheid selbst dann gem. § 164 Abs. 2 AO in vollem Umfang änderbar sein, wenn die Finanzbehörde dem Steuerpflichtigen gem. § 202 Abs. 1 mitgeteilt hat, die Außenprüfung habe zu keiner Änderung der Besteuerungsgrundlagen geführt.[4] Nach zutreffender Ansicht steht dem jedoch der Einwand aus Treu und Glauben entgegen.[5]

---

1 *Stoffers* in Schröder/Muuss, Handbuch der steuerlichen Betriebsprüfung, Rz. 5100 (3/2014).
2 *Seer* in Tipke/Kruse, § 202 AO Rz. 15 (Okt. 2013).
3 *Rüsken* in Klein, § 164 AO Rz. 46; *Heuermann* in Hübschmann/Hepp/Spitaler, § 164 AO Rz. 37 (März 2013).
4 BFH v. 9.11.2006 – V R 43/04, BStBl. II 2007, 344; v. 6.9.2004 – X R 22/01, BFH/NV 2005, 322.
5 So *Schallmoser* in Hübschmann/Hepp/Spitaler, § 196 AO Rz. 125 (Febr. 2011); *Heuermann* in Hübschmann/Hepp/Spitaler, § 164 AO Rz. 39 (März 2013); *Seer* in Tipke/Kruse, § 164 AO Rz. 51 (Mai 2014).

Auswertung

Der **Berichtigungsbescheid** selbst darf nicht mehr unter dem Vorbehalt der Nachprüfung ergehen.[1] Die Praxis der Finanzämter verfährt teilweise anders. Hiergegen sollte man sich wehren. 742

Führt die Außenprüfung nach ihrem angeordneten Umfang nur zu einer **Teilüberprüfung** der Besteuerungsgrundlagen (zB Überprüfung der Vorsteuern im Rahmen einer Umsatzsteuersonderprüfung), so kann der Vorbehalt der Nachprüfung bestehen bleiben.[2] 743

Waren die Bescheide vor der Außenprüfung **bestandskräftig**, ist eine **Berichtigung** nach **§ 173 Abs. 1 AO** möglich (ausführlich im Zusammenhang mit Schätzungen Rz. 1263 ff.). Nach **Nr. 1** dieses Absatzes können Steuerbescheide aufgehoben oder geändert werden, soweit Tatsachen oder Beweismittel nachträglich bekannt werden, die zu einer **höheren** Steuer führen. Dies ist der Regelfall der Außenprüfung. 744

Werden Tatsachen oder Beweismittel nachträglich bekannt, die zu einer **niedrigeren** Steuer führen (Steuerbescheid also zugunsten des Steuerpflichtigen), so kann der Bescheid nur geändert werden, sofern den Steuerpflichtigen kein grobes Verschulden daran trifft, dass die Tatsachen oder Beweismittel erst nachträglich bekannt werden. Eine Änderung zulasten des Steuerpflichtigen ist also eher möglich als diejenige zugunsten des Steuerpflichtigen. Auf das Verschulden kommt es jedoch nicht an, wenn die Tatsachen oder Beweismittel in einem unmittelbaren oder mittelbaren Zusammenhang mit solchen Tatsachen oder Beweismitteln stehen, die eine Änderung zulasten des Steuerpflichtigen verursachen (§ 173 Abs. 1 Nr. 2 AO). 745

Aus der „Soweit"-Formulierung des § 173 Abs. 1 AO – und zwar Nr. 1 und Nr. 2 – folgt, dass eine Bescheidänderung **nur soweit** möglich ist, als gerade die neuen **Tatsachen** oder **Beweismittel** eine Bescheidänderung verursachen (sog. **Punktberichtigung**, s. Rz. 1282). **Beispiel:** Das Finanzamt hat bei der ersten Veranlagung übersehen, dass ein Grundstück gewinnrealisierend aus dem Betriebsvermögen entnommen worden ist, obwohl dies aus der Information der Steuerakte ersichtlich – und damit bekannt – war. Die Veranlagung wird bestandskräftig. Sie steht nicht unter dem Vorbehalt der Nachprüfung. Anlässlich einer Außenprüfung entdeckt der Prüfer, dass die Voraussetzungen von gebildeten Gewährleistungsrückstellungen nicht gegeben sind. Die Fest- 746

---

1 BFH v. 14.9.1993 – VIII R 3/93, BStBl. II 1995, 2; v. 17.2.1995 – VI R 68/04, BStBl. II 1995, 555; *Heuermann* in Hübschmann/Hepp/Spitaler, § 164 AO Rz. 36 (März 2013); *Seer* in Tipke/Kruse, § 164 AO Rz. 9 (Mai 2014).
2 *Rüsken* in Klein, § 164 AO Rz. 47.

Die Prüfung

stellung berechtigt nur zur Korrektur des Punkts „Rückstellungen" (daher Punktberichtigung), nicht aber zur Korrektur der Erfassung des bisher nicht versteuerten Entnahmegewinns. Dieser bleibt endgültig steuerfrei.

747 Trotz des Gebots der Punktberichtigung können die Auswirkungen der nachträglich bekannt gewordenen Tatsachen dadurch kompensiert werden, dass Rechtsfehler gem. **§ 177 AO** berichtigt werden.[1] Trotz nachträglich bekannt gewordener Tatsachen kann daher ggf. der Bescheid unverändert bleiben.

748 Verteidigungsmöglichkeit gegen eine belastende Änderung nach § 173 Abs. 1 Nr. 2 AO birgt der Einwand, das Finanzamt habe seinerseits gegen Ermittlungspflichten verstoßen. Nach dem Grundsatz von **Treu und Glauben** ist die Finanzbehörde gehindert, nachträglich bekannt gewordene Tatsachen zum Anlass einer Änderung zu nehmen, wenn sie die Finanzbehörde bei ordnungsgemäßer Erfüllung ihrer Ermittlungspflicht hätte feststellen können.[2] Dies soll jedoch nur dann gelten, wenn sich ein Zweifel an der Rechtslage der Finanzverwaltung aufgedrängt hätte.[3] UE ist dies dahin gehend einzuschränken, dem Finanzamt die Pflicht aufzuerlegen, jedenfalls objektive Anhaltspunkte zu berücksichtigen, insbesondere ergänzende Angaben im Rahmen der Steuererklärung und dieser beigefügten Unterlagen.

749 Sind **Steuerbescheide aufgrund** einer **Außenprüfung ergangen,** so können sie nur aufgehoben oder geändert werden, wenn eine Steuerhinterziehung oder eine leichtfertige Steuerverkürzung vorliegt **(§ 173 Abs. 2 AO)**. Zur Problematik der hier auch angesprochenen Prüfung s. Rz. 95.

750 Gedenkt das Finanzamt aufgrund der Außenprüfung solche Steuerbescheide zu ändern, die bereits zuvor geändert wurden, begründen nur solche Umstände neue Tatsachen und rechtfertigen damit eine Änderung gem. § 173 Abs. 1 Nr. 1 AO, die nach Erlass des ursprünglichen Änderungsbescheids bekannt wurden.[4] Waren die änderungsbegrün-

---

1 *Von Wedelstädt* in Beermann/Gosch, § 173 AO Rz. 153 (Aug. 2015); *Loose* in Tipke/Kruse, § 173 AO Rz. 99 (Aug. 2014).
2 Ständige Rechtsprechung: BFH v. 14.5.2013 – X B 33/13, BStBl. II 2013, 997; v. 27.10.1992 – VIII R 41/89, BStBl. II 1993, 569; herrschende Auffassung in der Literatur: *von Wedelstädt* in Beermann/Gosch, § 173 AO Rz. 66 (Aug. 2015); *Loose* in Tipke/Kruse, § 173 AO Rz. 62 (Aug. 2014).
3 BFH v. 29.7.2009 – II R 58/07, BFH/NV 2010, 63; *Vogelsang* in Vogelsang/Stahl, Rz. Q 31; *von Wedelstädt* in Beermann/Gosch, § 173 AO Rz. 67 (Aug. 2015).
4 FG Köln v. 28.3.2012 – 7 K 1121/06, EFG 2012, 1808.

Auswertung

denden **Tatsachen** bereits **vor Erlass** des ursprünglichen Änderungsbescheids bekannt, rechtfertigen diese keine Änderung auf der Grundlage des § 173 AO.[1] Dies müsste auch dann gelten (Verbrauch der neuen Tatsachen), wenn nach Kenntniserlangung durch die Betriebsprüfung, aber vor Erlass der Auswertungsbescheide die Steuerfestsetzung aufgrund eines Grundlagenbescheids gem. § 175 Abs. 1 Satz 1 Nr. 1 AO erfolgt oder während der Betriebsprüfung aufgrund einer strafbefreienden Selbstanzeige nach § 371 AO Änderungsbescheide ergehen.

III. Verjährung

Eine **Auswertung** der Prüfungsfeststellungen ist insoweit **nicht** mehr **möglich**, als **Verjährung** eingetreten ist. Allerdings hemmt die Außenprüfung die Verjährung. 751

Die **steuerliche** Verjährung unterscheidet die **Festsetzungs-** und die **Zahlungsverjährung**. 752

Für die **Festsetzungsverjährung** gelten die §§ 169 – 171 AO. Sie betrifft die bescheidmäßige Festsetzung von Steuern und Besteuerungsgrundlagen. Die **Zahlungsverjährung** ist in den §§ 228 – 232 AO geregelt. Sie betrifft die Verjährung festgesetzter Steuer- und Erstattungsansprüche. 753

Die **Festsetzungsfristen** betragen gem. § 169 AO im **Normalfall vier Jahre**, bei hinterzogenen Steuern zehn Jahre, bei leichtfertiger Steuerverkürzung fünf Jahre. Für Zölle und Verbrauchsteuern gilt die einjährige Frist. Ebenfalls gilt eine einjährige Festsetzungsfrist nach § 239 AO für Zinsen. 754

Die **Zahlungsverjährung** beträgt einheitlich **fünf Jahre** (§ 228 AO). Weitere Einzelheiten s. §§ 228 – 232 AO. Die Zahlungsverjährung ist wegen der vielfältigen Unterbrechungsmöglichkeiten (§ 231 AO) in der Praxis nicht von gravierender Bedeutung. Vorsicht geboten ist bei Zahlungen auf nichtige Steuerbescheide. Dann entsteht der Erstattungsanspruch mit Zahlung; auf die Feststellung der Nichtigkeit kommt es insoweit nicht an.[2] 755

Für das Steuerrecht gilt grundsätzlich die **„Kalenderverjährung"**, dh. Festsetzungsfristen beginnen immer mit dem Ablauf eines Kalenderjahres. Dasselbe gilt für die Zahlungsverjährung (vgl. § 229 AO). 756

---

1 *Lemaire*, EFG 2012, 1810 (1811).
2 BFH v. 7.5.2013 – VII B 199/12, nv. (juris); v. 9.7.1996 – VII R 136/95, DStRE 1997, 267.

Die Prüfung

757 Die **Festsetzungsfrist beginnt** mit dem Ablauf des Kalenderjahrs, in dem die Steuer entstanden ist. Abweichend hiervon beginnt die Festsetzungsfrist dann, wenn Steuererklärungen oder Steueranmeldungen abzugeben sind, mit Ablauf des Kalenderjahres, in dem die Steuererklärung oder Steueranmeldung eingereicht wird, spätestens mit Ablauf des dritten Kalenderjahres, das auf das Kalenderjahr folgt, in dem die Steuer entstanden ist. Vgl. hierzu im Einzelnen § 170 AO.

758 Für die Festsetzungsfrist kennt § 171 AO verschiedene Fälle der **Ablaufhemmung**, in denen die Festsetzungsfrist nicht abläuft. Hinweis auf den Gesetzeswortlaut.

759 Für das **Außenprüfungsverfahren** ist die Ablaufhemmung nach **§ 171 Abs. 4 Satz 1 AO** von Bedeutung: Wird vor Ablauf der Festsetzungsfrist mit einer Außenprüfung begonnen oder wird deren Beginn auf Antrag hinausgeschoben, so läuft die Festsetzungsfrist für die Steuern, auf die sich die Außenprüfung erstreckt oder im Fall der Hinausschiebung der Außenprüfung erstrecken sollte, nicht ab, bevor die aufgrund der Außenprüfung zu erlassenden Steuerbescheide unanfechtbar geworden sind oder nach Bekanntgabe der Mitteilung, dass Änderungen aufgrund der Außenprüfung nicht erfolgen, drei Monate verstrichen sind.

760 Abzustellen für die Ablaufhemmung ist auf den **tatsächlichen Prüfungsbeginn**, nicht auf den ggf. vorgelagerten Erlass der Prüfungsanordnung.[1]

761 Andererseits bedarf es einer wirksamen Prüfungsanordnung; beruht die Außenprüfung auf einer unwirksamen Prüfungsanordnung oder wird die Prüfungsanordnung von Amts wegen oder aufgrund einer Anfechtung durch den Steuerpflichtigen aufgehoben oder im Rahmen einer Fortsetzungsfeststellungsklage für rechtswidrig erklärt, tritt keine Ablaufhemmung ein.[2] Die **nichtige** Prüfungsanordnung entfaltet ebenfalls keine hemmende Wirkung.[3] Entgegen der Rechtsprechung[4] muss die Prüfungsordnung zur Erzeugung der Hemmungswirkung zwingend vor Prüfungsbeginn bekannt gegeben sein.[5] Insofern stellt die

---

1 *Rüsken* in Klein, § 171 AO Rz. 40.
2 *Banniza* in Hübschmann/Hepp/Spitaler, § 171 AO Rz. 83 (Juni 2011); *Rüsken* in Klein, § 171 AO Rz. 42.
3 BFH v. 13.10.2005 – IV R 55/04, BStBl. II 2006, 404.
4 BFH v. 2.2.1994 – I R 57/93, BStBl. II 1994, 377; v. 25.2.2003 – XI B 121/02, BFH/NV 2003, 812, mwN.
5 *Gosch* in Beermann/Gosch, § 196 AO Rz. 30 (Sept. 2015); *Schallmoser* in Hübschmann/Hepp/Spitaler, § 196 AO Rz. 132 (Febr. 2011); *Drüen*, AO-StB 2001, 194.

Auswertung

Prüfungsanordnung die Zäsur zwischen einer rechtmäßigen und einer rechtswidrig durchgeführten Maßnahme der Außenprüfung und damit ein im ersten Schritt verlässliches Indiz für den erstmöglichen Beginn der Hemmung der Festsetzungsfrist dar.[1]

Die Ablaufhemmung tritt nur im **Umfang** der in der Prüfungsanordnung genannten **Steuern** und **Zeiträume** ein; ein tatsächlich weitergehendes Prüfungsvolumen ist nach zutreffender Auffassung insofern unbeachtlich.[2] Hierauf folgt, dass es nicht in jedem Fall ratsam ist, das Nichtvorliegen einer Prüfungsanordnung bei einer Prüfung zu rügen; sie würde in diesem Fall verfügt werden und die Grundlage für die Ablaufhemmung geben.[3] 762

Beginn der Außenprüfung heißt, dass in **besonders qualifizierter** Weise mit der Prüfung begonnen wurde.[4] Notwendig ist die Vornahme tatsächlicher Prüfungshandlungen.[5] **Weder** Vorbereitungshandlungen noch das bloße Erscheinen des Prüfers oder die Übergabe der Prüfungsanordnung alleine sind ausreichend.[6] Gleiches gilt für das Aktenstudium, das vor dem in der Prüfungsanordnung genannten Termin durchgeführt wird, sowie für bloße Scheinhandlungen.[7] **Ausreichend** können hingegen sein ein informatives Gespräch oder das Verlangen nach Belegen, Unterlagen oder Auskünften.[8] Über den Prüfungsbeginn ist seitens des Prüfers ein **Aktenvermerk** zu fertigen.[9] 763

Die Ablaufhemmung tritt auch ein, wenn die **Außenprüfung** auf **Antrag** des **Steuerpflichtigen hinausgeschoben** wird (§ 171 Abs. 4 **Satz 2** AO). Dies ist also kein geeignetes Mittel, die Verjährung herbeizuführen. Das Gesetz fingiert hier den Prüfungsbeginn und den Beginn der Ablaufhemmung. Entscheidend ist jedoch, dass der Geprüfte selbst die 764

---

1 Zu taktischen Überlegungen in diesem Zusammenhang *Mack*, DStR 1994, 125 f.
2 So *Gosch* in Beermann/Gosch, § 196 AO Rz. 30 (Sept. 2015); *Schallmoser* in Hübschmann/Hepp/Spitaler, § 196 AO Rz. 131 (Febr. 2011), *Banniza* in Hübschmann/Hepp/Spitaler, § 171 AO Rz. 41 (mit Einschränkungen für die Ergänzung einer bestehenden Prüfungsanordnung vor Eintritt der Festsetzungsfrist); aA BFH v. 17.6.1998 – IX R 65/95, BStBl. II 1999, 4.
3 *Mack*, DStR 1994, 125 f.
4 BFH v. 11.10.1983 – VIII R 11/82, BStBl. II 1984, 125.
5 BFH v. 19.3.2009 – IV R 26/08, BFH/NV 2009, 1405; v. 24.4.2003 – VII R 3/02, BStBl. II 2003, 739.
6 *Claßen*, EFG 2015, 181; *Rüsken* in Klein, § 171 AO Rz. 45.
7 *Kaligin*, S. 261 f.; FG München v. 30.7.2014 – 9 K 3048/13, EFG 2015, 177.
8 BFH v. 24.4.2003 – IV R 3/02, BStBl. II 2003, 739; FG Münster v. 21.3.2014 – 4 K 3707/11 F, EFG 2014, 1074.
9 FG München v. 30.7.2014 – 9 K 3048/13, EFG 2015, 177.

Die Prüfung

Verschiebung verursacht.[1] Erfolgt die Verschiebung aufgrund eigener Belange des Prüfungsdiensts bzw. aufgrund innerhalb dessen Sphäre liegenden Gründen, so tritt die Ablaufhemmung nicht ein.[2]

765 Der **Antrag** des Steuerpflichtigen muss „erkennbar darauf abzielen, die Prüfung möge zu dem beabsichtigten Zeitpunkt unterbleiben und zu einem späteren Zeitpunkt durchgeführt werden [...]. Es genügt nicht, dass der Steuerpflichtige [...] durch sein Verhalten Anlass zu einer Verschiebung der Betriebsprüfung gegeben hat".[3] Im konkreten Fall war eine gesprächsweise geäußerte Bitte nicht ausreichend, kann es jedoch bei der erwähnten Intention sein,[4] so dass Vorsicht geboten ist. Die **Anfechtung** einer Prüfungsanordnung wird zu Recht **nicht**, der Antrag auf **Aussetzung der Vollziehung** hingegen als **Antrag** auf ein Hinausschieben der Außenprüfung gewertet.[5]

766 Nach Eingang des Antrags des Steuerpflichtigen, der zum Eintritt der Ablaufhemmung führt, verbleibt der Finanzbehörde allerdings nicht unbegrenzt Zeit, mit der Außenprüfung zu beginnen. Die Ablaufhemmung entfällt rückwirkend, wenn die Finanzbehörde nicht vor Ablauf von **zwei Jahren** nach Eingang des Antrags mit der Prüfung beginnt.[6] Dies soll jedoch nur für einen zeitlich befristeten Antrag auf Hinausschieben, jedoch dann nicht gelten, wenn der Antrag keine zeitlichen Vorgaben enthält.[7] Im letzteren Fall soll die Festsetzungsfrist erst mit Ablauf von zwei Jahren, nachdem der Hinderungsgrund beseitigt ist und die Finanzbehörde hiervon Kenntnis hat, enden, sofern nicht zuvor mit der Prüfung begonnen wurde.[3] Diese **Differenzierung** ist uE nicht

---

1 *Banniza* in Hübschmann/Hepp/Spitaler, § 171 AO Rz. 95 (Juni 2011).
2 BFH v. 1.2.2012 – I R 18/11, BStBl. II 2012, 400.
3 BFH v. 11.10.1983 – VIII R 11/82, BStBl. II 1984, 125, 69 f.
4 *Banniza* in Hübschmann/Hepp/Spitaler, § 171 AO Rz. 94 (Juni 2011).
5 BFH v. 25.1.1989 – X R 158/87, BStBl. II 1989, 483; FG Münster v. 26.3.2010 – 4 K 3303/08 E, U, EFG 2010, 1004; *Rüsken* in Klein, § 171 AO Rz. 65; *Kruse* in Tipke/Kruse, § 171 AO Rz. 40 (Jan. 2012).
6 AEAO zu § 171 Nr. 3.3.1; BFH v. 17.3.2010 – IV R 54/07, BStBl. II 2011, 7. Diese Begrenzung ergibt sich nicht aus dem Gesetz unmittelbar, sondern wird vom BFH dem in § 171 Abs. 8 Satz 3 AO und § 171 Abs. 10 AO zum Ausdruck kommenden Rechtsgedanken entnommen. Mit Kritik *Gosch*, BFH/PR 6/2012, 214: Die angeordnete Zwei-Jahres-Begrenzung in den vorgenannten Vorschriften und die fehlende Anordnung in § 171 Abs. 4 Satz 2 AO spreche gegen eine Begrenzung.
7 BFH v. 1.2.2012 – I R 18/11, BStBl. II 2012, 400; *Zimmet*, NWB 2013, 2553 (2554 f.); *Gosch*, BFH/PR 6/2012, 214 f.
8 BFH v. 1.2.2012 – I R 18/11, BStBl. II 2012, 400; *Zimmet*, NWB 2013, 2553 (2554 f.); AEAO zu § 171 Nr. 3.3.2; das zuvor genannte Urteil des BFH v. 17.3.2010 – IV R 54/07, BStBl. II 2011, 7, nahm die vorgenannte Differenzierung nicht vor.

Auswertung

gerechtfertigt und führt insbesondere im Fall konkludent gestellter Anträge zu Abgrenzungsschwierigkeiten. Gleichwohl sollte der Berater seinen Antrag sorgsam formulieren.

Die Ablaufhemmung aufgrund eines Antrags des Steuerpflichtigen, den Beginn der Außenprüfung hinauszuschieben, greift auch dann, wenn der voraussichtliche Prüfungsbeginn nicht **angemessene Zeit** vor Beginn bekanntgegeben worden ist.[1]

767

Die **Ablaufhemmung greift** nach § 171 Abs. 4 **Satz 2 AO nicht**, wenn eine Außenprüfung unmittelbar nach ihrem Beginn für die Dauer von mehr als **sechs Monaten** aus Gründen **unterbrochen** wird, die die Finanzbehörde zu vertreten hat.

768

Wird die Prüfung hingegen **erst** zu einem **späteren Zeitpunkt** unterbrochen, berührt dies die mit dem Prüfungsbeginn ausgelöste Ablaufhemmung nicht. Dies gilt auch dann, wenn die Prüfung für einen längeren Zeitraum unterbrochen wird.[2]

769

Relevant ist damit die Bestimmung, wann die Unterbrechung „**unmittelbar**" nach Prüfungsbeginn erfolgt. Dies ist der Fall, wenn der Prüfer über Vorbereitungshandlungen, allgemeine Informationen über die betrieblichen Verhältnisse, das Rechnungswesen und die Buchführung und/oder die Sichtung der Unterlagen des zu prüfenden Steuerfalls bzw. ein allgemeines Aktenstudium nicht hinausgekommen ist.[3] Haben dagegen die Prüfungshandlungen von Umfang und Zeitaufwand gemessen an dem gesamten Prüfungsstoff erhebliches Gewicht erreicht oder erste verwertbare Ergebnisse gezeigt, liegt eine Unterbrechung im genannten Sinn nicht mehr vor.[4]

770

Auch bei einer kurz nach Beginn der Außenprüfung eintretenden Unterbrechung von sechs Monaten, die eine Ablaufhemmung gem. § 171 Abs. 4 Satz 2 AO vermeidet, bedarf es zur Fortsetzung und erneuten Hemmung der Festsetzungsfrist keiner neuen Prüfungsanordnung. Die alte Prüfungsanordnung wirkt insofern fort,[5] kann jedoch durch eine **Fortsetzungsanordnung** ergänzt werden (s. dazu auch Rz. 165).

771

---

1 BFH v. 18.10.1986 – VII R 123/85, BStBl. II 1989, 76; aA FG BW v. 30.4.1985 – XI K 52/84 Z, EFG 1985, 535.
2 FG München v. 30.7.2014 – 9 K 3048/13, EFG 2015, 177; *Banniza* in Hübschmann/Hepp/Spitaler, § 171 AO Rz. 101 (Juni 2011).
3 BFH v. 18.2.2009 – V R 82/07, BStBl. II 2009, 876; v. 26.6.2014 – IV R 51/11, BFH/NV 2014, 1716.
4 BFH v. 24.4.2003 – VII R 3/02, BStBl. II 2003, 739; *Claßen*, EFG 2015, 181 (182).
5 Vgl. *Paetsch* in Beermann/Gosch, § 171 AO Rz. 84, 64 (Juni 2015).

Die Prüfung

772 Die Festsetzungsverjährung läuft nicht ab, bevor die aufgrund der Außenprüfung erlassenen Steuerbescheide **unanfechtbar** geworden sind (§ 171 Abs. 4 Satz 1 Alt. 1 AO). Sie läuft außerdem nicht ab, bevor nach Bekanntgabe der Mitteilung, es komme nicht zu einer Änderung (§ 202 Abs. 1 Satz 3 AO), **drei Monate** verstrichen sind (§ 171 Abs. 4 Satz 1 Alt. 2 AO).

773 Für den Fall, dass sich die Finanzbehörde mit dem Erlass der Auswertungsbescheide Zeit lässt,[1] enthält § 171 Abs. 4 **Satz 3** AO zwei absolute **Zeitgrenzen**. Die Festsetzungsfrist endet **spätestens** dann, wenn (erste Alternative) seit Ablauf des Kalenderjahrs, in dem die Schlussbesprechung stattgefunden hat oder (zweite Alternative) bei unterbliebener Schlussbesprechung seit Ablauf des Kalenderjahrs der letzten Ermittlungen im Rahmen der Betriebsprüfung die in § 169 Abs. 2 AO genannten Verjährungsfristen (also regelmäßig vier Jahre) verstrichen sind. Die Vorschrift dient dem Rechtsfrieden.[2]

774 Findet eine Schlussbesprechung nicht statt,[3] resultieren oft **Abgrenzungsprobleme**, wann die letzten Ermittlungen im Rahmen der Außenprüfung stattgefunden haben. Solche setzen Maßnahmen des Prüfers oder des Finanzamts voraus, die darauf gerichtet sind, bisher noch nicht bekannte Sachverhaltselemente festzustellen, etwa indem der Prüfer Unterlagen anfordert, den Steuerpflichtigen in irgendeiner anderen Weise zur Mitwirkung auffordert oder vom Steuerpflichtigen nachgereichte Unterlagen auswertet.[4] Die bloße Zusammenstellung der Prüfungsergebnisse[5] genügt ebenso wenig wie die Anfrage rechtlicher Fragen bei der Oberfinanzdirektion.[6] Das Finanzamt trägt die Nachweispflicht für den Zeitpunkt der letzten Ermittlungshandlungen.[7] Um ein Herausschieben der Ablaufhemmung zu vermeiden, sollte der

---

1 Zeiträume von fünf Jahren zwischen Beginn der Prüfung und Erlass der Auswertungsbescheide bzw. von mehr als zehn Jahren zwischen dem ersten geprüften Veranlagungsjahr und dem Erlass der Auswertungsbescheide sind keine Seltenheit, vgl. die Beispiele bei *Claßen*, EFG 2014, 1077.
2 FG Berlin-Bdb. v. 18.4.2012 – 12 K 12041/10, EFG 2012, 1806.
3 Ergibt sich aus der durchgeführten Schlussbesprechung die Notwendigkeit weiterer Ermittlungen des Prüfers, dann ist eine weitere Schlussbesprechung abzuhalten, vgl. *Schallmoser* in Hübschmann/Hepp/Spitaler, § 201 AO Rz. 26 (Febr. 2011); *Claßen*, EFG 2012, 1808.
4 BFH v. 28.6.2011 – VIII R 6/08, BFH/NV 2011, 1830; FG Münster v. 21.3.2011 – 4 K 3707/11 F, EFG 2014, 1074.
5 BFH v. 8.7.2009 – XI R 64/07, BStBl. II 2010, 4.
6 FG Münster v. 21.3.2014 – 4 K 3707/11 F, EFG 2014, 1074.
7 BFH v. 28.6.2011 – VIII R 6/09, BFH/NV 2011, 1830; FG Münster v. 21.3.2014 – 4 K 3707/11 F, EFG 2014, 1074.

Auswertung

Steuerpflichtige in der Regel nicht auf die Durchführung der **dokumentierten** Schlussbesprechung verzichten.[1]

Die Frage der Ablaufhemmung ist für **jeden Steuerpflichtigen** (Inhaltsadressaten), zB auch für jede Gesellschaft, gesondert zu prüfen.[2] Die Verjährung der Einkommensteuer des Gesellschafters einer **Kapitalgesellschaft** wird nicht durch die Prüfung bei der Kapitalgesellschaft gehemmt, und zwar auch insoweit nicht, als es um die Einkommensteuer auf eine verdeckte Gewinnausschüttung geht.[3] Bei Konzerngesellschaften führt der Beginn der Prüfung bei einer Gesellschaft nicht zur Ablaufhemmung bei den anderen Gesellschaften.[4] Anders verhält es sich für die Hemmungswirkung des Gesellschafters einer **Personengesellschaft**, soweit die einheitliche und gesonderte Feststellung der Gewinne Prüfungsgegenstand ist.[5]

775

---

[1] *Claßen*, EFG 2012, 1808; *Claßen*, EFG 2014, 1077.
[2] *Banniza* in Hübschmann/Hepp/Spitaler, § 171 AO Rz. 114 (Juni 2011).
[3] BFH v. 24.4.1979 – VIII R 64/77, BStBl. II 1979, 744.
[4] BFH v. 11.10.1983 – VIII R 11/82, BStBl. II 1984, 125; *Kruse* in Tipke/Kruse, § 171 AO Rz. 56 (Jan. 2012).
[5] *Kruse* in Tipke/Kruse, § 171 AO Rz. 58 (Jan. 2012).

M. Fortgang des Verfahrens; Beendigung der Außenprüfung

776 Liegen die **Auswertungsbescheide** vor, können diese mit dem **Einspruch** angefochten werden (s. Rz. 802 ff.).

777 Wird über den Einspruch entschieden, steht der Weg zu den **FG** offen.

778 Sowohl der Einspruch als auch die Klage hindern nicht die Fälligkeit der Steuerschuld, die aus den Auswertungsbescheiden folgt. Die Fälligkeit entfällt nur dann, wenn **Aussetzung** der **Vollziehung** gewährt wird. Hierfür ist ein besonderes Antragsverfahren in der AO und FGO vorgesehen (vgl. Rz. 818 ff.).

779 Die Finanzverwaltung hat die Möglichkeit, den Prüfungsbericht **steuerstrafrechtlich** zu überprüfen. Bei Mehrsteuern in größerem Umfang ist dies die Regel. An eine Außenprüfung kann sich folglich ein Steuerstrafverfahren anschließen. Vgl. hierzu auch im Einzelnen Rz. 902 ff.

780 Die Frage, wann die **Außenprüfung beendet** ist, ist nicht allgemein zu beantworten. Sie stellt sich immer im Hinblick auf bestimmte Rechtsfolgen.

781 Nach Durchführung der Außenprüfung erledigt sich die **Prüfungsanordnung**.[1] Dies erfolgt in der Regel durch die Zusendung des **Prüfungsberichts**.[2] Die Prüfungsanordnung ist nicht mehr mit dem Einspruch anfechtbar; allerdings kann ihre Rechtswidrigkeit noch festgestellt werden (vgl. Rz. 272).

782 Die durch die Außenprüfung erzeugte **Ablaufhemmung** der Festsetzungsfrist lässt diese Frist nicht eher ablaufen, bevor die aufgrund der Außenprüfung zu erlassenden Steuerbescheide **unanfechtbar** geworden sind **oder** nach Bekanntgabe der Mitteilung nach § 202 Abs. 1 Satz 3 (vgl. Rz. 772) **drei Monate** verstrichen sind (vgl. § 171 Abs. 4 AO), s. Rz. 759 ff.

783 Soweit die Bekanntgabe der Prüfungsanordnung zu einer Sperre bzgl. der **Selbstanzeige** führt (§ 371 Abs. 2 Nr. 1a AO; Rz. 305), endet die Sperre nach hA mit der Zustellung der Auswertungsbescheide.[3]

---

1 *Schallmoser* in Hübschmann/Hepp/Spitaler, § 196 AO Rz. 94 (Febr. 2011).
2 *Rüsken* in Klein, § 202 AO Rz. 1.
3 *Streck/Spatscheck/Talaska*, Die Steuerfahndung, Rz. 1102.

Fortgang des Verfahrens; Beendigung der Außenprüfung

Die Folgen des § 164 Abs. 3 AO – **Aufhebung** des **Vorbehalts** der **Nachprüfung** nach einer Außenprüfung (Rz. 741) – sind im Anschluss an den Betriebsprüfungsbericht bzw. die Feststellung, dass sich keine Änderung der Besteuerungsgrundlagen ergibt, zu ziehen. 784

Der **gesteigerte Bestandsschutz** des § 173 Abs. 2 AO (Rz. 749) tritt mit den Auswertungsbescheiden bzw. der Mitteilung ein, dass die Außenprüfung zu keiner Änderung der Besteuerungsgrundlagen geführt hat. 785

Dritter Teil
Einzelthemen im Zusammenhang

A. Rechtsbehelfe und Rechtsschutz in der Außenprüfung

I. Allgemeines; Verweisungen

Ist der Beginn der **Prüfung akzeptiert, treten** das Recht und die **förmlichen Rechtsstreitigkeiten zurück**. Die Prüfungstätigkeit wird als faktisches Handeln begriffen, bei dem die rechtlichen Formen und Möglichkeiten nur selten sichtbar sind. Das Gleiche gilt für die Information des Prüfers und für Gespräche, Diskussionen und Einigungen mit dem Prüfer. Dies ist für den Regelfall richtig. Als **Rechtsnetz** (in das man fällt, wenn das gute tatsächliche Klima versagt) sollte man jedoch die **Rechtsbehelfsmöglichkeiten** beherrschen. 786

Mit den **Rechtsbehelfen** kann sich der geprüfte Unternehmer im Ergebnis gegen **alle Maßnahmen** der Außenprüfung zur Wehr setzen (s. dazu Übersicht **Anl. 4**). Es gibt förmliche und – nur wenige – nicht förmliche Rechtsbehelfe. Die **förmlichen Rechtsbehelfe** setzen ein formalisiertes Verwaltungsverfahren in Gang, das später in ein Gerichtsverfahren einmünden kann. Die **nicht förmlichen** Rechtsbehelfe veranlassen, dass tatsächlich, ohne förmliches Verfahren, eine Maßnahme des Prüfers überprüft wird. 787

Wie in der Regel bei der **Anfechtung** der Prüfungsanordnung dargestellt (Rz. 264 ff.), bestimmt sich die Frage, ob und welcher Rechtsbehelf gegen Prüfungsmaßnahmen zur Verfügung steht, in erster Linie nach dem Charakter dieser Maßnahme.[1] Dem Steuerpflichtigen stehen die förmlichen Rechtsbehelfe (Einspruch, Klage) zur Überprüfung der Verwaltungsmaßnahmen nur dann zur Verfügung, wenn die Maßnahmen das Kleid eines **Verwaltungsakts** haben. Handelt es sich lediglich um einen **Realakt**, ist der Betroffene auf die Anfechtung der nachfolgenden Steuerbescheide angewiesen. Im Rahmen dieses Rechtsbehelfsverfahrens ist ggf. auch die als Realakt ausgeführte Prüfungsmaßnahme auf ihre Rechtmäßigkeit hin zu überprüfen; ein isoliertes Vorgehen gegen die Maßnahmen als solche ist hingegen ausgeschlossen. 788

---

1 Exemplarisch auch *Drüen*, AO-StB 2009, 88 f.

Einzelthemen im Zusammenhang

789 Im Zusammenhang mit Abläufen der Außenprüfung **verweisen** wir hier insbesondere auf die Anfechtung der Prüfungsanordnung (Rz. 266 ff.), die Anfechtung der Ausdehnung des Prüfungszeitraums (Rz. 142 ff.), Rechtsbehelfe gegen die Anordnung von Mitwirkungspflichten im Laufe der Prüfung (Rz. 490 ff.), Rechtsbehelfe von hinzugezogenen Dritten (Rz. 593 ff.), Rechtsbehelfe bei Kontrollmitteilungen (Rz. 622 ff.), Rechtsbehelfe bzgl. der Schlussbesprechung (Rz. 642), bzgl. des Prüfungsberichts (Rz. 728), Rechtsbehelfe bei Ermittlungen außerhalb des Prüfungszeitraums (Rz. 803 ff.), Rechtsbehelfe bei Ermittlungen im Ausland und für das Ausland (Rz. 955 ff.).

II. Gegenvorstellung

790 Die Gegenvorstellung ist ein **nicht förmlicher Rechtsbehelf**.[1] Mit ihr wendet sich der Steuerpflichtige an den Beamten und die Dienststelle, deren Verhalten er beanstandet. Ist der Unternehmer mit einer Maßnahme des Prüfers nicht einverstanden und bittet er den Prüfer oder seinen Sachgebietsleiter um Überprüfung, so ist dies eine Gegenvorstellung.

791 Die Gegenvorstellung bedarf **keiner Form**; sie ist auch telefonisch möglich.

792 Die Gegenvorstellung ist an **keine Frist** gebunden.

793 Mit der Gegenvorstellung kann **alles gerügt** werden: Verwaltungsakte und tatsächliches Verhalten, sachliche Entscheidungen und persönliches Benehmen des Prüfers.[2] Steht das persönliche Verhalten im Fokus, kommt auch eine Dienstaufsichtsbeschwerde in Betracht (s. dazu Rz. 828).

794 Die Gegenvorstellung kann auch **gezielt** eingesetzt werden, wenn sich die angegriffene Maßnahme zwar im Rahmen des Gesetzes hält, aber auch eine **andere Entscheidung** – etwa im Rahmen des Ermessens – möglich wäre; es besteht dann die Hoffnung, dass derjenige, dessen Verhalten angegriffen wird, seine Entscheidung ändert.[3]

795 In der **Praxis** ist die Gegenvorstellung äußerst **häufig**, ohne dass die Beteiligten ihr Verhalten unter diesem Begriff verstehen. Jedes „Sich-

---

1 *Seer* in Tipke/Kruse, vor § 196 AO Rz. 35 (Okt. 2013).
2 *Seer* in Tipke/Kruse, vor § 196 AO Rz. 35 (Okt. 2013).
3 *Schallmoser* in Hübschmann/Hepp/Spitaler, vor §§ 193 – 203 AO Rz. 263 (Febr. 2011).

Rechtsbehelfe und Rechtsschutz in der Außenprüfung

Wehren" gegen eine Prüfungsmaßnahme innerhalb der Betriebsprüfung ist eine Gegenvorstellung.

Eine fast schon formalisierte Gegenvorstellung ist die **Stellungnahme zum Prüfungsbericht**.[1] 796

III. Antrag auf schriftliche Ausfertigung

Der Antrag auf schriftliche Ausfertigung eines Verwaltungsakts ist **kein Rechtsbehelf**; gleichwohl wird er hier behandelt, da er in der Praxis ein notwendiges **Vorbereitungsmittel** für ein Rechtsbehelfsverfahren sein sollte. 797

Abgesehen von den Steuerbescheiden können **Verwaltungsakte** im Steuerverfahren regelmäßig auch **mündlich** ergehen. Gerade in der Außenprüfung sind mündliche Verwaltungsakte häufig. Jeder mündliche Verwaltungsakt „ist **schriftlich** zu **bestätigen**, wenn hieran ein berechtigtes Interesse besteht und der Betroffene dies unverzüglich verlangt" (§ 119 Abs. 2 Satz 2 AO). Ein Interesse wird man immer dann bejahen müssen, wenn der Steuerpflichtige erwägt, den Verwaltungsakt förmlich anzufechten; denn die Grundlage des Streits kann nur durch die schriftliche Fixierung klargelegt werden. 798

Praxisempfehlung daher: Soll ein mündlicher Verwaltungsakt mit dem Einspruch angefochten werden, so ist neben dem Antrag auf Aussetzung der Vollziehung (Rz. 818 ff.) auch der Antrag auf schriftliche Ausfertigung zu stellen. 799

Die Bestätigung ist **kein** Verwaltungsakt. 800

Wird der Antrag auf schriftliche Ausfertigung **abgelehnt**, ist hiergegen ein eigener förmlicher **Rechtsbehelf** nach der AO **nicht** gegeben, allerdings die Leistungsklage (§ 40 FGO) zulässig.[2] 801

IV. Einspruch

Der Einspruch ist ein **förmlicher Rechtsbehelf**. 802

Der Einspruch wird grundsätzlich gegen **alle Verwaltungsakte** in Abgabenangelegenheiten, auf die die AO Anwendung findet, eingelegt (§ 347 Abs. 1 Satz 1 Nr. 1 AO). Hierzu zählen insbesondere die Prüfungs- 803

---

1 *Schallmoser* in Hübschmann/Hepp/Spitaler, vor §§ 193 – 203 AO Rz. 262 (Febr. 2011).
2 *Seer* in Tipke/Kruse, § 119 AO Rz. 13 (Okt. 2015).

Einzelthemen im Zusammenhang

anordnung sowie alle **Steuerbescheide**. Ausgenommen sind die in § 348 AO aufgezählten Verwaltungsakte (zB Einspruchsentscheidung).

804 S. ausführlich speziell zur **Anfechtung** der Prüfungsanordnung Rz. 264.

805 Der Einspruch ist **schriftlich** oder **elektronisch** einzulegen oder zur Niederschrift bei dem **Finanzamt** zu erklären; Einlegung durch Telegramm ist zulässig (§ 357 Abs. 1 Satz 3 AO).

806 Der Einspruch muss innerhalb eines **Monats** eingelegt werden (§ 355 Abs. 1 Satz 1 AO). Enthält der Verwaltungsakt **keine Rechtsbehelfsbelehrung**, kann der Einspruch innerhalb eines **Jahres** eingelegt werden (§ 356 Abs. 2 AO; s. auch Rz. 270).

807 Über den Einspruch entscheidet das Finanzamt durch **Einspruchsentscheidung**. Hiergegen ist die **Klage** vor dem FG gegeben.

808 Das Einspruchsverfahren und spätere Klageverfahren sind insbesondere die **richtigen Rechtsbehelfsverfahren**, um sich gegen Feststellungen und Rechtsfolgen der **Außenprüfung** förmlich zu **wehren**, sofern die nicht förmliche Stellungnahme zum Betriebsprüfungsbericht (s. Rz. 727) keinen Erfolg hat.

809 Einsprüche gegen **konkrete Prüfungsmaßnahmen** sind – mit Ausnahme gegen die Prüfungsanordnung – eher selten. Hier erweist sich, dass die Prüfung einen Teil des Besteuerungsverfahrens darstellt, der in erster Linie nicht von den normierten Regeln des Streitverfahrens, sondern vom „Fair Play" beherrscht wird. Stets vor dem Einspruch steht die Diskussion, die Erörterung, das nicht förmliche Sich-Wehren. Der Einspruch ist die **ultima ratio**.

810 Kommt man allerdings mit einem Prüfer nicht zurecht, etwa weil dieser selbst den hoheitlichen Förmlichkeiten Vorrang vor einer angemessenen Prüfungsart einräumt, kann der Geprüfte die Außenprüfung mit Einsprüchen **„einhageln"**. Denkt man daran, dass nach zutreffender Ansicht jede konkrete Anforderung des Prüfers einen anfechtbaren Akt darstellt,[1] dessen schriftliche Bestätigung verlangt werden kann (s. Rz. 797 ff.), der mit dem Einspruch anfechtbar ist und dessen Aussetzung der Vollziehung (dazu Rz. 818 ff.) begehrt werden kann, ist unschwer vorstellbar, dass jeder geprüfte Steuerpflichtige der hoheitli-

---

[1] Soweit die Verwaltungsaktqualität seitens des Prüfers negiert wird, kann darum gestritten werden.

Rechtsbehelfe und Rechtsschutz in der Außenprüfung

chen Attitüde die Mühseligkeit der Rechtsbehelfsverfahren entgegensetzen kann.

Zur **Steuerung** einer Prüfung durch Rechtsbehelfe s. Rz. 367 ff. 811

V. Untätigkeitseinspruch

Ein Sonderfall des förmlichen Einspruchs ist der **Untätigkeitseinspruch**: Entscheidet das Finanzamt ohne Mitteilung eines zureichenden Grundes nicht binnen angemessener Frist sachlich über einen Antrag des Steuerpflichtigen (zB Stundungs-, Erlass- oder Änderungsantrag), ist der Einspruch als sog. Untätigkeitseinspruch statthaft (§ 347 Abs. 1 Satz 2 AO). 812

Der Antrag muss auf den Erlass eines Verwaltungsaktes gerichtet sein.[1] Aus dem **Bereich** der **Außenprüfung** kommen insbesondere in Betracht: Antrag, eine Prüfung durchzuführen, bestimmte Ermittlungen vorzunehmen, eine abgebrochene Außenprüfung fortzusetzen. Nicht in den Bereich der Untätigkeitsbeschwerde fällt das Verlangen, der Prüfer möge bestimmte tatsächliche Handlungen (schlechtes Benehmen, arrogantes Auftreten etc.) unterlassen; hier helfen nur die Gegenvorstellung (Rz. 790 ff.), die Dienstaufsichtsbeschwerde (Rz. 828 ff.) und der Befangenheitsantrag (Rz. 835 ff.). 813

Der Untätigkeitseinspruch ist erst zulässig, wenn eine **angemessene Frist**, innerhalb der die Behörde tätig werden kann, **verstrichen** ist (§ 347 Abs. 1 Satz 2 AO). Diese Frist ist im Gesetz nicht bestimmt; hierin liegt das entscheidende Problem der Untätigkeitsbeschwerde, da niemand weiß, wo die Fristgrenze zu setzen ist. Dies hängt vom **Einzelfall** ab. Eine Anlehnung an die **Sechs-Monats-Frist**, die für die Untätigkeitsklage (§ 46 Abs. 1 Satz 2 FGO) gilt, erscheint sinnvoll.[2] 814

Einzelfallentscheidung ist auch die Frage, wann ein „**zureichender Grund**" für das Schweigen des Finanzamts vorliegt. Es zählen nur Gründe, die auch mitgeteilt worden sind.[3] Kein Grund liegt beispielsweise vor, wenn das Finanzamt sich zur Erklärung der eigenen Untätigkeit lediglich pauschal auf angebliche Anweisungen der Oberfinanzdirektion beruft. 815

---

1 *Rätke* in Klein, § 347 AO Rz. 12.
2 HM, *Rätke* in Klein, § 347 AO Rz. 14, mwN; aA *Seer* in Tipke/Kruse, § 347 AO Rz. 27 (Mai 2015), wonach auch eine längere Frist regelmäßig in Betracht kommt.
3 *Seer* in Tipke/Kruse, § 347 AO Rz. 28 (Mai 2015).

Einzelthemen im Zusammenhang

816 In der **Praxis** hat die Untätigkeitsbeschwerde **keine Bedeutung**. Gleichwohl sollte sie im Einzelfall eingesetzt werden. Auch wenn um die Angemessenheit der Frist gestritten wird, auch wenn der Finanzbehörde die Angemessenheit der Frist bestätigt wird, führt der Untätigkeitseinspruch tatsächlich dazu, dass das Finanzamt wirksam gedrängt wird, schneller zu arbeiten. Insoweit kann der Untätigkeitseinspruch auch dort angebracht sein, wo er selbst unzulässig ist.

817 Nach erfolglosem Untätigkeitseinspruch (der dann als Vorverfahren gilt) kann Untätigkeitsklage[1] **erhoben werden** (§ 46 FGO).[2]

VI. Aussetzung der Vollziehung

818 Der Antrag auf Aussetzung der Vollziehung ist selbst kein förmlicher Rechtsbehelf. Es handelt sich jedoch um einen **notwendigen Begleiter**.

819 S. speziell zur Aussetzung der Vollziehung der **Prüfungsanordnung** Rz. 271.

820 Verwaltungsakte des Finanzamts, gleichgültig, ob sie mit dem Einspruch anfechtbar oder angefochten worden sind, können von dem Finanzamt in der Regel sofort vollzogen, dh. erzwungen werden. Die Steuern aufgrund eines Steuerbescheids sind zu der gesetzten Frist zahlbar; die Geschäftsunterlagen, deren Vorlage der Prüfer verlangt, sind sofort vorzulegen. Der **Einspruch** hemmt **nicht** die **Vollziehung** (§ 361 Abs. 1 AO). Die **Vollziehung kann** jedoch **ausgesetzt** werden, wenn ernstliche Zweifel an der Rechtmäßigkeit des angefochtenen Verwaltungsakts bestehen oder wenn die Vollziehung für den Betroffenen eine unbillige, nicht durch überwiegende öffentliche Interessen gebotene Härte zur Folge hätte (§ 361 Abs. 2 AO).

821 Die Aussetzung der Vollziehung erfolgt **von Amts wegen** oder auf **Antrag**.

822 **Lehnt** das Finanzamt die Aussetzung der Vollziehung **ab**, so kann dies mit dem **Einspruch** angefochten werden.[3] Hierüber entscheidet die Rechtsbehelfsstelle selber. Ein weiterer Rechtsbehelf gegen diese Einspruchsentscheidung steht nicht zur Verfügung, sondern nur noch der

---

[1] Kein Einspruch, vgl. § 348 Nr. 2 AO.
[2] Vgl. *Seer* in Tipke/Kruse, § 347 AO Rz. 30 (Mai 2015); zur Untätigkeitsklage vgl. Rz. 817.
[3] *Seer* in Tipke/Kruse, § 361 AO Rz. 16 (Mai 2015).

Rechtsbehelfe und Rechtsschutz in der Außenprüfung

Weg des Antrags nach § 69 FGO, der auch parallel zum Einspruchsverfahren beschritten werden kann.[1]

Alternativ oder anschließend kann sich der Steuerpflichtige nach § 69 Abs. 3 FGO **unmittelbar** an das **FG** wenden. Verfahrensrechtliche Voraussetzung ist, dass das Finanzamt die Aussetzung der Vollziehung verweigert (vgl. § 69 Abs. 4 FGO). 823

VII. Klageverfahren und Fortsetzungsfeststellungsklage

Soweit die förmlichen Rechtsbehelfe vor den Finanzbehörden ausgeschöpft sind, kann sich der Steuerbürger an die **FG** wenden. 824

Eine Anfechtungsklage gegen eine Prüfungsanordnung ist dann unzulässig, wenn die Außenprüfung vor der gerichtlichen Entscheidung **abgeschlossen** ist. In diesem Fall muss der Kläger zur Fortsetzungsfeststellungsklage (§ 100 Abs. 1 Satz 4 FGO) übergehen (s. im Zusammenhang mit der Prüfungsanordnung Rz. 272). 825

Bei **nichtiger Prüfungsanordnung** kann der Steuerpflichtige entweder mittels Einspruchs und Anfechtungsklage vorgehen und so den Rechtsschein der nichtigen Prüfungsanordnung zerstören oder über einen Antrag nach § 125 Abs. 5 AO bzw. im Wege der Feststellungsklage nach § 41 Abs. 1 FGO die Nichtigkeit feststellen lassen.[2] Wurde hingegen die Prüfung bereits durchgeführt, scheidet eine Fortsetzungsfeststellungsklage gegen den nichtigen Bescheid aus.[3] 826

VIII. Einstweilige Anordnung

Der einstweiligen Verfügung des zivilgerichtlichen Verfahrens entspricht die **einstweilige Anordnung** im Steuerverfahren (§ 114 FGO). Insoweit beschränken wir uns hier nur auf den Hinweis einzelner Anmerkungen (vgl. Rz. 275, 1011). 827

---

1 *Rätke* in Klein, § 361 AO Rz. 95.
2 *Schallmoser* in Hübschmann/Hepp/Spitaler, vor §§ 193 – 203 AO Rz. 258 (Febr. 2011).
3 BFH v. 30.9.1996 – VIII B 62/84, BFH/NV 1987, 23; *Schallmoser* in Hübschmann/Hepp/Spitaler, vor §§ 193 – 203 AO Rz. 258 (Febr. 2011).

Einzelthemen im Zusammenhang

IX. Dienstaufsichtsbeschwerde

828 Die Dienstaufsichtsbeschwerde (s. auch Rz. 291) ist ein **nicht förmlicher** Rechtsbehelf.[1]

829 Mit der Dienstaufsichtsbeschwerde rügt der Steuerpflichtige ein bestimmtes **persönliches Verhalten** des Beamten. Hier geht es nicht um eine sachliche Streitfrage, sondern um Verhaltensweisen, die unmittelbar mit der Person eines Beamten verbunden sind. Ist die Verhaltsweise geeignet, Misstrauen gegen seine Unparteilichkeit zu rechtfertigen, kommt auch ein Befangenheitsantrag in Betracht (Rz. 835).

830 Die Dienstaufsichtsbeschwerde wird bei dem **Vorgesetzten** des Beamten bzw. bei der **vorgesetzten Behörde** eingelegt. Sie kann auch unmittelbar der Dienststelle eingereicht werden, der der Beamte angehört, gegen den sie sich richtet. Über die Dienstaufsichtsbeschwerde entscheidet der Beamte bzw. die Behörde, in deren Hände die Dienstaufsicht liegt.

831 Das Verfahren der Dienstaufsichtsbeschwerde ist insgesamt **nicht geregelt**.

832 In der Praxis ist die Dienstaufsichtsbeschwerde nie als Regelrechtsbehelf, allenfalls als **„Notbremse"** ratsam. Sie führt häufig zu einem äußeren Zusammenschluss des Beamtencorps, da man einen Angriff auf die Person eines Kollegen abwehren will. Die häufig vom Steuerpflichtigen mit der Dienstaufsichtsbeschwerde gesuchte Befriedigung, der Beamte möge offen getadelt werden, wird man selten erreichen. Allenfalls erhält er intern einen Rüffel, während man als äußere Antwort auf die Dienstaufsichtsbeschwerde das Gegenteil erfährt. Die sachliche Gegenvorstellung und förmliche Rechtsbehelfe sind stets sinnvoller, da sie das äußere Gewand der Sachlichkeit wahren.

833 In der Hand eines **Beraters** kann die Dienstaufsichtsbeschwerde schnell **stumpf** werden.[2] Nach einem bekannten Juristenwort ist sie formlos, fristlos, folgenlos. Wer als Berater häufig Dienstaufsichtsbeschwerden einlegt, gerät in die Gefahr, als Querulant zu gelten.

834 Ist gleichwohl eine Dienstaufsichtsbeschwerde im Einzelfall angebracht, sollte sie vom **Steuerpflichtigen selbst**, nicht vom Berater einge-

---

[1] *Schallmoser* in Hübschmann/Hepp/Spitaler, vor §§ 193 – 203 AO Rz. 265 (Febr. 2011); zur Sach- und Fachaufsichtsbeschwerde vgl. *Schallmoser* in Hübschmann/Hepp/Spitaler, vor §§ 193–203 AO Rz. 266 (Febr. 2011).
[2] Vgl. auch *Streck/Spatscheck/Talaska*, Die Steuerfahndung, Rz. 1216.

Rechtsbehelfe und Rechtsschutz in der Außenprüfung

legt werden. Der Ausdruck des „gerechten Bürgerzorns" wird aus der Bürgerfeder ernster genommen als aus einem Schriftsatz des Beraters.

X. Befangenheitsantrag

„Liegt ein Grund vor, der geeignet ist, **Misstrauen** gegen die **Unparteilichkeit** des Amtsträgers zu rechtfertigen oder wird von einem Beteiligten das Vorliegen eines solchen Grundes behauptet, so hat der Amtsträger den Leiter der Behörde oder den von ihm Beauftragten zu unterrichten und sich auf dessen Anordnung der Mitwirkung zu enthalten" (§ 83 Abs. 1 Satz 1 AO). 835

Erfolg versprechender als die Dienstaufsichtsbeschwerde ist der **Befangenheitsantrag** nach § 83 AO.[1] Voraussetzung ist, dass ein Grund vorliegt oder behauptet wird, der gegen die Unparteilichkeit des Prüfers spricht. Hier geht es nicht um eine konkret nachgewiesene Pflichtverletzung des Beamten. Es genügt, wenn Sachverhaltsumstände vorliegen, die dem Steuerpflichtigen den **Schluss aufdrängen**, der Prüfer könne nicht mehr unparteiisch – mag er in Wirklichkeit auch korrekt handeln – prüfen. Ist eine Außenprüfung **völlig zerstritten**, so ist uE regelmäßig ein Befangenheitsgrund gegeben.[2] 836

§ 83 AO sieht **keine Besonderheiten** für **Betriebsprüfer** vor. Aufgrund des intensiven Kontakts zum Prüfer ist die Gefahr, dass ein Misstrauen gegen dessen Unparteilichkeit entsteht, größer als in sonstigen Fällen. Gleichwohl sollte in einem solchen Fall ernsthaft **überlegt** werden, den **Antrag** nach § 83 AO **nicht** zu stellen. Es gibt Sachgebietsleiter der Außenprüfung, die dem Antrag sofort folgen. An die Stelle des „unmöglichen", „widerborstigen" usw. Prüfers tritt ein – auch im Benehmen – exzellenter Prüfer, dessen Prüfungsergebnisse jedoch sehr viel schärfer ausfallen können. Verschwendet hingegen ein Außenprüfer Energie in der persönlichen Auseinandersetzung, fehlt ihm diese Energie für die sachliche Prüfung. 837

Über den Befangenheitsantrag **entscheidet** der Leiter der Behörde. Betrifft ihn selber das Verfahren, so entscheidet die Aufsichtsbehörde (§ 83 Abs. 1 Satz 2 AO). Die Entscheidung ist nach herrschender Auffassung **kein Verwaltungsakt**, sondern eine innerdienstliche Maßnah- 838

---

1 Vgl. zum Komplex *Carlé*, AO-StB 2009, 55 ff.
2 S. zu einzelnen Gründen *Wünsch* in Koenig, § 83 AO Rz. 8 und 9.

Einzelthemen im Zusammenhang

me. Folglich kann die Entscheidung nicht mit dem Rechtsbehelf angefochten werden.[1]

839 Wirkt der für **befangen** erachtete **Prüfer** gleichwohl bei der Außenprüfung weiter, so ist die von ihm getroffene Maßnahme **rechtswidrig**. Der Beteiligte kann demnach den Verwaltungsakt, der aufgrund und im Anschluss an die Mitwirkung des für befangen gehaltenen Amtsträgers ergeht, mit der Begründung der Befangenheit anfechten.[2]

XI. Schadensersatz

840 Die schuldhafte Amtspflichtverletzung durch den Außenprüfer verpflichtet das Land zum **Schadensersatz** nach den Regeln der **Amtspflichtverletzung** (§ 839 BGB, Art. 34 GG).[3]

841 Zur fehlenden Entschädigungspflicht gegenüber dem Steuerpflichtigen anlässlich der **Inanspruchnahme** durch die **Prüfung** s. Rz. 494 f.; zur **Entschädigungspflicht** gegenüber **Dritten** s. Rz. 597 f.

---

1 BFH v. 29.5.2012 – IV B 70/11, BFH/NV 2012, 1412; *Brandis* in Tipke/Kruse, § 83 AO Rz. 8 (Okt. 2013).
2 *Carlé*, AO-StB 2003, 55 (57).
3 S. hierzu zB BGH v. 6.2.1975 – III ZR 149/72, DStR 1975, 587; v. 26.6.1986 – III ZR 191/85, WM 1986, 1199; v. 2.10.2003 – III ZR 420/02, BFH/NV 2004, Beil. 1, 93, betreffend die Betriebsprüfung durch einen Zollbeamten.

B. Übergreifen der Außenprüfung auf Zeiträume außerhalb des Betriebsprüfungszeitraums und auf Dritte

I. Folgerungen aus den Prüfungsfeststellungen auf Zeiträume außerhalb des Prüfungszeitraums

Feststellungen aus Außenprüfungen können zu **steuerlichen Folgen außerhalb des Prüfungszeitraums** führen. Wenn der Prüfer die Bemessungsgrundlage der AfA oder Rückstellungen ändert, hat dies Auswirkungen auf die nachfolgenden Jahre. Wenn der Prüfer feststellt, dass Privatanteile falsch bemessen sind, so regt er indirekt damit eine Überprüfung der Privatanteile der Vor- und Nachjahre an. 842

Soweit der Prüfer ausdrücklich in **Berichtsform** auf Änderungen in Vor- und Nachjahren hinweist, geschieht dies in einzelnen Bundesländern durch sog. **Grünberichte** (vgl. auch Rz. 371). Dieser Grünbericht richtet sich nicht an den Steuerpflichtigen, sondern an den Veranlagungsbezirk und bezweckt Korrekturen der Veranlagungen außerhalb des Prüfungszeitraums.[1] 843

Diese „**Kontrollmitteilungen**"[2] innerhalb des **Besteuerungsverfahrens eines Steuerpflichtigen** sind grundsätzlich zulässig. Unzulässig sind sie nur dann, wenn die Feststellungen für die nachfolgenden Jahre in einer Weise getroffen werden, dass eine Außenprüfung ersetzt wird (vgl. hierzu auch die Einschränkung bei Kontrollmitteilungen in Rz. 618). 844

Grundsätzlich besteht **kein** Anspruch des Geprüften auf **Bekanntgabe** der Grünberichte;[3] anders uE, wenn sie wie die Feststellungen einer Außenprüfung verwendet werden (s. zuvor) und im Wege der finanzgerichtlichen **Akteneinsicht**. 845

Unabhängig von den Grünberichten ist nicht eindeutig zu beantworten, ob es der Betriebsprüfung verwehrt ist, aus den im Rahmen einer rechtmäßigen Außenprüfung erlangten Kenntnissen **Schlussfolgerungen** für nicht geprüfte Steuerarten oder Zeiträume[4] zu ziehen. 846

---

1 *Buse*, AO-StB 2008, 50 (54).
2 *Buse*, AO-StB 2008, 50 (54).
3 BFH v. 27.3.1961 – 1 276/60 U, BStBl. III 1961, 290; *Buse*, AO-StB 2008, 50 (54).
4 Weder in der Prüfungsanordnung aufgeführt noch tatsächlich geprüft.

Einzelthemen im Zusammenhang

847 Fest steht: Solche Schlussfolgerungen können nur unter Beachtung der **verfahrensrechtlichen Voraussetzung** erfolgen.[1] Sind die Vorjahre bestandskräftig veranlagt, so ist eine Korrektur nur nach § 173 Abs. 1 Nr. 1 AO möglich. Aus dem formellen Verfahrensrecht bestehen keine Schranken, wenn die Veranlagungen der Bescheide nach § 164 AO unter dem Vorbehalt der Nachprüfung stehen.

848 Es ist zulässig, aus rechtmäßig erworbenen Erkenntnissen im Rahmen der Prüfung einer Steuerart für einen bestimmten Zeitraum rechtliche Schlussfolgerungen bei einer **anderen Steuerart** für **denselben** Zeitraum zu ziehen.[2]

849 Kann mit dem Wissen des Prüfers auch in **offene Vorjahre** oder **Folgejahre** hineingegangen werden? Kann zB aus einer Prüfung der Veranlagungszeiträume 2012 – 2014 eine Änderung von Veranlagungen 2011 – 2009 durchgeführt werden, ohne dass die Außenprüfung formell auf die Vorjahre ausgedehnt wird? Können zB punktuell aufgrund der Außenprüfung die Privatanteile, Mietwerte, Zinsen der Vorjahre korrigiert werden?

850 Die **Rechtsprechung** – wenn auch mit lange zurückliegenden Entscheidungen – bejaht dies.[3] Es sei **zulässig**, aus den im Rahmen der Prüfungsanordnung getroffenen Feststellungen nach den Regeln der Lebenserfahrung Rückschlüsse für die **Vor- und Nachfolgejahre** zu ziehen und die Veranlagung entsprechend zu ändern.[4]

---

1 *Frotscher* in Schwarz/Pahlke, § 202 AO Rz. 20 (Juni 2001).
2 BFH v. 15.11.1988 – VIII R 339/83, BFH/NV 1989, 682 (Feststellungen im Rahmen der Prüfungsanordnung für Gewerbesteuer wurden auf von der Anordnung nicht umfasste einheitliche Gewinnfeststellung für dasselbe Veranlagungsjahr übertragen). Zustimmend *Frotscher* in Schwarz/Pahlke, § 202 AO Rz. 20 f. (Juni 2001), der dies jedoch nur auf „Auswirkungen", nicht für Schlussfolgerungen verstanden habe möchte.
3 BFH v. 28.8.1987 – III R 189/84, BStBl. II 1988, 2, auf dieses Urteil nimmt der BFH v. 15.11.1988 – VIII R 339/83, BFH/NV 1989, 682, Bezug, ohne dass es auf außerhalb des Prüfungszeitraums liegende Schlussfolgerungen ankam; ebenso FG Münster v. 7.5.1981 – III 3911/79, EFG 1982, 111 (Einzelermittlungen im Vorjahr betreffend; Nds. FG v. 26.11.1982 – XII (VI) 2, 112/81, EFG 1983, 266; v. 17.3.1983 – V 481/82, EFG 1983, 267; ebenso im Ergebnis *Stoffers* in Schröder/Muuss, Handbuch der steuerlichen Betriebsprüfung, Rz. 5100 (3/2014); *Buse*, AO-StB 2012, 50 (52). Aktuell auch FG Hamburg v. 23.2.2016 – 2 K 31/15, nv. (juris), NZB Az. BFH X B 32/16 zu Rückschlüssen auf zurückliegende Veranlagungsjahre, die allerdings vom Betriebsprüfungszeitraum umfasst waren („Döner-Krieg").
4 BFH v. 28.8.1987 – III R 189/84, BStBl. II 1988, 2, der dies sowohl für die Vorjahre als auch für die Nachfolgejahre aussprach, obwohl nur die Vorjahre streitentscheidend waren.

Übergreifen auf Zeiträume außerhalb des Betriebsprüfungszeitraums

Diese Sichtweise kann **nicht** geteilt werden. Es besteht die Gefahr, von konkreten Sachverhaltsfeststellungen für die nicht geprüften Jahre, insbesondere die Vorjahre, abzusehen und durch die Unterstellung zu ersetzen, die Verhältnisse seien die gleichen gewesen; es besteht die Gefahr, einen fiktiven Sachverhalt zu besteuern.[1] Statt der Übertragung der Feststellungen auf andere Zeiträume wäre eine Prüfungserweiterung angebracht. Anders verhält es sich bei konkreten Einzelermittlungen (nachfolgend Rz. 853 ff.). Erfolgen weder Einzelermittlungen noch eine Erweiterung der Prüfungsanordnung, steht uE den Schlussfolgerungen jedenfalls für die Vorjahre eine Selbstbindung der Betriebsprüfung entgegen. Sie hat sich durch die Regelungen der BpO und konkret durch die Prüfungsanordnung aufgrund einer möglichen Ermessensentscheidung für bestimmte ausgewählte Jahre entschieden, die geprüft werden sollen. Erfolgen keine weiteren Prüfungen, ist die Schlussfolgerung zu versagen. 851

Vorgenannte Schlussfolgerungen können jedenfalls eine Korrektur nach § 173 Abs. 1 Satz 1 AO mangels neuer Tatsachen nicht rechtfertigen; **Schlussfolgerungen** sind keine Tatsachen.[2] 852

II. Einzelermittlungen des Prüfers außerhalb des Prüfungszeitraums

Während es in dem vorangegangenen Abschnitt um die Frage geht, ob Informationen aus der Prüfung eines bestimmten Prüfungszeitraums in anderen Veranlagungszeiträumen durch Schlussfolgerungen verwertet werden dürfen, geht es hier um die **unmittelbare Prüfungstätigkeit** des Prüfers **außerhalb** seines **Prüfungszeitraums**. 853

Führt der Prüfer außerhalb seines Prüfungszeitraums eine Prüfungstätigkeit durch, die der Außenprüfung **entspricht**, so ist dies nur **aufgrund** einer **Prüfungsanordnung** möglich (Rz. 126 ff.). 854

Einzelermittlungen des Prüfers außerhalb des Prüfungszeitraums werden für **zulässig** gehalten, ohne dass für diese Jahre außerhalb des Prüfungszeitraums die Zulässigkeitsbedingungen für eine Außenprüfung vorliegen müssen; insoweit ist auch keine Prüfungsanordnung erforder- 855

---

[1] Hierauf weist auch *Frotscher* in Schwarz/Pahlke, § 202 AO Rz. 21 (Juni 2001) hin.
[2] Ausdrücklich offengelassen vom BFH v. 28.8.1987 – III R 189/84, BStBl. II 1988, 2.

Einzelthemen im Zusammenhang

lich. Der Prüfer stützt sich insoweit auf die generelle Ermittlungsbefugnis des Finanzamts (§§ 88 ff. AO).[1]

856 Nur dann, wenn der Prüfer in eine **systematische Überprüfung** eines außerhalb seines Prüfungszeitraums liegenden Jahres übergeht („umfassende Überprüfung der Besteuerungsgrundlagen"[2]), er also tatsächlich die Prüfung ausdehnt, überschreitet er die Grenzen, die die Abgabenordnung selbst und die Finanzverwaltung sich in der BpO gezogen haben. Eine formelle Ausdehnung durch eine konkrete Prüfungsanordnung ist erforderlich.

857 Die Grenzziehung ist **schwierig.** Eine einzige Sachverhaltsfrage kann als Einzelermittlung erkannt werden; dies gilt auch noch für mehrere Sachverhaltsfragen; bei irgendeiner Summe der Einzelanfragen wird jedoch die Einzelermittlung zu einer Außenprüfung. Bereits wegen dieser Abgrenzungsschwierigkeiten sollte sich der Prüfer bei Einzelermittlungen außerhalb des Prüfungszeitraums zurückhalten.[3]

858 Für die **Abgrenzung** zwischen Ermittlungen im Rahmen einer Außenprüfung von daneben zulässigen Einzelermittlungen ist **entscheidend**, wie sich das Tätigwerden des Prüfers aus der Sicht des Betroffenen darstellt. Maßgeblich ist, wie der Steuerpflichtige entsprechend den zu § 133 BGB entwickelten Rechtsgrundsätzen nach den ihm bekannten Umständen den Gehalt der Ermittlungsmaßnahmen unter Berücksichtigung von Treu und Glauben **verstehen konnte**.[4] Im Allgemeinen ist davon auszugehen, dass Maßnahmen eines Außenprüfers zur Ermittlung eines Steuerfalles Prüfungshandlungen sind; der Außenprüfer hat deshalb, wenn er den angeordneten Prüfungszeitraum überschreitende Einzelermittlungen anstellt, **deutlich** zu machen, dass verlangte Auskünfte oder sonstige Maßnahmen nicht mehr im Zusammenhang mit der Außenprüfung stehen.[5]

---

1 BFH v. 5.4.1984 – IV R 244/83, BStBl. II 1984, 790; v. 23.2.1984 – IV R 154/82, BStBl. II 1984, 512; v. 2.2.1994 – I R 57/93, BStBl. II 1994, 377; FG Hamburg v. 13.3.1995 – V 215/93, EFG 1995, 822; Nds. FG v. 22.1.2002 – 13 K 123/98, EFG 2002, 1139; *Tormöhlen*, AO-StB 2013, 192 (195); *Stahl*, kösdi 2014, 18883 (18889); ausführlich *Buse*, AO-StB 2012, 50 ff.
2 BFH v. 5.4.1984 – IV R 244/83, BStBl. II 1984, 790.
3 Vgl. auch *Papperitz*, INF 1983, 343.
4 BFH v. 2.2.1994 – I R 57/93, BStBl. II 1994, 377; v. 25.11.1997 – VIII R 4/94, BStBl. II 1998, 461; FG Hamburg v. 13.3.1995 – V 215/93, EFG 1995, 822.
5 BFH v. 25.11.1997 – VIII R 4/94, BStBl. II 1998, 461; v. 2.2.1994 – I R 57/93, BStBl. II 1994, 377; v. 5.4.1984 – IV R 244/83, BStBl. II 1984, 790; *Tormöhlen*, AO-StB 2013, 192 (195); *Buse*, AO-StB 2012, 50 (51), mit einem Katalog von Indizien.

Übergreifen auf Zeiträume außerhalb des Betriebsprüfungszeitraums

Das Ergebnis von **Einzelermittlungen** ist grundsätzlich **nicht** in den **Prüfungsbericht** aufzunehmen, da dieser ausschließlich den Ergebnissen der Außenprüfung vorbehalten ist. Geschieht dies gleichwohl, führt dies allerdings nicht zur Rechtswidrigkeit der Einzelmaßnahme.[1]   859

Nicht befriedigend geklärt ist die **Angreifbarkeit** der **Verwertung** von Ergebnissen aus Einzelermittlungen.   860

Hierzu wird die **Ansicht** vertreten, die einzige Möglichkeit bestünde im Angriff der **Einzelmaßnahme selbst**; die Rechtmäßigkeit dieser Einzelmaßnahme könne im Einspruchsverfahren gegen die Auswertungsbescheide nicht mehr überprüft werden.[2] Gestützt wird diese Sichtweise auf zwei Urteile des BFH v. 27.7.1983[3] und 23.2.1984[4]. Zwar ist anzuerkennen, dass der BFH im Urteil v. 23.2.1984 die notwendige Rechtsqualifikation für die These geliefert hat: Die Prüfungstätigkeit der Ermittlungsmaßnahme, die nicht von Prüfungsanordnung gedeckt sei, sei insoweit ein angreifbarer **Verwaltungsakt** (und nicht ein nicht anfechtbarer Realakt).[5] Allerdings befasst sich der BFH dort mit der Frage der Wirkung einer Prüfungsanordnung für nicht in der Anordnung aufgeführte Inhaltsadressaten und nicht mit der Frage der hier in Rede stehenden typischen Einzelermittlungen.[6] Gegenstand des Urteils des BFH v. 27.7.1983[7] waren heimliche Tonbandaufnahmen im Zusammenhang mit einer Betriebsprüfung, nicht hingegen von der Prüfung abzusetzende Einzelermittlungsmaßnahmen.   861

Zudem ist es uE nicht gerechtfertigt, die Anfechtbarkeit der Auswertungsbescheide zu beschränken. Die Abgrenzung der Einzelermittlungen von Betriebsprüfungshandlungen dient gerade dazu, diese Einzelermittlungen **nicht** unter den **verstärkten Schutz** der Prüfungsanordnung zu stellen. Vielmehr hat der Prüfer deutlich zu machen, dass es sich um Einzelermittlungen handelt, die jeder Veranlagungsbeamte   862

---

1 BFH v. 5.4.1984 – IV R 244/83, BStBl. II 1984, 790.
2 *Buse*, AO-StB 2012, 51 (53); so auch noch die Voraufl., Rz. 694.
3 BFH v. 27.7.1983 – I R 210/79, BStBl. II 1984, 285.
4 BFH v. 23.2.1984 – IV R 154/82, BStBl. II 1984, 512.
5 BFH v. 23.2.1984 – IV R 154/82, BStBl. II 1984, 512. So auch für das Auskunftsverlangen über die Höhe von Aufwandsentschädigungen als Einzelermittlungsmaßnahme: BFH v. 5.4.1994 – IV R 244/83, BStBl. II 1984, 790.
6 Der BFH kam zu dem Ergebnis, die bei einem Einzelunternehmer durchgeführte Prüfung könne auch zur auswertbaren Annahme einer Mitunternehmerschaft führen – ohne erneute Prüfungsanordnung gegenüber der Mitunternehmerschaft –, wenn der Einzelunternehmer die Prüfung der Mitunternehmerschaft nicht angegriffen hat (dazu auch Rz. 178).
7 BFH v. 21.7.1983 – I R 210/79, BStBl. II 1984, 285.

Einzelthemen im Zusammenhang

durchführen könnte. Letztere könnten jederzeit im Rahmen der Anfechtung der Änderungsbescheide angegriffen werden. Eine Schlechterstellung, die gerade mit den Abgrenzungsproblemen einhergeht, ist nicht gerechtfertigt. Hiermit im Einklang steht das Urteil des Nds. FG vom 22.1.2010.[1] Das FG befasste sich mit Einzelermittlungsmaßnahmen, die es nicht als Prüfungshandlungen im Rahmen der angeordneten Außenprüfung ansah.[2] Die Anfechtung des Änderungsbescheids, der auf den Einzelermittlungen beruhte, sah das FG als unbegründet an, nicht als unzulässig.

863 Gleichwohl sollte der Betroffene **vorsorglich** bereits die einzelnen Ermittlungshandlungen mit dem Einspruch anfechten.

III. Übergreifen der Außenprüfung auf Dritte

864 Problematisch und nicht abschließend geklärt ist die Möglichkeit des **Übergreifens** der Außenprüfung auf **Dritte**.

865 Gesetzlich geregelt ist die Möglichkeit, **Kontrollmitteilungen** zu schreiben; s. Rz. 609 ff.

866 Nach der uE zweifelhaften Rechtsprechung des BFH können darüber hinaus **Prüfungsergebnisse** bei **Dritten verwertet** werden, und zwar unabhängig davon, ob die Prüfungsanordnung bei dem Geprüften Bestand hat oder nicht; s. hierzu im Einzelnen Rz. 181 ff.

867 Soweit der Prüfer für das für Ermittlungen zuständige Finanzamt handelt, kann er **Einzelermittlungsmaßnahmen** bei dem Dritten für dessen Besteuerung durchführen. Weiten sich diese Ermittlungen zu einer Betriebsprüfung bei dem Dritten aus, so finden die Vorschriften der §§ 193 ff. AO Anwendung.[3]

---

1 Nds. FG v. 22.1.2002 – 13 K 123/98, EFG 2002, 1139.
2 Fragen zur Ermittlung eines von der Prüfungsanordnung nicht umfassten Streitjahres.
3 So auch *Buse*, AO-StB 2012, 50 (52), für die Prüfung von Ehegatten.

C. Bindungswirkung von Auskünften, Zusagen, Verständigungen und Treu-und-Glauben

I. Allgemeines

Der Steuerpflichtige strebt in der Regel in bestimmten wirtschaftlichen und rechtlichen Situationen nach **Planungssicherheit**. Dies gilt im besonderen Maße während und nach der Betriebsprüfung. Der Gesetzgeber hat dies erkannt und stellt verschiedene Instrumentarien zur Verfügung. Dies ist nicht auf die im vierten Abschnitt der AO genannten Zusage im Anschluss an die Außenprüfung (§§ 204 – 207 AO) beschränkt. Auch während der Außenprüfung bzw. danach kann von weiteren gesetzlich fixierten Instituten Gebrauch gemacht werden. Gleiches gilt für nicht ausdrücklich gesetzlich fixierte Institute, wie zB der sog. Tatsächlichen Verständigung. S. Rz. 643 ff. 868

Diese Instrumentarien gewinnen zudem im **einvernehmlichen** Abschluss einer Außenprüfung an Bedeutung. 869

II. Verbindliche Auskunft

Die sog. „verbindliche Auskunft" wurde mit Wirkung zum 12.6.2006 in **§ 89 Abs. 2 AO** eingefügt.[1] Die Vorschrift **kodifiziert** weitgehend die bereits zuvor von der Rechtsprechung und Finanzverwaltung entwickelten Grundsätze zu verbindlichen Auskünften. Sie stützt sich jedoch nicht mehr auf Treu und Glauben, sondern auf die gesetzlich fixierte **Bindungswirkung**.[2] 870

Die gesetzliche Regelung in § 89 Abs. 2 AO ist **rudimentär** und in wesentlichen Teilen der Ausgestaltung einer **Rechtsverordnung** überlassen (Verordnung zur Durchführung von § 89 Abs. 2 AO, Steuer-Auskunftsverordnung).[3] 871

Ein umfangreiches und für die Praxis relevantes Regelwerk zur verbindlichen Auskunft enthält inzwischen der Anwendungserlass zur AO (**AEAO** zu § 89 Nr. 3–5). 872

---

1 Föderalismusreform-Begleitgesetz v. 5.9.2006, BGBl. I 2098, 2106.
2 *Rätke* in Klein, § 89 AO Rz. 12.
3 V. 30.11.2007, BStBl. I 2007, 820; am 8.12.2007 in Kraft getreten (§ 3 StAuskV); kritisch zu der Übertragung der Ausgestaltung auf den Verordnungsgeber *Seer* in Tipke/Kruse, § 89 AO Rz. 21 (Jan. 2012), mwN.

Einzelthemen im Zusammenhang

873 Verbindliche Auskünfte können nur „über die steuerliche Beurteilung von genau bestimmten, noch nicht **verwirklichten Steuersachverhalten**" erteilt werden (§ 89 Abs. 2 Satz 1 AO). Im Gegensatz dazu bezieht sich die verbindliche Zusage im Anschluss an eine Außenprüfung auf bereits geprüfte Sachverhalte (§ 204 AO). Gleichwohl können zB bei Sachverhalten mit **Dauerwirkung** (insbesondere bei Dauerschuldverhältnissen) oder regelmäßig wiederkehrenden Sachverhalten (wie zB regelmäßig erbrachte Leistungen) Überschneidungen auftreten.[1]

874 Steht – neben der verbindlichen Auskunft – ein weiteres Institut zur Verfügung (zB bei den angesprochenen Dauersachverhalten die verbindliche Zusage), fällt die Wahl regelmäßig zulasten der verbindlichen Auskunft aus.[2] Grund: Die verbindliche Auskunft ist **gebührenpflichtig**. Der Gesetzgeber hat der Regelung der Gebühr weitaus größeres Gewicht als der Voraussetzung und Bindungswirkung der verbindlichen Auskunft selber zugemessen (§ 89 Abs. 2 – 7 AO). Die Gebühr richtet sich grundsätzlich nach dem **Gegenstandswert**, nur mangels dessen Bestimmbarkeit nach einer **Zeitgebühr** (50,– Euro je angefangene halbe Stunde).[3]

875 Die Gebühr stellt für den Berater ein erhebliches **Risiko** dar. Sie fällt für die Bearbeitung an, unabhängig davon, ob die verbindliche Auskunft positiv oder negativ ausfällt; die Gebühr entsteht mit dem Eingang des Antrags.[4] Sie entsteht auch bei mangelhaften Anträgen, wobei allerdings der Antragsteller vorher auf die Mängel seines Antrags hinzuweisen ist, damit er den Antrag ergänzen kann.[5] Sind an einem Gestaltungsvorgang **mehrere Steuerpflichtige** beteiligt oder entfaltet dieser Vorgang auf mehrere Steuerpflichtige steuerliche Auswirkungen, ist der Antrag zur Erzielung der Bindungswirkung zum Teil durch mehrere Antragsteller zu stellen. Dies betrifft insbesondere Vorgänge nach dem Umwandlungssteuergesetz oder das Organschaftsverhältnis. Insofern besteht die Gefahr, dass die **Gebühr** von **jedem** Antragsteller erhoben wird.[6]

---

1 Zu solchen Sachverhalten bei der verbindlichen Auskunft *Seer* in Tipke/Kruse, § 89 AO Rz. 33 (Jan. 2012); im Zusammenhang mit § 204 AO *Hendricks* in Beermann/Gosch, § 204 AO Rz. 21 (Febr. 2016).
2 *Rätke* in Klein, § 89 AO Rz. 15.
3 § 89 Abs. 6 AO.
4 *Rätke* in Klein, § 89 AO Rz. 50.
5 AEAO zu § 89 Nr. 4.5.1.
6 Gegen eine doppelte Erfassung im Rahmen einer Organschaft FG Köln v. 28.10.2014 – 8 K 731/12, EFG 2015, 530; allerdings aufgehoben durch BFH v. 9.3.2016 – I R 66/14, nv. (juris).

Bindungswirkung

Ein weiteres Risiko birgt die **Sachverhaltsdarstellung** der verbindlichen Auskunft. Der Sachverhalt ist so umfassend darzustellen, dass das Finanzamt grundsätzlich keine eigenen Ermittlungen anzustellen hat.[1] Zudem hängt die Bindungswirkung der verbindlichen Auskunft nach § 2 Abs. 1 StAuskV davon ab, dass der später verwirklichte Sachverhalt nicht oder nur unwesentlich von dem der Auskunft zugrunde gelegten Sachverhalt abweicht.[2] Die Sachverhaltsschilderung ist daher mit höchster **Akribie** zu fertigen.[3]

876

Bei der verbindlichen Auskunft nach § 89 Abs. 2 AO handelt es sich um einen **Verwaltungsakt**.[4] Obwohl § 89 AO als Kannvorschrift formuliert ist, besteht grundsätzlich ein **Rechtsanspruch** auf Erteilung der Auskünfte, wenn die Voraussetzungen erfüllt sind.[5] Umstritten ist, wie weit der **Rechtsschutz** gegen eine **modifizierte** oder **inhaltlich abgelehnte** Zusage reicht.[6] Der BFH sieht zwar den Einspruch und die Verpflichtungsklage als statthaft, die gerichtliche Überprüfung jedoch nur als eingeschränkt möglich an: Das Gericht überprüft lediglich, ob die rechtliche Einschätzung durch das Finanzamt der vom Antragsteller aufgeworfenen Frage in sich schlüssig und nicht evident rechtsfehlerhaft ist.[7]

877

Insbesondere bei der Gestaltungsberatung sollte der Steuerpflichtige auf die Einholung einer verbindlichen Auskunft hingewiesen werden, sofern die Rechtslage durch den Berater nicht eindeutig beurteilt werden kann. Unterlässt der Berater diesen Hinweis und kommt es zu einer praktisch nicht mehr korrigierbaren rechtlichen Gestaltung mit negativen steuerlichen Auswirkungen für den Mandanten, kann eine **Schadensersatzpflicht** resultieren.[8]

878

---

1 AEAO zu § 89 Nr. 3.5.1.
2 *Rätke* in Klein, § 89 AO Rz. 24; *Seer* in Tipke/Kruse, § 89 AO Rz. 31 (Jan. 2012).
3 *Rätke* in Klein, § 89 AO Rz. 24.
4 BFH v. 16.5.2013 – V R 23/12, BStBl. II 2014, 325; v. 12.8.2015 – I R 45/14, BFH/NV 2016, 261.
5 *Seer* in Tipke/Kruse, § 89 AO Rz. 40 (Jan. 2012); *Rätke* in Klein, § 89 AO Rz. 26; AEAO zu § 89 Nr. 3.5.4 nennt jedoch Ablehnungsgründe, die zutreffend als zu weitgehend gewertet werden, vgl. *Seer* in Tipke/Kruse, § 89 AO Rz. 42.
6 Vgl. die Nachweise bei *Seer* in Tipke/Kruse, § 89 AO Rz. 60 (Jan. 2012), der uE nachvollziehbar insbesondere mit Blick auf die Kostenpflicht der verbindlichen Auskunft auch eine gerichtliche Überprüfung für angebracht erachtet.
7 BFH v. 29.2.2012 – IX R 11/11, BStBl. II 2012, 651; v. 5.2.2014 – I R 43/12, BFH/NV 2014, 1014; FG München v. 9.7.2014 – 1 K 296/11, nv. (juris).
8 BGH v. 8.2.2007 – IX Z R 188/05, DStR 2007, 1098; *Lange*, DB 2008, 511 ff.; *Seer* in Tipke/Kruse, § 89 AO Rz. 32 (Jan. 2012).

Einzelthemen im Zusammenhang

879 Eine schriftliche Mitteilung des Finanzamts auf schriftliche Anfrage des Steuerpflichtigen kann auch dann eine verbindliche Auskunft im Sinne des § 89 Abs. 2 AO mit entsprechender Bindungswirkung entfalten, wenn weder die Anfrage noch die Antwort **äußerlich** den Gepflogenheiten einer verbindlichen Auskunft entspricht.[1]

III. Gesetzlich geregelte Zusagen

1. Zusage im Anschluss an die Außenprüfung

880 Im Rahmen der **Außenprüfung** regeln die **§§ 204 ff. AO** eine verbindliche Zusage im Anschluss an eine Außenprüfung.

881 Die Finanzbehörde **soll** dem Steuerpflichtigen auf **Antrag** im **Anschluss** an eine Außenprüfung[2] verbindlich zusagen, wie ein für die Vergangenheit geprüfter und im Prüfungsbericht dargestellter Sachverhalt in Zukunft steuerrechtlich behandelt wird, wenn die Kenntnis der künftigen steuerrechtlichen Behandlung für die geschäftlichen Maßnahmen des Steuerpflichtigen von Bedeutung ist (§ 204 AO).

882 § 205 AO regelt die **Form** der verbindlichen Zusage; sie wird schriftlich erteilt und als verbindlich gekennzeichnet. Der Sachverhalt muss wiedergegeben werden, die Entscheidung über den Antrag einschließlich der dafür maßgebenden Gründe. Außerdem muss bestimmt werden, für welche Steuern und für welchen Zeitraum die verbindliche Zusage gilt.

883 Will der Steuerpflichtige unnötige **Probleme** bei der Antragstellung vermeiden, sollte der Antrag folgende Angaben enthalten:[3]
  – Die klare und nötigenfalls umfassende Darstellung des **Sachverhalts**, der der verbindlichen Zusage zugrunde liegen soll, wobei in geeigneten Fällen auf den Prüfungsbericht verwiesen werden kann,
  – die Angabe, auf welche **Steuern** sich die verbindliche Auskunft beziehen soll,
  – die Darstellung der **Rechtsprobleme**,

---

1 BFH v. 12.8.2015 – I R 45/14, BFH/NV 2016, 261; selbst die Schlussbemerkung des Finanzamts, man hoffe, die Frage ausreichend beantwortet zu haben, erschütterte im konkreten Fall den Rechtsbindungswillen nicht.
2 Der geforderte **zeitliche Zusammenhang** ist jedenfalls gegeben, wenn der Antrag kurz nach Übersendung des Prüfungsberichts gestellt wird, *Hendricks* in Beermann/Gosch, § 204 AO Rz. 17 (Febr. 2016).
3 *Schallmoser* in Hübschmann/Hepp/Spitaler, § 204 AO Rz. 14 (Febr. 2011); *Hendricks* in Beermann/Gosch, § 204 AO Rz. 20 (Febr. 2016).

Bindungswirkung

- den Inhalt der begehrten verbindlichen Zusage (also die **gewünschte** steuerliche Handhabung),
- die Darstellung des **besonderen** steuerlichen **Interesses** sowie
- Angabe der **Zeiträume**, auf die sich die verbindliche Auskunft beziehen soll.

Aus der Zusage folgt die in § 206 AO im Einzelnen bestimmte **Bindungswirkung**. § 207 AO regelt das Außerkrafttreten, die **Aufhebung** und die Änderung der verbindlichen Zusage. 884

Zwar steht nach dem Gesetzeswortlaut die Erteilung der verbindlichen Zusage im Ermessen der Finanzverwaltung. Liegen jedoch die Voraussetzungen für die verbindliche Zusage vor, besteht ein **Anspruch** auf Erteilung, wenn nicht ganz besondere Gründe entgegenstehen.[1] **Kein Ablehnungsgrund** stellt nach zutreffender Auffassung die Arbeitsüberlassung der Finanzverwaltung dar.[2] 885

Die Zusage des § 204 AO ist – wie deren Ablehnung – ein **Verwaltungsakt**, gegen den **Einspruch** und ggf. **Anfechtungs- und Verpflichtungsklage** zulässig sind.[3] Wurde die verbindliche Zusage erteilt, entspricht sie in der Regel dem Antrag, da verbindliche Zusagen in der Praxis nahezu ausschließlich in Bezug auf Sachverhalte beantragt werden, bei denen der Steuerpflichtige mit der Beurteilung des Sachverhalts im Rahmen der abgeschlossenen Betriebsprüfung einverstanden war. Ist dies ausnahmsweise nicht der Fall, stellt sich die Frage, ob und in welchem **Umfang** der Inhalt der Zusage gerichtlich überprüfbar ist. Hier wird das Gleiche gelten wie im Zusammenhang mit § 89 Abs. 2 AO (Rz. 877).[4] 886

Die Zusage nach §§ 204 ff. AO hat in der **Praxis** nicht die Bedeutung erlangt, die ihr vom Gesetzgeber beigemessen wurde. Der Umstand, dass 887

---

1 *Seer* in Tipke/Kruse, § 204 AO Rz. 115 (Mai 2011); *Rüsken* in Klein, § 204 AO Rz. 7; AEAO zu § 204 Nr. 5.
2 *Schallmoser* in Hübschmann/Hepp/Spitaler, § 204 AO Rz. 29 (Febr. 2011); *Borggreve*, AO-StB 2007, 77 (79); *Seer* in Tipke/Kruse, § 204 AO Rz. 15 (Mai 2011); aA *Frotscher* in Schwarz/Pahlke, § 204 AO Rz. 8 (Nov. 2003), allerdings nur bei vorübergehenden Notsituationen.
3 *Rüsken* in Klein, § 204 AO Rz. 15; *Hendricks* in Beermann/Gosch, § 204 AO Rz. 37 (Febr. 2016); *Vogelsang* in Vogelsang/Stahl, Rz. R 16; vgl. zu einer ähnlichen Situation im Zusammenhang mit der verbindlichen Zusage im Rahmen des § 36 Abs. 1 Nr. 1 StBerG BFH v. 8.6.1993 – VII R 125/92, BStBl. II 1994, 665.
4 *Hendricks* in Beermann/Gosch, § 204 AO Rz. 37 (Febr. 2016).

Einzelthemen im Zusammenhang

sie im Unterschied zu der gesetzlichen Kodifikation der verbindlichen Auskunft in § 89 Abs. 2 AO **gebührenfrei** erteilt wird, könnte ihr bei hohen Gegenstandswerten Zulauf verschaffen.

2. Sonstige gesetzliche Zusagen

888 Weitere gesetzlich geregelte Zusagen sind die **Anrufungsauskunft** im Rahmen des **Lohnsteuerabzugsverfahrens** gem. § 42e EStG. Hiernach kann das Betriebstättenfinanzamt des Arbeitgebers auf Anfrage eines Beteiligten darüber Auskunft geben, ob und inwieweit im einzelnen Fall die Vorschriften über die Lohnsteuer anzuwenden sind. Die **Bindungswirkung** beschränkt sich auf das Lohnsteuerabzugsverfahren und erstreckt sich **nicht** auf das Einkommensteuer-Veranlagungsverfahren der **Arbeitnehmer**.[1]

889 Gem. Art. 33 Unionszollkodex (UZK), dem Nachfolger von Art. 12 Zollkodex (ZK)[2], erteilt die Zollbehörde verbindliche **Zolltarifauskünfte** oder verbindliche **Ursprungsauskünfte**. Diese binden die Zollbehörden gegenüber dem Berechtigten hinsichtlich der zolltariflichen Einreihung bzw. der Feststellung des Ursprungs der Ware.[3]

890 Nicht gesetzlich geregelt, aber inzwischen ein festes Rechtsinstitut stellt die sog. Vorabzusage im Rahmen des Advanced Pricing Agreements (**APA-Verfahren**) dar.[4] APA-Verfahren stellen eine Anwendungsform des gem. § 178a AO **gebührenpflichtigen** Vorabverständigungsverfahrens dar.[5] Sie zielen darauf ab, internationale **Verrechnungspreiskonflikte** auf bi- oder multilateraler Ebene im Vorfeld zu vermeiden.[6]

IV. Schlichte Auskünfte und Zusagen

891 **Allgemeine Auskünfte** des Finanzamts, auch der Außenprüfung, über Tatsachen oder über eine Rechtslage sind **unverbindliche Erklärun-**

---

1 BFH v. 22.5.2007 – VI B 143/06, DStRE 2007, 1098; v. 3.1.2011 – VI R 64/09, BFH/NV 2011, 753.
2 Der UZK löste zum 1.5.2016 den zuvor geltenden ZK ab.
3 *Hendricks* in Beermann/Gosch, § 204 AO Rz. 9 (Febr. 2016); *Rüsken* in Klein, § 204 AO Rz. 38.
4 *Hendricks* in Beermann/Gosch, § 204 AO Rz. 11 (Febr. 2016).
5 *Hendricks* in Beermann/Gosch, § 178a AO Rz. 12 (Jan. 2008).
6 Hierzu und weitergehend *Kramer*, IStR 2007, 174 f.; *Hendricks* in Wassermeyer/Baumhoff, Verrechnungspreise international verbundener Unternehmen, 2014, Rz. 10.75 ff.

gen.¹ Sie führen zu keiner Bindung der Steuerbehörde. Es handelt sich nicht um angreifbare Verwaltungsakte.² Die Finanzbehörden sind zu solchen Auskünften im Rahmen ihrer Zuständigkeit berechtigt. Eine Pflicht zur Auskunftserteilung besteht nur, soweit dies gesetzlich vorgeschrieben ist oder eine Ermessenseinengung insoweit eingetreten ist, dass das Finanzamt sein Ermessen zur Auskunftserteilung nur dahingehend ausüben kann, die Auskunft zu erteilen. Eine Bindungswirkung allgemeiner Auskünfte kann sich im Ausnahmefall nur nach den Grundsätzen von **Treu und Glauben** (Rz. 894 ff.) ergeben.³

Von den allgemeinen Auskünften zu unterscheiden sind **rechtsverbindliche Zusagen außerhalb** der **gesetzlich** vorgesehenen Instrumentarien,⁴ die **explizit** oder konkludent eine Selbstbindung entfalten.⁵ Hierbei dürften **konkludent** erteilte Zusagen in der Praxis nur schwer begründbar und zu vernachlässigen sein. 892

Einen Anwendungsbereich bilden **verbindliche Absprachen** im Rahmen eines anhängigen Rechtsbehelfsverfahrens (zB **Einspruch** oder **Klageverfahren**). Hierunter fallen Konstellationen, in denen sich die Finanzverwaltung verpflichtet, einen (Teil-)**Abhilfebescheid** zu erlassen, um eine gerichtliche Entscheidung entbehrlich zu machen und den Rechtsstreit trotzdem abschließen zu können; im Gegenzug verpflichtet sich der Steuerpflichtige, zB die Klage für einzelne Streitjahre zurückzunehmen oder den Rechtsstreit ganz oder teilweise für erledigt zu erklären.⁶ Nach zutreffender Ansicht handelt es sich nicht um eine einseitig verpflichtende Zusage der Finanzverwaltung, sondern um einen **Verpflichtungsvertrag**.⁷ Ähnlich verhält es sich mit sog. **Musterprozessvereinbarungen**, durch die sich das Finanzamt und der Kläger verpflichten, das Ergebnis des Musterprozesses auf weitere Rechtsverhältnisse zu übertragen.⁸ Solche Zusagen finden im Kontext einer Außenprüfung nur **selten** statt, da üblicherweise die Außenprüfung die Rechtsbehelfsverfahren erst auslöst. 893

---

1 *Schallmoser* in Hübschmann/Hepp/Spitaler, vor § 204 AO Rz.. 6 ff. (Febr. 2011); *Rüsken* in Klein, § 204 AO Rz. 20.
2 *Schallmoser* in Hübschmann/Hepp/Spitaler, vor § 204 AO Rz. 10 (Febr. 2011).
3 *Rüsken* in Klein, § 204 AO Rz. 21.
4 ZB der verbindlichen Auskunft des § 89 Abs. 2 AO.
5 *Klass*, DB 2010, 2464 (2468).
6 *Seer* in Tipke/Kruse, § 89 AO Rz. 116 (Jan. 2012); *Hendricks* in Beermann/Gosch, § 204 AO Rz. 13.
7 *Seer* in Tipke/Kruse, § 89 AO Rz. 116 (Jan. 2012).
8 Hierzu *Hendricks* in Beermann/Gosch, § 204 AO Rz. 13 (Febr. 2016) mit Beispielen.

Einzelthemen im Zusammenhang

V. Treu-und-Glauben-Bindung

894 Die heute in § 89 Abs. 2 AO normierte verbindliche Auskunft beruhte zuvor auf dem Grundsatz von Treu und Glauben. Die dazu ergangene Rechtsprechung hat deshalb weitgehend an Bedeutung verloren.[1] Dies bedeutet jedoch nicht, dass einer Bindungswirkung nach Treu und Glauben in der Außenprüfung keine Relevanz mehr zukommt. Im Gegenteil: Dort, wo es an einer verbindlichen Auskunft gem. § 89 Abs. 2 AO mangelt, führen Äußerungen des Prüfers, dessen Anregungen und Rechtsauffassungen sowie der Betriebsprüfungsbericht nicht selten zu **Fehlvorstellungen** des Geprüften und zum **Streit** über die **Bindungswirkung**. Im Rahmen der Außenprüfung lassen sich im Wesentlichen **drei Fallgruppen** unterscheiden:[2]

895 Prüft die Finanzverwaltung bei der Betriebsprüfung ein steuerliches Thema und **beanstandet** es die zu beurteilenden steuerlichen Fragen **nicht**, erzeugt dies kein schutzwürdiges Vertrauen auf die Richtigkeit; die Finanzverwaltung kann für die Zukunft ihre Ansicht ändern.[3] Zu berücksichtigen ist allerdings der durch **§ 173 Abs. 2 AO** gestärkte Vertrauensschutz vor einer Änderung aufgrund neuer Tatsachen (s. Rz. 785).

896 Nimmt hingegen die **Finanzverwaltung** in der Außenprüfung über eine passive Nichtbeanstandung hinaus **aktiv Einfluss**, indem sie den Steuerpflichtigen veranlasst, seinen eigenen Standpunkt zu der Streitfrage aufzugeben und sich der Rechtauffassung der Finanzverwaltung erstmalig anzuschließen, schafft die Außenprüfung einen Vertrauenstatbestand.[4] So kann der Steuerpflichtige sich zB darauf berufen, er habe auf Betreiben des Außenprüfers ein nicht dem Betrieb dienendes Wirtschaftsgut in die Bilanz aufgenommen, so dass bei Herausnahme aus der Bilanz keine stillen Reserven aufgedeckt werden müssen; das Verhalten des Außenprüfers wirkt unmittelbar in die Zukunft.[5]

---

[1] *Rüsken* in Klein, § 204 AO Rz. 21.
[2] Hierzu *Klass*, DB 2010, 2464 (2466 ff.); *Drüen* in Tipke/Kruse, § 4 AO Rz. 149 f. (Okt. 2011).
[3] BFH v. 4.11.1997 – VIII R 19/95, BFH/NV 1998, 1094; FG Köln v. 13.2.2003 – 15 K 600/99, EFG 2003, 810; *Drüen* in Tipke/Kruse, § 4 AO Rz. 149 (Okt. 2011), mwN.
[4] FG Köln v. 13.2.2003 – 15 K 600/99, EFG 2003, 810; *Drüen* in Tipke/Kruse, § 4 AO Rz. 150 (Okt. 2011); *Krass*, DB 2010, 2464 (2466).
[5] *Drüen* in Tipke/Kruse, § 4 AO Rz. 150 (Okt. 2011), mit weiteren Beispielen.

Bindungswirkung

Eine Zwischenposition nimmt folgende Konstellation ein: Beurteilt die Betriebsprüfung einen steuerlichen Sachverhalt **über Jahre** hinweg auf eine bestimmte Weise, erweckt sie damit den Eindruck einer gänzlich unstreitigen Rechtslage und ruft beim Steuerpflichtigen das Vertrauen hervor, dass es keine Zweifel an der Rechtslage gibt, und trifft der Steuerpflichtige im Vertrauen auf diese Rechtslage Dispositionen, so darf richtigerweise dem Vertrauensschutz nicht das Prinzip der Abschnittsbesteuerung entgegengehalten werden.[1] 897

Die Frage, ob eine Selbstbindung durch Treu und Glauben eingetreten ist, kann nur dem **Einzelfall** entnommen werden. Hier ist zu prüfen, ob besondere Erklärungen, Umstände oder Verhaltensweisen zu dem Urteil führen, dass das Finanzamt treuwidrig handeln würde, wenn es ein verursachtes Vertrauen nicht rechtfertigen würde. 898

Die **nicht bindende Einigung** gehört zum „**Fair Play**" der Außenprüfung. Sowohl das Finanzamt als auch der Berater wären schlecht beraten, wenn sie leichtfertig von einer solchen Einigung abweichen würden, auch wenn dies rechtlich möglich ist. Haben die Partner häufiger eine Abkehr von einer Einigung erlebt, wird der Partner schon bald als nicht einigungsfähig eingestuft. Der vernünftige Umgang miteinander wird schwieriger. 899

Schließlich sei noch auf den **gesetzlich** normierten **Vertrauensschutz** des **§ 176 AO** hingewiesen:[2] Bei der Aufhebung oder Änderung eines Steuerbescheids, auch wenn er unter dem Vorbehalt der Nachprüfung steht,[3] darf nicht zuungunsten des Steuerpflichtigen berücksichtigt werden, dass das BVerfG die Nichtigkeit eines Gesetzes feststellt, ein Oberster Gerichtshof des Bundes eine Norm nicht anwendet, weil er sie für verfassungswidrig hält, oder sich die Rechtsprechung eines Obersten Gerichtshofs des Bundes geändert hat, die bei der bisherigen Steuerfestsetzung von der Finanzbehörde angewandt worden ist. Ebenfalls darf nicht zuungunsten des Steuerpflichtigen berücksichtigt werden, 900

---

1 *Klass*, DB 2010, 2464 (2468); aA FG Düsseldorf v. 17.2.2001 – 5 V 2776-01, DStRE 2002, 975; BFH v. 29.8.2001 – VIII R 34/04, BFH/NV 2002, 185; aA allerdings wiederum BFH v. 28.2.1961 – I 25/61 U, BStBl. III 1961, 252 (Würdigung eines Sachverhalts über einen Zeitraum von 16 Jahren löst Vertrauensschutz aus).
2 Zur Qualifikation *Frotscher* in Schwarz/Pahlke, § 176 AO Rz. 1 f. (März 2015).
3 *Loose* in Tipke/Kruse, § 176 AO Rz. 3 (Aug. 2014); *Frotscher* in Schwarz/Pahlke, § 176 AO Rz. 13 (März 2015).

Einzelthemen im Zusammenhang

dass eine allgemeine Verwaltungsvorschrift der Bundesregierung, einer Obersten Bundes- oder Landesbehörde von einem Obersten Gerichtshof des Bundes als rechtswidrig bezeichnet worden ist.

VI. Tatsächliche Verständigung

901 Zur **Bindungswirkung** und Bedeutung der Tatsächlichen Verständigung im Kontext der Außenprüfung s. Rz. 643 ff.

D. Außenprüfung und Steuerstrafverfahren

Der **Zweck** der **Außenprüfung** ist die Sicherung und Kontrolle der ordnungsmäßigen Besteuerung. Es wird überprüft, ob der Steuerpflichtige, insbesondere der Unternehmer, seine steuerlichen Pflichten erfüllt hat. Innerhalb der Außenprüfung ist er umfassend, ja restlos zur Mitwirkung verpflichtet. Weigerungsrechte bestehen für den Steuerpflichtigen selbst nicht. 902

§ 370 AO bestraft die **Steuerhinterziehung**. Auch durch diese Strafsanktionen und durch die Steuerstrafverfolgung soll die Erfüllung der Steuerpflichten gesichert werden. Das Strafrecht verlangt keine Mitwirkungspflichten von dem Beschuldigten. Ihm muss die Straftat nachgewiesen werden. Er hat ein uneingeschränktes Schweige- und Weigerungsrecht. 903

Außenprüfung und **Steuerstrafverfahren**[1] verfolgen weitgehend **dasselbe Ziel**, wenn auch mit unterschiedlichen Mitteln. In ihren beiden Verfahrensordnungen (Abgabenordnung und Strafprozessordnung) geben sie dem Steuerbürger jedoch **gegenläufige Rechte**. Um es plastisch auszudrücken: Da das Strafverfahren ein Weigerungsrecht gibt, durchkreuzt es die Mitwirkungspflichten in der Außenprüfung. Einigungen in der Schlussbesprechung werden schwieriger, Einspruchsverfahren sind notwendig, Klagen werden häufiger; die Verdrossenheit über das Finanzamt nimmt zu – und die Steuerhinterziehung nimmt infolge dieser Disharmonie sicher nicht ab. Die Verfolgung der Steuerhinterziehung steht einer vernünftigen durchgeführten Außenprüfung mithin häufig im Weg. Die Finanzverwaltung tritt sich hier selbst auf die Füße. Hierüber sollte häufiger nachgedacht werden. 904

Der **Außenprüfer** ist **vorrangig** als **Steuerbeamter** mit der Funktion betraut, Besteuerungsgrundlagen zu überprüfen und festzustellen. Er ist Finanzbeamter und nicht Strafverfolgungsorgan. 905

Gleichwohl hat das **Finanzamt** die **Befugnis**, die **Strafverfolgung** in Steuersachen aufzunehmen (§ 386 AO). Selbst dann, wenn die allge- 906

---

[1] Vgl. hierzu *Streck*, BB 1980, 1537; *Streck*, Über Betriebsprüfung und Steuerstrafverfahren im Widersinn, BB 1984, 199, mit Entgegnung *Hildebrand*, BB 1984, 1226; *Buse*, DB 2011, 1942; *Drüen*, DStJG 38 (2015), 219; *Seer* in Tipke/Kruse vor § 193 AO Rz. 27 ff. (Okt. 2013). Zum Verhalten des Prüfers bei Nichtsteuerstraftaten s. *Kretzschmar*, StBp. 1983, 241.

Einzelthemen im Zusammenhang

meine Verfolgungsbefugnis auf zentralisierte Bußgeld- und Strafsachenstellen delegiert ist, behält das Finanzamt, damit auch die Außenprüfung, dieses Recht (§ 399 Abs. 2 AO). Der Außenprüfer hat folglich die Berechtigung des ersten Zugriffs; er kann – bei Gefahr im Verzug – **beschlagnahmen, durchsuchen** und notfalls sogar **verhaften**; auf jeden Fall kann er gem. § 397 AO ein Steuerstrafverfahren einleiten.

907 Das **Steuerstrafverfahren** wird von dem Prüfer **eingeleitet**, wenn er eine Maßnahme vornimmt, die objektiv erkennbar darauf abzielt, wegen einer Steuerstraftat zu ermitteln (§ 397 AO).

908 Die Ermittlung erfährt der Betroffene nicht notwendig. Folglich unterscheidet das Gesetz zwischen der Einleitung und der **Mitteilung** der **Einleitung** des Steuerstrafverfahrens. Nach § 397 Abs. 3 AO ist die Einleitung des Strafverfahrens dem Beschuldigten spätestens dann mitzuteilen, wenn er aufgefordert wird, sich zur Sache zu äußern.

909 **Beschlagnahmt** der Prüfer oder **verhaftet** er, so ist das Steuerstrafverfahren eingeleitet (gleichzeitig dem Steuerpflichtigen mitgeteilt); aus der Eindeutigkeit dieser strafprozessualen Maßnahmen folgt die Einleitung des Strafverfahrens unmittelbar. Diese Eindeutigkeit der Einleitung ist jedoch in Prüfungen nicht gegeben. Zum Hinterziehungstatbestand gehört die Verkürzung von Steuern (§ 370 Abs. 1 AO). Diesen objektiven Tatbestand des § 370 AO prüft der Außenprüfer. Daraus folgt die Problematik der Abgrenzung: Wann ist das Ziel der Betriebsprüfung die steuerliche Kontrolle, wann die strafrechtliche Verfolgung? Wann zielt die Tätigkeit des Prüfers erkennbar darauf ab, wegen einer Steuerstraftat zu ermitteln? Prüfungshandlungen sind hier häufig doppelwertig. Die Grenzziehung ist äußerst schwierig.

910 Außenprüfer sind in **erster Linie Steuerbeamte**, nicht Strafverfolgungsorgane. Nach dem Normalverständnis der Geprüften und der Außenprüfer arbeitet dieser im Steuerverfahren, sofern er nicht ausdrücklich oder durch typische strafprozessuale Maßnahmen (zB eine Beschlagnahme) unverkennbar als Steuerpolizist aktiv wird. Diesem Selbstverständnis entspricht das rechtliche Gerüst. „Die Außenprüfung dient der Ermittlung der steuerlichen Verhältnisse des Steuerpflichtigen" (§ 194 Abs. 1Satz 1 AO). Die Außenprüfung ist Teil der Finanzverwaltung und dient dem Fiskalzweck. Die strafrechtlichen Funktionen sind „auch" gegeben; sie sind jedoch nicht vorrangig. § 201 Abs. 2 AO – die gesetzliche Fixierung des strafrechtlichen Hinweises – unterstreicht dieses Rangverhältnis. Prüfer sind auch für eine ständige strafrechtliche Überprüfung nicht ausgebildet. Folglich kann von dem Prüfer auch keine „laufende Verdachtsprüfung" verlangt werden. Unverständlich sind

Außenprüfung und Steuerstrafverfahren

Aufforderungen an den Prüfer, die Strafverfolgung auszudehnen.[1] Daraus folgt, dass stets vorrangig zu vermuten ist, dass der Prüfer im Steuerverfahren tätig wird.

Die **Finanzverwaltung** geht von diesem Regel-Ausnahme-Verhältnis aus. In § 10 BpO[2] wird der Ausnahmetatbestand auch in formale Regeln gefasst: „Ergeben sich während einer Außenprüfung zureichende tatsächliche Anhaltspunkte für eine Straftat (...), deren Ermittlung der Finanzbehörde obliegt, so ist die für die Bearbeitung dieser Straftat zuständige Stelle unverzüglich zu unterrichten (...). Richtet sich der Verdacht gegen den Steuerpflichtigen, dürfen hinsichtlich des Sachverhalts, auf den sich der Verdacht bezieht, die Ermittlungen (§ 194 AO) bei ihm erst fortgesetzt werden, wenn ihm die Einleitung des Strafverfahrens mitgeteilt worden ist". Während nach § 397 AO die Einleitung des Steuerstrafverfahrens und die Mitteilung der Einleitung zeitlich auseinanderfallen können und oft auch auseinanderfallen, sollen sie nach § 10 BpO innerhalb der Außenprüfung Hand in Hand gehen. Verfolgen die betriebsprüferischen Ermittlungshandlungen strafrechtliche Ziele, so ist dem Steuerpflichtigen die Einleitung mitzuteilen. Auf diese Weise erreicht § 10 BpO die Klarheit und Eindeutigkeit des Verfahrens. Strafrechtliche Ermittlungen sind gegeben, wenn sie besonders angekündigt werden. Fehlt diese Ankündigung, so wird nach dem Grundgedanken des § 10 BpO mit steuerlicher Zielsetzung ermittelt.

911

Nach **§ 10 BpO** sind Ermittlungen, wenn sich ein steuerstrafrechtlicher Verdacht aufdrängt, zu unterbrechen; der Prüfer soll Kontakt mit der Bußgeld- und Strafsachenstelle aufnehmen. Problematisch ist, in **welchem Umfang** dieses – von der Verwaltung sich selbst verordnete – **Ermittlungshindernis** eingreift. § 10 BpO spricht von einem Hinweis, „auf den sich der Verdacht bezieht". Bezieht sich der Verdacht auf Zinseinkünfte, kann folglich – so könnte man meinen – hinsichtlich der gewerblichen Einkünfte weitergeprüft werden. Diese Auslegung ist nicht richtig. Setzt der Prüfer seine Prüfung fort, so geht der Steuerpflichtige davon aus, dass ein strafrechtlicher Verdacht nicht eingreift. Gerade um die Offenheit des Verfahrenszwecks sicherzustellen, wurde § 10 BpO geschaffen. Die Differenzierung nach einzelnen Sachverhaltskomplexen erzeugt Täuschungen, die gerade verhindert werden sollen. Denn ob der Prüfer die Zinseinkünfte (oder die Inventuren) nicht prüft, weil er den Verdacht der Hinterziehung hegt oder weil er sie erst nach

912

---

[1] So aber *Brenner*, StBp. 1976, 279.
[2] Übernommen in dem Merkblatt zur Außenprüfung für den Steuerpflichtigen, vgl. BStBl. I 2013, 1265, s. unten Anl. 5.

Einzelthemen im Zusammenhang

der im Augenblick vorrangigen Prüfung der gewerblichen Einnahmen (oder der Betriebsausgaben) vornehmen will, ist dem Geprüften unmöglich zu wissen. Die faire Regelung der Eindeutigkeit des Verfahrens gebietet, dass § 10 BpO in voller Auswirkung auch bei einem Teilverdacht gilt. Hierbei darf uE auch nicht nach Prüfungsjahren unterschieden werden. Ergibt sich hinsichtlich irgendeines Punkts in der Außenprüfung ein Tatverdacht, ist die Prüfung insgesamt zu unterbrechen, um die Frage der Einleitung des Steuerstrafverfahrens abzuklären.

913 Was wir hier als rechtliche Notwendigkeit fordern, ist in der **Praxis** häufig anzutreffen, wenn nicht gar die Regel. Ergibt sich ein Tatverdacht, so wird die Prüfung insgesamt unterbrochen. Der Prüfer lässt sich, möglicherweise unbewusst, von dem Gedanken leiten, dass durch die Einleitung eines Steuerstrafverfahrens die Außenprüfung insgesamt eine Qualitätsänderung und eine Änderung der Haltung von Prüfer und Geprüftem erfährt.

914 Die Einschaltung der **Bußgeld- und Strafsachenstelle verschiebt zeitlich** die **Einleitung** des **Strafverfahrens**. Das ist für die Praxis von erheblicher Bedeutung. Bei leichtfertiger Steuerverkürzung hindert die Prüfung nicht die Selbstanzeige, wohl aber die Einleitung des Strafverfahrens (vgl. § 378 Abs. 3 AO). Es ist daher zu überlegen, ob zu diesem Zeitpunkt noch eine Selbstanzeige zu erstatten ist. Da anlässlich des Verdachts einer Steuerstraftat die Außenprüfung auch in ein Steuerfahndungsverfahren umschlagen kann, ist in die Beratung auch diese Möglichkeit aufzunehmen.

915 Der Prüfer weiß, dass ihn das Gesetz einerseits mit einem „Polizeiauge" versehen hat, dass andererseits aber die **Einleitung des Steuerstrafverfahrens** die **Prüfung stört**, das Klima und die Atmosphäre vergiftet. Im Übrigen will er nach seinem Selbstverständnis Steuer-, nicht Polizeibeamter sein. Folglich übt er sich in steuerstrafrechtlicher Abstinenz. Ihn reut es nicht, wenn sein Polizeiauge erblindet oder an Sehschärfe verliert. Die Finanzverwaltung kennt diese Schwäche des Prüfers. Sie könnte hierfür Verständnis haben, durchaus zum Nutzen der Steuererhebung. Das ist jedoch nicht der Fall. Mit Strenge versucht sie jedoch immer wieder, den Prüfer in die steuerstrafrechtliche Pflicht zu nehmen.[1]

---

[1] Zu erinnern ist an die Anweisung der OFD Freiburg v. 5.1.1979 – StEK AO 1977 § 201 Nr. 1 mit. Anm. *Streck*, und kösdi 1979, 3244; dieser Erlass wurde alsbald aufgehoben: OFD Freiburg v. 28.5.1979 – StEK AO 1977, § 201 Nr. 2.

Außenprüfung und Steuerstrafverfahren

Kommt es während der Außenprüfung selbst nicht zur Einleitung des Steuerstrafverfahrens, sorgt die Finanzverwaltung weiterhin für eine steuerstrafrechtliche Überprüfung. Sie veranlasst, dass die **Prüfungsberichte** den **Strafverfolgungsorganen** zugeleitet werden. Dies ist der Weg, auf dem es zu überraschenden Einleitungen von Steuerstrafverfahren kommt, die der Geprüfte anlässlich einer einvernehmlich abgeschlossenen Außenprüfung nicht erwartet hat.

916

Leitet der **Außenprüfer** ein **Steuerstrafverfahren nicht** ein, obwohl es eingeleitet werden müsste, so stellt sich die Frage, ob der Berater den Prüfer veranlassen muss, die Einleitung vorzunehmen. Teilweise wird dies empfohlen.[1] Wir haben Bedenken. Es ist nicht Aufgabe des Beraters, die steuerstrafrechtliche Verjährungsunterbrechung herbeizuführen (§ 78c Nr. 1 StGB). Außerdem gefährdet der Berater hier selbst das Klima der Außenprüfung. Schließlich nimmt er dem Steuerpflichtigen die Chance, dass der Prüfungsfall letztlich als Nichtsteuerstraffall behandelt wird. Damit soll dem Pflichtigen selbst der Schutz nicht genommen werden. Es ist Berateraufgabe, in solchen Fällen mit dem Mandanten „**intern**" das Strafverfahren einzuleiten. Das Außenprüfungsverfahren ist von diesem Zeitpunkt an so zu begleiten und durchzuführen, als wäre das Steuerstrafverfahren eingeleitet.

917

Zur Frage des **Verwertungsverbots** bei einer verspäteten Einleitung des Steuerstrafverfahrens s. Rz. 945 ff.

918

Ist das **Steuerstrafverfahren eingeleitet** und befindet sich der geprüfte Steuerpflichtige sowohl in der Rolle des strafrechtlich Beschuldigten als auch in derjenigen des Steuerpflichtigen, so ist seine Rechtsstellung sowohl durch die **Strafprozessordnung** als auch durch die **Abgabenordnung** bestimmt.[2] Die Abgabenordnung regelt das Verhältnis beider Verfahrensordnungen zueinander in **§ 393 Abs. 1 AO**. Nach dieser Vorschrift stehen beide Verfahrensordnungen nebeneinander. Mitwirkungspflichten können jedoch nicht mehr erzwungen werden, wenn sich der Steuerpflichtige hierdurch einer Steuerstraftat bezichtigen müsste. Dies gilt allgemein, wenn das Steuerstrafverfahren eingeleitet ist. Über die Nichterzwingbarkeit ist der Steuerpflichtige zu belehren (§ 393 Abs. 1 Satz 4 AO; § 10 BpO).

919

---

1 Vgl. zB *Stähler*, Koreferat zu dem Thema Rechte und Pflichten des Steuerpflichtigen und seines Beraters im Steuerstrafverfahren, Bericht über die Fachtagung 80 des IdW (Das Steuerrecht im Wandel, 1980), S. 104.
2 Vgl. ausführlich zu Themenbereich des Verhältnisses von Steuerverfahren zum Steuerstrafverfahren *Streck/Spatscheck/Talaska*, Die Steuerfahndung, Rz. 22 ff., mit ausführlichen Nachweisen.

Einzelthemen im Zusammenhang

920 Die Abgabenordnung scheint damit aussagen zu wollen, dass auch in Steuerstrafverfahren grundsätzlich die **Mitwirkungs- und Auskunftspflichten** – allerdings ohne Erzwingbarkeit – **bestehen** bleiben. Das im Strafprozess entwickelte Recht, sich nicht selbst belasten zu müssen, hat jedoch einen solchen Rang, dass es bei der Auslegung des § 393 Abs. 1 AO unmittelbar zu berücksichtigen ist. Das strafrechtliche Weigerungsrecht führt dazu, dass nicht erzwingbare steuerliche Pflichten dahingehend auszulegen sind, dass auch steuerrechtlich ein Weigerungsrecht besteht. Die **Praxis** geht auch tatsächlich von einem einheitlichen steuerlichen und strafrechtlichen Weigerungsrecht aus.[1]

921 Macht der Steuerbürger von diesem Weigerungsrecht im Steuerverfahren Gebrauch, so **hindert** dies **nicht** die **Steuerfestsetzung**. Notfalls ist zu schätzen. Die Schätzungsnorm des § 162 AO setzt keine Pflichtverletzung voraus.

922 Nicht richtig ist es jedoch, bei der Ausübung des Rechts des § 393 AO, dh. bei der Berufung auf das steuerrechtliche Weigerungsrecht, von der Möglichkeit einer **nachteiligen** und **verschärfenden Schätzung** zu reden. Das Verweigerungsrecht ist ein „Urrecht" im Strafverfahren. Es darf auch nicht durch Steuersanktionen ausgehöhlt werden. Die Schätzung muss sich bemühen, das richtige Ergebnis zu treffen. Stellen sich bei der Schätzungen Alternativen, so kann – nach der Rechtsprechung des BFH – zulasten des Steuerpflichtigen entschieden werden, wenn ihm eine grobe Pflichtverletzung vorzuwerfen ist. Die Ausübung des Rechts, sich selbst nicht einer Straftat zu bezichtigen, und das Auskunftsverweigerungsrecht können nicht als solche Pflichtverletzung gewertet werden. Selbst die Tatsache, dass der historische Gesetzgeber von der nachteiligen Schätzungsmöglichkeit ausgegangen ist, muss vor der bei der Auslegung zu vollziehenden rechtlichen Wertung zurückweichen, wonach die Selbstbezichtigung auch nicht mittelbar durch Fiskaldruck angestrebt werden darf. Eine Schätzung, die gerade wegen der Mitwirkungspflichtverletzung nachteilig ist, ist nicht möglich.[2]

923 Ist das **Strafverfahren eingeleitet**, so befindet sich der geprüfte Steuerpflichtige „vollständig" in der Rolle des **Beschuldigten**. Zwar wird vertreten, dass strafrechtliche und rein steuerliche Ermittlungen nebeneinander treten können (vgl. Rz. 919 f.). Dies ist abzulehnen.[3] In der **Praxis** akzeptiert die Betriebsprüfung regelmäßig die „Einheitsbetrach-

---

1 Vgl. Streck/Spatscheck/Talaska, Die Steuerfahndung, Rz. 739.
2 Vgl. hierzu Streck/Spatscheck/Talaska, Die Steuerfahndung, Rz. 1304.
3 Vgl. Streck/Spatscheck/Talaska, Die Steuerfahndung, Rz. 1209 ff.

Außenprüfung und Steuerstrafverfahren

tung". Ein Disput um eine Aufteilung in strafrechtlich relevante und strafrechtlich irrelevante Prüfungsbereiche findet nicht statt.

Eine **Selbstanzeige** ist bei einer **vorsätzlichen** Steuerhinterziehung während einer Prüfung mit strafbefreiender Wirkung nicht möglich, da die Bekanntgabe der Prüfungsanordnung oder die Einleitung des Strafverfahrens die Selbstanzeige sperren (vgl. § 371 Abs. 2 Nr. 1 AO). 924

Die Selbstanzeige ist allerdings bei **leichtfertiger Steuerverkürzung** möglich (§ 378 Abs. 3 AO). In Abweichung des § 371 Abs. 2 AO gilt hier nur die Sperrwirkung der Einleitung eines Straf- oder Bußgeldverfahrens, **nicht** die Sperre des Erscheinens des Prüfers zur Prüfung oder die Bekanntmachung einer Prüfungsanordnung. Folglich ist im Hinblick auf eine leichtfertige Steuerverkürzung eine Selbstanzeige auch noch während der Außenprüfung möglich. Dies führt zu dem Rechts- und Praxisproblem: Unter welchen Bedingungen ist eine Selbstanzeige während und nach einer Prüfung möglich und ratsam? 925

Auch wenn das gesamte **Ausmaß** einer **leichtfertigen Steuerverkürzung** im Zeitpunkt einer Selbstanzeige bereits von einem Prüfer **entdeckt** war, steht dies der bußgeldbefreienden Wirkung der Selbstanzeige nicht entgegen. Der Steuerpflichtige muss sich insoweit an den klaren Wortlaut des Gesetzes halten können. 926

Für den Berater bleiben **Probleme**. Ich erwähne hier zwei. 927

Hat der Prüfer erst einen „ersten Zipfel" einer Tat entdeckt, stellt sich für den Betroffenen die Frage, ob er den **gesamten Sachverhalt** offenbaren soll, oder nur das Teilstück, das der Prüfer mutmaßlich entdecken wird. Der erste Weg ist strafrechtlich sicher und steuerlich teuer; der zweite Weg ist vielleicht steuerlich billiger, aber strafrechtlich gefährlicher. 928

Die **Abgrenzung der vorsätzlichen Hinterziehung von der fahrlässigen Verkürzung** ist allenfalls theoretisch klar, nicht aber in der Besteuerungswirklichkeit. Eine Grenzziehung ist hier kaum möglich. Welcher Verteidiger hat nicht schon vor dem Beamten einer Bußgeld- und Strafsachenstelle gesessen und hier mehr um die Annahme einer Ordnungswidrigkeit gebeten als argumentiert. Das gilt für Bilanzierungsfragen ebenso wie für nichterklärte Zinsen. In einer solchen Verhandlung kann eine Selbstanzeige gem. § 379 Abs. 3 AO für den Beamten der Bußgeld- und Strafsachenstelle fast zum Zwang werden, eine vorsätzliche Hinterziehung anzunehmen. Er will eine Sanktion, zu der er aber nur über § 370 AO gelangt, da § 379 AO durch die Selbstan- 929

Einzelthemen im Zusammenhang

zeige insoweit „leer" läuft. In derartigen Fällen ist auch der Betroffene hin und wieder bereit, eine Sanktion zu akzeptieren, sofern es keine Strafe ist; die Selbstanzeige wird für ihn zum selbstgelegten Stolperstein. Natürlich bleibt die Möglichkeit, die Selbstzeige zu übersehen, was aber angesichts ihres zwingend befreienden Charakters rechtswidrig ist und möglicherweise den korrekten Beamten große Überwindung kostet. Es bleibt die Möglichkeit, von Beginn an auf die Selbstanzeige zu verzichten, um den Weg zu § 378 AO nicht zu verbauen. Dies setzt aber ein geübtes Verteidigerauge voraus, das, ausgehend von einem bestimmten Sachverhalt, die hier beschriebene Konfliktlage voraussieht.

930 Auch bei nach § 378 Abs. 3 AO wirksamer Selbstanzeige bleibt die **Möglichkeit** einer Bußgeldahndung wegen **Steuergefährdung** (§ 379 AO) und wegen Gefährdung von **Abzugsteuern** (§ 380 AO). Es ist wenig sinnvoll, wegen leichtfertiger oder vorsätzlicher Hinterziehung von einer Strafe abzusehen, während das Bußgeld in diesen Fällen möglich bleibt. Bis heute ist der Gesetzgeber den Forderungen, hier eine Vereinheitlichung zu schaffen, nicht gefolgt.

931 Kommt es **nicht** zur **Einleitung des Steuerstrafverfahrens**, verpflichtet § 201 Abs. 1 AO den Prüfer, den Geprüften auf die Möglichkeit der strafrechtlichen Überprüfung hinzuweisen. Hinsichtlich der rechtlichen Erheblichkeit lässt sich über diesen sog. **strafrechtlichen Hinweis** trefflich streiten. Es mag auch sein, dass die Vorschrift rechtlich wenig sinnvoll ist. In der Prüfungspraxis zählt „das Wort"; hier gelten „Gebote der Fairness". In diese Spielregeln lässt sich der Hinweis einbetten, dass Prüfungsfeststellungen, die zu einem übereinstimmenden Ergebnis führen, noch der strafrechtlichen Überprüfung unterliegen.

932 Um der Bußgeld- und Strafsachenstelle eine strafrechtliche Überprüfung zu erleichtern, fertigt der Prüfer einen begleitenden Bericht für die Bußgeld- und Strafsachenstelle an, in dem er über strafrechtlich erhebliche Umstände berichtet (sog. **Rotbericht**). Zur Problematik dieses Berichts s. Rz. 731.

E. Verwertungsverbote und Fernwirkung

I. Verwertung rechtswidriger Sachverhaltsfeststellungen im Steuerverfahren

Problematisch ist, ob **rechtswidrig ermittelte Sachverhalte, Steuerveranlagungen** und anderen Steuerverwaltungsakten zugrunde gelegt werden können oder ob ihnen ein Verwertungsverbot entgegensteht.[1] Die Frage der Verwertbarkeit solcher Tatsachen stellt sich einmal in der allgemeinen Form, zum anderen im Besonderen bei Anwendung einzelner Normen, die Rechtsfolgen an die Festsetzung bestimmter Tatsachen knüpfen (Beispiel: § 173 AO, dh. Bestandskraftdurchbrechung bei neuen Tatsachen).

933

Die Rechtslage ist umstritten, unübersichtlich und – dies ist für den Berater wichtig – die **Beratung** im Einzelfall **wenig ergiebig**, da es im allgemeinen Recht der steuerlichen Verwertungsverbote zwingende, von der Gegenseite anerkannte Verwertungsverbote kaum gibt. Vor diesem Hintergrund ist die Rechtsprechung zur Prüfungsanordnung und zur prüferlichen Einzelermittlung (Rz. 277 ff., 853 ff.), wonach eine erfolgreiche Anfechtung zu einem Verwertungsverbot führen kann, für die Beratungspraxis zu begrüßen, da sie insoweit zumindest verfahrensmäßig Klarheit schafft. Im Übrigen haben wir die Frage der Verwertung und Nichtverwertung der Prüfungsergebnisse an den angegebenen Stellen behandelt. Hier werden allgemeine Grundsätze zur Verwertung rechtswidriger Sachverhaltsfeststellungen im Steuerverfahren dargestellt.

934

Grundsätzlich zeigt das Abgabenrecht **Zurückhaltung**, aus der Rechtswidrigkeit von Ermittlungs- und Prüfungsmaßnahmen ein Verwertungsverbot herzuleiten; nach überwiegender Ansicht und der Praxis sind in der Regel auch rechtswidrig ermittelte Tatsachen verwertbar.[2] Dass aus der Rechtswidrigkeit nicht notwendig die Nichtverwertbarkeit folgt, ergibt sich einmal aus § 127 AO, wonach Zuständigkeits-, Form- und Verfahrensfehler dann unerheblich sind, wenn in der gleichen Sache nicht eine andere Entscheidung hätte ergehen können. Zum ande-

935

---

1 Vgl. hierzu grds. auch zum Meinungsstand allgemein *Söhn* in Hübschmann/Hepp/Spitaler, § 88 AO Rz. 276 ff. (März 2010); *Seer* in Tipke/Kruse, § 88 AO Rz. 75 ff. (Aug. 2013), und speziell zur Betriebsprüfung *Seer* in Tipke/Kruse, vor § 193 AO Rz. 23 ff. (Okt. 2013).
2 Vgl. BFH v. 2.7.1969 – I B 10/69, BStBl. II 1969, 636; v. 30.10.1974 – I R 40/72, BStBl. II 1975, 232; *Seer* in Tipke/Kruse, § 88 AO Rz. 15 (Aug. 2013).

Einzelthemen im Zusammenhang

ren wird allgemein ein Verwertungsverbot bei Verletzung von sog. Form- und Ordnungsvorschriften nicht angenommen.[1]

936 Fraglich ist, wann eine **Form-** oder **Ordnungsvorschrift** vorliegt. Nach Söhn[2] sollte sie anzunehmen sein, wenn das Ergebnis bei ihrer Beachtung nicht anders ausgefallen wäre. Gefordert wird ein hypothetisches Urteil. UE kann man dieser Ansicht nur zustimmen, wenn dieses hypothetische Urteil zu einem völlig sicheren Ergebnis gelangt. Ist eine sichere Erkenntnis nicht möglich, bleibt die Verknüpfung von Rechtsverletzungen und Ergebnissen möglich. Letztlich lassen sich nach dem heutigen Stand der Kenntnis die Rechtsfolgen bei rechtswidrigen Sachverhaltsfeststellungen nur durch eine Einzelanalyse der verletzten Norm, die die Schwere der Verletzung und die Funktionen der Norm wertet, gewinnen.

937 Die **Formvorschriften** der **Außenprüfung**, zB die §§ 197, 198 AO, sollen weitgehend reine Form- und Ordnungsvorschriften sein, die ein Verwertungsverbot nicht auslösen.[3] Die Frage der Zulässigkeit der Prüfung schlechthin und von Prüfungshandlungen im Einzelnen hingegen berührt die Rechtsstellung des Bürgers in einer Intensität, die aus der Rechtswidrigkeit ein Verwertungsverbot folgen lassen sollte; die Rechtsprechung ist allerdings bei noch offenen Veranlagungen großzügig.

938 Die Verletzung der Vorschriften über die **Auskunftsverweigerungsrechte** führt in der Regel zu Verwertungsverboten.[4]

939 Werden **grundrechtlich geschützte Positionen** verletzt, greifen auf jeden Fall schützend **Verwertungsverbote** ein.[5]

940 **Beispiele:**
- Auskunftserlangen durch **Täuschung**, Drohung oder Gewalt (§ 136a StPO, Art. 1 GG),[6]
- Sachverhaltsermittlungen, obwohl das **Strafverfahren rechtswidrig nicht eingeleitet** wird (§ 136a StPO, Art. 1 GG; s. Rz. 945 ff.),
- Vorlage von Unterlagen aufgrund von **Gewaltanwendung** oder Täuschung (§ 136a StPO analog, Art. 1 GG),[7]

---

1 *Seer* in Tipke/Kruse, § 88 AO Rz. 15 (Aug. 2013).
2 *Söhn* in Hübschmann/Hepp/Spitaler, § 88 AO Rz. 297 (März 2010).
3 Vgl. *Seer* in Tipke/Kruse, vor § 193 AO Rz. 33 (Okt. 2013).
4 Vgl. *Söhn* in Hübschmann/Hepp/Spitaler, § 88 AO Rz. 314 ff. (März 2010); Einzelfragen sind umstritten.
5 *Söhn* in Hübschmann/Hepp/Spitaler, § 88 AO Rz. 314 ff. (März 2010); *Seer* in Tipke/Kruse, § 88 AO Rz. 17 (Aug. 2013).
6 *Söhn* in Hübschmann/Hepp/Spitaler, § 88 AO Rz. 309a (März 2010).
7 *Söhn* in Hübschmann/Hepp/Spitaler, § 88 AO Rz. 309a f. (März 2010).

Verwertungsverbote und Fernwirkung

- Eindringung in die **Intimsphäre** (Art. 1 GG), zB durch heimliche Abhörung von Ehegattengesprächen,[1]
- heimliche Tonbandaufnahmen (Art. 2 GG),[2]
- **nicht gestattete** Besichtigung oder **Durchsuchung** der Wohn- und Betriebsräume (Art. 3 GG),
- folglich auch die heimliche Besichtigung der Wohn- und Betriebsräume,
- nicht gestattete Wegnahme von Unterlagen (Art. 14 GG),[3]
- folglich jede „**Selbstbedienung**" hinsichtlich Akten und Unterlagen durch den Prüfer, die der Geprüfte nicht gestattet,[4]
- unberechtigtes **Abhören** des Telefons (Art. 10 GG),[5] unberechtigte **Entgegennahme** von **Telefongesprächen** im Betrieb durch den Prüfer (Art. 10 GG),
- unberechtigtes **Öffnen** der Post (Art. 10 GG).

Soweit die AO oder StPO die vorgenannten Maßnahmen **erlauben** – zB Durchsuchung, Beschlagnahme etc. – sind diese gerechtfertigt; ein Verwertungsverbot scheidet aus. Rechte der AO geben in der Regel kein Recht, das Gebot unmittelbar zu verwirklichen. Der Verletzungstatbestand ist uE daher auch dann gegeben, wenn das Finanzamt die Handlung beanspruchen kann. 941

Soweit die Finanzbehörden, auch die Außenprüfung, durch **strafbare Handlungen** Ermittlungsergebnisse erlangen, sind sie ausnahmslos unverwertbar.[6] 942

Streitig ist, ob ein eingreifendes **Verwertungsverbot unmittelbar** wirkt, dh. unabhängig von der Anfechtung der rechtswidrigen Maßnahme selbst, oder ob es, sofern möglich, der Anfechtung der rechtswidrigen Maßnahme bedarf. Wir verweisen auf die entsprechende Diskussion zur Notwendigkeit der Anfechtung einer Prüfungsanordnung (s. Rz. 282 ff.); in der Regel wird auf die allgemeine Fragestellung die gleiche Antwort wie auf die besondere zur Prüfungsanordnung gegeben.[7] Für Prüfungsanordnungen und Prüferanforderungen gilt für den Berater, dass er sie anfechten muss, um ein Verwertungsverbot zu erreichen (vgl. Rz. 170 ff. und Rz. 246 ff.). 943

---

1 Vgl. BGH v. 16.3.1983 – 2 StR 775/82, BGHSt 31, 296, und JZ 1984, 385, mit Anm. *Gössel.*
2 Vgl. BVerfG v. 31.1.1973 – 2 BVR 454/71, BVerfG 34, 238, ein Steuerstrafverfahren betreffend.
3 *Söhn* in Hübschmann/Hepp/Spitaler, § 88 AO Rz. 310 (März 2010).
4 *Söhn* in Hübschmann/Hepp/Spitaler, § 88 AO Rz. 309a f. (März 2010).
5 BFH v. 24.4.2013 – VII B 202/12, DB 2013, 2782.
6 *Söhn* in Hübschmann/Hepp/Spitaler, § 88 AO Rz. 310 (März 2010).
7 Vgl. zur Entsprechung der Antwort *Söhn* in Hübschmann/Hepp/Spitaler, § 88 AO Rz. 308 (März 2010); *Seer* in Tipke/Kruse, § 88 AO Rz. 17 (Aug. 2013).

Einzelthemen im Zusammenhang

II. Verwertung rechtswidriger Sachverhaltsfeststellungen im Strafverfahren sowie Verwertung von im Steuer- bzw. Strafverfahren ermittelten Sachverhalten im jeweils anderen Verfahren

944 Dieser Problembereich ist **ausführlich** in *Streck/Spatscheck/Talaska*, Die Steuerfahndung, Rz. 1423 ff. behandelt.

III. Die verzögerte Einleitung eines Steuerstrafverfahrens während der Außenprüfung

945 **Unterlassen** Betriebsprüfer, Steuerfahndung oder Bußgeld- und Strafsachenstelle die **Einleitung** des **Strafverfahrens**, obwohl es hätte eingeleitet werden müssen, unterbleibt auch die Belehrung nach § 393 Abs. 1, Satz 4 AO und § 10 BpO, so ist **fraglich**, ob ein steuerliches oder strafrechtliches **Verwertungsverbot** besteht.

946 Im Strafprozessrecht ist streitig, ob aus der **Verletzung** von **strafprozessualen Belehrungspflichten** ein Verwertungsverbot herzuleiten ist. Die Rechtsprechung des BGH erkennt das Verwertungsverbot an, wenn feststeht oder nicht auszuschließen ist, dass bei der Belehrung die Aussage unterblieben wäre.[1] Dies sollte für § 393 Abs. 1 Satz 4 AO entsprechend gelten. Denn gerade der Steuerpflichtige wird häufig sagen können, dass er bestimmte Auskünfte nicht erteilt hätte, wenn er gewusst hätte, der Prüfer ermittelt bereits steuerstrafrechtlich. Das Verwertungsverbot sollte einem Verwertungsverbot im Steuerverfahren entsprechen.[2]

947 Das steuerliche Verwertungsverbot kann auch aus **§ 136a StPO** analog hergeleitet werden. Denn der Unternehmer wird getäuscht. Er geht während der Prüfung davon aus, dass der Prüfer im Steuerverfahren ermittelt. Folglich weiß er um seine absolute Mitwirkungspflicht. Ermittelt der Prüfer bereits den Hinterziehungstatbestand, befindet sich der Steuerpflichtige in einem eindeutigen Irrtum über seine Mitwirkungspflicht. Er ist getäuscht. Die Täuschung wird in der Außenprüfung durch § 10 BpO verstärkt. Die Finanzverwaltung ordnet ein bestimmtes Verfahren an, wenn der Verdacht der Hinterziehung besteht (Rz. 911 ff.); die Verwaltung will „klare Verhältnisse". Wird dieses Verfahren nicht eingeleitet, so kann der Steuerpflichtige folgern, ein Verdacht hinsichtlich der Steuerstraftat liege nicht vor.

---

1 S. zB BGH v. 30.4.1968 – 1 StR 625/67, BGHSt 22, 129; v. 31.5.1968 – 4 StR 19/68, BGHSt 22, 170; v. 14.5.1974 – 1 StR 366/73, BGHSt 25, 325.
2 Vgl. *Seer* in Tipke/Kruse, Vor § 193 AO Rz. 25 (Okt. 2013).

Verwertungsverbote und Fernwirkung

Die **Beratungspraxis** und die **Steuerpflichtigen** müssen jedoch zur Kenntnis nehmen, dass alle Argumente, die für ein Verwertungsverbot sprechen, **vom BFH nicht anerkannt** werden. „Grundsätzlich bewirkt weder ein Verstoß gegen die Belehrungspflicht des § 393 Abs. 1 Satz 4 AO noch gegen die Unterbrechungspflicht des § 10 Abs. 1 Satz 3 BpO 2000, dass Erkenntnisse aus einer solchen Außenprüfung im Besteuerungsverfahren einem Verwertungsverbot unterliegen".[1] In dieser jüngsten Entscheidung betont der BFH zudem, dass dies ständiger höchstrichterlicher Rechtsprechung entspräche.[2] Wenn in der Vorauflage noch gesagt wird, dass es der überwiegenden Meinung entspräche, dass bei einer objektiv pflichtwidrigen Nichteinleitung des Strafverfahrens ohne eine entsprechende Belehrung ein auch steuerbares Verwertungsverbot nach § 163a StPO bestehe, so hilft diese Meinung den Steuerpflichtigen nicht.

948

IV. Problem der Fernwirkung

Verwertungsverbot heißt, dass eine bestimmte Aussage oder eine bestimmte Auskunft nicht verwertet werden darf. Das Verwertungsverbot ist folglich kein Mittel, Ermittlungsergebnisse insgesamt, insbesondere einen Prüfungsbericht insgesamt, als nicht verwertbar zu qualifizieren.

949

Nach überwiegender, aber streitiger Ansicht im **Strafprozessrecht** hindert das Verwertungsverbot nicht **weitere Ermittlungen** aufgrund und unter Benutzung der nicht verwertbaren Aussage. Das Verwertungsverbot hat keine Fernwirkung. In solchen Fällen kann ein Verwertungsverbot also nur dann wirken, wenn die nicht verwertbare Aussage selbst die einzige Erkenntnisquelle ist. Beispiel: Bekennt der Steuerpflichtige, in der Schweiz über ein Wertpapierdepot zu verfügen, und ist diese Information nicht verwertbar, so fehlt der Finanzverwaltung die Möglichkeit, die Information auf andere Weise zu beschaffen.

950

Auch im **Steuerrecht** stellt sich – sofern ein Verwertungsverbot angenommen wird – die **Frage** der **Fernwirkung**. Das Steuerrecht kennt nicht den im Strafrecht geläufigen strengen Beweis. Wird der Ausschluss der Fernwirkung aus dem Strafprozessrecht übernommen, wird das Verwertungsverbot in vielen Fällen leer laufen. Entfällt die Auskunft des Steuerpflichtigen, so erlaubt die Aussage regelmäßig, die steuerlichen ausreichenden Mitteln der Glaubhaftmachung verfah-

951

---

1 BFH v. 8.1.2014 – X B 112, 113/13, BFH/NV 2014, 487.
2 Unter Bezug auf BFH v. 23.1.2002 – IX R 11/01, BStBl. II 2002, 328; v. 19.12.2011 – V B 37/11, BFH/NV 2012, 956.

Einzelthemen im Zusammenhang

rensrechtlich einwandfrei zu besorgen. Auch wird es schwierig sein, zu verhindern, dass Auskünfte und Angaben, die einem Verwertungsverbot unterliegen, in Schätzungen einfließen. Nach unserer Ansicht kann aus einem Verwertungsverbot steuerlich nur die radikale Nichtverwertbarkeit gefolgert werden. Das rechtswidrig erfahrene Wissen darf in keiner Weise verwendet werden.

952 Speziell in der **Außenprüfung** ist eine **eingeschränkte Fernwirkung** im Übrigen anerkannt. Soweit um die Rechtmäßigkeit der Prüfung oder einer Einzelermittlung gestritten wird, weil dies verfahrensrechtlich erforderlich ist (Rz. 170 ff., 860 ff.), führt die Anerkennung der Rechtswidrigkeit vonseiten der Finanzverwaltung bzw. die Feststellung der Rechtswidrigkeit durch die FG zu dem Verbot, die Ermittlungsergebnisse insgesamt – auch mit Fernwirkung – zu verwerten.

V. Verwertungsverbote in der Praxis

953 Steuerliche und steuerstrafrechtliche Verwertungsverbote in verschiedenen Stadien des Besteuerungsverfahrens beschäftigen immer wieder die Literatur und vereinzelt auch die Rechtsprechung. In den Gesprächen und der Auseinandersetzung mit der Finanzverwaltung haben **Verwertungsverbote** einen **geringen Stellenwert**. Regelmäßig werden sie nicht vom Finanzbeamten akzeptiert, es sei denn, sie gehen auf gerichtliche Entscheidungen zurück. Besteht der Berater auf der Annahme eines Verwertungsverbots, ohne dass die Rechtswidrigkeit einer Handlung gerichtlich bestätigt ist, wird er in der Regel keine Zustimmung finden, sondern sich den Rat des Beamten anhören müssen, man möge doch bitte das Verwertungsverbot gerichtlich erstreiten. Folge: Gespräche und Verhandlungen sind blockiert.

954 Daraus folgt: Das Verwertungsverbot ist in der Tat immer im **gerichtlichen Streit** zu prüfen. Auch kann überlegt werden, ob ein Rechtsstreit mit dem Ziel geführt werden soll, bestimmte Handlungen seien rechtswidrig (woraus dann das Verwertungsverbot folgt). Soll eine Lösung in der Auseinandersetzung oder im Gespräch mit dem Finanzamt gefunden werden, hilft hingegen die Diskussion um ein Verwertungsverbot in der Regel nicht weiter.

F. Steuerermittlungen im Ausland und für das Ausland – Auskünfte für das Ausland und von dem Ausland

I. Fiskalische internationale Rechts- und Amtshilfe

1. Allgemeines

Zur Vermeidung von Verwirrungen: Die Begriffe „**Amtshilfe**", „**Rechtshilfe**", „**Amts- und Rechtshilfe**" sind im Praxisgebrauch deckungsgleich.[1] Der unterschiedliche Gebrauch führt nicht zu unterschiedlichen Rechtsfolgen. 955

Vonseiten der **Finanzverwaltung** liegt das **Merkblatt** zur zwischenstaatlichen Amtshilfe durch Informationsaustausch in Steuersachen – Stand 1.1.2013 – vor.[2] Zitiert wird diese Verwaltungsanweisung als „Merkblatt". Der Bereich **Vollstreckung** und **Zustellung** der internationalen Rechts- und Amtshilfe ist durch das Merkblatt vom 23.1.2014[3] auf das BZSt übertragen worden. Zur Vollstreckung s. im Einzelnen dieses zitierte Merkblatt. 956

Die **deutsche Finanzverwaltung** darf im **Ausland nicht ermitteln**. Die ausländische Finanzverwaltung darf im Inland nicht ermitteln. Die Hoheitsmacht endet an der Staatsgrenze.[4] Da jedoch die Finanzämter auch Auslandssachverhalte steuerlich beurteilen, decken sich Verwaltungsauftrag und Verwaltungskönnen nicht.[5] 957

Diese **Begrenzung** gilt **allgemein**, zB für 958

- Auskunfts- und Vorlageersuchen,
- tatsächliche Beweiserhebungen,
- Augenscheinseinnahmen,
- Zustellungen,
- Vollstreckungen.

---

1 Zur Abgrenzung, wenn sie dann gesucht wird, s. *Seer* in Tipke/Kruse, § 117 AO Rz. 5 (Aug. 2013).
2 BMF v. 23.11.2015 – IV B 6 - S 1320/07/10004, BStBl. I 2015, 928.
3 BMF v. 23.1.2014 – IV B 6 - S 1320/07/10011, BStBl. I 2014, 188.
4 Vgl. BVerfG v. 22.3.1983 – 2 BvR 475/78, RIW/AWD 1983, 703, 705. S. auch *Seer/Gabert*, Der internationale Auskunftsverkehr in Steuersachen, StuW 2010, 3.
5 *Seer* in Tipke/Kruse, § 117 AO Rz. 4 (Aug. 2013).

Einzelthemen im Zusammenhang

959 Die Begrenzung gilt auch für die **Steuerfahndung**. S. hierzu *Streck/ Spatscheck/Talaska*, Die Steuerfahndung, Rz. 1423 ff.

960 Die Unzulässigkeit wird **nicht** durch die **Zustimmung** des Betroffenen oder die Mitwirkungswilligkeit eines Zeugen beseitigt. Ein „Privatmann" kann nicht die Hoheitsgrenzen ändern.

961 Nur der **ausländische Staat** kann die **Unzulässigkeit** aufheben.[1]

962 Die deutsche Finanzbehörde kann sich allerdings im Ausland **wie ein „Privater"** bewegen.[2] So kann sie zB einen Detektiv im Ausland mit Ermittlungen beauftragen. Ausländische Auskünfte können in Anspruch genommen, ausländische Zeitungen und Register (zB Handelsregister) ausgewertet werden.

963 Problematisch ist der **Versand** durch die **Post**, zB von Formularen, Briefen, Mahnungen usw. Hier bedient sich die Finanzverwaltung eines jedermann offen stehenden Wegs; sie knüpft nur – innerstaatlich – an die Versendung bestimmter steuerrechtlicher, damit hoheitlicher Folgen. Da die Finanzverwaltung hier wie ein Privatmann handelt, soll die formlose Übersendung von Verwaltungsakten, zB **Steuerbescheiden**, kein Hoheitsakt im Ausland sein. Als Beleg für diese Argumentation – kein Hoheitsakt im Ausland, jedoch hoheitliche Wirkung im Inland – kann die Zustellungsfiktion des § 123 AO herangezogen werden.[3] Die mögliche innerstaatliche hoheitliche Wirkung des formlos „privat" zugesandten Verwaltungsakts im Ausland ist jedoch nicht unbestritten.[4]

964 Zur **Praxis:** Vor dem Hintergrund dieser rechtlichen Rahmenbedingungen, gerade im **Grenzgebiet**, können Finanzbeamte oft nicht der Versuchung widerstehen, in fremdem Territorium Ermittlungen anzustellen, zB Ortsbesichtigungen durchzuführen, Handschriften zu überprüfen oder willige Zeugen zu vernehmen.[5] Derartige Ermittlungen sind rechtswidrig und dürfen nicht verwertet werden. Bekannt ist, dass zB die Schweiz äußert empfindlich reagiert, wenn sie derartige Privatermittlungen feststellt; Beamte wurden zB zur Verhaftung ausgeschrieben.

965 Schwierig ist es allerdings, aus einer solchen Rechtswidrigkeit **Folgerungen** für die Rechtsvertretung zu ziehen. Denn in der Regel stützt

---

1 Vgl. BVerfG v. 22.3.1983 – 2 BvR 475/78, RIW/AWD 1983, 703, 705.
2 Problematisch, vgl. *Seer* in Tipke/Kruse, § 117 AO Rz. 3 (Aug. 2013).
3 Anerkannt von BFH v. 5.12.1958 – III 133/57 U, BStBl. III 1953, 129.
4 Vgl. *Seer* in Tipke/Kruse, § 117 AO Rz. 2 (Aug. 2013).
5 *Seer* in Tipke/Kruse, § 117 AO Rz. 3 (Aug. 2013).

Steuerermittlungen im und für das Ausland

sich das Finanzamt nicht unmittelbar auf seine privaten Auslandsermittlungen, sondern zieht hieraus nur Schlüsse für weitere, sodann erlaubte Nachforschungen und Beweisbeschaffungen. Hier zeigt sich der Mangel, dass in der Regel Rechtsverstöße in Ermittlungsverfahren keine Fernwirkung auf die durch die rechtswidrige Handlung verursachten rechtmäßigen Ermittlungen haben (vgl. Rz. 933 ff.). Soweit jedoch die Auslandsermittlungen Eingang in die Akte und in den Bericht gefunden haben (Zitatbeispiel aus einem Betriebsprüfungsbericht: „[...] konnte festgestellt werden, dass sich unter der Anschrift in Holland ein Stundenhotel verbirgt [...]"), muss die Nichtbeachtlichkeit mit Nachdruck vorgetragen werden.

Die Ermittlungen im Ausland und für das Ausland sind möglich, wenn der **ausländische Staat** dem inländischen Beamten oder der inländische Fiskus dem ausländischen Beamten die **Ermittlungen erlaubt**. Diese Erlaubnis wird – wiederum insbesondere in Grenzbereich – vereinfacht dadurch hergestellt, dass ein ausländischer Beamter an den Ermittlungen des deutschen Beamten teilnimmt. Beispiel: Die Zeugenvernehmung wird von dem deutschen Beamten in Venlo in Anwesenheit eines holländischen Beamten durchgeführt. 966

Soweit der **deutsche Staat** durch seine Finanzbeamten die Ermittlungen zugunsten des ausländischen Fiskus erlaubt, können jedoch die Rechte, die die Abgabenordnung dem Finanzamt einräumt und die die deutsche Steuerhebung bezwecken, nicht zum Zweck einer ausländischen Besteuerung oder einer anderen Zweckverfolgung eingesetzt werden.[1] 967

Praxisbeispiel einer solchen Rechtswidrigkeit: Ein badisches Finanzamt verlangt von einer badischen Volksbank Unterlagen eines Kontos; angegebene Rechtsgrundlage: § 93 AO. Anlass: Ersuchen der französischen Botschaft mit dem zumutenden und hier unterstellten Zweck der Aufdeckung eines französischen Devisenvergehens. 968

Die rechtliche Situation ändert sich, wenn aufgrund **zwischenstaatlicher** oder **multiinternationaler** Vereinbarung die Staaten sich verpflichten, bestimmte Rechts- und Amtshilfe zu gewähren. Auf diese Weise kann das deutsche Finanzamt verpflichtet sein, die Mittel der Abgabenordnung auch für den ausländischen Staat einzusetzen (vgl. § 117 Abs. 2 AO und nachfolgend).[2] 969

---

1 BFH v. 20.2.1979 – Vll R 16/78, BStBl. II. 1979, 268.
2 BFH v. 20.2.1979 – Vll R 16/78, BStBl. II. 1979, 268.

Einzelthemen im Zusammenhang

970 Ob der **ausländische Staat** seine rechtlichen Möglichkeiten für den deutschen Fiskus einsetzt, richtet sich nach dem Recht des ausländischen Staats.

971 Das **Steuergeheimnis** gilt auch gegenüber den ausländischen Finanzverwaltungen, wird jedoch durch die zulässige Amtshilfe eingeschränkt.[1] Die Geheimhaltung im Ausland erfolgt nach den dort geltenden Gesetzen.[2]

2. Zwischenstaatliche Abkommen und Europäische Union

972 Um die zwischenstaatlichen Abkommen zur internationalen Rechts- und Amtshilfe zu würdigen, muss Folgendes voran geschickt werden: Die Abkommen geben der Bundesrepublik einen **völkerrechtlichen Anspruch** auf Rechts- und Amtshilfe; sie sind zugleich **innerstaatliche Rechtsgrundlage** für die Gewährung von Rechts- und Amtshilfe für den ausländischen Staat.

973 Die Abkommen **beschränken** jedoch **keinen Staat** bei der Gewährung internationaler Rechts- und Amtshilfe.[3] Auch wenn die Bundesrepublik gegenüber dem Staat Costa Rica keinen Anspruch auf bestimmte Hilfeleistung hat, kann Costa Rica sie gewähren. Entsprechendes gilt für die Bundesrepublik völkerrechtlich, wo innerstaatlich allerdings die Bindung nach § 117 Abs. 3 AO gegeben ist.[4]

974 Dieser Aspekt ist von großer Bedeutung für die Frage der **Kalkulierbarkeit ausländischer Staaten**. Die Berechenbarkeit kann nicht zwingend aus Abkommen hergeleitet werden (nach der Maßgabe, der ausländische Staat werde nicht ein Mehr an Informationen geben als in dem Abkommen umschrieben). Das Mögliche „Mehr" ist allenfalls aus bekannten Üblichkeiten, nicht aber rechtlich sicher zu bewerten.

975 Als zwischenstaatliche Abkommen kommen die **Doppelbesteuerungsabkommen (DBA)** in Betracht.[5]

976 Die DBA-Praxis unterscheidet zwischen den „**kleinen**" und den „**großen**" Auskunftsklauseln.[6] Die kleine Klausel verpflichtet nur zur Rechts-

---

1 Merkblatt (Rz. 956) Tz. 1.6.
2 Merkblatt (Rz. 956) Tz .1.6.2.
3 Merkblatt (Rz. 956) Tz. 1.3.5.
4 Merkblatt (Rz. 956) Tz. 1.3.5.
5 Vgl. hierzu die Zusammenstellung in Anl. 1 des Merkblatts (Rz. 956).
6 Merkblatt (Rz. 956) Tz. 2.

Steuerermittlungen im und für das Ausland

und Amtshilfe zur Durchführung des vereinbarten DBA, die große Klausel ist nicht an die DBA-Durchführung gebunden, sondern berichtigt und verpflichtet – im Einzelnen unterschiedlich – die Staaten zur allgemeinen Rechts- und Amtshilfe in Steuersachen.

Darüber hinaus gibt es **besondere Abkommen** der Rechts- und Amtshilfe.[1] 977

Die DBA-Vereinbarungen verpflichten in der Regel nur zu **Auskünften**, während in den besonderen Abkommen auch sonstige Amts- und Rechtshilfeabkommen vereinbart sind, zB **Zustellungen** und **Vollstreckungen**. 978

Innerhalb der **EU** gilt die EG-Zusammenarbeits-Richtlinie, umgesetzt durch das **EU-Amtshilfe-Gesetz**.[2] Hiernach gewähren sich die Finanzbehörden der EU-Mitgliedstaaten gegenseitige Amtshilfe durch Informationsaustausch und können Amtshilfe in Anspruch nehmen. Diese Amtshilfe erstreckt sich auf die Steuern von Einkommen, Ertrag und Vermögen, nicht zB auf die Umsatzsteuer, für die besondere EU-Verordnungen gelten.[3] 979

3. Rechts- und Amtshilfe für die Bundesrepublik durch das Ausland

Die Finanzämter, auch die Außenprüfung und die Steuerfahndung, „können **zwischenzeitliche Rechts- und Amtshilfe** nach Maßgabe des deutschen Rechts in **Anspruch nehmen**" (§ 117 Abs. 1 AO). 980

Daraus folgt: Die Finanzämter sind grundsätzlich aufgrund des Rechts, Sachverhaltsermittlungen durchzuführen (§ 88 AO), auch zur **Inanspruchnahme** internationaler Rechts- und Amtshilfe **berechtigt** und zwar gleichgültig, ob ein Abkommen besteht oder nicht. Dem Finanzamt kann mithin **nicht verwehrt** werden, sich an einen ausländischen Staat wegen Amtshilfe zu wenden, weil ein Abkommen fehlt. 981

Soweit der **ausländische Staat** auf diese Weise freiwillig **mehr Informationen** liefert, als er zu geben verpflichtet ist, können die deutschen Finanzbehörden nach § 117 Abs. 1 AO diese Ermittlungsergebnisse folg- 982

---

1 Auf eine Auflistung verzichten wir; selbst das Merkblatt (Rz. 956) verweist in Tz. 1.3.1. auf www.bundesfinanzministerium.de; vgl. auch *Seer* in Tipke/Kruse, § 117 AO Rz. 29 (Aug. 2013).
2 V. 26.6.2013, BStBl. I 2013, 1809.
3 Merkblatt (Rz. 956) Tz. 1.3.4; *Seer* in Tipke/Kruse, § 117 AO Rz. 63 (Aug. 2013).

Einzelthemen im Zusammenhang

lich ohne weiteres verwerten. § 117 Abs. 3 AO gilt nicht für diese freiwillige Hilfe des ausländischen Staats.

983 In der Regel wird jedoch das Finanzamt die **Rechte** eines Abkommens in Anspruch nehmen.

984 **Vorherige Ermittlungen**: Die Amts- und Rechtshilfe soll erst in Anspruch genommen werden, wenn die Sachverhaltsaufklärung durch den inländischen Beteiligten (vgl. auch § 90 Abs. 2 AO) nicht zum Ziele führt oder keinen Erfolg verspricht (§ 93 Abs. 1 Satz 3 AO). Verletzt das Finanzamt diese Rangfolge, hat dies jedoch kein Verwertungsverbot zur Folge.

985 Eine grundsätzliche **Pflicht** zur **Unterrichtung** und Anhörung des **Steuerpflichtigen** ist nicht vorgesehen. In Tz. 3 des Merkblatts (Rz. 956) ist jedoch im Einzelnen mit rechtszwingenden Anweisungen das „rechtliche Gehör" des inländisch Beteiligten geregelt. In der Regel ist die inländische Finanzbehörde angewiesen, den inländischen Steuerpflichtigen zu unterrichten und anzuhören.

986 Für die Ersuchung um Rechts- und Amtshilfe muss der **Dienstweg** eingehalten werden.[1]

987 Ein **unmittelbarer Verkehr** zwischen den Finanzämtern war zB für Österreich vereinbart, ist jedoch inzwischen eingeschränkt.[2] Er kann jedoch vom BMF im Einvernehmen mit den Ländern gestattet werden.[3] Daneben steht allgemein die Delegationsmöglichkeit nach § 5 Abs. 1 Nr. 5g FVG, wonach in der Regel die Zuständigkeit des BZSt begründet ist.

988 **Dienstweg** heißt: Das Finanzamt legt das Auskunftsersuchen dem BZSt vor. In der Regel ist eine Übersetzung erforderlich. Sodann wird die zuständige ausländische Behörde bemüht, welche die Sache ggf. an die Unterbehörde weitergibt. Die Beantwortung und das Ergebnis dieses Ersuchens gehen den umgekehrten Weg. Das Verfahren ist äußerst umständlich und nimmt dem Ersuchen häufig einen beträchtlichen Teil seiner möglichen Effizienz.

---

1 Merkblatt (Rz. 956) Tz. 4.
2 Merkblatt (Rz. 956) Tz. 1.5.1.3.
3 Merkblatt (Rz. 956) Tz. 1.5.1.2. mit Delegation für die Zusammenarbeit deutscher und französischer sowie deutscher und tschechischer Finanzämter (Tz. 1.5.1.4.).

Steuerermittlungen im und für das Ausland

Bei der **praktischen Bewertung** eines Rechts- und Amtshilfeersuchens in das Ausland ist durch den Berater (oder Verteidiger) zu berücksichtigen: 989
- Der Dienstweg ist umständlich,
- Ersuchen und Antwort müssen in der Regel übersetzt werden,
- die doppelte Übersetzung kann zu Informationsverlusten führen,
- aus der Pflicht, für den anderen Staat tätig zu werden, folgt nicht eine hinreichende Qualität der Pflichterfüllung. Der ausländische Beamte wird für den deutschen Fiskus mit geringerer Motivation tätig sein als für den eigenen Fiskus.

Stößt das Ersuchen bei **Dritten** auf **Schwierigkeiten** (zB die ausländische Bank wehrt sich, Unterlagen herauszugeben), wird der ausländische Beamte den Widerstand eher hinnehmen oder als berechtigt ansehen, da es sich um eine – für ihn – ausländische Forderung handelt. 990

Darüber hinaus: Die **Antwort befriedigt** in der Regel **nicht** nur den deutschen Beamten nicht. Sie kann auch von dem deutschen Berater leicht „umfragt" werden. Da er nämlich häufig weder das Ersuchen im Wortlaut kannte noch auf die Beantwortung (zulässigen) Einfluss nehmen kann, ist es verständlich, dass er mit einem Bündel von weiteren Fragen auf eine bekannt gegebene Antwort eingeht. Dies zwingt ggf. zur erneuten Amtshilfe im Ausland. Auch bei vorsichtiger Beurteilung wird die ausländische Behörde dies eher als Last empfinden. 991

In Tz. 4.1.2 des Merkblatts (Rz. 956) heißt es (Hervorhebung von uns): 992

„Das **Ersuchen** ist **so zu formulieren**, dass der ersuchten Behörde die Beantwortung soweit wie möglich erleichtert wird." Außerdem ist zu beachten: „(...) einfache Satzstruktur, Fachausdrücke vermeiden, keine Abkürzungen (...), knappe, präzise Sachverhaltsdarstellungen". Hier schimmern die Probleme durch: Die Motivation des Ausländers soll durch Mittel erhöht werden, die dem Ersuchen möglicherweise die Wirkung nehmen.

Fazit: Soweit es nicht um gezielte Einzelinformationen mit klarer Beantwortbarkeit geht, sind die Ergebnisse internationaler Rechts- und Amtshilfeersuchen noch in keiner Weise mit den Mitteln innerstaatlicher Ermittlungen vergleichbar. 993

Die an den ausländischen Staat gerichteten Ersuchen sind **keine anfechtbaren Verwaltungsakte**. Hat jedoch das Ersuchen der deutschen Behörde unmittelbare Auswirkungen bei dem inländischen Steuerpflichtigen, ändert sich die Rechtsqualität; das Ersuchen ist als Verwaltungsakt mit dem **Einspruch** angreifbar. Eine solche unmittelbare Rechtsverletzung kann zB vorliegen, wenn die Behörde verpflichtet 994

Einzelthemen im Zusammenhang

war, sich zuerst an den Steuerpflichtigen zu wenden, und dies möglich gewesen wäre (vgl. hierzu im Einzelnen Merkblatt [Rz. 956] Tz. 3.2.).

995 **Problematische Anfechtungsmöglichkeit** heißt für den **Berater**, dass er, falls die Kontrolle gefordert wird, sich **für** den Rechtsbehelf entscheiden soll. Im konkreten Fall soll sodann über die Zulässigkeit entschieden werden. Behördlich wird ein Fall oft auch dann vollständig überprüft, wenn der Rechtsbehelf unzulässig sein sollte.[1]

4. Rechts- und Amtshilfe für das Ausland

996 Der deutsche Fiskus leistet Amtshilfe für ausländische Staaten in Steuersachen aufgrund **völkerrechtlicher Vereinbarungen** und bestimmter Rechtsakte der **Europäischen Union** sowie deren Folgegesetzen (§ 117 Abs. 2 AO).

997 Die Vereinbarungen begründen eine völkerrechtliche **Verpflichtung** zur Rechts- und Amtshilfe. Maßgebend ist die jeweils getroffene Vereinbarung. Der Berater muss den Wortlaut des DBA und des Abkommens einsehen.

998 Das **EU-Amtshilfe-Gesetz** (Rz. 979) ist unmittelbar geltendes Recht. Amtshilfe darf aufgrund dieses Gesetzes nur insoweit gewährt werden, als es das Gesetz selbst zulässt.

999 Die **Tatbestandsmäßigkeit** eines ausländischen Ersuchens hinsichtlich der angewandten Rechtsgrundlage ist zB bei der Verfolgung von **Devisenvergehen** von Bedeutung. Vereinbarte Rechts- und Amtshilfe in Steuersachen kann nicht zur Verfolgung von Devisenvergehen eingesetzt werden. Realistisch muss man allerdings sehen: Steuer- und Devisenvergehen haben häufig solche Berührungen und Überschneidungen, dass eine überprüfbare Trennung nicht möglich ist.

1000 Da der deutsche Staat durch die Abkommen nicht beschränkt ist, die Abkommensregelung überschreitende Rechts- und Amtshilfe zu gewähren (vgl. Rz. 973), kann **freiwillig** der Abkommensrahmen überschritten oder neben dem EU-Amtshilfe-Gesetz § 117 AO angewandt werden.

1001 Diese völkerrechtliche Möglichkeit ist innerstaatlich durch **§ 117 Abs. 3 AO** eingeschränkt. Die Finanzverwaltung hat die Ermessensmöglich-

---

1 Auf jeden Fall ist für Angriffe gegen ein Auskunftsersuchen im Besteuerungsverfahren der Finanzrechtsweg gegeben (BFH v. 29.10.1986 – I B 28/86, BStBl. II 1982, 440, mit Anm. HFR 1987, 131).

Steuerermittlungen im und für das Ausland

keit der freiwilligen Hilfe, wenn die hier formulierten Bedingungen im Einzelnen gegeben sind.

Soweit die deutschen Finanzämter Amtshilfe gewähren, haben sie die **gleichen Rechte** wie hinsichtlich der **deutschen Steuer**.[1] Die Abgabeordnung steht für die ausländische Besteuerung zur Verfügung; vgl. § 117 Abs. 4 AO. So hat der BFH eine deutsche Bank verpflichtet, Auskünfte aufgrund des deutsch-schwedischen Abkommens vom 14.5.1935 über Depotkunden aufgrund § 93 AO (bzw. § 175 RAO) dem angeforderten deutschen Finanzamt zu geben.[2] 1002

Selbst eine **Außenprüfung** soll zugunsten der ausländischen Besteuerung unter sehr eingeschränkten Bewegungen möglich sein.[3] 1003

§ 117 Abs. 4 Satz 3 AO normiert die entsprechende Geltung des § 91 AO, wobei die Verpflichtung zur Anhörung verschärft wird. Die „**Beteiligten** sind zu **hören**".[4] 1004

Beteiligter ist, in dessen Rechte oder dessen rechtlich geschützte Interessen durch die Auskünfte an das Ausland möglicherweise eingegriffen wird. Das Beteiligtsein ist weit auszulegen. 1005

Soweit **Geschäftsgeheimnisse** oder Bankinformationen erfragt werden, darf eine Auskunft nicht erteilt werden, wenn die Gefahr besteht, dass dem inländischen Beteiligen dadurch mit dem Zweck der Auskunft nicht zu vereinbarender Schaden entsteht.[5] Hierbei ist die zutreffende Besteuerung eines Betroffenen für sich allein noch kein Schaden in dieser Regelung. 1006

Ebenso ist eine Verletzung des § 30 AO – **Schutz des Steuergeheimnisses** – möglich. Nur die rechtmäßige Rechts- und Amtshilfe kann § 30 AO durchbrechen. 1007

Soweit nach § 91 Abs. 2, 3 AO eine **Anhörung unterbleiben** kann, gilt dies auch für § 117 Abs. 4 AO; allerdings werden diese Bedingungen bei reinen Steuerverfahren selten sein; sie sind allenfalls in Hinterziehungs- und Gewinnverlagerungsfällen denkbar. 1008

Soweit die Finanzämter aufgrund des ausländischen Ersuchens tätig werden, können sich die hiervon Betroffenen dagegen mit den **Rechts-** 1009

---

1 Merkblatt (Rz. 956) Tz. 5.2.1.
2 BFH v. 20.2.1979 – VlI R 60/78, BStBl. II 1979, 268.
3 Merkblatt (Rz. 956) Tz. 5.2.3.
4 Merkblatt (Rz. 956) Tz. 5.2.1.
5 Vgl. Merkblatt (Rz. 956) Tz. 5.3.1.3.

Einzelthemen im Zusammenhang

behelfen der AO wehren. Bereits die Auskunft an den ausländischen Staat kann angegriffen werden. Die Aufforderung, Auskünfte zu geben, kann mit dem Einspruch angegriffen werden. Betroffen ist auch der Ausländer, in dessen Sache das Ersuchen erfolgt; auch er kann uE Einspruch einlegen.

1010 Mit dem **Einspruch** kann geltend gemacht werden, dass die Rechts- und Amtshilfe dem Grunde nach und/oder in ihrer Durchführung rechtswidrig ist.

1011 Soweit kein Verwaltungsakt vorliegt, ist eine **vorbeugende Unterlassungsklage** nach § 40 FGO gegen die Weitergabe von Informationen möglich. Ggf. kann eine **einstweilige Anordnung** beantragt werden (vgl. § 115 FGO).

1012 Zur **Empfehlung, bei zweifelhaften Rechtsbehelfen** sich für die Zulässigkeit des Rechtsbehelfs zu entscheiden, s. Rz. 491.

5. Internationale Kontrollmitteilungen

1013 Internationale Kontrollmitteilungen sind **spontane Auskünfte** zwischen Staaten, die diese sich ohne Ersuchen und vereinbarte Systematik geben.[1]

1014 **Nicht** einschlägig ist **§ 194 Abs. 3 AO**, da hier nur innerstaatliche Kontrollmitteilungen gemeint sind (dazu Rz. 609 ff.).

1015 Besteht **keine Abkommensregelung** – ist also § 117 Abs. 2 AO nicht anwendbar – ist für die deutsche Behörde, die die Kontrollmitteilung ins Ausland versenden will, § 117 Abs. 3 AO maßgebend. Hier ist von Gesetzes wegen zwingend ein Ersuchen und die Gegenseitigkeit Voraussetzung, so dass spontane Kontrollmitteilungen in der Praxis selten sind.[2]

1016 Die internationale Kontrollmitteilung muss nach der **völkerrechtlichen Vereinbarung möglich** sein. Der Umfang dieser Möglichkeit ist umstritten. Die Finanzverwaltung legt Auskunftsklauseln weit aus; sie bejaht die Möglichkeit spontaner Auskünfte.[3]

1017 Das **EG-Amtshilfe-Gesetz** sieht innerhalb der EU ausdrücklich die spontane Auskunft vor.[4]

---

1 Vgl. Merkblatt (Rz. 956) Tz. 6.
2 Seer in Tipke/Kruse, § 117 AO Rz. 90 (Aug. 2013).
3 Merkblatt (Rz. 956) Tz. 6.1.1.
4 Vgl. Merkblatt (Rz. 956) Tz. 6.

Steuerermittlungen im und für das Ausland

Hinzu kommen **innerhalb** der **EU** getroffene **Vereinbarungen** zum automatischen Austausch von Informationen[1] und die Vereinbarungen zum Aktionspunkt 5 des Projekts „Base Erosion and Profit Shifting" (Gewinnverkürzung und Gewinnverlagerung) der **OECD**- und **G20-Staaten (BEPS)**.[2] 1018

Zuständig für die **Versendung** der Kontrollmitteilung ist das BZSt.[3] 1019

Über die **Zusendung** von Kontrollmitteilungen **aus dem Ausland** ist in der Bundesrepublik nicht zu rechten oder zu richten. Die deutsche Finanzverwaltung wird hier jede Auskunft verwerten und zwar über das BZSt. 1020

Wird die Kontrollmitteilung aus dem Bereich eines Steuerpflichtigen genommen, und ist der Steuerpflichtige in seinen Rechten betroffen, ist er **vorher** zu **hören**; dies folgt aus § 117 Abs. 4 AO iVm. § 91 AO. Zur Anhörungspflicht s. weiter Rz. 1004 ff.; das dort Gesagte gilt auch hier. 1021

Problematisch ist die **Anfechtungsmöglichkeit** der Kontrollmitteilung in das Ausland. In einem Fall des FG Düsseldorf[4] wurde dem geprüften deutschen Steuerpflichtigen mitgeteilt, man werde Kontrollmitteilungen nach Belgien schicken. Finanzamt und OFD und FG gingen von der Zulässigkeit der Rechtsbehelfe aus, möglicherweise auch deshalb, um sich den Weg zu dem Problem selbst nicht zu verbauen. Der BFH wich dem Problem aus. Das Finanzamt sei nicht passiv legitimiert; passiv legitimiert sei der BMF gewesen.[5] Eine entsprechende Klage, gerichtet gegen den BMF, hatte im Fall Belgien Erfolg.[6] In einer späteren Entscheidung verneint das FG Düsseldorf die Anfechtbarkeit.[7] 1022

Wo Kontrollmitteilungen in das Ausland denkbar sind, sollte der Berater auf **vorherige Unterrichtung** bestehen und ggf. unabhängig von der Zweifelhaftigkeit der Zulässigkeit eines Rechtsbehelfs Einspruch (evtl. zur Absicherung) und/oder Unterlassungsklage einlegen. 1023

Soweit die deutsche Finanzverwaltung Informationen weitergibt, die **keinem Betroffenen** zuzurechnen sind (Beispiel: gesammelte Zeitungsinformationen), ist eine Anfechtung nicht denkbar. 1024

---

1 Vgl. Merkbatt (Rz. 956) Tz. 6.1.2.
2 Merkblatt v. 28.7.2016 (BStBl. I 2016, 806); hier nicht weiter verarbeitet.
3 Merkblatt (Rz. 956) Tz. 3.1.
4 FG Düsseldorf v. 20.4.1982 – V 327/81, EFG 1982, 604.
5 BFH v. 23.7.1986 – I R 306/82, BStBl. II 1987, 97.
6 FG Düsseldorf v. 1.7.1986 – VIII 446/81, EFG 1986, 541.
7 FG Düsseldorf v. 12.4.1991 – 4113 K 120/86, EFG 1991, 711.

Einzelthemen im Zusammenhang

6. Gemeinsame Außenprüfung verschiedener Staaten

1025 Die Finanzverwaltung ist auf dem Weg, **grenzüberschreitende Außenprüfungen**, koordinierte Prüfungen (Simultanprüfungen) oder den **Informationsaustausch** im Rahmen gleichzeitiger Prüfungen auszurechnen. In der täglichen Praxis des Steuerberaters wird er hiervon noch wenig spüren. Hier begründen wir mit Verweisungen.[1]

7. Vollstreckung von Steuerforderungen

1026 **Vollstreckung** wegen **deutscher** Steuerforderung im Ausland und wegen **ausländischer** Steuerforderung im Inland sind grundsätzlich nur möglich, falls ein Abkommen besteht, das die Vollstreckung ermöglicht, oder aufgrund des EU-Rechts. In diesem Buch zur Außenprüfung verweisen wir nur auf das Merkblatt zur zwischenstaatlichen Amtshilfe bei der Steuererhebung (Beitreibung; Rz. 956).[2]

II. Strafrechtliche internationale Rechts- und Amtshilfe

1027 S. hierzu *Streck/Spatscheck/Talaska*, Die Steuerfahndung, Rz. 949 ff., 975 ff.

---

[1] Vgl. Merkblatt (Rz. 956) Tz. 7 und 8; *Seer* in Tipke/Kruse, Vor § 193 AO Rz. 43. Mit einzelnen EU-Staaten sind hierzu schon Abkommen in Kraft.
[2] Stand: 1.7.2013, BMF v. 23.1.2014 – IV B 6 - S 1320/07/10011, BStBl. I 2014, 188.

G. Besondere Außenprüfungen

I. Abgekürzte Außenprüfung

„Bei Steuerpflichtigen, bei denen die Finanzbehörde eine Außenprüfung in regelmäßigen Zeitabständen nach den Umständen des Falles nicht für erforderlich hält, kann sie eine **abgekürzte Außenprüfung** durchführen. Die Prüfung hat sich auf die wesentlichen Besteuerungsgrundlagen zu beschränken" (§ 203 Abs. 1 AO). 1028

Die Vorschrift soll in **kleinen** Fällen eine **schnelle** Prüfung ermöglichen. 1029

In der **Praxis** hat sie **nicht** die **Bedeutung** erfahren, die ihr der Gesetzgeber zukommen lassen wollte.[1] 1030

Auch für die abgekürzte Außenprüfung gelten die **allgemeinen Vorschriften**, insbesondere diejenigen über die Prüfungsanordnung[2]. Eine Schlussbesprechung ist nicht erforderlich (§ 203 Abs. 2 Satz 3 AO). Der Steuerpflichtige kann nicht verlangen, dass ihm die Betriebsprüfungsergebnisse vorher in Berichtsform mitgeteilt werden (§ 203 Abs. 2 Satz 3 AO). Gleichwohl ist der Steuerpflichtige vor Abschluss der Prüfung darauf hinzuweisen, inwieweit von der Steuererklärung oder den Steuerfestsetzungen abgewichen werden soll (§ 203 Abs. 2 Satz 1 AO). 1031

Vorschriften, die an eine **Außenprüfung anknüpfen**, beziehen sich auch auf die abgekürzte Außenprüfung[3]. 1032

II. Veranlagende Betriebsprüfung

Sie wird aus **§ 195 Satz 3 AO** hergeleitet, wonach die Außenprüfung auch die Veranlagung durchführen kann. Dies berührt aber nicht die Tatsache, dass **Prüfung** und **Veranlagung** gedanklich zu **trennen** sind.[4] 1033

III. Zeitnahe Betriebsprüfung

Die zeitnahe Betriebsprüfung wurde 2011 durch **§ 4a BpO** eingeführt. S. dazu Rz. 148 f. 1034

---

1 *Seer* in Tipke/Kruse, Vor § 193 AO Rz. 12 (Okt. 2013): Der Versuch ist misslungen; ebenso *Seer* in Tipke/Kruse, § 203 AO Rz. 2 (Okt. 2013).
2 *Seer* in Tipke/Kruse, § 203 AO Rz. 11 (Okt. 2013).
3 *Seer* in Tipke/Kruse, § 203 AO Rz. 12 (Okt. 2013).
4 *Seer* in Tipke/Kruse, Vor § 193 AO Rz. 13 (Okt. 2013).

Einzelthemen im Zusammenhang

1035 Geht die Veranlagungstätigkeit ohne Abgrenzung in die Prüfungstätigkeit über, so spricht man auch von **veranlagungsbegleitender Außenprüfung**.

1036 Die Prüfungstätigkeit setzt stets ein **Einvernehmen** zwischen **Finanzverwaltung** und **Unternehmen** voraus und wird zur Zeit in erster Linie bei Großunternehmen angestrebt und praktiziert.[1]

IV. Digitale Betriebsprüfung

1037 Durch § 147 Abs. 6 AO wird der Außenprüfung der **direkte Zugriff** auf das Rechnungswesen des Geprüften ermöglicht. Hinter dem Begriff der digitalen Außenprüfung verbirgt sich mithin keine besondere Außenprüfung, sondern nur die der allgemeinen Digitalisierung entsprechenden Zugriffsrechte, die dem Prüfer allgemein zustehen.

V. Schwerpunktprüfung

1038 Schwerpunktprüfung heißt, dass die Prüfung auf **bestimmte Schwerpunkte** beschränkt wird. Hier ist zu unterscheiden:

1039 Bereits nach der **Prüfungsanordnung** kann der Gegenstand der Prüfung beschränkt sein. Diese Beschränkung ist für den Umfang der Außenprüfung von Bedeutung. Vgl. Rz. 108 ff.

1040 Nach § 7 BpO ist die Außenprüfung auf das **Wesentliche** abzustellen. Dies ist die zweite mögliche Bedeutung der Schwerpunktprüfung (vgl. Rz. 374). Hier wird das Ermessen des Außenprüfers angesprochen. Die Prüfung soll sich innerhalb des Rahmens der Prüfungsanordnung auf das Wesentliche, evtl. auf bestimmte Schwerpunkte konzentrieren. Die Rechtsfolge der Außenprüfung richtet sich in diesem Fall jedoch ausschließlich nach der Prüfungsanordnung und nicht nach dem vom Ermessen des Prüfers gesetzten Schwerpunkt.

VI. Konzernprüfung

1041 „**Unternehmen**, die zu einem **Konzern** im Sinne des § 18 AktG, gehören, sind im Zusammenhang, unter einheitlicher Leitung und nach einheitlichen Gesichtspunkten zu prüfen, wenn die Außenumsätze der Konzernunternehmen insgesamt mindestens 25 Mio. € im Jahr betragen" (§ 13 Abs. 1 BpO). § 18 BpO erweitert diese Möglichkeit im Einzel-

---

[1] Seer in Tipke/Kruse, Vor § 193 AO Rz. 16 (Okt. 2013).

Besondere Außenprüfungen

fall auch auf Konzerne, die die Umsatzgrenze nicht erreichen, und auf Unternehmen, die nicht zu einem Konzern gehören, aber wirtschaftlich miteinander verbunden sind, zB durch verwandtschaftliche Beziehungen der Beteiligten oder gemeinschaftliche betriebliche Tätigkeiten. Nach § 19 BpO kann schließlich eine einheitliche Konzernprüfung auch für ausländische Unternehmen erfolgen.

Die Konzernprüfung erfolgt regelmäßig durch **besondere Prüfungsdienste** der Finanzverwaltung, die sog. **Konzern-Betriebsprüfung**. 1042

§§ 13 bis 17 BpO enthalten besondere Organisationsvorschriften für die einheitliche Prüfung. 1043

Bei Konzernen findet § 4 Abs. 2 BpO keine Anwendung. Der Prüfungszeitraum ist hier nicht beschränkt. Es erfolgt regelmäßig die sog. **Anschlussprüfung**. 1044

Die Vorschriften der BpO zur Konzernprüfung haben keinen Einfluss auf die Anwendung des **allgemeinen Abgabenrechts**. Die Verjährung wird nach § 171 Abs. 4 AO in ihrem Ablauf zB nur bei dem Unternehmen gehemmt, bei dem die Prüfung tatsächlich beginnt. Ebenfalls ist die Selbstanzeige nur bei den Unternehmen des Konzerns ausgeschlossen, bei denen eine Prüfungsanordnung bekannt gegeben worden ist. 1045

VII. Umsatzsteuersonderprüfung

Die Umsatzsteuersonderprüfung ist eine Außenprüfung, die sich auf die **Besteuerungsgrundlagen** der Umsatzsteuer bezieht. 1046

Die Umsatzsteuersonderprüfung ist nach **§§ 193 ff. AO** zulässig. 1047

Nach § 1 Abs. 2 BpO gilt die **BpO** mit ihren wesentlichen Vorschriften (§§ 5 bis 12, 20 bis 24, 29, 30 mit Ausnahme des § 5 Abs. 4 Satz 2 BpO) grundsätzlich auch für die Umsatzsteuersonderprüfung. 1048

Nicht anwendbar für die Umsatzsteuersonderprüfung sind die **Vorschriften** über die **Größenklassen** der Betriebe und den zeitlichen Umfang der Außenprüfung (§ 1 Abs. 2 BpO). 1049

Die **Verwaltung** ist **bemüht**, sowohl in der Prüfungsanordnung als auch im Bericht den eingegrenzten Auftrag deutlich zu formulieren, um Bindungswirkungen auf die allgemeine Außenprüfung zu vermeiden. Die Umsatzsteuersonderprüfung verpflichtet dann nicht zur Aufhebung des Vorbehalts der Nachprüfung von Umsatzsteuerveranlagungen nach § 164 Abs. 1 Satz 1 AO und führt dann nicht zu einer Sperre nach § 172 1050

Einzelthemen im Zusammenhang

Abs. 2 AO, wenn erkennbar keine abschließende Prüfung durchgeführt werden sollte.[1]

1051 Kennzeichnend für die Umsatzsteuersonderprüfung ist, dass sie sehr **zeitnah** die Prüfungssachverhalte erfasst. Gerade diese zeitgerechte Umsatzversteuerung steht im Mittelpunkt der Prüfung (neben der Vorsteuerprüfung).

1052 Soweit es um die **Fälligkeit der Umsatzsteuerschuld** geht – zB im Baugewerbe –, ist der geprüfte Steuerpflichtige verführt, der Ansicht des Prüfers, ein Umsatz sei früher zu erfassen, dann zuzustimmen, wenn der Umsatz zu einem späteren Voranmeldungszeitraum bereits erklärt ist und die Steuern bereits gezahlt sind. Hier ist Vorsicht am Platze. Auch die verspätete Erklärung kann Steuerhinterziehung oder leichtfertige Steuerverkürzung sein. Auch in derartigen „Verschiebungsfällen" wird nicht selten ein Steuerstrafverfahren eingeleitet. Sodann muss in der Praxis um eine wirtschaftlich unsinnige „Rechtzeitigkeit" aufwendig gestritten werden. Wären hier die Bußgeld- und Strafsachenstellen großzügiger, könnten derartige Prüfungen reibungsloser ablaufen.

1053 Zur Verbindung von **Umsatzsteuersonderprüfung** und **Lohnsteueraußenprüfung** s. Rz. 1056.

VIII. Lohnsteueraußenprüfung

1054 **Gegenstand** der Lohnsteueraußenprüfung ist die ordnungsgemäße Einbehaltung, Übernahme und Abführung der Lohnsteuer durch den Arbeitgeber. Zweck einer Lohnsteueraußenprüfung kann auch die Frage der Arbeitgebereigenschaft sein.[2]

1055 Im Rahmen der Lohnsteueraußenprüfung prüft das Finanzamt auch die **Kirchenlohnsteuer** und andere mit den Löhnen zusammenhängende Abgaben (zB die Bergmannsprämie).

1056 Die Lohnsteueraußenprüfung kann auch **umsatzsteuerliche** Sachverhalte mitprüfen. Betroffen sind hier in erster Linie umsatzsteuerbare Vorgänge zwischen Arbeitgeber und Arbeitnehmern.

1057 Teilweise wird im Rahmen der Lohnsteueraußenprüfung auch der Steuerabzug bei beschränkt Steuerpflichtigen nach **§ 50a EStG** mitgeprüft (vgl. Rz. 1077 ff.).

---

[1] FG Rh.-Pf. v. 10.3.1988 – 3 K 231/87, EFG 1988, 395; BFH v. 30.4.1987 – V R 29/79, BStBl. II 1987, 486, betreffend § 164 Abs. 1 Satz 1 AO; BFH v. 11.11.1987 – X R 54/82, BStBl. II 1988, 307, betreffend § 172 Abs. 2 AO.

[2] BFH v. 1.8.1986 – VI R 26/85, BFH/NV 1987, 72.

Besondere Außenprüfungen

Für die Lohnsteueraußenprüfung gelten die **allgemeinen Vorschriften** der **§§ 193 ff. AO** (vgl. § 193 Abs. 2 Nr. 1 AO, R 42f LStR), ergänzt durch **§ 42f EStG**.   1058

Die **BpO** gilt mit den §§ 5 bis 12, 20 bis 24, 29, 30 BpO mit Ausnahme des § 5 Abs. 4 Satz 2 BpO auch für die Lohnsteueraußenprüfung (§ 1 Abs. 2 BpO, R 42f LStR).   1059

Die Vorschriften der BpO, wonach Betriebe **in bestimmten Zeiträumen** zu prüfen sind, finden auf die Lohnsteueraußenprüfung **keine** Anwendung. Hier entscheidet das Finanzamt nach nicht normiertem Ermessen, für welche Zeiträume (Regelfall) oder Sachverhalte (Ausnahme) Lohnsteueraußenprüfungen durchgeführt werden sollen.   1060

Eine Selbstbindung ist in R 42f Abs. 2 Satz 3 LStR geregelt, wonach **Haushalte**, in denen nur gering entlohnte Haushaltsgehilfen beschäftigt sind, in der Regel nicht zu prüfen sind.   1061

Die **allgemeine Betriebsprüfung** kann **beauftragt** werden, bei kleineren Betrieben die Lohnsteuer mitzuprüfen.   1062

Ob eine Lohnsteueraußenprüfung **nach einer Lohnsteueraußenprüfung** zulässig ist, ist umstritten. Die hM geht von der Zulässigkeit aus. S. weiter Rz. 96.   1063

Für die Außenprüfung der Lohnsteuer ist das **Betriebstättenfinanzamt zuständig** (§ 42f Abs. 1 EStG).   1064

Während in der allgemeinen Außenprüfung **Arbeitnehmer** unmittelbar nur in Ausnahmefällen angehört werden können und sollen (Rz. 331 ff.), bestimmt § 42f Abs. 2 EStG, dass die Arbeitnehmer des Arbeitgebers dem Außenprüfer in der Lohnsteueraußenprüfung jede gewünschte Auskunft über Art und Höhe ihrer Einnahmen zu geben haben. Dies gilt auch für Personen, bei denen problematisch ist, ob sie Arbeitnehmer des Arbeitgebers sind oder waren. Während im Allgemeinen dem Außenprüfer also der „Zugriff" auf die Arbeitnehmer versagt ist, ist dies dem Lohnsteueraußenprüfer möglich.   1065

Durch eine Lohnsteueraußenprüfung beim Arbeitgeber wird die **Festsetzungsfrist** in Bezug auf die Einkommen- und Lohnsteuer des Arbeitnehmers nicht gehemmt.[1]   1066

---

1 BFH v. 15.12.1989 – VI R 151/86, BStBl. II 1990, 526, mit HFR-Anm. 1990, 350; FG Köln v. 18.4.1986 – V K 483/85, EFG 1986, 431; v. 19.2.1990 – I K 144/86, EFG 1990, 340. Dies gilt übrigens auch für die normale Betriebsprüfung und die Steuerfahndung (HFR-Anm. 1990, 349).

Einzelthemen im Zusammenhang

1067 Die Lohnsteueraußenprüfung endet mit einem **Nachforderungsbescheid**, wenn Lohnsteuer nachzuerheben ist, für die der Arbeitgeber unmittelbar Steuerschuldner ist. Soweit der Arbeitgeber für nicht einbehaltene Lohnsteuer haftet, wird diese Haftung durch **Haftungsbescheid** geltend gemacht. Eines Haftungsbescheids bedarf es nicht, „soweit der Arbeitgeber ... nach Abschluss einer Lohnsteueraußenprüfung seine Zahlungsverpflichtung schriftlich anerkennt" (§ 42d Abs. 4 Nr. 2 EStG).

1068 **Lohnsteueranmeldungen** sind **Steuerfestsetzungen** unter dem Vorbehalt der Nachprüfung (§ 168 AO). Nach der Lohnsteueraußenprüfung ist der Vorbehalt der Nachprüfung aufzuheben. Der Vorbehalt ist sowohl aufzuheben, wenn sich Änderungen nicht ergeben, als auch, wenn Nachforderungs- oder Haftungsbescheide zu verfügen sind. Die Aufhebung des Vorbehalts steht einer Inanspruchnahme durch Haftungsbescheid nicht entgegen; hierauf sollte ausdrücklich hingewiesen werden, um keinen entgegenstehenden Vertrauenstatbestand zu schaffen.

1069 Umstritten sind bei **Nachforderungsbescheiden** Anwendung und Auswirkung des **§ 173 Abs. 2 AO**. Die Finanzverwaltung bezieht diese Vorschrift ausschließlich auf geprüfte Sachverhalte und hieran anknüpfende Nachforderungsbescheide; ist ein bestimmter Zeitraum geprüft, ein Nachforderungsbescheid bzgl. des Sachverhalts A verfügt, kann folglich später – bezogen auf denselben Zeitraum, jedoch auf einen anderen Sachverhalt – noch ein weiterer Nachforderungsbescheid verfügt werden.[1]

1070 Endet die Lohnsteueraußenprüfung mit einer **Einigung**, die auch schon den nachzuzahlenden Betrag nennt, so ist es dem Prüfer in der Regel gleichgültig, ob der Weg des Nachforderungs- oder ob der Weg des Haftungsbescheids gewählt wird (Rz. 1067). Für die steuerstrafrechtliche Überprüfung des Ergebnisses der Lohnsteueraußenprüfung hat die Entscheidung jedoch weitreichende Bedeutung. Die Lohnsteuer, die mit dem Nachforderungsbescheid geltend gemacht wird, ist eine eigene Unternehmensteuer. Sie entsteht mit dem Antrag des Arbeitgebers und der Zustimmung des Finanzamts. Ermittelt die Lohnsteueraußenprüfung im Jahr 2014 verkürzte Lohnsteuer und einigt man sich auf eine pauschale Lohnsteuererhebung nach § 40 EStG, so entsteht die Lohnsteuernachforderung im Jahr 2014. Da diese Lohnsteuer mithin

---

1 BFH v. 30.8.1988 – VI R 21/85, BStBl. II 1989, 193; *Mihatsch*, DB 1985, 1102, mwN; *Notthoff*, DB 1985, 1500.

Besondere Außenprüfungen

erst mit ihrer Erhebung entsteht, können diese Beträge nicht hinterzogen sein. Sie können einer Strafe nicht zugrunde gelegt werden, auch nicht der Erhebung von **Hinterziehungszinsen**. Allerdings tritt die Pauschalierung nach § 40 EStG in der Regel an die Stelle der Lohnsteuerhaftung, die die Festsetzung von Hinterziehungszinsen ermöglicht (§ 235 Abs. 1 Satz 3 AO). Grundlage dieser Hinterziehungszinsen muss die Haftungsschuld sein, nicht die Steuerschuld nach § 40 EStG. In diesen Fällen muss also das Finanzamt innerhalb des Hinterziehungszinsverfahrens trotz der Pauschalierung nach § 40 EStG exakt die Besteuerungsgrundlagen eines Lohnsteuerhaftungsanspruchs ermitteln, wobei noch offen ist, ob überhaupt Hinterziehungszinsen auf Haftungsbeträge erhoben werden können, die nie gezahlt wurden (sie werden durch die Nachforderungs-Steuerschuld ersetzt). Vor ähnlichen Problemen steht die Straf- und Bußgeldsachenstelle bei der strafrechtlichen Überprüfung. Ohne die streitigen Fragen hier auszudiskutieren, wird deutlich, dass dem Berater mehr Argumente in die Hand gegeben sind, wenn er den Weg des Nachforderungsbescheids wählt.

Auf **Haftungsbescheide** findet § **173 Abs. 2 AO** keine Anwendung, da es sich nicht um Steuerbescheide handelt.[1] Für Änderungen gelten die §§ 130, 131 AO, die auch ergänzenden und neuen Bescheiden entgegenstehen können.[2] 1071

Lohnsteueraußenprüfungen sind **ungeliebte Prüfungen**. Das Lohnsteuerrecht und die Rechtsanwendung erscheinen kleinlich und pfennigfuchserisch. Damit beschäftigen sich weder der Unternehmer noch der Berater gerne. Hinzu kommt, dass das Lohnsteuerrecht gerade im Detail wenig gesichert ist. Dies führt einmal dazu, dass die Betriebstättenfinanzämter eigene, höchst individuelle Partikularrechte entwickeln. Dies führt auf der anderen Seite dazu, dass alles unternommen wird, um einem Rechtsstreit auszuweichen; Einigungen sind die Regel. Angesichts der ungeliebten Materie gehen diese Einigungen häufig zulasten des Unternehmers, der dies auch deshalb willig hinnimmt, weil die nachzuzahlende Lohnsteuer ertragsteuerlich abzugsfähig ist (soweit sie nicht vom Arbeitnehmer erstattet wird). Nach unserer Erfahrung könnten eine Vielzahl derartiger Einigungen bei sorgfältigerem und hartnäckigerem Widerstand günstiger ausfallen. 1072

Die Nichterklärung von Lohnsteuer (§§ 370, 378 AO) oder die Nichtabführung von erklärter Lohnsteuer (§ 380 AO) wiegen im **Strafverfahren** 1073

---

1 *Loose* in Tipke/Kruse, Vor § 172 AO Rz. 29 *(Aug. 2014)*.
2 Vgl. BFH v. 22.1.1985 – VII R 112/81, BStBl. II 1985, 562.

Einzelthemen im Zusammenhang

oder im **Bußgeldverfahren** schwer. Dort lässt man sich von der „Treuhandstellung" des Arbeitgebers bestimmen, der mit der Einbehaltung und der Abführung der Lohnsteuer fremde Gelder verwaltet. Eine Pflichtverletzung erscheint besonders vorwerfbar; die Tatsache, dass der Arbeitgeber unentgeltlich für den Staat tätig wird (was nach allgemeinen Rechtsvorstellungen zu einem geringeren Haftungsmaßstab führen müsste), hat man aus dem steuerstrafrechtlichen Bewusstsein nahezu vollständig verdrängt. Aus Einigungen in Lohnsteueraußenprüfungen über Nachzahlungen folgen mithin häufig Einleitungen von Steuerstraf- oder Bußgeldverfahren, eine oft nicht kalkulierte, überraschende Folgerung der schnellen Einigung. Gerade auch im Hinblick auf diese strafrechtliche oder bußgeldrechtliche Folge ist bei lohnsteuerlichen Einigungen mehr Vorsicht zu üben.

IX. Nachschau im Sinne der §§ 27b UStG, 42g EStG

1074 Die Nachschau wird als **Steueraufsicht** oder als **zollamtliche Überwachung** zur Sicherung von Abgaben in **grenzüberschreitendem Verkehr** und von **Verbrauchsteuern** eingesetzt (vgl. §§ 209 ff. AO).

1075 Sie wurde durch **§ 27b UStG** und **§ 42g EStG** in das Umsatz- und Lohnsteuerrecht eingeführt. Zweck ist die **sofortige** oder permanente, an keine hemmende Zulässigkeitsvorschrift gebundene **Überprüfung** der Besteuerungsgrundlagen.

1076 Die Nachschau ist **keine Außenprüfung**.[1]

X. Prüfung des Steuerabzugs bei beschränkt Steuerpflichtigen

1077 § 50a EStG kennt bei **Aufsichtsrats-** und anderen Vergütungen im Rahmen der **beschränkten Steuerpflicht** einen Quellenabzug. Nach § 73d Abs. 2 EStDV ist bei Außenprüfungen zu prüfen, ob diese Quellensteuer ordnungsgemäß einbehalten und abgeführt worden ist.

1078 Es handelt sich um eine **besondere Prüfung**, auf die die §§ 193 ff. AO anzuwenden sind.

1079 Teilweise wird diese Quellensteuer im Rahmen der **Lohnsteueraußenprüfung** mitgeprüft.

---

1 *Seer* in Tipke/Kruse, § 193 AO Rz. 18 (Okt. 2013).

Besondere Außenprüfungen

XI. Versicherungsteuer-Sonderprüfung

Die Versicherungsteuer-Sonderprüfung befasst sich mit der **Besteuerungsgrundlage** der **Versicherungsteuer**. 1080

Es handelt sich um eine **Außenprüfung** im Sinne der **§§ 193 ff. AO**, ergänzt um Vorschriften des Versicherungsteuergesetzes und des Feuerschutzsteuergesetzes, auf die wir hier nicht näher eingehen. 1081

Die §§ 5 bis 12, 20 bis 24, 29, 30 – mit Ausnahme des § 5 Abs. 4 Satz 2 – **BpO** sind anzuwenden (§ 1 Abs. 2 BpO). 1082

XII. Besondere Prüfung im Rahmen der Körperschaftbesteuerung (§ 50b EStG)

§ 50b EStG berechtigt die Finanzämter, Verhältnisse, die für die **Anrechnung** oder **Vergütung** von Körperschaftsteuer oder für die Anrechnung oder Erstattung von Kapitalertragsteuer von Bedeutung sind oder der Aufklärung bedürfen, bei den am Verfahren Beteiligten zu prüfen. 1083

Nach dem ausdrücklichen Wortlaut des § 50b EStG gelten die **§§ 193 bis 203 AO** sinngemäß. 1084

Bis heute hat diese Vorschrift noch **keine** große praktische **Bedeutung** erlangt. 1085

XIII. Liquiditätsprüfung

Die Liquiditätsprüfung dient der **Prüfung** der Voraussetzungen eines **Erlasses**, einer **Stundung**, von Vollstreckungsmaßnahmen oder eines Vollstreckungsaufschubs, im Einzelfall auch der Aussetzung der Vollziehung aus Billigkeitsgründen. 1086

Dies ist **keine Außenprüfung** nach §§ 193 ff. AO.[1] Die Liquiditätsprüfung ist nur mit **Zustimmung** des Steuerpflichtigen möglich. Allenfalls kann das Finanzamt Einzelermittlungen nach §§ 193 ff. AO durchführen. 1087

In der **Praxis** ist sie nicht sehr gebräuchlich. 1088

---

[1] *Seer* in Tipke/Kruse, § 193 AO Rz. 11 (Okt. 2013).

Einzelthemen im Zusammenhang

XIV. Haftungsprüfung

1089 Eine Prüfung kann auch die Grundlage und den **Umfang** einer Haftung für fremde Steuern zum Gegenstand haben.

1090 Ihre **Zulässigkeit** ist in besonderen Ausformungen anerkannt (Lohnsteueraußenprüfung usw.). Soweit sie die Prüfung des Einbehalts von Quellensteuer betrifft (zB Lohnsteuer, Kapitalertragsteuer, Steuer nach § 50a EStG), folgt die Zulässigkeit unmittelbar aus § 193 Abs. 2 Nr. 1 AO (Rz. 65). Darüber hinaus halten wir die Prüfung für **unzulässig**. Einzelermittlungen nach §§ 193 ff. AO sind möglich.

1091 In der **Praxis** kommt diese Prüfung kaum vor.

XV. Bestandsaufnahmeprüfung

1092 **Ohne gesetzliche Grundlage** ist die sog. Bestandsaufnahmeprüfung, durch die der Zustand der laufenden Buchführung geprüft werden soll.[1] Sie kann nur mit Zustimmung des Steuerpflichtigen durchgeführt werden.

XVI. Richtsatzprüfung

1093 Die Richtsatzprüfung dient der **Ermittlung** von **betrieblichen Kennzahlen**.

1094 **Ohne Zustimmung** des geprüften Unternehmens dürfen Prüfungen, die ausschließlich eine Richtsatzprüfung zum Gegenstand haben, **nicht** durchgeführt werden; hier fehlt es an einer Rechtsgrundlage.

1095 Die Verwaltung kann jedoch die Kennzahlen eines Betriebs, die sie einer **regulären Prüfung** entnimmt, zur Ermittlung der Richtsätze verwenden. Allerdings muss hier sichergestellt sein, dass das Steuergeheimnis gewahrt bleibt.

XVII. Finanzgerichtliche Außenprüfung

1096 Das FG hat **keine Kompetenz**, eine Außenprüfung anzuordnen oder durchzuführen.[2] Es kann sie allenfalls anregen.

1097 Das finanzgerichtliche Verfahren **hindert** eine vom Finanzamt angeordnete **Außenprüfung nicht** (Rz. 93).

---

1 BFH v. 25.4.1985 – IV R 10/85, BStBL II 1985, 702.
2 *Seer* in Tipke/Kruse, § 81 FGO Rz. 20 (Okt. 2014).

Besondere Außenprüfungen

Die bei einigen FG angestellten **gerichtlichen Prüfer** haben eine problematische Stellung, die bis heute nicht gesichert und geklärt ist. Sie haben keine richterliche Funktion; und ob es zulässig ist, bei Gericht beamtete Zeugen oder Sachverständige anzustellen, ist zweifelhaft.[1] In der **Praxis** sollten diese Prüfer nicht sofort angegriffen und abgelehnt werden. Sie haben – dies lehrt unsere Erfahrung – oft einen positiven Einfluss auf eine Verständigung. 1098

XVIII. Steuerfahndung

Die Steuerfahndung ist **keine Außenprüfung** im Sinne der §§ 193 ff. AO. Ihre Aufgaben sind in § 208 AO bestimmt. Zur Steuerfahndung s. *Streck/Spatscheck/Talaska*, Die Steuerfahndung. 1099

Die Steuerfahndung kann mit der **Durchführung** einer **Außenprüfung beauftragt** werden (§§ 208 Abs. 2 Nr. 1, 195 AO). Sie kann auch an einer Außenprüfung teilnehmen. Soweit sie mit einer Außenprüfung beauftragt ist, gelten für sie die allgemeinen Bestimmungen der Außenprüfung. Der Auftrag engt jedoch ihre ureigenen Befugnisse nicht ein, so dass der Auftrag die Macht der Steuerfahndung nicht einschränkt. 1100

Für die **Praxis** und den **Berater** muss gelten: Führt die Steuerfahndung eine Außenprüfung durch oder nimmt sie an einer Außenprüfung teil, so steht die steuerstrafrechtliche Ermittlung im Mittelpunkt. Sie bestimmt die Beratung und das Verhalten des Steuerbürgers. S. hierzu *Streck/Spatscheck/Talaska*, Die Steuerfahndung, Rz. 1501 ff. 1101

---

1 Gleichwohl lassen die **Gerichte** diese „**Sachverständigen**" zu (*Seer* in Tipke/Kruse, § 81 FGO Rz. 19 [Okt. 2014]; *Herbert* in Gräber, § 81 FGO Rz. 19; jeweils mwN).

H. Schätzungen, Verprobungen, Prüfungsmethoden

I. Schätzungsberechtigung und Verprobung

1102 „Soweit die **Finanzbehörde** die Besteuerungsgrundlagen nicht ermitteln oder berechnen kann, hat sie sie zu **schätzen**. Dabei sind alle Umstände zu berücksichtigen, die für die Schätzung von Bedeutung sind" (§ 162 Abs. 1 AO). „Zu schätzen ist insbesondere dann, wenn der Steuerpflichtige über seine Angaben keine ausreichenden Aufklärungen zu geben vermag oder weitere Auskunft oder eine Versicherung an Eides statt verweigert oder seine Mitwirkungspflicht nach § 90 Abs. 2 verletzt. Das Gleiche gilt, wenn der Steuerpflichtige Bücher oder Aufzeichnungen, die er nach den Steuergesetzen zu führen hat, nicht vorlegen kann, wenn die Buchführung oder die Aufzeichnungen der Besteuerung nicht nach § 158 AO zugrunde gelegt werden oder wenn tatsächliche Anhaltspunkte für die Unrichtigkeit oder Unvollständigkeit der vom Steuerpflichtigen gemachten Angaben zu steuerpflichtigen Einnahmen oder Betriebsvermögensmehrungen bestehen und der Steuerpflichtige die Zustimmung nach § 93 Abs. 7 Satz 1 Nr. 5 nicht erteilt (...)." Dies ist die wesentliche **Rechtsgrundlage** der Schätzungsmöglichkeit (§ 162 Abs. 2 Satz 1 und 2 AO).

1103 Wir geben hier keine Gesamtdarstellung des Schätzungsrechts der Finanzverwaltung, sondern im Wesentlichen **Hinweise** zur **Abwehr ungerechtfertigter Schätzungen**.[1]

1104 Nimmt der Prüfer Schätzungen vor, können diese in **drei Schritten** geprüft und angegriffen werden.[2]

1105 **Erster Schritt**: Aufgrund des oben wiedergegebenen Wortlauts des § 162 Abs. 2 Satz 2 AO i.V.m. § 158 AO ist im ersten Schritt zu prüfen, ob die Buchführung und Aufzeichnungen den gesetzlichen Anforderungen entsprechen, dh. ob sie „ordnungsgemäß" sind und dadurch die **Richtigkeitsvermutung** des § 158 AO auslösen.

1106 **Formell ordnungsgemäß** geführte **Bücher** tragen die **Rechtsvermutung** der **Richtigkeit**; insofern gegeben sie dem Steuerpflichtigen einen Ver-

---

[1] S. auch *Streck*, Harzburger Protokoll 89, 1990, S. 243; Brinkmann, S. 115–374, jeweils mit Beraterhinweisen.
[2] Vgl. *Brinkmann*, S. 120; *Seer* in Tipke/Kruse, § 162 AO Rz. 39 (Mai 2014) und § 162 AO Rz. 53 (Mai 2014); *Schuster* in Hübschmann/Hepp/Spitaler, § 158 AO Rz. 6 (Juni 2012).

Schätzungen, Verprobungen, Prüfungsmethoden

trauensvorschuss.[1] Sie sind der Besteuerung zugrunde zu legen, sofern sich nach den Umständen des Einzelfalls kein Anlass ergibt, ihre Richtigkeit zu beanstanden (§ 158 AO). Daraus folgt, dass den Außenprüfer die objektive Beweislast trifft, wenn er von dem Ergebnis der Bücher abweichen will.[2]

Trotz einzelner formeller Mängel kann die Buchführung ordnungsgemäß sein. Die einzelnen Mängel sind zwischen unwesentlichen und schwerwiegenden Mängeln zu gewichten; entscheidend ist stets das sachliche **Gewicht** des **Mangels**.[3]   1107

Die Schätzungsbefugnis besteht darüber hinaus nur, wenn die durch Fehler der Buchführung verursachten **Zweifel** nicht durch anderweitige zumutbare Ermittlungen **beseitigt** werden können.[4]   1108

Zweiter Schritt: Ist die Buchführung formell in Ordnung oder sind die festgestellten Mängel nur von geringer Schwere, kann im zweiten Schritt eine Schätzungsbefugnis nur dann vorliegen, wenn die Betriebsprüfung die Richtigkeitsvermutung **widerlegt**. An die Erschütterung dieser Vermutung stellt die Rechtsprechung strenge Anforderungen.[5] Danach ist die Vermutung erst dann wiederlegt, wenn die Würdigung des Sachverhalts ergibt, dass die Buchhaltung mit an **Sicherheit** grenzender **Wahrscheinlichkeit** ganz oder teilweise sachlich unrichtig ist.[6]   1109

Die **Erschütterung** der Richtigkeitsvermutung ordnungsgemäßer Buchführung erfolgt durch verschiedene **Verprobungsmethoden**.[7] Die Verprobungsmethoden teilt man grundsätzlich in den inneren (auch internen) Betriebsvergleich und den äußeren (auch externen) Betriebsvergleich. Während der **innere Betriebsvergleich** auf einer Gegenüberstellung und Analyse innerbetrieblicher Daten über den Prüfungszeit-   1110

---

1 *Seer* in Tipke/Kruse, § 162 AO Rz. 38 (Mai 2014).
2 *Schuster* in Hübschmann/Hepp/Spitaler, § 158 AO Rz. 5 (Juni 2012).
3 BFH v. 7.6.2000 – III R 82/97, BFH/NV 2000, 1462; *Vogelsang* in Vogelsang/Stahl, Rz. I 16.
4 *Brinkmann*, S. 120.
5 *Seer* in Tipke/Kruse, § 162 AO Rz. 39 (Mai 2014), Beispiel aus der Rechtsprechung zu einer Nachkalkulation: BFH v. 31.7.1974 – I R 216/72, BStBl. II 1975, 96; v. 8.11.1989 – X R 178/87, BStBl. II 1990, 668.
6 *Schuster* in Hübschmann/Hepp/Spitaler, § 158 AO Rz. 5 (Juni 2012); *Seer* in Tipke/Kruse, § 162 AO Rz. 39 (Mai 2014).
7 *Vogelsang* in Vogelsang/Stahl, Rz. I 15; *Schuster* in Hübschmann/Hepp/Spitaler, § 158 AO Rz. 6 (Juni 2012); *Seer* in Tipke/Kruse, § 162 AO Rz. 39 (Mai 2014); *Frotscher* in Schwarz/Pahlke, vor §§ 193 – 203 AO Rz. 48 (April 2014).

Einzelthemen im Zusammenhang

raum hinweg beruht, werden bei dem **äußeren** Betriebsvergleich bestimmte Daten des zu prüfenden Unternehmens mit Daten anderer Betriebe verglichen. Die Abgrenzung ist unscharf, da sowohl beim inneren als auch beim äußeren Betriebsvergleich zum Teil bestimmte betriebliche Kennzahlen, insbesondere der Rohgewinn und der Rohaufschlag, ermittelt werden.[1]

1111 Hier und im Folgenden beschränken wir uns auf **ausgewählte Verprobungsmethoden**.

1112 Zum weiten Begriff des **inneren** Betriebsvergleiches zählen insbesondere die **Vermögenszuwachsrechnung, Geldverkehrsrechnung, Zeitreihenvergleich** und als statistische **Ziffernanalyse** der Chi-Quadrat-Test, Benford-Gesetz.[2]

1113 Vergleiche mit anderen Betrieben und Maßstäben, die aus anderen Betrieben hergeleitet werden, haben eine entschieden **geringere Beweiskraft** als interne Betriebsvergleiche, dh. Maßstäbe, die aus dem Betrieb selbst hergeleitet werden.[3]

1114 Zum **äußeren** Betriebsvergleich zählt insbesondere die **Richtsatzkalkulation**.[4]

1115 Bereits im Rahmen des zweiten Schritts ist zu berücksichtigen, dass nicht jede Differenz zwischen dem Kalkulationsergebnis des Prüfers und den vom Steuerpflichtigen ermittelten Zahlen zur Schätzung berechtigt. Gewisse **Unschärfen** sind hinzunehmen und lassen das Ergebnis einer formell ordnungsgemäßen Buchführung unberührt.[5] An den Nachweis der sachlichen Unrichtigkeit des (im ersten Schritt festgestellten ordnungsgemäßen) Buchführungsergebnisses sind wesentlich **strengere Anforderungen** zu stellen als an die Begründung einer Schätzung bei festgestellten, zur Schätzung dem Grunde nach berechtigenden Mängeln der Buchführung.[6]

---

1 *Vogelsang* in Vogelsang/Stahl, Rz. I 17 f.
2 Vgl. *Schuster* in Hübschmann/Hepp/Spitaler, § 158 AO Rz. 14 ff. (Juni 2012); *Seer* in Tipke/Kruse, § 158 AO Rz. 20 ff. (Mai 2014); ausführlich und weitergehend *Brinkmann*, S. 244–256.
3 BFH v. 18.3.1964 – IV 179/60 U, BStBl. III 1964, 381; v. 26.4.1983 – III R 38/82, BStBl. II 1983, 618; *Seer* in Tipke/Kruse, § 162 AO Rz. 56 (Mai 2014).
4 Vgl. *Vogelsang* in Vogelsang/Stahl, Rz. I 54 ff.
5 BFH v. 26.4.1983 – VIII R 38/82, BStBl. II 1983, 618; *Brinkmann*, S. 121.
6 BFH v. 7.12.1977 – 1 R 17/75, BStBl. II 1978, 278.

Schätzungen, Verprobungen, Prüfungsmethoden

Bei Nachkalkulationen und bei der sonstigen Überprüfung der Richtigkeit von Buchführungsergebnissen muss gerade bei geringfügigen Differenzen in Erwägung gezogen werden, dass die Abweichung zwischen Kalkulation bzw. Prüfungsergebnis und tatsächlich ausgewiesenem Gewinn oder Verlust auf **Schätzungsunschärfen** beruhen kann.[1] Ist diese Möglichkeit nicht auszuschließen, so kann das Schätzungsergebnis nicht verwendet werden.   1116

Hiervon zu trennen ist die **Unschärfe, die jeder Schätzung anhaftet**. Soweit sie sich zuungunsten des Steuerpflichtigen auswirkt, muss er sie ebenso hinnehmen wie die Schätzung selbst.[2]   1117

Dritter Schritt: Im dritten Schritt ist das Finanzamt nur bei nicht ordnungsgemäßer Buchführung oder bei (durch Verprobungsmethoden) widerlegter Richtigkeitsvermutung zur Schätzung berechtigt.   1118

Zwar können die **Verprobungsmethoden** im Rahmen von § 162 AO auch als **Schätzungsmethode** eingesetzt werden, gleichwohl sind Verprobung und Schätzung in ihrer Bedeutung zu **unterscheiden**.[3] Die Buchführung kann nicht aufgrund eines Wahrscheinlichkeitsurteils verworfen werden; dass die Angaben des Steuerpflichtigen zu dem von ihm verwirklichten Steuertatbestand nicht stimmen, muss feststehen. Deswegen kann die Buchführung regelmäßig nicht nur durch eine stichprobenartige Überprüfung einzelner Geschäftsvorfälle infrage gestellt werden.[4]   1119

Die vorgenannte Reihenfolge der Prüfung (Schritt eins bis Schritt drei) wird von den **Prüfern** häufig nicht hinreichend beachtet, insbesondere nicht die Differenzierung zwischen formellen und sachlichen Mängeln und zwischen Verprobung und Schätzung. Es macht aber im Hinblick auf die Rechtsfolge zB einen erheblichen Unterschied, ob eine Aufschlagskalkulation mit einer Abweichung von 2 % vom erklärten Ergebnis dazu dienen soll, einer formell ordnungsgemäßen Buchführung ihre sachliche Richtigkeit abzusprechen (= Verprobung), oder ob vielmehr feststeht, dass die Buchführung grob fehlerhaft ist und mit dem Zahlenwerk deshalb „nur noch" eine Umsatzerhöhung (= Schätzung) quantitativ gerechtfertigt werden soll.[5]   1120

---

1 BFH v. 26.4.1983 – VIII R 38/82, BStBl. II 1983, 618.
2 BFH v. 18.12.1984 – VIII R 195/82, BStBl. II 1986, 226.
3 *Schuster* in Hübschmann/Hepp/Spitaler, § 158 AO Rz. 6 (Juni 2012); *Seer* in Tipke/Kruse, § 158 AO Rz. 17 (Mai 2014) und § 162 AO Rz. 53 (Mai 2014).
4 *Schuster* in Hübschmann/Hepp/Spitaler, § 158 AO Rz. 6 (Juni 2012).
5 Hierauf weist zutreffend *Brinkmann*, S. 120, hin.

Einzelthemen im Zusammenhang

1121 In der **Praxis** führt diese Überlegung häufig zu dem **Bemühen** des Prüfers, die Ordnungsmäßigkeit der Buchführung **vorrangig** durch **formelle** Fehler zu erschüttern, um dann unmittelbar auf der dritten Ebene die Schätzung durchführen zu können.[1]

1122 Für die Verprobung und Schätzung sind ergänzend folgende **Grundsätze** zu beachten:

1123 Soweit die Finanzämter aus **einzelnen ungeklärten Vermögenszugängen** auf **Privatkonten** auf nicht versteuerte Einnahmen schließen, hat dem der BFH einen Riegel vorgeschoben.[2] Bei formell ordnungsgemäßer Buchführung lassen alleine nicht aufklärbare Vermögenszugänge im Privatbereich keinen Schluss auf nicht versteuerte Einnahmen zu, da der Steuerpflichtige nicht verpflichtet ist, einen geschlossenen Nachweis über sein privates Vermögen zu führen.[3] Dies ist allenfalls dann möglich, wenn eine methodisch korrekte Vermögenszuwachs- oder Geldverkehrsrechnung einen Überhang ausweist. Allerdings entschied der X. Senat,[4] dass ungeklärte Zugänge auf Betriebskonten erklärt werden müssen. Die Betriebsprüfung versucht, dieser Rechtsprechung durch folgende **Argumentation** auszuweichen: Ein Privatkonto mit Zugängen wird entdeckt. Die Zugänge sind – so die Betriebsprüfung – steuerpflichtige Einnahmen. Eine Vermögenszuwachsrechnung sei nach der erwähnten Rechtsprechung nicht erforderlich, weil die Buchführung nicht ordnungsgemäß ist. Die Buchführung ist deshalb nicht ordnungsgemäß, weil sie die steuerpflichtigen Einnahmen jenes Privatkontos nicht erfasst hat. Der **Zirkelschluss** ist offensichtlich.

1124 Stößt das Finanzamt auf **ungeklärte Abgänge**, so neigt es vereinzelt dazu, eine **fiktive Verzinsung** dieser Abgänge von einem Privatkonto anzunehmen. Dies ist uE unzulässig, da das Finanzamt die Beweislast für steuerpflichtige Einnahmen trägt. Abzulehnen ist daher auch eine bereits alte Entscheidung des FG Münster[5], das eine 6%ige Verzinsung anerkennt, wenn der Steuerpflichtige seiner Mitwirkungspflicht nach

---

1 Ähnlich *Hennigfeld*, EFG 2014, 90 (91).
2 BFH v. 28.5.1986 – I R 265/83, BStBl. II 1986, 733; Bestätigung durch BFH v. 1.7.1987 – I R 284–286/83, BFH/NV 1988, 12; ähnlich v. 7.11.1990 – III B 449/90, BFH/NV 1991, 724; v. 9.8.1991 – III R 129/85, BStBl. II 1992, 55.
3 *Brinkmann*, S. 287; vgl. auch im Zusammenhang mit der Vermögenszuwachsrechnung Rz. 1190.
4 BFH v. 15.2.1989 – X R 16/86, BStBl. II 1989, 462; ähnlich v. 21.1.1986 – VIII R 10/84, BFH/NV 1986, 515; v. 29.1.1992 – X R 145/90, BFH/NV 1992, 439.
5 FG Münster v. 26.9.1985 – IV 2169/79 E, EFG 1986, 211.

Schätzungen, Verprobungen, Prüfungsmethoden

§ 90 Abs. 2 AO nicht nachkommt. In solchen Fällen wird nicht mehr das richtige und wahrscheinliche Ergebnis gesucht, sondern sanktioniert.[1]

Demgegenüber wird eine Hinzuschätzung für rechtmäßig gehalten, wenn der Steuerpflichtige seine Mitwirkungspflichten verletzt hat und **zusätzlich Anhaltspunkte** dafür bestehen, dass Einnahmen nicht versteuert werden sollten.[2] 1125

Schätzungen müssen der Höhe nach insgesamt in sich schlüssig, ihre Ergebnisse müssen wirtschaftlich **vernünftig** und möglich sein.[3] Dabei sind diejenigen Tatsachen zu ermitteln, die die größtmögliche erreichbare **Wahrscheinlichkeit** für sich haben.[4] 1126

Deshalb sind alle möglichen Anhaltspunkte, ua. auch das Vorbringen des Steuerpflichtigen oder eine an sich fehlerhafte Buchführung, zu beachten, und alle Möglichkeiten **auszuschöpfen**, um im Rahmen des der Finanzbehörde Zumutbaren die Besteuerungsgrundlagen wenigstens teilweise zu ermitteln.[5] 1127

Auf der anderen Seite muss das Maß der Verletzung der dem Steuerpflichtigen obliegenden Mitwirkungspflichten berücksichtigt werden. Deshalb kann es gerechtfertigt sein, bei einer Pflichtverletzung des Steuerpflichtigen, insbesondere bei einer nicht ordnungsgemäßen Buchführung, einen **Sicherheitszuschlag** vorzunehmen.[6] Der Sicherheitszuschlag lässt sich dabei als eine griffweise Schätzung, die in einem vernünftigen Verhältnis zu den erklärten oder nicht verbuchten Umsätzen steht, charakterisieren.[7] Insbesondere bei formell nicht ordnungsgemäßer Buchführung und Verweigerung der Mitwirkungspflichten soll der aufgrund der Richtsatzsammlungen (s. Rz. 1143) ermittelte Gewinn um einen Sicherheitszuschlag von 20 % erhöht werden 1128

---

1 Anders verhält es sich bei der Verletzung der Aufzeichnungspflichten nach § 90 Abs. 3 AO, s. § 162 Abs. 3, 4 AO.
2 FG Berlin v. 16.12.2003 – 7 K 7100/01, EFG 2005, 919 (Auffindung von durch den Steuerpflichtigen nicht erklärten Rechnungen durch Steuerfahndungsprüfung bei einer dritten Person); *Brinkmann*, S. 287.
3 BFH v. 18.12.1984 – VIII R 195/82, BStBl. II 1986, 226; v. 19.1.1993 – VIII R 128/84, BStBl. II 1993, 594; FG Rh.-Pf. v. 21.9.2012 – 3 K 2493/10, EFG 2013, 186; *Wähnert/Pump*, NWB 2015, 2869 (2872).
4 FG Münster v. 22.12.2014 – 9 V 1742/14 G, nv. (juris).
5 BFH v. 5.12.2007 – X B 4/07, BFH/NV 2008, 587.
6 *Rüsken* in Klein, § 162 AO Rz. 38; BFH v. 26.10.1994 – X R 114/92, BFH/NV 1995, 373; v. 5.12.2007 – X B 4/07, BFH/NV 2008, 587.
7 BFH v. 26.10.1994 – X R 114/92, BFH/NV 1995, 373; v. 5.12.2007 – X B 4/07, BFH/NV 2008, 587.

Einzelthemen im Zusammenhang

können.¹ Kommt ein Prüfer bei Durchsicht von Unterlagen zu einem bestimmten **sicheren Ergebnis**, so ist für Sicherheitszuschläge **kein** Raum mehr.

1129 Je **schwerwiegender** die Buchführungsmängel sind, **desto gröber** können die Schätzungsverfahren sein.²

1130 Ermittelt der Steuerpflichtige seinen Gewinn auf der Grundlage eines Betriebsvermögensvergleichs (§ 4 Abs. 1 EStG), ist nach **derselben Gewinnermittlungsart** zu schätzen. Ermittelt der Steuerpflichtige den Gewinn durch eine Einnahme-Überschussrechnung (§ 4 Abs. 3 EStG), so ist diese Entscheidung des Steuerpflichtigen auch für die Schätzung maßgebend.³ Allenfalls dann, wenn nicht angenommen werden kann, dass der Steuerpflichtige die Gewinnermittlungsart nach § 4 Abs. 3 EStG gewählt hat, ist durch Betriebsvermögensvergleich zu schätzen.⁴

1131 Bei **groben Schätzungsfehlern** und aus Beratersicht auch bei schwer durchschaubaren Schätzungen kann mit der **Nichtigkeit** der Steuerbescheide argumentiert werden.⁵ Allerdings führt die Rechtsprechung nur in seltenen Fällen zur Nichtigkeit, und zwar dann, wenn der Finanzbeamte **subjektiv willkürlich** handelt, insbesondere unter Außerachtlassung der Vorgaben des § 162 Abs. 1 Satz 2 bewusst zum Nachteil des Steuerpflichtigen schätzt,⁶ oder **objektiv** ein willkürlicher Hoheitsakt vorliegt.⁷

1132 Bei der Darstellung der nachfolgenden Methoden differenzieren wir nicht zwischen Verprobungs- und Schätzungsmethoden, sondern hinsichtlich deren **Rechtsfolgen**.

---

1 BFH v. 5.12.2007 – X B 4/07, BFH/NV 2008, 587; FG Rh.-Pf. v. 21.9.2012 – 3 K 2493/10, EFG 2013, 186.
2 BFH v. 2.2.1982 – VIII R 65/80, BStBl. II 1982, 409; v. 20.9.1989 – X R 39/87, BStBl. II 1990, 109; v. 21.2.1990 – X R 54/87, BFH/NV 1990, 683; *Seer* in Tipke/Kruse, § 158 AO Rz. 24 (Mai 2014).
3 BFH v. 2.3.1982 – VIII R 225/80, BStBl II 1984, 504.
4 BFH v. 30.9.1980 – VIII R 201/78, BStBl. II 1981, 301; v. 2.3.1982 – VIII R 225/80, BStBl. II 1984, 504.
5 FG BW v. 23.9.1987 – XII K 227/86, EFG 1988, 143 (Schätzung trotz Vorliegens der Umsatzsteuer-Voranmeldungen für sämtliche Voranmeldungszeiträume, in denen auch Vorsteuern erklärt wurden).
6 BFH v. 13.10.2003 – IV B 85/02, BStBl. II 2004, 25; FG Köln v. 22.5.2014 – 11 K 3056/11, EFG 2014, 1739 (Nichtigkeit, weil die Schätzung der Umsätze nicht nachvollziehbar war und sich lediglich durch die Sanktionierung der Verletzung der Steuererklärungspflicht und der Fortsetzung des Drucks zur Abgabe der Gewinnermittlung erklären ließen; Indiz waren Testkäufe).
7 BFH v. 20.10.2005 – IV B 65/04, BFH/NV 2006, 240; hierzu und zum Vorherigen mwN; *Seer* in Tipke/Kruse, § 162 AO Rz. 99 (Mai 2014).

II. Aufschlagskalkulation (Nachkalkulation), Richtsatzkalkulation, Rohgewinnaufschlag

1. Grundlagen

Die Aufschlagskalkulation ist die **klassische** Schätzungs- und Verprobungsmethode der Außenprüfung.[1] Die Kalkulation nach Aufschlägen kann sowohl in Form eines rein internen Betriebsvergleichs als auch eines externen Betriebsvergleichs (Letzteres in Form von Richtsatzkalkulationen) durchgeführt werden.

1133

Beim inneren Betriebsvergleich einer Kalkulation (auch **Nachkalkulation** genannt)[2] wird der **Umsatz** und der **Gewinn** nach den Kalkulationsdaten des jeweiligen Betriebs nachvollzogen. Dabei geht die Finanzbehörde stets von den vorhandenen betriebsinternen Zahlen aus und entwickelt diese weiter zum Gesamtergebnis eines Besteuerungsabschnitts. Da diese Schätzung auf den Zahlen der Buchführung der Steuerpflichtigen beruht, ist sie grundsätzlich einer Schätzung nach Richtsätzen **überlegen**.[3] Richtsatzkalkulationen oder Richtsatzschätzungen ziehen immer externe Daten heran, die in sog. Richtsatzsammlungen (s. Rz. 1143) jährlich veröffentlicht werden. Einen wesentlichen Parameter sowohl beim inneren als auch beim äußeren Betriebsvergleich der Aufschlagskalkulation stellen der Rohgewinn und der Rohgewinnaufschlag dar, die ausgehend von dem wirtschaftlichen Umsatz ermittelt und überprüft werden.

1134

2. Rohgewinn, Rohgewinnaufschlag

Bei einem **Handelsbetrieb** ist der Rohgewinn die **Differenz** zwischen dem in dem betreffenden Wirtschaftsjahr erzielten wirtschaftlichen Umsatz (**Verkaufspreis**) und dem wirtschaftlichen Wareneinsatz (**Wareneinkauf**); bei einem **Fertigungsbetrieb** (Handwerksbetrieb) stellt sich der Rohgewinn als Differenz zwischen dem wirtschaftlichen Umsatz abzgl. des Materialeinsatzes und der Fertigungslöhne dar.[4]

1135

---

1 *Brinkmann*, S. 269; *Högemann*, INF 2000, 589 (587) (für die Gastronomie).
2 Vgl. FG Rh.-Pf. v. 21.9.2012 – 3 K 2493/10, EFG 2013, 186, wobei diese Bezeichnungen nicht einheitlich verwendet werden; *Buciek* in Beermann/Gosch, § 162 AO Rz. 130 (Juli 2010); *Seer* in Tipke/Kruse, § 162 AO Rz. 59 (Mai 2014); *Högemann*, INF 2000, 585 (587).
3 Vgl. FG Münster v. 19.8.2004 – 8 V 3055/04 G, EFG 2004, 1810; FG Rh.-Pf. v. 21.9.2012 – 3 K 2493/10, EFG 2013, 186; *Brinkmann*, S. 269.
4 *Vogelsang* in Vogelsang/Stahl, Rz. I 18.

Einzelthemen im Zusammenhang

1136 Zu bestimmen ist auch der **Rohgewinnsatz**: Er stellt einen Prozentsatz des wirtschaftlichen Umsatzes dar (Rohgewinn x 100 : den Umsatz = Rohgewinnsatz in %). Wird der **Rohgewinn** ins Verhältnis zum Wareneinsatz gestellt, resultiert der **Rohgewinnaufschlag** (Rohgewinn x 100 : Wareneinsatz = Rohgewinnaufschlag in %).[1] Zur Verdeutlichung folgendes Beispiel:[2]

	2012	2013	2014
Warenumsatz (Verkaufspreis) netto (1)	156 300	158 400	215 800
Wareneinsatz (Einkaufspreis) netto (2)	50 200	42 600	66 300
Wirtschaftlicher Rohgewinn (Aufschlag) (3) = (1) ./. (2)	106 100	115 800	149 500
Rohgewinnaufschlagssatz (Aufschlag auf den Netto-EK) (3) : (2) x 100	211,35 %	271,83 %	225,49 %
Rohgewinnsatz (Handelsspanne) (4) = (3) : (1) x 100	67,88 %	73,10 %	69,27 %

3. Innerer Betriebsvergleich

a) Methode

1137 Wie erwähnt, geht die Nachkalkulation als **innerer** Betriebsvergleich stets von den vorhandenen betriebsinternen Zahlen aus und entwickelt diese weiter zum Gesamtergebnis eines Besteuerungsabschnitts.[3]

1138 Der Rohgewinnaufschlag wird für die einzelne Ware ermittelt. Enthält das Sortiment (typischerweise) eine Vielzahl von Leistungsbereichen (zB **Warengruppen**), müssen diese gesondert voneinander kalkuliert werden.[4]

1139 Zur Berechnung des **Rohgewinnaufschlags** kommt – nach dem oben genannten Schema – dem Warenumsatz als Verkaufspreis besondere Bedeutung zu. Dieser ist zB durch bekannte Einzelverkaufspreise des Unternehmens zu ermitteln, im **Gastronomiebereich** zB durch die Ge-

---

[1] *Vogelsang* in Vogelsang/Stahl, Rz. I 18.
[2] *Vogelsang* in Vogelsang/Stahl, Rz. I 18; FG Münster v. 4.12.2015 – 4 K 2616/14 E, G, U, EFG 2016, 169, vermittelt ausführlich ein praktisches Beispiel der Ermittlung des Rohgewinnaufschlagssatzes anlässlich der Prüfung eines Restaurants mit asiatischem Speiseangebot.
[3] *Seer* in Tipke/Kruse, § 162 AO Rz. 59 (Mai 2014).
[4] BFH v. 24.8.2006 – V B 36/05, BFH/NV 2007, 69; *Buciek* in Beermann/Gosch, § 162 AO Rz. 130 (Juli 2010).

Schätzungen, Verprobungen, Prüfungsmethoden

tränke- oder Speisekarte[1] oder im Fischgroß- und -einzelhandel durch Preislisten oder PLU-Listen.[2] Ist der Rohgewinnaufschlag für eine Einzelware oder eine Warengruppe ermittelt, kann er für diese Gruppe auf den gesamten Wareneinsatz (Einkauf) angewendet und damit der für diese Warengruppe und in der Summe für sämtliche Warengruppen zu kalkulierenden Umsatz berechnet werden. **Unterschreitet** der nach der Gewinn- und Verlustrechnung ermittelte wirtschaftliche Umsatz diesen kalkulierten Umsatz, nimmt das Finanzamt im Fall einer Verprobung eine Schätzungsbefugnis an bzw. bei Vorliegen einer Schätzungsbefugnis in dieser Höhe eine Hinzuschätzung vor.

Zum Teil **untermauert** die Finanzverwaltung oder das überprüfende FG diese Kalkulation durch den Verweis auf die nach den **Richtsatzsammlungen** ermittelten Rohgewinnaufschlagssätze.[3] 1140

b) Folgerungen und Abwehr

Die Verprobung durch **Nachkalkulation** ist eine anerkannte Schätzungsmethode, die – richtig angewendet – so zuverlässig ist, dass sie die Beweiskraft einer formell ordnungsgemäßen Buchführung widerlegen und in Höhe der errechneten Beträge nicht verbuchte **Betriebseinnahmen nachweisen** (schätzen) kann.[4] In welchem Umfang die Nachkalkulation von den vom Steuerpflichtigen angesetzten Besteuerungsgrundlagen abweichen muss, um die zuvor genannte Vermutung zu entschärfen, ist nicht abschließend festgestellt. Hierbei bedarf es insbesondere zu berücksichtigen, dass auch eine Nachkalkulation nicht frei von Unsicherheiten ist und selbst auf Schätzungen beruht.[5] Die Rechtsprechung ließ **Abweichungen** zum ausgewiesenen Umsatz von 1141

---

1 Vgl. *Buciek* in Beermann/Gosch, § 162 AO Rz. 130 (Juli 2010); *Vogelsang* in Vogelsang/Stahl, Rz. I 24; *Högemann*, INF 2000, 585 (587).
2 FG Münster v. 16.5.2013 – 2 K 3030/11 E, U, EFG 2014, 86. Der PLU-Code (price-look-up-code) ist ein „Preis-Nachschlage-Code", der Identifikationsnummern ausweist.
3 So zB FG Münster v. 4.12.2015 – 4 K 2616/14 E, G, U, EFG 2016, 169; dazu auch Rz. 1145 ff.
4 BFH v. 8.9.1994 – IV R 6/93, BFH/NV 1995, 573; v. 17.11.1981 – III R 174/77, BStBl. II 1982, 430; FG München v. 4.5.2010 – 13 V 540/10, nv. (juris); ausführlich zur Schätzungsbefugnis FG Rh.-Pf. v. 21.9.2012 – 3 K 2493/10, EFG 2013, 186.
5 *Seer* in Tipke/Kruse, § 158 AO Rz. 20 (Mai 2014).

Einzelthemen im Zusammenhang

1,5 % bzw. 2,7 % nicht ausreichen und auch eine Abweichung von **3 %** nicht, soweit die Verprobung nur oberflächlich war.[1]

1142 Wesentliche **Angriffspunkte** der Nachkalkulation aufgrund innerbetrieblicher Zahlen sind der Wareneinsatz und der Verkaufspreis.[2] Entsprechendes gilt zB in der **Gastronomie** für Schwund (zB durch Diebstahl), Verderb, Eigenverbrauch, Sonderaktionen wie Freigetränke und verbilligter Mittagstisch.[3] Bezogen auf den Verkaufspreis speziell in der Gastronomie muss der Steuerpflichtige jedoch mit **Testkäufen** des Prüfers rechnen. Diese sind grundsätzlich zulässig.[4]

4. Äußerer Betriebsvergleich (Richtsatzsammlung)

a) Methode

1143 Im Unterschied zur Nachkalkulation, die durch einen inneren Betriebsvergleich erfolgt, werden beim äußeren Betriebsvergleich die Besteuerungsgrundlagen durch den Vergleich des geprüften Betriebs mit anderen, **ähnlich** strukturierten **Betrieben** verprobt. Der äußere Betriebsvergleich kann **Einzelbetriebsvergleich** (Vergleich mit einem anderen oder einzelnen anderen Betrieben) oder **Richtsatzvergleich** sein.[5]

1144 Der Vergleich mit einem anderen konkreten Betrieb ist die **gröbste** Methode zur Beanstandung der sachlichen Richtigkeit des Buchführungsergebnisses.[6] Dabei sind **Besonderheiten** bei den Geschäftsgepflogenheiten, der Organisation, den Absatzmöglichkeiten, der Kundschaft, den Lieferanten und der Struktur der Bilanz und Gewinn- und Verlustrechnung (also das Verhältnis der wesentlichen Posten zueinander) zu berücksichtigen.[7]

1145 Von **praktisch** wesentlich größerer **Bedeutung** ist die Nachkalkulation anhand von **Richtsatzsammlungen**. Zu diesem Zweck ermittelt die Finanzverwaltung auf der Grundlage anonymisierter Daten regelmäßig

---

1 BFH v. 26.4.1983 – VIII R 38/82, BStBl. II 1983, 618; so auch *Seer* in Tipke/Kruse, § 158 AO Rz. 20; *Frotscher* in Schwarz/Pahlke, § 158 AO Rz. 20 (Jan. 2015).
2 Vgl. *Apitz*, StBp. 1991, 39 (105).
3 *Högemann*, INF 2000, 585 (587).
4 FG Münster v. 17.9.2010 – 4 K 1412/07 G,U, EFG 2011, 506. Vgl. hingegen FG Köln v. 22.5.2014 – 11 K 3056/11, EFG 2014, 1739 (Nichtigkeit des Schätzungsbescheids trotz Testkäufe).
5 *Frotscher* in Schwarz/Pahlke, vor §§ 193 – 203 AO Rz. 50 (April 2014).
6 *Seer* in Tipke/Kruse, § 158 AO Rz. 18 (Mai 2014).
7 *Frotscher* in Schwarz/Pahlke, vor §§ 193 – 203 AO Rz. 50 (April 2014).

Schätzungen, Verprobungen, Prüfungsmethoden

und fortlaufend für bestimmte Branchen Kennzahlen, die sog. Richtsätze, die dann alljährlich in sog. Richtsatzsammlungen veröffentlicht werden.[1] Entsprechend dem BMF, Schr. v. 14.3.2016,[2] gilt auch für Steuertatbestände, die nach dem 31.12.2014 verwirklicht wurden, die Richtsatzsammlung 2014, BMF, Schr. v. 14.7.2015[3], fort.

Die Richtsatzsammlung enthält ua. Angaben zu den Werten, die für die **Kalkulation** notwendig sind: zB Rohgewinnaufschlag, Rohgewinn und Reingewinn.[4] 1146

Die **Systematik** der Prüfung anhand der Rohgewinnaufschläge entspricht derjenigen der Aufschlagskalkulation beim inneren Betriebsvergleich (s. Rz. 1137 ff.). Ein wesentlicher Unterschied besteht darin, dass der **Aufschlagssatz** selber nicht aus dem internen Wareneinsatz und Warenumsatz ermittelt, sondern **unmittelbar** aus den Richtsätzen entnommen wird. Diese Größe findet sodann auf den Wareneinsatz Anwendung. Hieraus resultiert der kalkulierte Umsatz. Umgekehrt kann – wie oben Rz. 1140 erwähnt – der aufgrund des inneren Betriebsvergleichs tatsächlich ermittelte Rohgewinnaufschlag mit dem Rohgewinnaufschlag aus der Richtsatzsammlung **verglichen** und aus einem zu geringen Rohgewinnaufschlag auf nicht erfasste Umsätze geschlossen werden.[5] 1147

Sofern die Richtsatzkalkulation im Rahmen der Schätzung zur Anwendung kommt, schätzt der Betriebsprüfer oftmals einen **zusätzlichen Wareneinsatz**. Zwar wirkt sich der zusätzliche Wareneinsatz im ersten Schritt zugunsten des Steuerpflichtigen aus (höhere Betriebsausgaben); durch die Anwendung des Rohgewinnaufschlags resultieren sodann um ein Vielfaches höhere Umsätze. Zudem können mangels vorliegender Rechnungen aus dem zusätzlichen Wareneinkauf keine Vorsteuern in Abzug gebracht werden.[6] 1148

Von den Richtsatzschätzungen abzugrenzen sind die Schätzungen mittels der **Kostenstrukturerhebungen** und **Statistiken** der Statistischen Bundes- und Landesämter. Diese sind uE unbrauchbar. 1149

---

1 Vgl. *Rüsken* in Klein, § 162 AO Rz. 42; BFH v. 28.3.2001 – VII B 213/00, BFH/NV 2001, 1217; FG Münster v. 22.2.2014 – 9 V 1742/14 G, nv. (juris).
2 IV A 2-O 2000/15/10001,2016/0210799, BStBl. I 2016, 290.
3 BMF v. 14.7.2015 – IV A 4 - S 1544/09/10001-07, BStBl. I 2015, 521.
4 *Vogelsang* in Vogelsang/Stahl, Rz. I 54; *Seer* in Tipke/Kruse, § 162 AO Rz. 56 (Mai 2014).
5 *Vogelsang* in Vogelsang/Stahl, Rz. I 57.
6 Vgl. hierzu *Brinkmann*, S. 270.

Einzelthemen im Zusammenhang

b) Folgerungen und Abwehr

1150 Der äußere Betriebsvergleich in Form des **Einzelbetriebsvergleichs** (Vergleich mit einem oder einzelnen anderen Betrieben) ist in der Regel nicht geeignet, eine ordnungsgemäße Buchführung zu entkräften. Die Anwendung scheitert bereits oftmals daran, dass es der Finanzverwaltung nicht gelingt, „**passende Vergleichsbetriebe**" ausfindig zu machen.[1]

1151 Weniger klar fällt die Qualifikation von **Richtsatzkalkulationen** aus. Zwar sind die amtlichen Richtsätze keine Rechtsnormen, jedoch ein **anerkanntes** Hilfsmittel der Verprobung und Schätzung der Umsätze und Gewinne.[2]

1152 Weicht das aufgrund formell **ordnungsgemäßer Buchführung** ermittelte Ergebnis von amtlichen Richtsatzsammlungen ab, so reicht das **allein nicht**, um das Ergebnis zu verwerfen.[3] Jedem äußeren Betriebsvergleich haftet eine große Unsicherheit an, da kaum ein Betrieb dem anderen gleicht.[4] Die Vermutung des § 158 AO kann durch vorgenannte Richtsatzkalkulationen nur erschüttert werden, wenn die Abweichung vom Resultat der formellen ordnungsgemäßen Buchführung entweder eine erhebliche Größenordnung aufweist und damit deutlich außerhalb des Unschärfebereichs der Verprobung liegt oder falls zusätzlich konkrete Umstände hinzukommen, aus denen sich ergibt, dass die Angaben der Steuerpflichtigen nicht richtig sein können.[5] Wann die **Abweichung** eine erhebliche Größenordnung darstellt, hängt von den Umständen des Einzelfalls ab. Bei der Richtsatzprüfung dürfte wegen der vorhandenen Unsicherheiten eine Abweichung von **10 %** des Umsatzes nur wesentlich sein, wenn Wareneinstand und Aufschlagssätze des Vergleichsbetriebs genau benannt sind.[6]

---

1 *Seer* in Tipke/Kruse, § 162 AO Rz. 55 (Mai 2014).
2 BFH v. 7.12.1977 – I R 16-17/75, BStBl. II 1978, 278; FG Münster v. 22.12.2014 – 9 V 1742/14; *Seer* in Tipke/Kruse, § 162 AO Rz. 56 (Mai 2014); *Trossen*, EFG 2012, 1985.
3 BFH v. 18.9.1974 – I R 94/72, BStBl. II 1975, 217; v. 7.12.1977 – I R 16–17/75, BStBl. II 1978, 278; *Frotscher* in Schwarz/Pahlke, § 158 AO Rz. 16 (Jan. 2015).
4 BFH v. 26.4.1983 – VIII R 38/82, BStBl. II 1983, 618; *Frotscher* in Schwarz/Pahlke, § 158 AO Rz. 16 (Jan. 2015).
5 BFH v. 18.9.1974 – I R 94/72, BStBl. II 1975, 271; v. 18.10.1983 – VIII R 190/82, BStBl. II 1984, 88; v. 9.5.1996 – X B 188/95, BFH/NV 1996, 747; *Seer* in Tipke/Kruse, § 158 AO Rz. 18 (Mai 2014); *Frotscher* in Schwarz/Pahlke, § 158 AO Rz. 16 (Jan. 2015).
6 *Frotscher* in Schwarz/Pahlke, § 158 AO Rz. 20 (Jan. 2015); *Brinkmann*, S. 245.

Schätzungen, Verprobungen, Prüfungsmethoden

Werden von dem Steuerpflichtigen besondere Umstände vorgetragen, die den **eigenen** Betrieb „**atypisch**" erscheinen lassen, so ist es dem Finanzamt verwehrt, allein mithilfe von Richtsatzsammlungen die ordnungsgemäße Buchführung zu entkräften.[1] Hier kommt es ohne eine Vermögenszuwachsrechnung (Rz. 1190 ff.), Kontrollmitteilungen uÄ nicht aus. 1153

Gerade die Anwendung von Richtsatzsammlungen war schon früh für **Bundesrichter** Anlass, die **Schätzungspraxis** der **Finanzämter** einer **Kritik** zu unterziehen, die bis heute wirkt.[2] Aus Bundesrichterfeder liest man an anderer Stelle:[3] „Es verwundert, dass es immer noch Betriebsprüfer und Finanzämter gibt, die die amtlichen Richtsätze als Rechtsnormen ansehen und bei Abweichungen die Steuerpflichtigen leichthin mit einer Schätzung überziehen [...]. Das Unterschreiten des untersten amtlichen Rohgewinnsatzes ist wohl ein Anzeichen für ein ungewöhnliches Verhalten des Steuerpflichtigen. Die Finanzbehörden neigen zu der Version, der Steuerpflichtige habe [...] Betriebseinnahmen nicht verbucht [...]. So muss es indessen nicht gewesen sein. Der Steuerpflichtige kann sich auch in der Weise ungewöhnlich verhalten haben, dass er sich beim Warenverkauf mit einem geringeren Aufschlag begnügt hat. Stellt der Betriebsprüfer ein Unterschreiten des untersten Rohgewinnsatzes fest [...], beginnt seine Arbeit erst.". 1154

Entspricht hingegen die Buchführung nicht den Voraussetzungen des § 158 AO und fehlen die für eine (interne) Nachkalkulation benötigten Unterlagen, kommt eine **ergänzende Schätzung** unter Berücksichtigung der Richtsätze in Betracht.[4] 1155

Liegen **formelle** Mängel der Buchführung vor, können weit **unter** den Richtsatzwerten liegende und stark **schwankende** Rohgewinnauf- 1156

---

1 BFH v. 18.9.1997 – I R 94/72, BStBl. II 1975, 217; *Brinkmann*, S. 245, dieser mit weiteren Tatsachen, die indizielle Wirkung entfalten können. Wegen der Kostenregelung des § 137 Abs. 2 FGO sollten diese Gründe nicht erst im Klageverfahren vorgetragen werden.
2 Vgl. zB *Woerner* zu BFH v. 18.10.1983 – VIII R 190/82, BStBl. II 1984, 88: „Ein Signal für die Berater, ihrerseits Vorsicht zu üben" – Vorsicht nämlich hinsichtlich der Erkenntnis, „wie kritiklos manche Betriebsprüfer Richtsatzsammlungen anwenden".
3 Anm. eines anonymen BFH-Richters, HFR 1984, 97, zu BFH v. 18.10.1983 – VIII R 190/82, BStBl. II 1984, 88.
4 BFH v. 12.9.1990 – I R 122/85, BFH/NV 1991, 573; FG Münster v. 31.10.2000 – 5 K 6660/98, EFG 2001, 401; FG Münster v. 16.5.2013 – 2 K 3030/11 E, U, EFG 2014, 86.

Einzelthemen im Zusammenhang

schlagssätze, für die der Steuerpflichtige keine Erklärung hat, ebenfalls die Schätzungsbefugnis rechtfertigen, die entsprechend unter Zuhilfenahme der amtlichen Richtsätze erfolgen kann.[1]

1157 Liegen erhebliche Buchführungsmängel vor, kommt eine Schätzung unter Umständen auch in Form einer **Vollschätzung** nach Maßgabe der amtlichen Richtsätze zur Höhe des Reingewinns in Betracht.[2] In diesem Fall besteht die Möglichkeit, den durch die Richtsatzsammlung vorgesehenen Schätzungsrahmen im Einzelfall bis zur Obergrenze auszuschöpfen.[3]

1158 Soweit die Finanzverwaltung die Verprobung auf den äußeren Betriebsvergleich anhand einzelner oder mehrerer **Vergleichsbetriebe** (also nicht Richtsatzsammlung) stützt, sind dem Steuerpflichtigen aus Gründen des Rechtsschutzes alle relevanten Einzelheiten des oder der Vergleichsbetriebe **bekannt zu geben**; nur so steht ihm die Möglichkeit offen, die Vergleichbarkeit zu überprüfen.[4] Um das **Steuergeheimnis** nicht zu verletzen, dürfen allerdings die Angaben über die Vergleichsbetriebe oder den Vergleichsbetrieb nicht so konkret sein, dass danach eine Identifizierung des Betriebs möglich wäre.[5] Geht die Anonymisierung zulasten der Vergleichbarkeit, kann uE die Verprobung nicht akzeptiert werden. Das FG hat jedenfalls das Recht, anhand der für die Vergleichsbetriebe geführten Steuerakten zu prüfen, ob gegen die Zahlen der Vergleichsbetriebe Bedenken bestehen.[6]

1159 Bei Anwendung von Richtsatzsammlungen soll regelmäßig davon ausgegangen werden können, dass die Richtsätze **sorgfältig** und dem Sys-

---

1 FG Münster v. 16.5.2013 – 2 K 3030/11 E, U, EFG 2014, 86.
2 BFH v. 17.5.1990 – IV R 36/89, BFH/NV 1991, 646; FG Nürnberg v. 24.5.2011 – 2 K 449/2008, nv. (juris); FG Münster v. 22.12.2014 – 9 V 1742/14 G, nv. (juris).
3 BFH v. 29.3.2001 – IV R 67/99, BStBl. II 2001, 484; v. 1.10.1992 – IV R 34/90, BStBl. II 1993, 259; FG Münster v. 16.5.2013 – 2 K 3030/11 E, U, EFG 2014, 86 (der obere Rahmen wurde damit begründet, der Steuerpflichtige habe über günstige Einkaufs- und Transportbedingungen verfügt, die einen hohen Gewinn rechtfertigten).
4 *Frotscher* in Schwarz/Pahlke, vor §§ 193 – 203 AO Rz. 51 (April 2014).
5 BFH v. 24.9.1976 – II B 12/76, BStBl. II 1977, 196; v. 18.12.1994 – VIII R 195/82, BStBl. II 1986, 226; mit Kritik insoweit von *Rössler*, DStZ 1996, 311 f.
6 BFH v. 18.12.1994 – VIII R 195/82, BStBl. II 1986, 226; nicht eindeutig wird aus dem Urteil klar, ob lediglich einzelne Vergleichsbetriebe oder eine Richtsatzsammlung der Schätzung zugrunde lag. Die Ausführungen sprechen eher für einzelne Vergleichsbetriebe.

Schätzungen, Verprobungen, Prüfungsmethoden

tem der Richtsätze entsprechend aufgestellt werden.[1] Bezieht sich das Finanzamt nur auf **bestimmte Bezirke**, ist es jedenfalls verpflichtet, wenigstens die Zahl der berücksichtigten Betriebe, ihre Größe, möglicherweise auch ihre Lage und betrieblichen Besonderheiten und die genauen Aufschlagssätze anzugeben.[2]

Die Richtsatzsammlungen geben die Kennzahlen der einzelnen Betriebe wieder, die sich **nach** Durchführung der Betriebsprüfung ergeben haben. Regelmäßig führen Betriebsprüfungen zu Erhöhungen der Ergebnisse, und zwar im Wege der Schätzung. Die Richtsätze sind daher tendenziell **überhöht**. 1160

III. Zeitreihenvergleich

1. Methode

Im Rahmen der digitalen Außenprüfung ermöglicht die Prüfungssoftware IDEA (s. Rz. 525) relativ unproblematisch eine Auswertung der Daten des Steuerpflichtigen in der Form des **Zeitreihenvergleichs (ZRV)** und der statistischen Datenanalyse, zB Prüfung der Zahlen mittels sog. **Chi-Quadrat-Test** bzw. **Benford-Gesetz** (hierzu Rz. 1186).[3] Diesen statistischen Testverfahren liegt die gemeinsame Annahme zugrunde, dass manipulierte Datensätze andere Eigenschaften als natürliche Daten aufweisen.[4] Sie dienen daher der digitalen Verprobung und führen in ihrer vernetzten Kombination häufig zusätzlich zu indiziellen Aussagen.[5] Unabhängig von der Akzeptanz des Zeitreihenvergleichs als Verprobungs- und Schätzungsmethode (s. Rz. 1167 ff.) liefert er einen tiefen Einblick in betriebswirtschaftliche Verhältnisse.[6] 1161

Besonderer Bedeutung in der Betriebsprüfung kommt dem **ZRV** zu. Er stellt eine Unterart des inneren **Betriebsvergleichs** dar, mit dem der Umsatz sowie der Gewinn eines Unternehmens überprüft und ggf. 1162

---

1 So *Frotscher* in Schwarz/Pahlke, vor §§ 193 – 203 AO Rz. 52 (März 2014); allerdings mit Einschränkungen für Faktoren, die für die Normalisierung und Entnormalisierung erforderlich sind.
2 BFH v. 18.10.1983 – VIII R 190/82, BStBl. II 1984, 88.
3 Allgemein hierzu *Seer* in Tipke/Kruse, § 158 AO Rz. 21 (Mai 2014).
4 *Watrin/Struffert*, DB 2006, 1748; *Schüßler*, Der Datenzugriff der Finanzverwaltung im Rahmen der (digitalen) Außenprüfung, S. 141.
5 *Wähnert*, StBp. 2014, 20.
6 *Wähnert*, StBp. 2014, 97 (100), er bemüht einen Spruch aus der Werbebranche: „Ein Bild sagt mehr als 1000 Worte".

Einzelthemen im Zusammenhang

nachkalkuliert werden kann.[1] Diese spezielle Kalkulationsmethode hat zum Ziel, die **Rohgewinnaufschläge** (dazu Rz. 1135) des Unternehmens auf ihre Schlüssigkeit zu **prüfen**. Die Methode dient primär dazu, Fälle aufzudecken, in denen sowohl die Erlöse als auch der Wareneinsatz nicht zutreffend verbucht worden sind. Die Betriebsprüfung geht von dem Erfahrungssatz aus, dass es einem Unternehmen praktisch nicht möglich ist, den Wareneinkauf vollständig in der Buchhaltung zu verschweigen, mit dem nicht verbuchte Erlöse erzielt werden.[2]

1163 Der ZRV ist keine klar definierte Prüfungsmethode, sondern weist **zahlreiche Varianten** auf. Sie zeichnen sich grundsätzlich durch die folgenden **Gemeinsamkeiten** aus:[3]

1164 Bestimmte, über einen längeren Zeitraum ermittelte betriebliche Daten werden zahlreichen sehr kurzen Zeitabschnitten zugeordnet („**Zeitreihen**"), um dann das Verhältnis dieser Daten zueinander über die einzelnen kurzen Zeitabschnitte hinweg zu betrachten. Es erfolgt eine Gegenüberstellung der gebuchten Erlöse und Wareneinsätze.

1165 Häufig betrachtet der Betriebsprüfer dabei Wochenzeiträume. Aus den wöchentlichen Wareneinkäufen versucht er, durch Abzug des Eigen- und Personalverbrauchs sowie durch Verteilung der eingekauften Warenmenge über den Zeitraum bis zum nächsten Einkauf gleichartiger Waren auf den wöchentlichen Wareneinsatz zu schließen. Aus dem Verhältnis zwischen Wareneinsatz und Erlösen wird für jede Woche des Jahres ein individueller Rohgewinnaufschlagssatz ermittelt. Aus diesen wöchentlichen Rohgewinnaufschlagssätzen bildet der Prüfer gleitende Durchschnittswerte für jeweils zehn aufeinanderfolgende Wochen. Die Zehn-Wochen-Periode mit dem höchsten Rohgewinnaufschlagssatz des Jahres sieht der Prüfer als **repräsentativ** für das Gesamtjahr an. Er unterstellt, dass dieser Rohgewinnaufschlagssatz auch in allen anderen Wochen des Jahres – in denen der sich aus der Buchführung ergebende Rohgewinnaufschlagssatz geringer war – erzielt worden ist.[4]

---

1 Das Verfahren des ZRV wurde von den FG grundsätzlich anerkannt, vgl. FG Münster v. 26.7.2012 – 4 K 2071/09, AO-StB 2013, 9; FG Köln v. 27.1.2009 – 6 K 3954/07, EFG 2009, 1092 (1095); s. jedoch zu den gravierenden Einschränkungen durch den BFH nachfolgend.
2 Hierzu und zum vorherigen *Bisle/Epple*, PStR 2012, 15; *Blenkers/Maier-Siegert*, BC 2005, 54 (55); *Högemann*, INF 2000, 585 (587 f.).
3 Vgl. ausführlich *Wiggen*, StBp. 2008, 168 ff.; *Kulosa*, DB 2015, 1797 (1799 ff.); *Wulf/Ruske*, Steueranwaltsmagazin 2015, 158 ff.
4 Hierzu und zum Vorherigen *Vogelsang* in Vogelsang/Stahl, Rz. I 29.

Schätzungen, Verprobungen, Prüfungsmethoden

Die erstellte Schätzung führt regelmäßig zu **horrenden** Steuernachforderungen. 1166

2. Folgerungen und Abwehr

Der **BFH** schränkt **zugunsten** des Steuerpflichtigen mit rechtskräftigem Gerichtsbescheid vom 25.3.2015[1] und einem in anderer Sache ergangenen aussagegleichen Urteil desselben Senats vom selben Tag[2] die Anwendungsmöglichkeit des ZRV ein, indem er zunächst die folgenden **vier Grundsätze** aufstellt: 1167

Erstens: Die Durchführung eines Zeitreihenvergleichs setzt voraus, dass im Betrieb das Verhältnis zwischen dem Wareneinsatz und den Erlösen im betrachteten Zeitraum weitgehend konstant ist. Es darf zudem im maßgebenden Zeitraum **nicht** zu solchen **Änderungen** in der **Betriebsstruktur** gekommen sein, die – nicht anderweitig behebbare – wesentliche Unsicherheiten bei der Aufstellung und Interpretation des Zahlenwerks mit sich bringen. 1168

Zweitens[3]: Bei einer Buchführung, die **formell ordnungsgemäß** ist oder nur **geringfügige** formelle Mängel aufweist, kann der Nachweis der materiellen Unrichtigkeit grundsätzlich nicht allein aufgrund der Ergebnisse eines Zeitreihenvergleichs geführt werden. 1169

Drittens: Ist die Buchführung formell **nicht ordnungsgemäß**, sind aber materielle Unrichtigkeiten der Einnahmenerfassung **nicht** konkret **nachgewiesen**, können die Ergebnisse eines Zeitreihenvergleichs nur dann einen Anhaltspunkt für die Höhe der erforderlichen Hinzuschätzung bilden, **wenn andere Schätzungsmethoden**, die auf betriebsinternen Daten aufbauen oder in anderer Weise die individuellen Verhältnisse des jeweiligen Steuerpflichtigen berücksichtigen, **nicht sinnvoll** einsetzbar sind. Bei verbleibenden Zweifeln können Abschläge in einem Umfang geboten sein, der über eine bloße Abrundung hinausgeht. 1170

---

1 BFH v. 25.3.2010 – X R 20/13, BStBl. II 2015, 743 ff.; hierzu *Wulf/Ruske*, Steueranwaltsmagazin 2015, 158 ff.; *Kulosa*, DB 2015, 1797 (1799 ff.), sowie HFR 2015, 833; *Neufang/Schäfer*, StB 2015, 388 (391); *Nöcker*, NWB 2015, 3548 ff.; *Wähnert/Pump*, NWB 2015, 2869 ff.
2 BFH v. 25.3.2015 – X R 19/14, BFH/NV 2016, 4 (auffällig ist die späte „Veröffentlichung").
3 Dieser und die nachfolgenden zwei Punkte werden auch sog. „Drei-Stufen-Theorie" bezeichnet, vgl. auch zum Inhalt *Nöcker*, NWB 2015, 3548 ff. (3553).

Einzelthemen im Zusammenhang

1171 Viertens: Steht bereits aus anderen Gründen **fest**, dass die **Buchführung** sowohl formell als auch materiell **unrichtig** ist und übersteigt die nachgewiesene materielle Unrichtigkeit eine von den Umständen des Einzelfalls abhängige Bagatellschwelle, können die Ergebnisse eines – technisch korrekt durchgeführten – Zeitreihenvergleichs auch für die Ermittlung der erforderlichen Hinzuschätzung der Höhe nach **herangezogen** werden, sofern sich im Einzelfall keine andere Schätzungsmethode aufdrängt, die tendenziell zu genaueren Ergebnissen führt und mit vertretbarem Aufwand einsetzbar ist.

1172 Befindet sich der Geprüfte in der unter dem vierten Punkt beschriebenen Situation, verbleiben ihm **Einwendungen**, um den ZRV anzugreifen (zB Zuordnungsfehler, betriebliche Besonderheiten).[1]

1173 In der Entscheidung vom 25.3.2015 äußert sich der BFH – zugunsten des Geprüften – auch zur grundsätzlich dem **Finanzamt** obliegenden **Feststellungslast**:[2] Der Betriebsprüfer muss seinen Zeitreihenvergleich nicht nur sorgfältig durchführen, sondern auch von Amts wegen – nicht erst auf Nachfrage – erläutern. Dies wird nicht ausschließlich softwaregestützt möglich sein, sondern eine individuelle Befassung und Auseinandersetzung mit den betrieblichen Besonderheiten erfordern.[3] Möglicherweise ist daher damit zu rechnen, dass die Betriebsprüfer diese Methode schon wegen der nun zu leistenden Mehrarbeit seltener anwenden.[4]

1174 Im Ergebnis schränken die beiden Entscheidungen des X. Senats vom 25.3.2015 die Anwendung des Zeitreihenvergleichs speziell in der Gastronomiebranche und allgemein in anderen Betrieben mit stark saisonalem Geschäft **entscheidend ein**. Die Anforderungen des BFH zur Anwendung des Zeitreihenvergleichs an die Datengüte und Datengenauigkeit werden in der Praxis nicht zu erfüllen sein.[5]

1175 Die **Abneigung** des BFH gegen den Zeitreihenvergleich belegen weitergehende Hinweise der Abwehrberatung aus der Feder eines **BFH-Richters**.[6]

---

1 *Kulosa*, DB 2015, 1797 (1802); *Nöcker*, NWB 2015, 3548 (3554 f.).
2 BFH v. 25.3.2015 – X R 20/13, BStBl. II 2015, 743 (750, 752).
3 *Kulosa*, DB 2015, 1797 (1801).
4 *Kulosa*, DB 2015, 1797 (1801).
5 *Neufang/Schäfer*, StB, 2015, 388 (391).
6 *Kulosa*, DB 2015, 1797 (1801 f.); ebenfalls BFH-Richter *Nöcker*, NWB 2015, 3548 (3554 f.).

3. Exkurs: Neue Entwicklungen zur Programmierbarkeit von Kassensystemen

Einen wesentlichen **Wermutstropfen** schenkt der BFH in seiner vorgenannten Entscheidung vom 25.3.2015[1] jedoch ein:[2] Bei einem **programmierbaren Kassensystem** sind die Betriebsanleitung sowie die Protokolle nachträglicher Programmänderungen aufzubewahren. Deren Fehlen stellt einen formellen Mangel dar, der grundsätzlich schon für sich genommen zu einer Hinzuschätzung berechtigt.

Um Manipulationsmöglichkeiten von Kassen entgegenzuwirken, war angedacht, die Rechtsvermutung des § 158 AO an die Verwendung eines zertifizierten **Fiskalspeichers**, der dem Standard einer „integrierten Sicherheitslösung für messwertverarbeitende Kassensysteme" – „INSIKA" – entspricht, zu knüpfen.[3] Diese Bemühen sind durch zwei Referentenentwürfe des Bundesministeriums der Finanzen **überholt**, und zwar durch den Entwurf eines „Gesetzes zum Schutz vor Manipulationen und digitalen Grundaufzeichnungen" und der „technischen Verordnung zur Durchführung des Gesetzes zum Schutz vor Manipulationen an digitalen Grundaufzeichnungen", beide vom 18.3.2016.[4]

Die **Eckpunkte** der vorgeschlagenen **Neuregelung** lassen sich wie folgt zusammenfassen:[5]

Elektronische Kassen müssen **ab 2019 zertifiziert** sein, dh. sie müssen über eine zertifizierte Sicherheitseinrichtung verfügen, § 146a AO nF. Kassen ohne diese Sicherheitseinrichtung dürfen ab dann auch nicht mehr gewerbsmäßig verkauft werden. Zuständig für die Zertifizierung soll das Bundesamt für Sicherheit in der Informationstechnik (BSI) sein.

Flankierend soll die Möglichkeit einer **sog. Kassennachschau** eingeführt werden, § 146b AO nF: Ohne vorherige Ankündigung und außerhalb einer Außenprüfung kann das Finanzamt im Betrieb des Steuerpflichtigen erscheinen und prüfen, ob die elektronische Kasse ordnungsgemäß eingesetzt wird und ob Aufzeichnungen und Buchungen von Kasseneinnahmen und Kassenausgaben ordnungsgemäß erfolgen.

---

1 BFH v. 25.3.2015 – X R 20/13, BStBl. II 2015, 743 (746 f.); v. 25.3.2015 – X R 19/14, BFH/NV 2016, 4.
2 Hierzu *Mack*, AO-StB 2016, 17 (18 f.); *Nöcker*, NWB 2015, 3548 (3555).
3 Hierzu *Seer* in Tipke/Kruse, § 158 AO Rz. 21b (Mai 2014); *Pump*, DStZ 2014, 250 ff.
4 Abzurufen über http.//www.bundesfinanzministerium.de.
5 *Mack*, DB-Online, Nr. 16 vom 22.4.2016, M5.

Einzelthemen im Zusammenhang

1181 Schließlich wird der **Ordnungswidrigkeitenkatalog** des § 379 Abs. 1 AO erweitert: Mit einer Geldbuße bis 25000 Euro muss rechnen, wer als Steuerpflichtiger ein unzertifiziertes Kassensystem verwendet oder es nicht schützt (also die Sicherheitseinrichtungen umgeht). Erstmalig werden darüber hinaus auch **Kassenhersteller** mit in die Verpflichtung genommen: Gewerblichen Verkäufern von manipulierbaren Kassensystemen oder Manipulations-Software-Programmen droht ebenfalls eine Geldbuße bis 25000 Euro.

1182 Zu hoffen wäre, dass der Einsatz zertifizierter Kassensysteme dem **Generalverdacht** in Betriebsprüfungen ein Ende macht, es im bargeldintensiven Handel stets mit Steuerhinterziehung zu tun zu haben.

IV. Chi-Quadrat-Test und Benford-Gesetz

1. Methode

1183 Eine weitaus verbreitete statistische Prüfungsmethode stellt der sog. **Chi-Quadrat-(Anpassungs-)Test** dar.[1] Dabei wird die Verteilungseigenschaft einer Datenmenge untersucht, konkret, ob die empirisch beobachtete mit der theoretisch erwarteten Häufigkeit übereinstimmt.[2]

1184 Die Vermutung der Finanzverwaltung für die Unrichtigkeit bzw. Manipulation der untersuchten Aufzeichnungen lautet, dass eine manipulierte Buchführung gerade nicht der erwarteten Verteilung (zumeist: **Gleichverteilung**) entspricht.[3] Denn jeder Mensch verwende im Zusammenhang mit frei erfundenen Zahlen – bewusst oder unbewusst – vermehrt eine oder mehrere Lieblingsziffern und vermeide gleichzeitig nach denselben Grundsätzen wiederum eine oder mehrere andere Ziffern, gegen die er eine Abneigung hat. Letztere würden entsprechend – wiederum bewusst oder unbewusst – seltener verwendet. Die Diskrepanz zwischen erwarteter Verteilung und hiervon abweichender tatsächlicher Verteilung wird nach Durchführung des Tests angezeigt. Ein auffallend hoher Wert stellt dann in den Augen der Finanzverwaltung

---

1 Grundlegend zum Chi-Quadrat-Test vgl. *Blenkers*, StBp. 2003, 261, sowie *Huber/Huber*, StBp. 2009, 65 ff. (93 ff. und 121 ff.); zudem ausführlich *Frotscher* in Schwarz/Pahlke, vor §§ 193 – 203 AO Rz. 57 ff. (April 2014).
2 *Cöster* in Koenig, § 162 AO Rz. 108; ausführlich (mit Beispielen) auch *Freitag*, BB 2014, 1693 ff.
3 *Bisle/Epple*, PStR 2012, 15.

Schätzungen, Verprobungen, Prüfungsmethoden

ein Merkmal für eine manipulierte Datenbasis bzw. eine Abweichung „mit besonderer Ursache" dar.[1]

Im Kontext des Chi-Quadrat-Tests wird als weitere statische-mathematische Methode, um zB die Plausibilität einer Buchführung eines Unternehmens zu überprüfen, das **Benford- Gesetz** genannt.[2]

Dabei bereitet das Benford-Gesetz – jedenfalls bei **mehrstelligen** Zahlen – in der Regel die Grundlage, den Chi-Quadrat-Test zutreffend durchzuführen.[3] Es besagt, dass Ziffern und Ziffernfolgen einer bestimmten statistischen **Häufigkeitsverteilung** folgen. Benford hatte empirisch herausgefunden, dass die Ziff. 1 – 9 in „natürlich" vorkommenden (mehrstelligen) Zahlen ungleich verteilt sind, wobei insbesondere die Ziff. 1 am häufigsten vorkommt und die Häufigkeit der Ziff. 2 – 9 jeweils abnimmt.[4] Diese ungleiche Verteilung der Ziff. 1 – 9 verändert sich nochmals bezogen auf die jeweilige Stelle der mehrteiligen Zahl. Sie nimmt mit jeder weiteren Stelle ab, so dass zB bei einer vierstelligen Zahl die letzte Ziffer für sämtliche Zahlen von 1 – 9 eine ähnliche Häufigkeit aufweist. Erst wenn diese Verteilungshäufigkeit feststeht, kann anhand des Chi-Quadrat-Tests die Abweichung ermittelt werden. Vereinfacht gesprochen analysiert das Benford-Gesetz die statistisch vorkommenden Muster, der Chi-Quadrat-Test die Häufigkeit der verwendeten Zahl.

2. Folgerungen und Abwehr

Die Aussagekraft des Testergebnisses im Rahmen der Schätzungsbefugnis der Betriebsprüfung ist jedoch nur beschränkt: Im Ergebnis

---

1 Vgl. *Kühnen*, EFG 2012, 12; *Groß/Georgius*, Stbg. 2006, 157; zur Ermittlung der Bemessungsgrundlage und die Berechnungsformel s. *Blenkers*, StBp. 2003, 261 (262 f.); *Watrin/Struffert*, DB 2006, 1748; *Van Meegen*, Stbg. 2003, 488 (489); auch Nds. FG v. 17.11.2009 – 15 K 12031/08, nv. (juris).

2 Vgl. zB *Seer* in Tipke/Kruse, § 162 AO Rz. 58 (Mai 2014); *Cöster* in Koenig, § 162 AO Rz. 108; *Freitag*, BB 2014, 1693 (1697); *Petersen*, Stbg. 2015, 506 (507 ff.) (mit Antwort *Wähnert*, Stbg. 2015, 511 ff. und Antwort zur Replik *Petersen*, Stbg. 2015, 516 [517 f.]).

3 Vgl. zu Abgrenzungsfragen *Watrin/Struffert*, DB 2006, 1748 f.; *Freitag*, BB 2014, 1693 (1694 ff.).

4 *Freitag*, BB 2014, 1693 (1694). Nach *Benford* steht die Ziff. 1 in 30 % an erster Stelle, hingegen die Ziff. 9 lediglich in 4,5 % der Fälle. Eine Übersicht über die genaue Häufigkeitsverteilung der Ziff. 1 findet sich bei *Diller/Schmid/Späth/Kühne*, DStR 2015, 311 (312).

Einzelthemen im Zusammenhang

gehen Literatur[1] und Rechtsprechung[2] gemeinsam von folgendem Grundsätzen aus: Die aus einem Chi-Quadrat-Test resultierenden Auffälligkeiten stellen **keinen Beweis** im juristischen Sinne dar; der Test ist nicht geeignet, die Ordnungsmäßigkeit der Buchführung zu verwerfen; die Auffälligkeiten sind jedoch als **Indiz** im Zusammenhang mit weiteren Gesichtspunkten – wie zB einer Geldverkehrs- oder Vermögenszuwachsrechnung – zur Entkräftung bei formell ordnungsgemäßer Buchführung geeignet.

1188 Der Argumentation der Betriebsprüfung mit einem Chi-Quadrat-Test bzw. die Prüfung nach Benford-Gesetz sollte stets **entgegengetreten** werden. Auf die Ergebnisse einer solchen Verprobung kann sich nur berufen, wer in der Lage ist, die zugrunde liegenden mathematischen Gesetzmäßigkeiten und Effekte zu erklären.[3] Der Prüfer ist dazu regelmäßig ebenso wenig in der Lage wie der Steuerpflichtige oder der Finanzrichter.

1189 Schließlich können auch **andere Umstände** die Abweichung von den Benford'schen Gesetzen rechtfertigen, zB aus der **Preisgestaltung** des Steuerpflichtigen.[4] Die Zahlen der Buchhaltung können von einer Vielzahl solcher Effekte beeinflusst werden.[5]

---

1 *Diller/Schmid/Späth/Kühne*, DStR 2015, 311 (315); *Frotscher* in Schwarz/Pahlke, vor §§ 193 – 203 AO Rz. 63 (April 2014); *Neufang/Schäfer*, StB 2015, 388 (391); *Freitag*, BB 2014, 1693 (1698 ff.); *Meyer*, DStR 2005, 2114 (2116); *Seer*, DStR 2008, 1553 (1559); *Schützeberg*, StBp. 2009, 33 (35); *Drüen*, PStR 2004, 18 (22); *Braun*, PStR 2008, 116 (118); *Blenkers*, StBp. 2003, 261 (264); *Watrin/Struffert*, DB 2006, 1748 (1750); *Carlé*, kösdi 2005, 14717 (14721); *Krömker*, AO-StB 2004, 184 (185); *Van Meegen*, Stbg. 2003, 488 (489); *Groß/Georgius*, DStR 2006, 2067 (2069); *Trossen*, EFG 2004, 11 (12); *Pfützenreuter*, EFG 2007, 816 (817); *Trossen*, EFG 2012, 1985; *Matthes*, EFG 2015, 265 (267); aA *Gebbers*, Stbg. 2008, 209 (212); wohl auch *Wähnert*, Stbg. 2014, 20 (27), der eine Schätzungsbefugnis sieht; hinsichtlich eines Fahrtenbuchs *Zimmermann*, EFG 2006, 653.
2 FG Münster v. 14.8.2003 – 8 V 2651/02 E, U, EFG 2004, 9; FG Rh.-Pf. v. 24.8.2011 – 2 K 1277/10, EFG 2012, 10; Nds. FG v. 17.11.2009 – 15 K 12031/08, nv. (juris).
3 Ähnlich auch *Freitag*, BB 2014, 1693.
4 *Cöster* in Koenig, § 162 AO Rz. 108; *Wähnert*, Stbg. 2014, 20 (22 ff.), zu dominierenden Produktpreisen oder „Mittagstischverkäufen am Freitag".
5 *Wähnert*, Stbg. 2007, 289 ff.; *Wähnert*, Stbg. 2014, 20 (22 ff.).

Schätzungen, Verprobungen, Prüfungsmethoden

V. Vermögenszuwachs- und Geldverkehrsrechnung

1. Methode

Die **Vermögenszuwachsrechnung (VZR)** und die **Geldverkehrsrechnung (GVR)** in allen Varianten haben in der Rechtsprechung hohen Stellenwert: Ein ungeklärter Vermögenszuwachs, der mit Hilfe einer VZR ermittelt wird, kann auch bei formell ordnungsgemäßer Buchführung zu der Annahme berechtigen, er stamme aus unversteuerten Einkünften.[1] 1190

Ihre Beweiskraft können VZR und GVR nur bei **logisch** und **sachlich fehlerfreier** Erstellung entwickeln. Bei Prüfung der Logik, Vollständigkeit und der Ausschöpfung der Toleranzen – insbesondere im grundlegenden Schätzbetrag für den privaten Verbrauch – liegt ein Erfolg versprechender Ansatz für die Vertretung und Beratung, wenn Hinzuschätzungen auf eine VZR/GVR gestützt werden sollen.[2] Fehler, Ungenauigkeiten und schwer durchschaubare Begründungen sind nicht selten.[3] Die Nichtmitwirkung bei einer VZR und GVR kann zulasten des Steuerpflichtigen ausgelegt werden.[4] Eben diese Schwierigkeiten mögen der Grund sein, dass die **Bedeutung** der VZR und GVR in den **letzten Jahren zurückgegangen** ist. 1191

VZR und GVR beruhen auf dem **Grundgedanken**, dass niemand mehr ausgeben kann, als er eingenommen hat. *Mathiak*[5] spricht plastisch von der Lebenshaltungsgleichung: Vermögenszuwachs(-minderung) + Verbrauch = Einkünfte. 1192

Umgeformt mit dem Ziel, unklare Vermögensveränderungen aufzuzeigen, lautet die **Gleichung** in **Staffelform**: 1193

---

1 BFH v. 3.8.1966 – IV R 75/66 – IV R 152/66, BStBl. III 1966, 650; v. 20.10.1966 – IV 142, 311/63, BStBl. III 1967, 201; v. 13.11.1969 – IV R 22/67, BStBl. II 1970, 189; v. 21.2.1974 – I R 65/72, BStBl. II 1974, 591; v. 2.3.1982 – VIII R 225/80, BStBl. II 1984, 504; v. 8.11.1989 – X R 178/87, BStBl. II 1990, 268; v. 7.11.1990 – III B 449/90; BFH/NV 1991, 724; v. 8.9.1994 – IV R 6/93, BFH/NV 1995, 573; v. 7.6.2000 – III R 82/97, BFH/NV 2000, 1462; *Seer* in Tipke/Kruse, § 158 AO Rz. 2 (Mai 2014); *Stahl*, kösdi 2001, 13071.
2 Zutreffend *Korn*, kösdi 1981, 4024.
3 Vgl. *Korn*, kösdi 1981, 4024; *Mathiak*, StuW 1975, 30 ff.; BFH v. 8.11.1989 – X R 178/87, BStBl. II 1990, 268; dazu die mahnende HFR-Anm. 1990, 230.
4 *Seer* in Tipke/Kruse § 158 AO Rz. 22 (März 2014).
5 *Mathiak*, StuW 1975, 30.

Einzelthemen im Zusammenhang

  erklärbares Anfangsvermögen
+ erklärbare Zugänge
./. feststellbare Abgänge
./. erklärbares Endvermögen
= ungeklärter Zuwachs bzw. Minderbetrag

1194 **Erscheinungsformen:**

Gesamt-VZR: Verglichen wird das gesamte vorhandene Vermögen einschließlich des Betriebsvermögens am Anfang und Ende des Vergleichszeitraums unter Berücksichtigung des Verbrauchs und der Aufwendungen bzw. Erträge.

1195 **Teil-VZR:** Der Vergleich der Vermögensentwicklung am Anfang und Ende des Vergleichszeitraums wird auf bestimmte Vermögensbereiche beschränkt, zB nur für das Betriebsvermögen oder nur für das Privatvermögen, uU auch nur für bestimmte Bereiche des Privatvermögens, zB die Immobilien oder das Kapitalvermögen.

1196 **Gesamt-GVR:** Verglichen werden sämtliche betrieblichen und privaten Geldbestände und Guthaben am Anfang und Ende der Vergleichsperiode unter Berücksichtigung aller Geldbewegungen einschließlich aller Geldausgaben.[1]

1197 **Teil-GVR** (auch „begrenzte Einnahmen-Ausgaben-Deckungsrechnung" genannt)[2]: Der Vergleich der Geldbestände unter Berücksichtigung von Einnahmen und Ausgaben wird auf bestimmte Bereiche beschränkt, zB Betriebsvermögen oder Privatvermögen.[3]

1198 **Mischrechnungen:** Es kann sinnvoll und logisch sein, die reine GVR mit Elementen der VZR zu vereinfachen.[4] Beispiel: Ein Wertpapierbe-

---

[1] Vgl. BFH v. 13.11.1969 – VIII R 225/80, BStBl. II 1984, 504: „Der Grundgedanke der Geldverkehrsrechnung ist der, dass ein Steuerpflichtiger während eines Vergleichszeitraums nicht mehr Geld ausgeben oder anlegen kann, als ihm aus Einkünften oder sonstigen Quellen zufließt (BFH v. 21.2.1974 – I R 65/72, BFHE 112, 213 = BStBl. II 1974, 591). Übersteigen die verausgabten Mittel die Geldmittel, die dem Steuerpflichtigen aus versteuerten Einkünften oder sonstigen bekannten Quellen zur Verfügung stehen, ist selbst bei ordnungsmäßigen Aufzeichnungen der Nachweis erbracht, dass der Steuerpflichtige sein Einkommen falsch erklärt hat." Vgl. auch *Seer* in Tipke/Kruse, § 162 AO Rz. 62 (Mai 2014).
[2] *Seer* in Tipke/Kruse, § 162 AO Rz. 61 (Mai 2014).
[3] Zu einer privaten GVR s. BFH v. 24.11.1988 – IV R 150/86, BFH/NV 1989, 416; v. 25.7.1991 – XI R 27/89, BFH/NV 1991, 796.
[4] Vgl. auch *Mathiak*, StuW 1975, 30 (32), unter Hinweis auf BFH v. 21.2.1974 – I R 65/72, BStBl. II 1990, 268.

Schätzungen, Verprobungen, Prüfungsmethoden

stand wird mit Auswirkungen auf den Geldfluss ständig umgeschichtet; oder Darlehen werden wechselseitig in ständig sich ändernder Höhe gewährt. Es kann in diesen Fällen aus Vereinfachungsgründen der Unterschied zwischen Anfangs- und Endbestand im Vergleichszeitraum angesetzt werden. Zu beachten sind jedoch etwaige Kursgewinne bzw. -verluste, die – steuerfrei oder -pflichtig – Einkünfte sind. Ebenso kann die VZR der GVR angenähert werden. Beispiel: Private Vermögenswerte oder Schulden, die am Anfang und Ende des Vergleichszeitraums unverändert vorhanden waren, können außer Betracht gelassen werden.

Die **zweckmäßige Form** muss im Einzelfall gefunden werden. Früher war die Gesamt-VZR bevorzugt.[1] Der BFH hat später[2] die GVR sanktioniert. Je nach der Sachverhaltsgestaltung kann auch eine Teilrechnung, beschränkt auf das Privatvermögen oder auf den privaten Geldverkehr, beweiskräftig sein.[3]   1199

Allerdings muss aus der Berechnung der Finanzverwaltung **klar** hervorgehen, **welche Variante**, ob zB eine Gesamt-GVR oder eine Teil-GVR, durchgeführt wird.[4] Außerdem muss die gewählte Methode fehlerfrei praktiziert werden.   1200

Bei **Bilanzierenden** hat der Vermögensvergleich keinen Verprobungseffekt, weil er bereits im Rahmen der Bilanzierung erfolgt. Die Einbeziehung des Betriebs wird deshalb nur bei völlig unbrauchbarer Bilanzierung und Buchhaltung erfolgen.   1201

Ist bei Bilanzierenden eine GVR beabsichtigt, so bereitet die erforderliche **Umrechnung** der betrieblichen Einkünfte auf **Überschussrechnungs**-Niveau Schwierigkeiten. Daher bietet sich hier die Teil-GVR für das Privatvermögen an. Ähnliche Überlegungen entstehen bei der VZR für einen Überschussrechner: Zwecks Berechnung des Betriebsvermögens und des Betriebsergebnisses muss Bilanzierung fingiert werden, wenn man sich nicht auf das Privatvermögen beschränkt. Bei auf das Privatvermögen beschränkten Teilrechnungen treten Entnahmen aus   1202

---

1 Vgl. BFH v. 3.8.1966 – IV R 75/66 – IV R 152/66, BStBl. III 1966, 650; *Fähnrich*, StBp. 1970, 73; *Stobbe*, StBp. 1967, 1.
2 BFH v. 21.2.1974 – I R 65/72, BStBl. II 1990, 268; vgl. BFH v. 8.11.1989 – X R 178/87, BStBl. II 1990, 268; s. auch *Jost*, StWa. 1972, 22; *Mathiak*, StuW 1975, 30.
3 Vgl. zB BFH v. 8.7.1981 – VIII R 79/80, BStBl. II 1982, 369.
4 Gerügt von BFH v. 13.11.1969 – VIII R 225/80, BStBl. II 1984, 504.

Einzelthemen im Zusammenhang

dem Betrieb an die Stelle der betrieblichen Einkünfte als Zugänge und Einlagen in den Betrieb als Abgänge.[1]

1203 Von erheblicher Bedeutung ist der **Vergleichszeitraum**. Die Prüfungsstellen der Finanzverwaltung, insbesondere die Steuerfahndung, neigen zu weiträumigen Vergleichen (8–12 Jahre). Je größer der Zeitraum, umso fehleranfälliger wird die Rechnung. Der BFH hält einen Vergleichszeitraum von sieben Jahren ebenso für bedenklich wie einen Zeitraum von zwölf Jahren; aus der Entscheidung kann abgeleitet werden, dass ein Zeitraum von drei Jahren richtig ist.[2] Allerdings wird selbst vom Finanzbeamten aus ihr die Notwendigkeit eines Ein-Jahres-Zeitraums gefolgert.[3] Ein Anspruch auf eine jährliche VZR besteht jedoch nach der Rechtsprechung nicht.[4]

1204 **Tabellen, Muster und Beispiele** für VZR und GVR wurden vielfältig entwickelt.[5] Die teilweise sehr umfangreichen Muster sind eher verwirrend als hilfreich. Auch der BFH bemängelt die nicht selten schwer durchschaubaren Formulare der Finanzverwaltung und fordert, geeignete Vordrucke zu entwickeln.[6] Wir empfehlen, auf den Fall bezogen, von dem Grundgedanken der Verprobung ausgehend, eine völlig eigenständige Rechnung durchzuführen und die umfangreichen Muster nur zu Kontrollzwecken zu benutzen. Dabei ist das folgende von *Korn* entwickelte[7] Schema mit Erläuterungen als Leitlinie benutzbar.

2. Schema

1205 **Gesamt-Vermögenszuwachsrechnung**

A. Erklärbares Anfangsvermögen und Zugang

(1) Anfangsreinvermögen

(2) steuerpflichtige Einkünfte

(3) fiktive Ausgaben einschließlich AfA bei Überschuss-Einkunftsarten

---

1 Vgl. auch *Erhard*, StWa. 1971, 55 (56); *Mathiak*, StuW 1975, 30 (34).
2 BFH v. 13.11.1969 – VIII R 225/80, BStBl. II 1984, 504.
3 *Assmann*, StBp. 1989, 276.
4 BFH v. 26.6.1984 – IV R 10/84, BFH/NV 1987, 682.
5 Vgl. *Erhard*, StWa. 1971, 55 ff.; *Mittelbach*, StBp. 1982, 59; *Assmann*, StBp. 1989, 252 (269), 1990, 1; *Assmann*, DB 1989, 851; *Berger*, BB 1990, 325; s. auch *Mittelbach*, StRK-Anm. AO 1977 § 162 R. 9 (BFH v. 13.11.1969 – VIII R 225/80, BStBl. II 1984, 504).
6 Vgl. BFH v. 8.11.1989 – X R 178/87, BStBl. II 1990, 268; HFR-Anm. 1990, 230.
7 *Korn*, kösdi 1981, 4026.

Schätzungen, Verprobungen, Prüfungsmethoden

- (4) Ansprüche auf Gesamterlöse aus nicht steuerpflichtigem Verkauf von Vermögenswerten
- (5) Erbschaften und erhaltene Schenkungen
- (6) erzielte Wett-, Spiel- und Lotteriegewinnansprüche
- (7) Ansprüche auf sonstige nicht steuerpflichtige Erträge
- (8) nicht Einkünfte erhöhende Zuschreibungen beim Endreinvermögen

Summe A

B. Festgestelltes Endvermögen und Abgang
- (9) entstandene Lebenshaltungskosten
- (10) entstandene Privatsteuern und andere konkrete Privatausgaben
- (11) Anfangsbestand und nicht Einkünfte mindernde Aufwendungen für nicht im Endreinvermögen enthaltene außerbetriebliche Vermögenswerte
- (12) Aktivschenkungen
- (13) fiktive Einkünfteteile
- (14) nicht einkünftemindernd erfasste Abschreibungen beim Endreinvermögen
- (15) Endreinvermögen

Summe B

C. Ergebnis:

A > B = ungeklärte Vermögensminderung

A < B = ungeklärter Vermögenszuwachs

Gesamt-Geldverkehrsrechnung 1206

A. Erklärbare Anfangsgeldbestände und Zugang
- (1) Anfangsgeldbestände
- (2) steuerpflichtige Einkünfte (durch Überschussrechnung ermittelt)
- (3) fiktive Ausgaben einschließlich AfA bei allen Einkunftsarten
- (4) Bruttoeinnahmen aus nicht steuerpflichtigem Verkauf von Vermögenswerten
- (5) Erbschaften, Schenkungen (nur Gelderbschaften, -schenkungen)

Einzelthemen im Zusammenhang

(6) Wett-, Spiel- und Lotteriegewinnansprüche (vereinnahmte Beträge)

(7) Ansprüche auf sonstige nicht steuerpflichtige Erträge (vereinnahmte Beträge)

(8) Geldzuflüsse aus einkünfteneutralen Geldschuldaufnahmen

(9) Geldzuflüsse aus einkünfteneutralem Eingang von Geldforderungen

Summe A

B. Festgestellte Endgeldbestände und Abgang

(10) entstandene Lebenshaltungskosten (verausgabte Beträge)

(11) entstandene Privatsteuern und andere konkrete Privatausgaben (verausgabte Beträge)

(12) nicht Einkünfte mindernde abgeflossene Geldausgaben für nicht im Endgeldbestand enthaltene Vermögenswerte

(13) Aktivschenkungen (nur Geldschenkungen)

(14) nicht in Geld zugeflossene Einkünftebestandteile aus allen Einkunftsarten

(15) Rückzahlungen auf Geldschulden

(16) Auszahlungen auf gewährte Gelddarlehen

(17) Endgeldbestände

Summe B

C. Ergebnis:

A > B = Einnahmen mit unklarer Verwendung

A < B = nicht gedeckte Ausgaben

3. Erläuterungen zum Schema für die Vermögenszuwachsrechnung

1207 **Zu (1):** Die Feststellung des **Anfangsvermögens** ist unerlässlich für eine korrekte VZR.[1]

1208 Das **Betriebsvermögen** wird zweckmäßigerweise mit den Steuerbilanzwerten angesetzt,[2] das Privatvermögen mit den Anschaffungs- oder

---

[1] Vgl. BFH v. 13.11.1969 – VIII R 225/80, BStBl. II 1984, 504; v. 21.1.1986 – VIII R 10/84, BFH/NV 1986, 515.

[2] So auch *Erhard*, StWa. 1971, 55; zur Problematik der VZR bei Gewinnermittlung nach § 4 Abs. 3 EStG s. Rz. 1202.

Schätzungen, Verprobungen, Prüfungsmethoden

Herstellungskosten. Der Wertansatz für das Privatvermögen ist nicht so entscheidend, wenn er beibehalten, dh. in das Endreinvermögen (15) übernommen bzw. bei Abgang während des Vergleichszeitraums korrigiert (11) wird.

Teile des **Privatvermögens** werden teilweise als Privatverbrauch (10) erfasst, zB Lebensversicherungen, Bausparbeiträge, Ratensparverträge, Hausrat, Bücher, Schmuck, Autos. Für Bausparbeiträge und Sparverträge ist das nicht überzeugend, im Übrigen aus Praktikabilitätsgründen möglich.[1] 1209

Bei **weit** in die **Vergangenheit reichenden VZR** spielt die Schätzung des im Einzelnen nicht mehr erfassbaren Anfangsvermögens, insbesondere von Geldvermögen, eine nicht unbeträchtliche Rolle. Je mehr Anfangsvermögen glaubhaft gemacht werden kann, umso geringer wird ein etwa vorhandener ungeklärter Vermögenszuwachs. 1210

Zweifelhaft ist, ob **Treugut** beim Anfangs- und Endvermögen der VZR einbezogen werden kann. Die Rechtsprechung neigt dazu, auch insoweit § 159 AO anzuwenden.[2] Wird der Treugeber nicht hinreichend benannt, wird das Vermögen auch in der VZR dem Treuhänder zugerechnet. S. dazu auch Rz. 1241. 1211

Wird der Vermögenszuwachs durch Treugut beeinflusst, das dem Steuerpflichtigen nach § 159 AO zugerechnet wird, so muss dies **nicht** zwingend zu **steuerpflichtigen Einkünften** führen. Der BFH formuliert in seiner Entscheidung vom 13.11.1985 (Fn. 2) flexibler: „Ist ... einem Steuerpflichtigen ein bestimmtes vermögenswertes Recht oder eine Sache gem. § 159 Abs. 1 AO [...] steuerrechtlich zuzurechnen, so müssen die dazu berufenen Finanzbehörden [...] in freier Überzeugungsbildung darüber befinden, ob der der Vermögenszuwachsrechnung häufig nachweisbar vorangehende Zufluss des Rechts bzw. der Sache in einem Veranlassungszusammenhang zu einer bestimmten Einkunftsart steht". 1212

Zu (2): Der **Gesamtbetrag** der **Einkünfte** ist aus den Steuerbescheiden zu übernehmen. Die erforderlichen Korrekturen für fiktive Aufwendungen (3) und Erträge (13) sowie nicht steuerpflichtige Einkunftsteile (zB Renten über den steuerpflichtigen Ertragsanteil hinaus, Investitionszulage, mit Anschaffungs- oder Herstellungskosten verrechnete Investitionszuschüsse) (7) erfolgen gesondert. 1213

---

[1] Nach *Korn*, kösdi 1981, 4027, empfehlenswert. Für möglichst vollständigen Ansatz allen Privatvermögens *Erhard*, StWa. 1971, 55 (56).
[2] BFH v. 13.11.1985 – I R 7/85, BFH/NV 1986, 638: hierüber ist in freier Überzeugungsbildung zu befinden; v. 2.10.1989 – X B 20/89, BFH/NV 1990, 616.

Einzelthemen im Zusammenhang

1214 Eine lupenreine VZR verlangt die **Umrechnung** der **Überschusseinkunftsarten** auf „Soll"-Werte (statt Einnahmen und Ausgaben Erlöse und Aufwendungen), da die Forderungen und Schulden das Anfangsvermögen (1) und Endvermögen (15) beeinflussen. Vertretbare Vereinfachung: Einkünftemodifizierung unterbleibt; Forderungen und Schulden daraus bleiben außer Ansatz. Nachträgliche Änderungen (in der Regel Erhöhung) der Einkünfte – zB durch Außenprüfung – sind zu beachten.

1215 **Zu (3):** Erfasst werden insbesondere **AfA, Werbungskostenpauschalen** abzgl. tatsächlicher Werbungskosten, Freibeträge bei der Einkünfteermittlung und Sonderabschreibungen, soweit diese fiktiven Ausgaben bei nicht durch Bilanz ermittelten Einkünften und Vermögen entstanden sind.

1216 **Zu (4):** Angesetzt werden im Vergleichszeitraum entstandene – also noch nicht im Anfangsreinvermögen enthaltene, entweder im Vergleichszeitraum zugeflossene oder im Endreinvermögen (15) als Forderungen erfasste – Bruttoansprüche aus dem nicht der Einkommensteuer unterliegenden **Verkauf** von **Wirtschaftsgütern**[1], insbesondere
- private Immobilien,
- private Wertpapiere,
- private Kunstgegenstände, Antiquitäten, Sammlungen,
- private Edelmetallbestände,
- andere Privatgegenstände,
- sachlich befreite Veräußerungen von Betriebsvermögen (zB aus nach DBA steuerfreiem Auslandsvermögen, nicht in die Gewinnermittlung einzubeziehende, nicht als Einlage verbuchte Bodenwertsteigerungen).

1217 Insbesondere beim **Verkauf** von **Privatgegenständen** entstehen **Nachweisprobleme**. Es sollten deshalb Unterlagen bereitgehalten werden, die den Verkauf beweisen, zumindest glaubhaft machen:
- Adressen der Käufer notieren (keine Verpflichtung!),
- Quittungen oder Kaufverträge unterschreiben lassen,
- Vermerke über Ort, Anlass und Begleitumstände des Verkaufs anlegen (zB bei Briefmarkenverkauf anlässlich von Sammlertreffs),
- Zeugen hinzuziehen und durch diese den Verkauf bestätigen lassen.

---

1 Zu den darauf entfallenden Anfangsbeständen, Anschaffungs- oder Herstellungskosten und Verkaufskosten s. (11); soweit diese – insbesondere bei sonstigen Privatgegenständen – als Verbrauch bei (9) bzw. (10) erfasst sind s. Rz. 1209.

Schätzungen, Verprobungen, Prüfungsmethoden

Zu (5): Privatgegenstände, die nicht im Endreinvermögen erfasst werden, bleiben außer Betracht. Bei **Schenkungen** an Nachweisvorsorge und **Schenkungsteuer** denken und beachten, dass u.U. beim Schenker recherchiert wird; das Finanzamt wird prüfen, ob der Schenker über ausreichendes Vermögen verfügte und ob das Vermögen ggf. steuerlich korrekt erworben wurde. Bei behaupteter **Erbschaft** müssen die Erbschaftsteuerfolgen beachtet werden.

1218

Zu (6): Es entstehen in der Regel **Nachweisprobleme**. Die Beweislast wird dem aufgebürdet, der entsprechende Gewinne behauptet. Nach Möglichkeit sollte eine Bestätigung der Lotteriegesellschaft bzw. Totogesellschaft beschafft werden, wenn kein Überweisungsträger vorhanden ist.[1] Bei Spielbankgewinnen soll die Vorlage von Casino-Eintrittskarten und Notizen über die Höhe der Tagesgewinne allein nicht ausreichen.[2] Schecks von Spielbanken beweisen nicht entsprechende Gewinne, da sie aus Jeton-Tauschgeschäften stammen können. In der Entscheidung, Az.: IV R 75/66, IV R 152/66,[3] hielt der BFH trotz Zeugenaussage und Aufzeichnungen über den Spielverlauf, der mit den von der Spielbank herausgegebenen Permanenzen übereinstimmte, den durch das FG anerkannten Spielbankgewinn von 200000 DM bei einem Automatenaufsteller für nicht ausreichend glaubhaft gemacht: Aufzeichnungen könnten nach Veröffentlichung der Permanenzen geschrieben sein, Zeugin sei nicht glaubwürdig, Sachverständigengutachten über System erforderlich. Über **Wetten, Spiele** usw. sollten Vermerke unter Bezeichnung von Datum, Ort und Teilnehmern angelegt werden, wenn keine anderen Unterlagen vorhanden sind.

1219

Verschärfte Anforderungen stellt die Rechtsprechung, wenn behauptete hohe Spielgewinne **zeitlich** erheblich **vor der Verwendung** entstanden und als Bargeld aufbewahrt worden sein sollen, obwohl der Steuerpflichtige hohe Schulden hatte.[4]

1220

---

1 Nach *Erhard*, StWa. 1971, 55 (61), ist Beschaffung von Bescheinigungen zumutbar.
2 BFH v. 10.11.1961 – IV 359/58, StRK RAO § 217 R. 45, unter Zurückweisung der Sache, weil das FG sechs angebotene **Zeugen** nicht gehört hatte, die zugegen waren, als der Steuerpflichtige (Friseur) Gewinne erzielte. Zu dieser Problematik auch *Assmann*, StBp. 1990, 2 f.
3 Vgl. BFH v. 27.7.1992 – X B 122/91, BFH/NV 1992, 719: „Der Nachweis konkreter Spielbankgewinne in der Vergangenheit lässt sich weder durch sachverständige Begutachtung eines Spielsystems noch durch dessen Demonstration in einer Spielbank führen [...]".
4 BFH v. 3.8.1966 – IV R 75/66, IV R 152/66, BStBl. III 1966, 650.

Einzelthemen im Zusammenhang

1221 Auch wenn die Belege und Nachweise über Spielgewinne usw. letztlich von den Gerichten nicht als ausreichend angesehen würden, spielen sie jedoch eine nicht unbeträchtliche Rolle bei der **Bemessung** der Sicherheit einer **Schätzung** und damit bei dem „Aushandeln" eines einvernehmlichen Schätzungsergebnisses.

1222 **Zu (7):** Zur zeitlichen Abgrenzung wie bei (4). Steuerfreie Erträge sind:
- Erstattungen von Privatsteuern,
- Kindergeld,
- ausgezahlte Lebensversicherungen,
- ausgezahlte Bausparverträge (nur, wenn nicht als Vermögenswerte erfasst),
- lohnsteuerfreie Bezüge,
- lohnsteuerpauschalierte Bezüge, zB für Aushilfstätigkeiten,
- mit Anschaffungs- oder Herstellungskosten verrechnete Investitionszuschüsse, soweit nicht durch die in (15) zugrunde gelegte Bilanz erfasst,
- nach DBA steuerfreie Auslandseinnahmen,
- Renten über den steuerpflichtigen Ertragsanteil hinaus,
- Unterhalt und Haushaltsbeiträge von Familienangehörigen,
- steuerfreie Versorgungsbezüge,
- steuerfreier Schulderlass, soweit nicht unter (5).

1223 Das vorgeschlagene Schema erfasst **steuerfreie Veräußerungsgewinne** gesondert unter (4).

1224 **Zu (8):** Ansätze nur, wenn im Anfangsreinvermögen unter (1) erfasste oder im Vergleichszeitraum erworbene bzw. hergestellte Vermögenswerte ohne zusätzlichen Aufwand (Geld bzw. Schulden oder andere erfasste Vermögenswerte) ohne Auswirkung auf die Einkünfte über den Anfangs- bzw. Einstandswert in das Endreinvermögen übernommen werden, zB höhere Kurswerte von Wertpapieren. Entbehrlich, wenn bewusst Anfangsreinvermögen plus Zugänge und Endreinvermögen gleich bewertet werden.

1225 Hier sind auch **Sacheinlagen** zu erfassen, soweit der Teilwert über dem Anfangswert nach (1) bzw. dem Anschaffungsaufwand im Vergleichszeitraum liegt.

1226 **Summe A** der VZR ist die Summe des gesamten erklärbaren Anfangsvermögens und der erklärbaren Zugänge.

Schätzungen, Verprobungen, Prüfungsmethoden

Zu (9) und (10): Die VZR und auch die GVR stehen und fallen mit der **Schätzung** des **Privatverbrauchs**.[1] Verwaltungsanweisungen und Fachliteratur (Letztere im Wesentlichen aus Beamtenfedern) betonen in der Regel, der Privatverbrauch müsse besonders sorgfältig geschätzt und zwecks Vollerfassung möglichst gegliedert werden, damit vorab alle feststehenden Privatausgaben berücksichtigt werden. Da sich die VZR oft über einen Zeitraum von zehn Jahren erstreckt,[2] ist es leicht einsichtig, dass sich diese Forderung leichter am grünen Tisch schreiben als in die Praxis umsetzen lässt.

1227

Die **gegensätzlichen Standpunkte** sind **interessengemäß**. Die Finanzverwaltung vermutet den Steuerbürger mit hohem Privatverbrauch, Luxusleben, vielen Urlaubsreisen. Der Steuerpflichtige wird sich als hobbyloser Asket präsentieren, dessen letzter Urlaub Jahre zurückliegt. Der Finanzverwaltung kommt entgegen, wenn konkrete Privatausgaben unmittelbar von greifbaren Konten geleistet werden, zB vom Geschäftskonto, dem Steuerbürger, wenn derartige Anhaltspunkte fehlen.

1228

Fehlen Anhaltspunkte, so bilden die **allgemeinen Lebenshaltungskosten** anhand der durch das Statistische Bundesamt ermittelten Werte Richtlinien.[3]

1229

Die statistischen Werte sind aufgegliedert, so dass sie **Individualisierung** und **Modifizierungen** ermöglichen. Aus der Sicht des Steuerpflichtigen sind zB einwendbar:

1230

– besonders günstige Einkaufsquellen für bestimmte Kostengruppen,
– Selbsterzeugung von Lebensmitteln und anderen Verbrauchsgütern,
– niedrige Mieten oder Mietwerte,
– keine Hausratsanschaffungen im Vergleichszeitraum,
– Nichtraucher, Antialkoholiker,
– wohngegend-typisches niedriges Kostenniveau,
– Desinteressen oder fehlende Zeit für Bildung und Unterhaltung,
– Einnahme von Kantinenverpflegung,
– Bezahlung der Verpflegung aus Reisekostenpauschalen.

---

[1] Diese Feststellung von *Korn*, kösdi 1981, 4029, wird von uns vorbehaltlos bestätigt.
[2] Dazu aber Rz. 1203.
[3] So auch *Korn*, kösdi 1981, 4029; *Mathiak*, StuW 1975, 30 (36); *Assmann*, StBp. 1989, 274 ff.

Einzelthemen im Zusammenhang

1231 Der Privatverbrauch ist unabhängig von den **Privatentnahmen** des **Betriebs** zu berücksichtigen. Geldentnahmen sind zunächst als neutral zu ignorieren, denn sie vermindern zwar das Betriebsvermögen, erhöhen aber das Privatendvermögen, wenn sie nicht tatsächlich verbraucht worden sind.[1] Das gilt grundsätzlich auch für Sachentnahmen, auch stille Reserven realisierende, denn der höhere Teilwert erhöht die Einkünfte, fließt also über (2) ein. Im Endreinvermögen (15) bzw. als Abgang nach (11) oder (12) muss aber der Teilwert erscheinen. Sachentnahmen bedeuten in der Regel einen verbilligten Bezug, der die Gesamtlebenskosten mindert. Hohe Bargeldentnahmen können hohen Privatverbrauch indizieren.

1232 Bei **größeren Einzelentnahmen** aus der Betriebskasse oder von Konten ohne erkennbaren Zweck wird durch die Prüfung zum Teil unterstellt, hierfür seien neben dem Normalverbrauch besondere Anschaffungen vorgenommen worden, und die Entnahme wird unter (10) eingeordnet. Dies sollte nicht kritiklos hingenommen werden. Der Steuerpflichtige kann durchaus die Gewohnheit haben, größere Barmittel abzuheben und diese nach und nach zu verbrauchen. Denkbar ist auch, dass die Beträge ausgeliehen und in Raten zurückgeflossen und verbraucht worden sind (Empfänger benennbar? Zinsen?).

1233 **Private Steuern** sind zu erfassen, wenn sie nicht beim Anfangsreinvermögen (1) als Schulden abgesetzt sind und im Vergleichszeitraum bezahlt oder bei Ermittlung des Endreinvermögens (15) abgesetzt sind.[2]

1234 Spiegelbildlich zu den Entnahmen sind **Einlagen** zu beurteilen. Handelt es sich um konkretisierbare Zuflüsse von dritter Seite auf Betriebskonten, so sind die Beträge bei (4), (5), (6) oder (7) einzuordnen oder auch bei (2). Größere Geldeinlagen unbekannter Herkunft sind in der Regel Diskussionspunkte trotz „aufgehender" VZR, so dass deren Zustandekommen glaubhaft gemacht werden muss.

1235 **Zu (11):** Diese Korrektur ist erforderlich für einkünfteneutral **veräußertes Privatvermögen**, weil unter (4) die Bruttoerlöse erfasst sind; eine unmittelbare Verrechnung bei (4) und damit der dortige Ansatz von Einkünften (uU negativen) ist ebenfalls denkbar. Nicht zu erfassen sind

---

[1] So auch BFH v. 21.2.1974 – I R 65/72, BStBl. II 1974, 591; aA *Jost*, StWa. 1975, 30, der aber wohl die Teil-GVR im Auge hat, die sich auf das Privatvermögen beschränkt, bei der tatsächlich die Entnahmen und Einlagen anzusetzen sind, s. Rz. 1202.

[2] So auch *Erhard*, StWa. 1971, 55 (57); missverständlich BFH v. 20.10.1966 – IV 142, 311/63, BStBl. III 1967, 201, wonach die Einkommensteuerschuld nicht berücksichtigt werden kann; dagegen schon *Mathiak*, StuW 1975, 30 (32).

Schätzungen, Verprobungen, Prüfungsmethoden

als Privatausgaben unter (10) angesetzte Aufwendungen, zB denkbar bei Hausrat, Antiquitäten, Autos, Schmuck usw. Aktivschenkungen und Abgänge durch Vermögensabschreibungen werden unter (12) und (14) erfasst, wären aber auch hier ansetzbar.

Bewertung: Mit Anfangswerten bzw. einkünfteneutralem tatsächlichem Aufwand während des Vergleichszeitraums, sei es für Anschaffung, Verbesserung oder Verkauf; im Vergleichszeitraum entnommene und dann veräußerte Wirtschaftsgüter mit dem Entnahmewert (Teilwert). Zeitliche Abgrenzung wie (4). 1236

Zu (12): Zu berücksichtigen nur, soweit Anfangsvermögen aus (1) verschenkt wird, ferner Geld oder Sachwerte, die durch nicht unter (9), (10) oder (11) bereits erfassten Aufwand im Vergleichszeitraum angeschafft oder hergestellt worden sind.[1] 1237

Zu (13) Erfasst werden können hier zB Werbungskosten, die zB nach § 82b EStDV außerhalb des Vergleichszeitraums abgesetzt werden. 1238

Zu (14): Einkünfteneutrale Vermögensminderungen ohne Gegenleistung, soweit nicht bereits unter (9), (10), (12) erfasst oder durch bewusste Bewertung des Endvermögens mit dem Anfangswert bzw. den Einstandskosten ausgeglichen; s. Erläuterungen zu (8) unter Rz. 1224, die hier spiegelbildlich zutreffen. Beispiel: Verlust einer Privatforderung, die im Anfangsbestand enthalten war oder durch Geldhingabe oder Aufwand entstanden ist. 1239

Zu (15): Die Feststellung der Endbestände ist methodisch notwendig.[2] S. zur Bewertung und zum Ansatz die Erläuterungen zu (1) unter Rz. 1207 ff. Alle Zugänge sind mit den tatsächlichen Anschaffungs- oder Herstellungskosten anzusetzen, Entnahmen aus dem Betriebsvermögen mit dem angesetzten Entnahmewert (Teilwert). Wichtig ist das Korrespondieren mit dem noch vorhandenen Anfangsvermögen und den Zu- und Abgängen nach (2) – (14) sowohl bezüglich Bewertung als auch zeitlicher Abgrenzung. Sind zB als Zugang bzw. Abgang unbezahlte „Soll"-Beträge erfasst, so müssen die daraus resultierenden Forderungen und Verbindlichkeiten im Endvermögen erscheinen; sonst müssen sie unter Annäherung an die GVR bewusst außer Betracht bleiben. 1240

Bei **behaupteten Darlehensschulden** ist problematisch, in welchem Umfang die Konkretisierung und Spezifizierung erfolgen müssen. Nach der 1241

---

[1] An die **Schenkungsteuer** denken.
[2] BFH v. 2.3.1982 – VIII R 225/80, BStBl. II 1984, 504.

Einzelthemen im Zusammenhang

Rechtsprechung ist die Gläubigerbenennung in der Regel zumutbar;[1] § 160 AO findet also auch insoweit Anwendung. S. auch Rz. 1211 ff.

1242 **Summe B der VZR** bildet sich aus dem festgestellten Endvermögen und allen erklärbaren Abgängen.

1243 Übersteigt die Summe A die Summe B, so liegt eine **nicht geklärte Vermögensminderung** vor. Übersteigt die Summe B die Summe A, so liegt ein **nicht geklärter Vermögenszugang** vor. Zu den Folgerungen s. Rz. 1260 ff.

4. Erläuterungen zum Schema für die Geldverkehrsrechnung

1244 **Zu (1):** Bei echter GVR nur Bargeld, Bank- und Postscheckguthaben. Sparbücher, Festgelder und Bausparverträge können aber einbezogen werden. Bankschulden und andere Schulden – insbesondere negative laufende Bankkonten – werden zum Teil abgesetzt. Dies ist nicht falsch, da gegenläufiger Ansatz beim Endgeldbestand (17) erfolgt, uE aber VZR-Element; daher im Schema-Vorschlag nur Schuldenveränderung unter (8) bzw. (15). Die Einbeziehung von Scheck- und Wechselbeständen ist nicht konsequent.[2] Die Gesamt-GVR erfordert Einbeziehung der Betriebsgeldbestände. Zur Problematik der GVR bei Gewinnermittlung durch Bestandsvergleich s. Rz. 1202.

1245 **Zu (2):** Das Schema knüpft zunächst an die veranlagten Einkünfte an und korrigiert diese unter (3) und (14) um nicht verfügbare bzw. ausgegebene (nicht tatsächlich eingenommene bzw. verausgabte) Bestandteile.[3] Man könnte auch hier unmittelbar nicht zu Geldbewegungen führende Einnahmen und Ausgaben korrigieren und dafür auf den gesonderten Ausweis unter (3) und (14) verzichten. Zum Teil werden in den GVR-Schemata hier nur die Einnahmen angesetzt, während die Ausgaben als Geldbedarf erscheinen, was ebenfalls richtig ist. Zu steuerfreien oder mit Anschaffungs- oder Herstellungskosten saldierten und daher nicht als Einkünfte erscheinenden Einnahmen (zB Investitionszulage, Investitionszuschüsse) s. zu (7) unter Rz. 1248; zur Problematik bei Gewinnermittlung durch Bilanzierung s. Rz. 1202.

---

1 Vgl. BFH v. 17.1.1956 – I 242/54 U, BStBl. III 1956, 68; v. 29.10.1959 – IV 579/56 S, BStBl. III 1960, 26; v. 27.9.1967 – I 231/64, BStBl. II 1968, 67.
2 Gl.A. *Korn*, kösdi 1981, 4031; *Mathiak*, StuW 1975, 30 (32).
3 So auch BFH v. 21.2.1974 – I R 65/72, BStBl. II 1974, 591.

Schätzungen, Verprobungen, Prüfungsmethoden

Zu (3): Wie VZR (Rz. 1215), jedoch zusätzliches Korrekturerfordernis für entsprechende fiktive **betriebliche** Ausgaben, auch durch Verrechnung oder Schuldumwandlung nur steuertechnisch („wirtschaftlich") verausgabte Werbungskosten und Betriebsausgaben. Dazu gehören auch Damnum und Disagio. 1246

Zu (4): Erfasst werden im Vergleichszeitraum in die Geldbeträge eingeflossene **Bruttoerlöse**. Mit ihnen zusammenhängende, im Vergleichszeitraum bezahlte Anschaffungs- oder Herstellungskosten sowie Veräußerungskosten werden unter (12) erfasst, könnten aber auch direkt abgesetzt werden, so dass nicht der Erlös, sondern der Gewinn oder Verlust erschiene. Da Veräußerungsgewinne oder -verluste im Betriebsvermögen schon die Einkünfte beeinflusst haben, entfällt insoweit ein Ansatz. Nur fiktiv zugeflossene (zB durch Verrechnung oder Schuldumwandlung) Einnahmen können – anders als bei der VZR – außer Betracht bleiben. 1247

Zu (5), (6) und (7): Hinweis auf die Erläuterungen zur VZR, Rz. 1218 ff. Unterschied: VZR erfasst Entstehung der Ansprüche, während hier auf den Geldzufluss abzustellen ist. 1248

Zu (8): Auszuweisen sind nur durch Geldzufluss im Vergleichszeitraum entstandene Bankschulden und andere valutierte **Geldaufnahmen** bei anderen Gläubigern, nicht Schulden für empfangene Lieferungen und Leistungen, die nicht mit einem Geldzufluss verbunden sind. Bei am Anfang und Ende des Vergleichszeitraums vorhandenen Schulden nur Erhöhungen bzw. Minderungen unter (15). Achtung bei „gemischten" Schulden, die zT aus Leistungs- und Geldempfang resultieren: aufteilen. 1249

Zu (9): Eingehende Geldforderungen führen nicht zu Einkünften, sind also hier gesondert zu erfassen, anders als eingehende Ansprüche aus Leistungen in Einkunftsarten, zB Tantiemen, Mietrückstände, Zinsen. Durch Verrechnung realisierte Geldforderungen können außer Betracht bleiben. 1250

Summe A der GVR ist die Summe aller erklärbaren Anfangsgeldbestände und Geldzugänge. 1251

Zu (10) und (11): Hinweis auf VZR-Erläuterungen zu (9) und (10) unter Rz. 1227 ff.; Unterschied wie unter Rz. 1248 dargestellt. Da das hier entwickelte Schema Verrechnungen bewusst ignoriert, müssen auch durch Verrechnung geleistete Privataufwendungen außer Ansatz bleiben. 1252

Einzelthemen im Zusammenhang

1253 **Zu (12):** S. dazu (11) der VZR unter Rz. 1235 f., jedoch hier reine „Ist"-Rechnung, also nur abgeflossene Ausgaben; s. sinngemäß Rz. 1247. Veräußerungsgewinne oder -verluste aus Betrieben sind auch bei Überschussrechnung einkünftewirksam, bleiben aber außer Betracht.

1254 **Zu (13):** Hinweis auf VZR-Erläuterungen zu (12) unter Rz. 1237, jedoch ist der Ansatz auf abgeflossene Geldschenkungen beschränkt, die den Geldbestand vermindert haben.

1255 **Zu (14):** Hierher gehören zunächst die zu (13) der VZR unter Rz. 1238 erläuterten Beträge. Zusätzlich sind Einnahmen zu erfassen, die die steuerpflichtigen Einkünfte (2) erhöhten, jedoch nicht in Geld zugeflossen sind (Beispiel: Verrechnung Mietzinsanspruch mit Schuld aus Kauf eines Gegenstands). Zur Problematik bei Gewinnermittlung für einbezogene Gewerbebetriebe durch Vermögensvergleich s. Rz. 1202.

1256 **Zu (15) und (16):** Spiegelbildlich zu (8) bzw. (9).

1257 **Zu (17):** Hinweis auf die Erläuterungen zu (1).

1258 In **Summe B der GVR** drückt sich die Summe aller festgestellten Endgeldbestände und aller Geldabgänge aus.

1259 Ist die Summe A größer als die Summe B, so liegen **ungeklärte Geldminderungen** vor, ist die Summe B größer als die Summe A, so liegen Ausgaben vor, die mit **ungeklärten Geldzugängen** gezahlt wurden. Zu den Folgerungen s. Rz. 1260 ff.

5. Folgerungen und Abwehr

1260 **Einkünfte** sind nur **steuerpflichtig**, wenn sie aus einer der im EStG bezeichneten Einkunftsquellen fließen. Grundsätzlich haben tatsächliche Zweifel, ob ein Vorgang steuerpflichtig ist oder nicht, zulasten des Steuergläubigers zu gehen. Das Finanzamt trägt die **objektive Beweislast** für das Vorliegen der Tatsachen, die zur Geltendmachung des Steueranspruchs erforderlich sind.[1]

1261 Ein durch erklärte Einkünfte nicht belegbarer und unaufklärbarer **Vermögenszuwachs** muss daher **nicht notwendig steuerpflichtigen Einkünften** zugerechnet werden: Wegen der unabdingbaren Schätzungen – zB beim Privatverbrauch – ist eine Einkünftehinzurechnung erst bei

---

[1] BFH v. 5.11.1970 – V R 71/67, BStBl. II 1971, 220; v. 28.5.1986 – I R 265/83, BStBl. II 1986, 733; vgl. auch v. 5.10.1976 – VIII R 62/72, BStBl. II 1977, 42 (45 letzter S.).

Schätzungen, Verprobungen, Prüfungsmethoden

eklatanten Unstimmigkeiten erlaubt.[1] Nach der Entscheidung des BFH, Az.: IV 142, 311/63[2], berechtigt ein ungeklärter Vermögenszuwachs „unter bestimmten Umständen" zur Annahme zusätzlicher Einkünfte. Dieser billigt in seiner Entscheidung, Az.: IV R 22/67[3], bei fehlenden konkreten Gesichtspunkten im Zweifel steuerpflichtige Einkünfte anzunehmen.

Ergibt die VZR/GVR einen ungeklärten Vermögenszuwachs, der steuerpflichtige Einkünfte darstellt, so ist über die **Einkunftsart** unmittelbar noch nicht entschieden. Die anzutreffende Praxis, ohne weiteres betriebliche Mehrgewinne anzunehmen, ist angreifbar.[4] Der Prüfer darf zunächst davon ausgehen, dass Mehreinkünfte aus den bekannten Einkunftsquellen erzielt worden sind; Zuschätzungen können dort erfolgen, wo mit größter Wahrscheinlichkeit höhere Einkünfte erzielt wurden; bei Unwahrscheinlichkeit der Erzielung aus bekannter Einkunftsquelle müssen verschwiegene steuerpflichtige Quellen unterstellt werden.[5] 1262

Sind **bekannte Einkunftsquellen geprüft**, ohne dass Anhaltspunkte für nicht versteuerte Einnahmen festgestellt wurden, so scheiden uE diese Einkunftsquellen als Zuordnungsobjekte aus. Prüft die Betriebsprüfung oder die Steuerfahndung einen Betrieb gründlich durch und können Umstände, die auf nicht versteuerte Einnahmen dieses Betriebs hindeuten, nicht festgestellt werden, können insoweit gewerbliche Einkünfte nicht angenommen werden. 1263

Die **Zuordnung** zum **Betriebsergebnis** ist berechtigt bei konkreten Feststellungen für dessen Unrichtigkeit, zB durch Kontrollmitteilungen, unaufklärbare Kassendifferenzen, überzeugende Betriebsvergleiche, Nachkalkulationen. Möglich ist auch, dass insoweit nur ein Teil des Vermögenszuwachses dem gewerblichen Gewinn zugeordnet wird. 1264

Ggf. müssen **Einkünfte nach § 22 Nr. 3 EStG** angenommen werden. In BFH, Az.: VIII R 149/77[6], lässt der Sachverhalt erkennen, dass von einem ungeklärten Vermögenszuwachs von 162000 DM ein Betrag von 41000 DM als Einkünfte im Sinne von § 22 Nr. 3 EStG versteuert wurde. Die Lösung über § 22 EStG ist attraktiv, da in der Regel die Gewerbe- 1265

---

1 *Korn*, kösdi 1981, 4032; so auch *Mathiak*, StuW 1975, 30.
2 BFH v. 20.10.1966 – IV 142/63, IV 311//63, IV 142, 311/63, BStBl. III 1967, 201.
3 BFH v. 10.11.1961 – IV 359/58, StRK RAO § 217 R. 45.
4 kösdi 1979, 3467; *Korn*, kösdi 1981, 4033; zurückhaltend auch *Erhard*, StWa. 1971, 55 (61).
5 Vgl. *Korn*, kösdi 1981, 4033; *Mittelbach*, StBp. 1982, 62.
6 BFH v. 16.1.1979 – VIII R 149/77, BStBl. II 1979, 453.

Einzelthemen im Zusammenhang

steuer und Umsatzsteuer entfallen. Außerdem wird die Unsicherheit der Zuschätzung optimal für ein etwaiges Steuerstrafverfahren dokumentiert.

1266 Erfolgt die VZR/GVR – wie üblich – **für mehrere Jahre**, so ist fraglich, wie ein etwaiger Hinzuschätzungsbetrag zu den steuerpflichtigen Einkünften auf die einzelnen Jahre zu verteilen ist. Im nicht veröffentlichten Teil von BFH, Az.: I R 64/72[1], billigte der BFH die gleichmäßige Verteilung; nach einer späteren Entscheidung kann dies jedoch nur dann gelten, wenn der Vergleichszeitraum drei Jahre nicht überschreitet.[2] Gibt es Gesichtspunkte für eine andere Zuordnung, so sind diese zu beachten, zB überproportionale Zuordnung in Jahren mit besonders gering erklärten Einkünften und großem Verbrauch.[3] „Werden größere Vergleichszeiträume gewählt, ist es geboten, einen Fehlbetrag entsprechend der wahrscheinlichen Ertragsentwicklung zu verteilen, wobei die erklärten Umsätze und Gewinne und die allgemeine Ertragsentwicklung einen Anhalt bieten mögen".[4]

1267 Eine **nicht geklärte Vermögensminderung** führt als solche sachnotwendig nicht zu Einkünftezuschätzungen. Aus ihr wird jedoch hin und wieder hergeleitet, hinter dem fehlenden Endvermögen verberge sich an anderer Stelle – zB in der Schweiz – gehaltenes Vermögen, das steuerpflichtige Erträge abwerfe. Allein die nicht geklärte Vermögensminderung rechtfertigt eine derartige Zuschätzung von Einkünften nicht. Vermögen kann ebenso gut ertraglos angelegt sein (Gold, Grundstücke); der Schluss von verstecktem Vermögen auf steuerpflichtigen Ertrag hat wenig Zwingendes an sich.

1268 Die Hinzuschätzung aufgrund einer VZR oder GVR bietet **mehrere Angriffspunkte** und erlaubt in gleicher Vielfalt Argumentationen und Einigungen mit der Finanzverwaltung. Streitpunkte sind:
– der Vermögenszuwachs selbst mit all seinen Unsicherheitsfaktoren (s. Rz. 1190 ff.),
– die Frage nach seiner Steuerpflicht (s. Rz. 1260 f.),
– die Frage nach der Einkunftsart (s. Rz. 1262 ff.),
– und die Verteilung auf mehrere Jahre (s. Rz. 1266).

---

1 BFH v. 21.2.1974 – I R 65/72, BStBl. II 1974, 591; Hinweis auf *Mathiak*, StuW 1975, 30 (34 Fn. 20).
2 Vgl. BFH v. 2.3.1982 – VIII R 225/80, BStBl. II 1984, 504.
3 *Korn*, kösdi 1981, 4033, mwN.
4 Vgl. BFH v. 2.3.1982 – VIII R 225/80, BStBl. II 1984, 504.

Schätzungen, Verprobungen, Prüfungsmethoden

Für ein **zähes Ringen** ist damit ausreichender Streitstoff gegeben. Die Praxis lehrt auch, dass die VZR gerade wegen ihrer Problematik vernünftige Einigungen mit der Finanzverwaltung erlaubt. 1269

Erwägenswert ist der Einsatz der VZR/GVR **für den Steuerpflichtigen** zB auch zum Gegenbeweis für bestrittene Einkünftehinzuschätzungen. Aber Vorsicht: Was man selbst belegt, wird man nicht mehr los. 1270

VI. Formelles Recht der Schätzung; Taktik

Grundsätzlich sind **Überprüfungen** von Steuererklärungen, von **Betriebsergebnissen**, Nachkalkulationen und Vergleiche **Sache** der **Finanzverwaltung**. Hier ist die Initiative der Prüfer gefordert. 1271

Im Rahmen ihrer Überprüfung können die Finanzbeamten **Auskünfte**, Informationen und Unterlagen **anfordern**;[1] die in Rz. 404 ff. erwähnten Rechte stehen den Prüfern auch insoweit zur Verfügung. 1272

Der Prüfer ist verpflichtet, sein **Kalkulationsvorgehen offenzulegen**. Dies gilt für das rechnerische Ergebnis der Nachkalkulation. Das Gleiche gilt auch für die Ermittlungen, die zur Kalkulation geführt haben. Nur auf diese Weise ist es dem Steuerpflichtigen möglich, sich hinreichend zu verteidigen.[2] S. auch Rz. 1158 zur Information über Vergleichszahlen. 1273

Geht das Ergebnis der Kalkulation in ein **Einspruchsverfahren** über, folgt die **Pflicht** zur **Offenlegung** der Schätzungsmethode und -grundlagen aus **§ 364 AO** (vgl. Rz. 606 f.).[3] Nicht selten neigen Finanzämter hier zur Geheimniskrämerei, einmal, weil sie unwillig sind, den Steuerpflichtigen zu unterrichten, zum anderen, weil sie auf diesem Weg offenbaren müssten, dass es kaum hinreichende Gründe für die Schätzung gibt. Die FG reagieren ärgerlich. Das FG Rh.-Pf. hat entschieden, dass auf Schätzungen beruhende Steuerbescheide aufzuheben sind, wenn nicht spätestens in der Einspruchsentscheidung die Schätzungsgrundlagen dargelegt werden[4]. 1274

---

1 BFH v. 17.11.1981 – VIII R 174/77, BStBl. II 1982, 430.
2 *Vogelsang* in Vogelsang/Stahl, Rz. I 30; *Apitz*, StBp. 1991, 97 (102); BFH v. 17.11.1981 – VIII R 174/77, BStBl. II 1982, 430.
3 Zuvor, also während der Außenprüfung, bereits aus dem allgemeinen Grundsatz des Anspruchs auf rechtlichens Gehörs.
4 FG Rh.-Pf. v. 12.4.1984 – 5 K 395/83, EFG 1984, 474.

Einzelthemen im Zusammenhang

1275 Im **Finanzgerichtsverfahren** kann das Gericht nicht darauf verwiesen werden, die Schätzungsgrundlagen den Akten zu entnehmen.[1] Alt, aber einprägsam, das FG Saarland:[2] Die Kalkulation, die eine formell ordnungsmäßige Buchführung entkräften soll, muss zumindest **so überprüfbar** sein, wie dies von einer **Buchführung** verlangt wird.

1276 Beruft sich das Finanzamt zur Begründung einer Schätzung auf eine **Verletzung** der **Mitwirkungspflichten** durch den Steuerpflichtigen, leitet die Außenprüfung hieraus nachteilige Schätzungen ab, so gehen tatsächliche Unsicherheiten infolge des Bestreitens der Pflichtverletzung durch den Steuerpflichtigen zulasten des Finanzamts; die Außenprüfung muss für eine ausreichende Dokumentation Sorge tragen.[3] Sind hingegen die Verletzung der Mitwirkungspflicht und die Mängel der Buchführung belegt, können Sicherheitszuschläge gerechtfertigt sein.

1277 Eine **berichtigende Schätzung** kann die bestandskräftige Veranlagung nur nach den Regeln des **§ 173 Abs. 1 Nr. 1 AO** durchbrechen. S. hierzu Rz. 744 ff. Ein prüfender Blick auf diesen Anwendungsbereich verspricht oft Erfolg:

1278 Eine Schätzung der Besteuerungsgrundlagen ist lediglich eine Schlussfolgerung. Eine neue Schätzung rechtfertigt daher nicht die Änderung der Steuerfestsetzung nach § 173 AO; es handelt sich nicht um eine neue Tatsache.[4] Folglich kann ein Steuerbescheid nach § 173 Abs. 1 Nr. 1 AO nur aufgehoben oder geändert werden, wenn **neue Schätzungsgrundlagen** festgestellt worden sind.[5] Es müssen solche Tatsachen vorliegen, die die Schätzung begründen, so dass bei deren rechtzeitigem Bekanntwerden die vorgenommene Schätzung nicht vorgenommen worden wäre.[6] Bleiben die Anknüpfungstatsachen gleich, ändert sich nur das Schätzungsergebnis aufgrund der Anwendung ei-

---

1 Vgl. FG Düsseldorf v. 14.1.1982 – II 183/81, EFG 1982, 393; FG Köln v. 16.9.1982 – V 496/79, EFG 1983, 331.
2 Vgl. FG Saarland v. 28.7.1983 – I 280–281/82, EFG 1984, 5; so auch FG Köln v. 21.3.1995 – 13 K 6492/94, EFG 1996, 571.
3 FG Saarland v. 28.7.1983 – I 280–281/82, EFG 1984, 5.
4 *Frotscher* in Schwarz/Pahlke, § 173 AO Rz. 69 (Febr. 2013); *Loose* in Tipke/Kruse, § 173 AO Rz. 10 (Aug. 2014).
5 Vgl. BFH v. 5.8.2004 – IV R 90/02, BFH/NV 2005, 501; v. 14.1.1998 – II R 9/97, BStBl. II 1998, 371; v. 28.4.2011 – III B 78/10, BFH/NV 2011, 1108.
6 *Loose* in Tipke/Kruse, § 173 AO Rz. 10 (Aug. 2014); *Frotscher* in Schwarz/Pahlke, § 173 AO Rz. 69 (Febr. 2013).

Schätzungen, Verprobungen, Prüfungsmethoden

ner anderen Schätzungsmethode, ist eine Bescheidänderung nicht gerechtfertigt.[1]

Wird ein **Vermögenszuwachs** bekannt, kann dies gegenüber einer Richtsatzschätzung eine neue Tatsache darstellen.[2] 1279

Richt- und Erfahrungssätze, Betriebsvergleiche, Vergleichszahlen usw. sind nur das Ergebnis von Schlussfolgerungen, deren nachträgliche Änderungen keine neuen Tatsachen darstellen.[3] Wird der Gewinn geschätzt und anschließend der tatsächliche Gewinn festgestellt, wird im Ergebnis eine Änderung aufgrund von § 173 Abs. 1 Nr. 1 AO in Betracht kommen, wenn deren Berücksichtigung zu einem völlig aus dem bisherigen Rahmen fallenden Schätzungsergebnis oder Besteuerungsergebnis führen würde.[4] 1280

Die Möglichkeiten des § 173 Abs. 1 Nr. 1 AO können darüber hinaus nach **Treu und Glauben** eingeschränkt sein; s. Rz. 746 mit Weiterverweisung. 1281

§ 173 Abs. 1 Nr. 1 AO kennt keine Gesamtaufrollung[5], sondern nur eine **Punktberichtigung**. Dies folgt aus der „soweit"-Formulierung des § 173 Abs. 1 Nr. 1 AO (s. Rz. 745). Für Änderungen von Schätzungen heißt das: Bereits bekannte Schätzungsunterlagen sind wie bei der Erstschätzung zu berücksichtigen, dh. mit dem bisherigen Ansatz oder überhaupt nicht; letzteres, falls die Tatsachen bereits bei der Erstschätzung außer Ansatz geblieben waren.[6] 1282

Erlaubt nach diesen Regeln § 173 Abs. 1 Nr. 1 AO grundsätzlich eine Korrektur bestandskräftiger Bescheide, so ist weiterhin zu berücksichtigen[7]: Ein **Wechsel der Schätzungsmethode** ist nur dann zulässig, falls die alte Methode angesichts der neuen Tatsachen versagt. Eine Verfei- 1283

---

1 BFH v. 2.3.1982 – VIII R 225/80, BStBl. II 1984, 504; *Rüsken* in Klein, § 173 AO Rz. 28.
2 BFH v. 24.10.1985 – IV R 75/84, BStBl. II 1986, 233; v. 24.10.1985 – IV R 101/83, BFH/NV 1987, 410; *Loose* in Tipke/Kruse, § 173 AO Rz. 11 (Aug. 2014).
3 *Loose* in Tipke/Kruse, § 173 AO Rz. 11 (Aug. 2014); *Rüsken* in Klein, § 173 AO Rz. 28.
4 *Rüsken* in Klein, § 173 AO Rz. 28; *Frotscher* in Schwarz/Pahlke, § 173 AO Rz. 71 (Jan. 2013), jeweils mit Differenzierungen.
5 BFH v. 5.11.2007 – XI B 42/07, BFH/NV 2008, 190; *Loose* in Tipke/Kruse, § 173 AO Rz. 99 (Aug. 2014); *von Wedelstädt* in Beermann/Gosch § 173 AO Rz. 153 (Aug. 2015).
6 BFH v. 2.3.1982 – VIII R 225/80, BStBl. II 1984, 504.
7 *Frotscher* in Schwarz/Pahlke, § 173 AO Rz. 70 (Febr. 2014); BFH v. 2.3.1982 – VIII R 225/80, BStBl. II 1984, 504.

Einzelthemen im Zusammenhang

nerung der Schätzungsmethode ist keine Änderung der Methode (also von § 173 AO gedeckt). Dies gilt auch, wenn die geänderte Methode in der Schätzungspraxis mit einer besonderen Bezeichnung belegt ist. Eine Verfeinerung stellt den Ersatz einer Richtsatzschätzung durch eine Nachkalkulation dar. Die Gesamt-GVR ist eine Verfeinerung gegenüber der Teil-GVR. Auch in diesem Zusammenhang gilt, dass die bekannten Schätzungsunterlagen in die verfeinernde Zweitschätzung so eingehen, wie dies bei der gröberen Erstschätzung der Fall war.

1284 Eine **Vergröberung** der Schätzungsmethode ist ohne zwingenden Anlass nicht zulässig.[1]

1285 § 173 Abs. 1 **Nr. 2** AO – Beschränkung der **Berichtigung zugunsten des Steuerpflichtigen** – greift bei einer Schätzung dann ein, wenn das Ergebnis der Schätzung vorteilhafter ist; eine Zerlegung der Schätzung in Teile, auf die § 173 Abs. 1 Nr. 1 AO, und solche, auf die § 173 Abs. 1 Nr. 2 AO Anwendung findet, erfolgt nicht.[2]

1286 Neben den in den einzelnen Abschnitten niedergelegten Einwendungen gegen die Verprobungen und Schätzungen können folgende **taktische Überlegungen** berücksichtigt werden:

1287 Der geprüfte **Steuerpflichtige** ist zwar **nicht verpflichtet**, seine Umsätze und Gewinne **nachzukalkulieren**.[3] Faktisch kann eine solche Pflicht jedoch resultieren. Konnte der Betriebsprüfer die Ordnungsmäßigkeit der Betriebsprüfung in formeller oder materieller Hinsicht und damit die Richtigkeitsvermutung nach seiner Auffassung widerlegen, sollte sich der Steuerpflichtige mit der Verprobung bzw. Schätzung selbst auseinandersetzen.[4]

1288 Die Nachkalkulation sollte in jedem einzelnen Rechenschritt einer eigenen Prüfung unterzogen werden. Es lohnt sich, sich mit dem Prüfer im Zweifel über jeden **einzelnen Berechnungsschritt** der Kalkulation zu unterhalten und ihn zB auf betriebliche Besonderheiten hinzuweisen. Dies ist Erfolgsversprechender als in der Praxis noch häufig

---

[1] BFH v. 2.3.1982 – VIII R 225/80, BStBl. II 1984, 504.
[2] BFH v. 28.3.1985 – IV R 159/82, BStBl. II 1986, 120, mit Ausführungen zu Sachverhalten, in denen Tatsachen zu einer höheren Steuer und andere Tatsachen zu einer niedrigeren Steuer führten; nachfolgend v. 30.10.1986 – III R 163/82, BStBl. II 1987, 161. Vgl. auch ähnlich FG Düsseldorf v. 8.5.1985 – VIII (XV) 271/79, EFG 1985, 590, auch zum Verhältnis Umsatzsteuer/Vorsteuer.
[3] BFH v. 17.11.1981 – VIII R 174/77, BStBl. II 1982, 430.
[4] *Brinkmann*, S. 256.

Schätzungen, Verprobungen, Prüfungsmethoden

vorkommende pauschale Argumente gegen Hinzuschätzungen zu verwenden.

Ferner ist zu berücksichtigen, dass viele Prüfer in ihre Berechnung und damit auch in das Kalkulationsergebnis **bewusst Verhandlungsspielraum** einbauen, um im Rahmen der Schlussbesprechung oder eines Rechtsbehelfsverfahrens die Hinzuschätzungen noch reduzieren zu können.[1] Je früher die Einwendungen erhoben und je gründlicher die Zahlen aufbereitet sind, umso größer ist die Wahrscheinlichkeit, dass der Prüfer seine Feststellungen anpasst. Findet die Diskussion erst im Rechtsbehelfsverfahren statt, muss zusätzlich um eine Aussetzung der Vollziehung gestritten werden. Dazu kommt, dass der Sachbearbeiter der Rechtsbehelfsstelle zwangsläufig zunächst nicht so gut vertraut mit dem Zahlenwerk sein kann wie der Prüfer, was die Verhandlungen deutlich erschweren kann.[2]

1289

Ferner sollte der Steuerpflichtige bemüht sein, Einwendungen und mögliche Einigungsvorschläge im Betriebsprüfungsverfahren **vor** Ergehen des **Betriebsprüfungsberichts** vorzubringen. Hat der Prüfer erst einmal seine ausführliche Kalkulation und das Zahlenmaterial niedergeschrieben, ist die Änderungsbereitschaft tendenziell geringer (s. dazu auch Rz. 729 [Betriebsprüfungsbericht]). Insbesondere Hinzuschätzungen eignen sich für **Tatsächliche Verständigungen**. Es kann oftmals noch ein Abschlag bei den Hinzuschätzungen ausgehandelt werden.

1290

Lässt sich in diesem Stadium keine Einigung erzielen, sollte der Bearbeiter der Rechtsbehelfsstelle von der Rechtswidrigkeit der Schätzung überzeugt werden. Es ist ein weit verbreiteter **Irrglaube**, dass die Rechtsbehelfsstelle die Auffassung der Betriebsprüfung blind übernimmt; der Rechtsbehelfsstellensachbearbeiter hat kein Interesse daran, Einspruchsentscheidungen zu fertigen, die anschließend vom FG aufgehoben werden.[3]

1291

Sofern auch dort keine Einigung erzielt werden kann, sollte im **Klageverfahren** ein **Erörterungstermin** angeregt werden, um ggf. eine einvernehmliche Beendigung des Verfahrens zu erzielen. Von **Richterseite** wird es als sinnvoll erachtet, den **Mandanten** zu diesem Termin mitzubringen, auch wenn dieser ggf. einem erneuten Wiedersehen mit dem Betriebsprüfer mit eher gemischten Gefühlen entgegensieht.[4] Auch

1292

---

1 Hierzu und zum vorherigen *Trossen*, EFG 2012, 1985 (1986).
2 *Brinkmann*, S. 257.
3 *Brinkmann*, S. 257.
4 *Trossen*, EFG 2012, 1985 (1986).

Einzelthemen im Zusammenhang

wenn der Mandant am besten über die betrieblichen Einzelheiten Auskunft geben und für Nachfragen des Gerichts im Termin sofort zur Verfügung stehen kann, sollte die Involvierung des Mandanten nicht ungesehen vorgenommen werden. Dies gilt jedenfalls, wenn nach Auskunft des Mandanten gegenüber dem Berater weitere bisher nicht aufgegriffene formelle oder materielle Fehler der Buchführung bestehen oder der Mandant in seiner **Persönlichkeitsstruktur** wenig gefestigt ist.

1293 Die Einschaltung eines **Gerichtsprüfers** durch das FG zur Untersuchung der Kalkulationen sollte nur in begründeten Fällen zur Gegenwehr führen. Gerichtsprüfer analysieren die Prüfungsfeststellungen regelmäßig genaustens und decken hierbei oftmals von den Beteiligten bisher nicht entdeckte Schwächen in der Kalkulation des Prüfers auf; in der Mehrzahl der Fälle resultieren hieraus für den Mandanten günstigere Ergebnisse.[1]

1294 Werden die Gegenargumente zur Verprobung oder Schätzung des Prüfers **erstmals** im **Klageverfahren** vorgetragen, besteht die Gefahr, trotz Obsiegens aufgrund der **Kostenregelung** des § 137 Abs. 3 FGO die Kosten des Verfahrens auferlegt zu bekommen. Es empfiehlt sich, im Betriebsprüfungsverfahren oder auch in einem späteren Erörterungstermin im Rahmen des Einspruchsverfahrens mündlich vorgetragene Argumente zu dokumentieren und dies dem Gericht rechtzeitig im Rahmen des Klageverfahrens anzuzeigen.

---

1 *Trossen*, EFG 2012, 1985 (1986).

Anlage 1
Die wichtigsten Vorschriften der Abgabenordnung zur Außenprüfung (§§ 193–203, 146 Abs. 2b, 147 Abs. 6 AO)

§ 193 Zulässigkeit einer Außenprüfung

(1) Eine Außenprüfung ist zulässig bei Steuerpflichtigen, die einen gewerblichen oder land- und forstwirtschaftlichen Betrieb unterhalten, die freiberuflich tätig sind und bei Steuerpflichtigen im Sinne des § 147a.

(2) Bei anderen als den in Absatz 1 bezeichneten Steuerpflichtigen ist eine Außenprüfung zulässig,

1. soweit sie die Verpflichtung dieser Steuerpflichtigen betrifft, für Rechnung eines anderen Steuern zu entrichten oder Steuern einzubehalten und abzuführen,
2. wenn die für die Besteuerung erheblichen Verhältnisse der Aufklärung bedürfen und eine Prüfung an Amtsstelle nach Art und Umfang des zu prüfenden Sachverhalts nicht zweckmäßig ist oder
3. wenn ein Steuerpflichtiger seinen Mitwirkungspflichten nach § 90 Absatz 2 Satz 3 nicht nachkommt.

§ 194 Sachlicher Umfang einer Außenprüfung

(1) ¹Die Außenprüfung dient der Ermittlung der steuerlichen Verhältnisse des Steuerpflichtigen. ²Sie kann eine oder mehrere Steuerarten, einen oder mehrere Besteuerungszeiträume umfassen oder sich auf bestimmte Sachverhalte beschränken. ³Die Außenprüfung bei einer Personengesellschaft umfasst die steuerlichen Verhältnisse der Gesellschafter insoweit, als diese Verhältnisse für die zu überprüfenden einheitlichen Feststellungen von Bedeutung sind. ⁴Die steuerlichen Verhältnisse anderer Personen können insoweit geprüft werden, als der Steuerpflichtige verpflichtet war oder verpflichtet ist, für Rechnung dieser Personen Steuern zu entrichten oder Steuern einzubehalten und abzuführen; dies gilt auch dann, wenn etwaige Steuernachforderungen den anderen Personen gegenüber geltend zu machen sind.

(2) Die steuerlichen Verhältnisse von Gesellschaftern und Mitgliedern sowie von Mitgliedern der Überwachungsorgane können über die in Absatz 1 geregelten Fälle hinaus in die bei einer Gesellschaft durchzu-

Anlage 1 Vorschriften der AO

führende Außenprüfung einbezogen werden, wenn dies im Einzelfall zweckmäßig ist.

(3) Werden anlässlich einer Außenprüfung Verhältnisse anderer als der in Absatz 1 genannten Personen festgestellt, so ist die Auswertung der Feststellungen insoweit zulässig, als ihre Kenntnis für die Besteuerung dieser anderen Personen von Bedeutung ist oder die Feststellungen eine unerlaubte Hilfeleistung in Steuersachen betreffen.

§ 195 Zuständigkeit

[1]Außenprüfungen werden von den für die Besteuerung zuständigen Finanzbehörden durchgeführt. [2]Sie können andere Finanzbehörden mit der Außenprüfung beauftragen. [3]Die beauftragte Finanzbehörde kann im Namen der zuständigen Finanzbehörde die Steuerfestsetzung vornehmen und verbindliche Zusagen (§§ 204 bis 207) erteilen.

§ 196 Prüfungsanordnung

Die Finanzbehörde bestimmt den Umfang der Außenprüfung in einer schriftlich zu erteilenden Prüfungsanordnung mit Rechtsbehelfsbelehrung (§ 356).

§ 197 Bekanntgabe der Prüfungsanordnung

(1) [1]Die Prüfungsanordnung sowie der voraussichtliche Prüfungsbeginn und die Namen der Prüfer sind dem Steuerpflichtigen, bei dem die Außenprüfung durchgeführt werden soll, angemessene Zeit vor Beginn der Prüfung bekannt zu geben, wenn der Prüfungszweck dadurch nicht gefährdet wird. [2]Der Steuerpflichtige kann auf die Einhaltung der Frist verzichten. [3]Soll die Prüfung nach § 194 Abs. 2 auf die steuerlichen Verhältnisse von Gesellschaftern und Mitgliedern sowie von Mitgliedern der Überwachungsorgane erstreckt werden, so ist die Prüfungsanordnung insoweit auch diesen Personen bekannt zu geben.

(2) Auf Antrag der Steuerpflichtigen soll der Beginn der Außenprüfung auf einen anderen Zeitpunkt verlegt werden, wenn dafür wichtige Gründe glaubhaft gemacht werden.

§ 198 Ausweispflicht, Beginn der Außenprüfung

[1]Die Prüfer haben sich bei Erscheinen unverzüglich auszuweisen. [2]Der Beginn der Außenprüfung ist unter Angabe von Datum und Uhrzeit aktenkundig zu machen.

Anlage 1 Vorschriften der AO

§ 199 Prüfungsgrundsätze

(1) Der Außenprüfer hat die tatsächlichen und rechtlichen Verhältnisse, die für die Steuerpflicht und für die Bemessung der Steuer maßgebend sind (Besteuerungsgrundlagen), zugunsten wie zuungunsten des Steuerpflichtigen zu prüfen.

(2) Der Steuerpflichtige ist während der Außenprüfung über die festgestellten Sachverhalte und die möglichen steuerlichen Auswirkungen zu unterrichten, wenn dadurch Zweck und Ablauf der Prüfung nicht beeinträchtigt werden.

§ 200 Mitwirkungspflichten des Steuerpflichtigen

(1) [1]Der Steuerpflichtige hat bei der Feststellung der Sachverhalte, die für die Besteuerung erheblich sein können, mitzuwirken. [2]Er hat insbesondere Auskünfte zu erteilen, Aufzeichnungen, Bücher, Geschäftspapiere und andere Urkunden zur Einsicht und Prüfung vorzulegen, die zum Verständnis der Aufzeichnungen erforderlichen Erläuterungen zu geben und die Finanzbehörde bei Ausübung ihrer Befugnisse nach § 147 Abs. 6 zu unterstützen. [3]Sind der Steuerpflichtige oder die von ihm benannten Personen nicht in der Lage, Auskünfte zu erteilen, oder sind die Auskünfte zur Klärung des Sachverhalts unzureichend oder versprechen Auskünfte des Steuerpflichtigen keinen Erfolg, so kann der Außenprüfer auch andere Betriebsangehörige um Auskunft ersuchen. [4]§ 93 Absatz 2 Satz 2 gilt nicht.

(2) [1]Die in Absatz 1 genannten Unterlagen hat der Steuerpflichtige in seinen Geschäftsräumen oder, soweit ein zur Durchführung der Außenprüfung geeigneter Geschäftsraum nicht vorhanden ist, in seinen Wohnräumen oder an Amtsstelle vorzulegen. [2]Ein zur Durchführung der Außenprüfung geeigneter Raum oder Arbeitsplatz sowie die erforderlichen Hilfsmittel sind unentgeltlich zur Verfügung zu stellen.

(3) [1]Die Außenprüfung findet während der üblichen Geschäfts- oder Arbeitszeit statt. [2]Die Prüfer sind berechtigt, Grundstücke und Betriebsräume zu betreten und zu besichtigen. [3]Bei der Betriebsbesichtigung soll der Betriebsinhaber oder sein Beauftragter hinzugezogen werden.

§ 201 Schlussbesprechung

(1) [1]Über das Ergebnis der Außenprüfung ist eine Besprechung abzuhalten (Schlussbesprechung), es sei denn, dass sich nach dem Ergebnis der Außenprüfung keine Änderung der Besteuerungsgrundlagen er-

Anlage 1 Vorschriften der AO

gibt oder dass der Steuerpflichtige auf die Besprechung verzichtet. ²Bei der Schlussbesprechung sind insbesondere strittige Sachverhalte sowie die rechtliche Beurteilung der Prüfungsfeststellungen und ihre steuerlichen Auswirkungen zu erörtern.

(2) Besteht die Möglichkeit, dass auf Grund der Prüfungsfeststellungen ein Straf- oder Bußgeldverfahren durchgeführt werden muss, soll der Steuerpflichtige darauf hingewiesen werden, dass die straf- oder bußgeldrechtliche Würdigung einem besonderen Verfahren vorbehalten bleibt.

§ 202 Inhalt und Bekanntgabe des Prüfungsberichts

(1) ¹Über das Ergebnis der Außenprüfung ergeht ein schriftlicher Bericht (Prüfungsbericht). ²Im Prüfungsbericht sind die für die Besteuerung erheblichen Prüfungsfeststellungen in tatsächlicher und rechtlicher Hinsicht sowie die Änderungen der Besteuerungsgrundlagen darzustellen. ³Führt die Außenprüfung zu keiner Änderung der Besteuerungsgrundlagen, so genügt es, wenn dies dem Steuerpflichtigen schriftlich mitgeteilt wird.

(2) Die Finanzbehörde hat dem Steuerpflichtigen auf Antrag den Prüfungsbericht vor seiner Auswertung zu übersenden und ihm Gelegenheit zu geben, in angemessener Zeit dazu Stellung zu nehmen.

§ 203 Abgekürzte Außenprüfung

(1) ¹Bei Steuerpflichtigen, bei denen die Finanzbehörde eine Außenprüfung in regelmäßigen Zeitabständen nach den Umständen des Falls nicht für erforderlich hält, kann sie eine abgekürzte Außenprüfung durchführen. ²Die Prüfung hat sich auf die wesentlichen Besteuerungsgrundlagen zu beschränken.

(2) ¹Der Steuerpflichtige ist vor Abschluss der Prüfung darauf hinzuweisen, inwieweit von den Steuererklärungen oder den Steuerfestsetzungen abgewichen werden soll. ²Die steuerlich erheblichen Prüfungsfeststellungen sind dem Steuerpflichtigen spätestens mit den Steuerbescheiden schriftlich mitzuteilen. ³§ 201 Abs. 1 und § 202 Abs. 2 gelten nicht.

§ 146 Ordnungsvorschriften für die Buchführung und für Aufzeichnungen

(2b) Kommt der Steuerpflichtige der Aufforderung zur Rückverlagerung seiner elektronischen Buchführung oder seinen Pflichten nach

Anlage 1 Vorschriften der AO

Absatz 2a Satz 4, zur Einräumung des Datenzugriffs nach § 147 Abs. 6, zur Erteilung von Auskünften oder zur Vorlage angeforderter Unterlagen im Sinne des § 200 Abs. 1 im Rahmen einer Außenprüfung innerhalb einer ihm bestimmten angemessenen Frist nach Bekanntgabe durch die zuständige Finanzbehörde nicht nach oder hat er seine elektronische Buchführung ohne Bewilligung der zuständigen Finanzbehörde ins Ausland verlagert, kann ein Verzögerungsgeld von 2.500 Euro bis 250.000 Euro festgesetzt werden.

§ 147 Ordnungsvorschriften für die Aufbewahrung von Unterlagen

(6) [1]Sind die Unterlagen nach Absatz 1 mit Hilfe eines Datenverarbeitungssystems erstellt worden, hat die Finanzbehörde im Rahmen einer Außenprüfung das Recht, Einsicht in die gespeicherten Daten zu nehmen und das Datenverarbeitungssystem zur Prüfung dieser Unterlagen zu nutzen. [2]Sie kann im Rahmen einer Außenprüfung auch verlangen, dass die Daten nach ihren Vorgaben maschinell ausgewertet oder ihr die gespeicherten Unterlagen und Aufzeichnungen auf einem maschinell verwertbaren Datenträger zur Verfügung gestellt werden. [3]Die Kosten trägt der Steuerpflichtige.

Anlage 2
Die einschlägigen Vorschriften des Anwendungserlasses zur Abgabenordnung

AEAO zu § 193 – Zulässigkeit einer Außenprüfung:

1. Eine Außenprüfung ist unabhängig davon zulässig, ob eine Steuer bereits festgesetzt, ob der Steuerbescheid endgültig, vorläufig oder unter dem Vorbehalt der Nachprüfung ergangen ist (BFH-Urteil vom 28.3.1985, IV R 224/83, BStBl. II S. 700). Eine Außenprüfung nach § 193 AO kann zur Ermittlung der Steuerschuld sowohl dem Grunde als auch der Höhe nach durchgeführt werden. Der gesamte für die Entstehung und Ausgestaltung eines Steueranspruchs erhebliche Sachverhalt kann Prüfungsgegenstand sein (BFH-Urteil vom 11.12.1991, I R 66/90, BStBl. 1992 II S. 595). Dies gilt auch, wenn der Steueranspruch möglicherweise verjährt ist oder aus anderen Gründen nicht mehr durchgesetzt werden kann (BFH-Urteil vom 23.7.1985, VIII R 48/85, BStBl. 1986 II S. 433).

2. Die Voraussetzungen für eine Außenprüfung sind auch gegeben, soweit ausschließlich festgestellt werden soll, ob und inwieweit Steuerbeträge hinterzogen oder leichtfertig verkürzt worden sind. Eine sich insoweit gegenseitig ausschließende Zuständigkeit von Außenprüfung und Steuerfahndung besteht nicht (BFH-Urteile vom 4.11.1987, II R 102/85, BStBl. 1988 II S. 113, vom 19.9.2001, XI B 6/01, BStBl. 2002 II S. 4, und vom 4.10.2006, VIII R 53/04, BStBl. 2007 II S. 227). Die Einleitung eines Steuerstrafverfahrens hindert nicht weitere Ermittlungen durch die Außenprüfung unter Erweiterung des Prüfungszeitraums. Dies gilt auch dann, wenn der Steuerpflichtige erklärt, von seinem Recht auf Verweigerung der Mitwirkung Gebrauch zu machen (BFH-Urteil vom 19.8.1998, XI R 37/97, BStBl. 1999 II S. 7). Sollte die Belehrung gem. § 393 Abs. 1 AO unterblieben sein, führt dies nicht zu einem steuerlichen Verwertungsverbot (BFH-Urteil vom 23.1.2002, XI R 10, 11/01, BStBl. II S. 328).

3. Eine Außenprüfung ausschließlich zur Erledigung eines zwischenstaatlichen Amtshilfeersuchens (§ 117 AO) durch Auskunftsaustausch in Steuersachen ist nicht zulässig. Zur Erledigung eines solchen Amtshilfeersuchens kann eine Außenprüfung unter den Voraussetzungen des § 193 AO nur bei einem am ausländischen Besteuerungsverfahren Beteiligten durchgeführt werden (z.B. der

Anlage 2 Vorschriften des AEAO

Wohnsitzstaat ersucht um Prüfung der deutschen Betriebsstätte eines ausländischen Steuerpflichtigen).
4. Eine Außenprüfung nach § 193 Abs. 1 AO ist zulässig zur Klärung der Frage, ob der Steuerpflichtige tatsächlich einen Gewerbebetrieb unterhält, wenn konkrete Anhaltspunkte für eine Steuerpflicht bestehen, d.h. es darf nicht ausgeschlossen sein, dass eine gewerbliche Tätigkeit vorliegt (BFH-Urteile vom 23.10.1990, VIII R 45/88, BStBl. 1991 II S. 278, und vom 11.8.1994, IV R 126/91, BStBl. II S. 936). Eine Außenprüfung ist solange zulässig, als noch Ansprüche aus dem Steuerschuldverhältnis bestehen (z.b. handelsrechtlich voll beendigte KG: BFH-Urteil vom 1.10.1992, IV R 60/91, BStBl. 1993 II S. 82; voll beendigte GbR: BFH-Urteil vom 1.3.1994, VIII R 35/92, BStBl. 1995 II S. 241). Zur Begründung der Anordnung einer Außenprüfung nach § 193 Abs. I AO genügt der Hinweis auf diese Rechtsgrundlage. Eine Außenprüfung nach § 193 Abs. 1 AO ist bei Steuerpflichtigen i.S.d. § 147a AO für das Jahr, in dem die in § 147a Satz 1 AO bestimmte Grenze von 500 000 € überschritten ist und für die fünf darauf folgenden Jahre der Aufbewahrungspflicht zulässig. Hat nur ein Ehegatte bzw. Lebenspartner die Grenze von 500 000 € überschritten, ist nur bei diesem eine Außenprüfung nach § 193 Abs. 1 AO zulässig. Beim anderen Ehegatten bzw. Lebenspartner kann ggf. eine Außenprüfung auf § 193 Abs. 2 Nr. 2 AO gestützt werden.
5. § 193 Abs. 2 Nr. 1 AO enthält die Rechtsgrundlage für die Prüfung der Lohnsteuer bei Steuerpflichtigen, die nicht unter § 193 Abs. 1 AO fallen (z.B. Prüfung der Lohnsteuer bei Privatpersonen, die Arbeitnehmer beschäftigt haben).

Eine Außenprüfung nach § 193 Abs. 2 Nr. 2 AO ist bereits dann zulässig, wenn Anhaltspunkte vorliegen, die es nach den Erfahrungen der Finanzverwaltung als möglich erscheinen lassen, dass ein Besteuerungstatbestand erfüllt ist (BFH-Urteil vom 17.11.1992, VIII R 25/89, BStBl. 1993 II S. 146). § 193 Abs. 2 Nr. 2 AO kann insbesondere bei Steuerpflichtigen mit umfangreichen und vielgestaltigen Überschusseinkünften zur Anwendung kommen (sofern nicht bereits ein Fall des § 193 Abs. 1 AO vorliegt). Sofern keine konkreten Anhaltspunkte für einen wirtschaftlichen Geschäftsbetrieb oder Zweckbetrieb vorliegen, fällt unter § 193 Abs. 2 Nr. 2 AO auch die Prüfung einer gemeinnützigen Körperschaft zum Zwecke der Anerkennung, Versagung oder Entziehung der Gemeinnützigkeit. Eine auf § 193 Abs. 2 Nr. 2 AO gestützte Prüfungsanordnung muss besonders begründet werden. Die Begründung muss ergeben, dass die gewünschte Aufklärung durch Einzelermittlung an Amtsstelle nicht er-

Anlage 2 Vorschriften des AEAO

reicht werden kann (BFH-Urteil vom 7.11.1985, IV R 6/85, BStBl. 1986 II S. 435, und vom 9.11.1994, XI R 16/94, BFH/NV 1995 S. 578).

6. Von der Außenprüfung zu unterscheiden sind Einzelermittlungen eines Außenprüfers nach § 88 AO, auch wenn sie am Ort des Betriebs durchgeführt werden. In diesen Fällen hat er deutlich zu machen, dass verlangte Auskünfte oder sonstige Maßnahmen nicht im Zusammenhang mit der Außenprüfung stehen (BFH-Urteile vom 5.4.1984, IV R 244/83, BStBl. II S. 790, vom 2.2.1994, I R 57/93, BStBl. II S. 377, und vom 25.11.1997, VIII R 4/94, BStBl. 1998 II S. 461). Zur betriebsnahen Veranlagung vgl. AEAO zu § 85, Nr. 2 und 3. Eine Umsatzsteuer-Nachschau gem. § 27b UStG stellt keine Außenprüfung i.S.d. § 193 AO dar. Zum Übergang von einer Umsatzsteuer-Nachschau zu einer Außenprüfung siehe Abschnitt 27b. 1 Abs. 9 UStAE.

AEAO zu § 194 – Sachlicher Umfang einer Außenprüfung:

1. Im Rahmen einer Außenprüfung nach § 193 Abs. 1 AO können, ohne dass die Voraussetzungen des § 193 Abs. 2 Nr. 2 AO vorliegen müssen, auch Besteuerungsmerkmale überprüft werden, die mit den betrieblichen Verhältnissen des Steuerpflichtigen in keinem Zusammenhang stehen (BFH-Urteil vom 28.11.1985, IV R 323/84, BStBl. 1986 II S. 437).

2. § 194 Abs. 1 Satz 3 AO erlaubt die Prüfung der Verhältnisse der Gesellschafter ohne gesonderte Prüfungsanordnung nur insoweit, als sie mit der Personengesellschaft zusammenhängen und für die Feststellungsbescheide von Bedeutung sind. Die Einbeziehung der steuerlichen Verhältnisse der in § 194 Abs. 2 AO bezeichneten Personen in die Außenprüfung bei einer Gesellschaft setzt die Zulässigkeit (§ 193 AO) und eine eigene Prüfungsanordnung (§ 196 AO) voraus (BFH-Urteil vom 16.12.1986, VIII R 123/86, BStBl. 1987 II S. 248).

3. Eine Außenprüfung kann zur Erledigung eines zwischenstaatlichen Rechts- und Amtshilfeersuchens (§ 117 AO) unter den Voraussetzungen des § 193 AO nur bei einem in einem ausländischen Besteuerungsverfahren Steuerpflichtigen, nicht aber zur Feststellung der steuerlichen Verhältnisse bei einer anderen Person durchgeführt werden (z.B. zur Erledigung eines Ersuchens um Prüfung einer im Bundesgebiet belegenen Firma, die im ersuchenden Staat als Zollbeteiligte auftritt, oder einer deutschen Betriebsstätte eines ausländischen Steuerpflichtigen). Ermittlungen sind i.V.m. einer Außenprüfung möglich, die aus anderen Gründen durchgeführt wird.

Anlage 2 Vorschriften des AEAO

4. Soll der Prüfungszeitraum in den Fällen des § 4 Abs. 3 BpO mehr als drei zusammenhängende Besteuerungszeiträume umfassen oder nachträglich erweitert werden, muss die Begründung der Prüfungsanordnung die vom Finanzamt angestellten Ermessenserwägungen erkennen lassen (BFH-Urteil vom 4.2.1988, V R 57/83, BStBl. II S. 413). Der Prüfungszeitraum darf zur Überprüfung vortragsfähiger Verluste auch dann auf die Verlustentstehungsjahre ausgedehnt werden, wenn der aus diesen Zeiträumen verbleibende Verlustabzug gem. § 10d Abs. 3 EStG (heute: Abs. 4) festgestellt worden ist (BFH-Beschluss vom 5.4.1995, I B 126/94, BStBl. II S. 496). Bei einer Betriebsaufgabe schließt der Prüfungszeitraum mit dem Jahr der Betriebseinstellung ab (BFH-Urteil vom 24.8.1989, IV R 65/88, BStBl. 1990 II S. 2). Bei einer Außenprüfung nach § 193 Abs. 2 Nr. 2 AO ist § 4 Abs. 3 BpO nicht anwendbar. Für jeden Besteuerungszeitraum, der in die Außenprüfung einbezogen werden soll, müssen die besonderen Voraussetzungen des § 193 Abs. 2 Nr. 2 AO vorliegen (BFH-Urteil vom 18.10.1994, IX R 128/92, BStBl. 1995 II S. 291).

5. Eine Außenprüfung darf nicht allein zu dem Zwecke durchgeführt werden, die steuerlichen Verhältnisse dritter Personen zu erforschen (BFH-Urteil vom 18.2.1997, VIII R 33/95, BStBl. II S. 499).

6. § 30a Abs. 3 AO hindert nicht die Fertigung und Auswertung von Kontrollmitteilungen anlässlich einer Außenprüfung bei Kreditinstituten, wenn hierfür ein hinreichend begründeter Anlass besteht. Dieser ist gegeben, wenn der Außenprüfer infolge Vorliegens konkreter Umstände oder einer aufgrund allgemeiner Erfahrungen getroffenen Prognoseentscheidung im Wege vorweggenommener Beweiswürdigung zum Ergebnis kommt, dass Kontrollmitteilungen zur Aufdeckung steuererheblicher Tatsachen führen könnten (BFH-Urteile vom 18.2.1997, VIII R 33/95, BStBl. II S. 499, und vom 15.12.1998, VIII R 6/98, BStBl. 1999 II S. 138) oder wenn das zu prüfende Bankgeschäft Auffälligkeiten aufweist, die es aus dem Kreis der alltäglichen und banküblichen Geschäfte hervorheben oder eine für Steuerhinterziehung besonders anfällige Art der Geschäftsabwicklung erkennen lassen, wenn also eine erhöhte Wahrscheinlichkeit der Entdeckung unbekannter Steuerfälle besteht (BFH-Urteil vom 9.12.2008, VII R 47/07, BStBl. 2009 II S. 509). Vgl. AEAO zu § 30a, Nr. 1. Die Finanzverwaltung darf sämtliche nicht legitimationsgeprüften Konten prüfen, selbst wenn diese Kenntnisse über nicht anonymisierte Gegenbuchungen zu Geschäftsvorfällen auf legitimationsgeprüften Kundenkonten i.S. des § 154 Abs. 2 AO vermitteln (BFH-Beschlüsse

Anlage 2 Vorschriften des AEAO

vom 27.9.2010, II B 164/09, BFH/NV 2011 S. 193, und vom 4.4.2005, VII B 305/04, BFH/NV S. 1226).

7. Die Finanzbehörden können Kontrollmitteilungen ins Ausland insbesondere dann versenden, wenn dies ohne besonderen Aufwand möglich ist und höhere Interessen des Steuerpflichtigen nicht berührt werden (BFH-Beschluss vom 8.2.1995, I B 92/94, BStBl. II S. 358). Zu Auskünften der Finanzbehörden an ausländische Staaten ohne Ersuchen (Spontanauskünfte) wird auf Tz. 6 des Merkblatts zur zwischenstaatlichen Amtshilfe durch Informationsaustausch in Steuersachen (BMF-Schreiben vom 25.5.2012, BStBl. I S. 599) hingewiesen. Zu Amtshilfeersuchen ausländischer Staaten vgl. AEAO zu § 193, Nr. 3.

8. Wird beabsichtigt, im Rahmen der Außenprüfung eines Berufsgeheimnisträgers Kontrollmitteilungen (§ 194 Abs. 3 AO) zu fertigen, ist der Steuerpflichtige hierüber rechtzeitig vorher zu informieren (BFH-Urteil vom 8.4.2008, VIII R 61/06, BStBl. 2009 II S. 579).

AEAO zu § 195 – Zuständigkeit:

Bei Beauftragung nach § 195 Satz 2 AO kann die beauftragende Finanzbehörde die Prüfungsanordnung selbst erlassen oder eine andere Finanzbehörde zum Erlass der Prüfungsanordnung ermächtigen. Mit der Ermächtigung bestimmt die beauftragende Finanzbehörde den sachlichen Umfang (§ 194 Abs. 1 AO) der Außenprüfung, insbesondere sind die zu prüfenden Steuerarten und der Prüfungszeitraum anzugeben. Aus der Prüfungsanordnung, müssen sich die Gründe für die Beauftragung ergeben (BFH-Urteile vom 10.12.1987, IV R 77/86, BStBl. 1988 II S. 322, und vom 21.4.1993, X R 112/91, BStBl. II S. 649). Zur Erteilung einer verbindlichen Zusage im Anschluss an eine Auftragsprüfung vgl. AEAO zu § 204, Nr. 2. Ändert sich die Zuständigkeit nach Bekanntgabe der Prüfungsanordnung, ist die Außenprüfung auf der Grundlage der bereits ergangenen Prüfungsanordnung vom neu zuständigen Finanzamt fortzuführen. Die Prüfungsanordnung ist nicht aufzuheben, sondern durch Benennung des Namens des neuen Betriebsprüfers zu ergänzen. Unter den Voraussetzungen des § 26 AO kann die Außenprüfung von dem bisher zuständigen Finanzamt fortgeführt werden. Die nach § 195 Satz 2 AO beauftragte Behörde hat über den Einspruch gegen eine von ihr erlassene Prüfungsanordnung zu entscheiden (BFH-Urteil vom 18.11.2008, VIII R 16/07, BStBl. 2009 II S. 507).

Anlage 2 Vorschriften des AEAO

AEAO zu § 196 – Prüfungsanordnung:

1. Zur Begründung einer Anordnung einer Außenprüfung nach § 193 Abs. 1 AO genügt der Hinweis auf diese Rechtsgrundlage. Die Prüfungsanordnung (§ 5 Abs. 2 Satz 1 BpO), die Festlegung des Prüfungsbeginns (BFH-Urteil vom 18.12.1986, I R 49/83, BStBl. 1987 II S. 408) und des Prüfungsorts (BFH-Urteil vom 24.2.1989, III R 36/88, BStBl. II S. 445) sind selbständig anfechtbare Verwaltungsakte i.S.d. § 118 AO (BFH-Urteil vom 25.1.1989, X R 158/87, BStBl. II S. 483). Gegen die Bestimmung des Betriebsprüfers ist grundsätzlich kein Rechtsbehelf gegeben (BFH-Beschluss vom 15.5.2009, IV B 3/09, BFH/NV S. 1401). Darüber hinaus können mit der Prüfungsanordnung weitere nicht selbständig anfechtbare prüfungsleitende Bestimmungen (§ 5 Abs. 3 BpO) verbunden werden. Ein Einspruch gegen die Prüfungsanordnung hat keine aufschiebende Wirkung (§ 361 Abs. 1 Satz 1 AO); vorläufiger Rechtsschutz kann erst durch Aussetzung der Vollziehung nach § 361 AO, § 69 FGO gewährt werden (BFH-Beschluss vom 17.9.1974, VII B 122/73, BStBl. 1975 II S. 197). Über Anträge auf Aussetzung der Vollziehung ist unverzüglich zu entscheiden; Nr. 3 des AEAO zu § 361 gilt sinngemäß.

2. Rechtswidrig erlangte Außenprüfungsergebnisse dürfen nur dann nicht verwertet werden, wenn der Steuerpflichtige erfolgreich gegen die Prüfungsanordnung der betreffenden Prüfungsmaßnahme vorgegangen ist (BFH-Urteil vom 27.7.1983, I R 210/79, BStBl. 1984 II S. 285). Wenn die Prüfungsfeststellungen bereits Eingang in Steuerbescheide gefunden haben, muss der Steuerpflichtige auch diese Bescheide anfechten, um ein steuerliches Verwertungsverbot zu erlangen (BFH-Urteil vom 16.12.1986, VIII R 123/86, BStBl. 1987 II S. 248). Feststellungen, deren Anordnung rechtskräftig für rechtswidrig erklärt wurden, unterliegen einem Verwertungsverbot (BFH-Urteil vom 14.8.1985, I R 188/82, BStBl. 1986 II S. 2). Dies gilt nicht, wenn die bei der Prüfung ermittelten Tatsachen bei einer erstmaligen oder einer unter dem Vorbehalt der Nachprüfung stehenden Steuerfestsetzung verwertet wurden und lediglich formelle Rechtsfehler vorliegen (BFH-Urteile vom 10.5.1991, V R 51/90, BStBl. II S. 825, und vom 25.11.1997, VIII R 4/94, BStBl. 1998 II S. 461).

3. Ist eine Prüfungsanordnung aus formellen Gründen durch das Gericht oder die Finanzbehörde aufgehoben oder für nichtig erklärt worden, so kann eine erneute Prüfungsanordnung (Wiederholungsprüfung) unter Vermeidung des Verfahrensfehlers erlassen werden (BFH-Urteile vom 20.10.1988, IV R 104/86, BStBl. 1989 II S. 180, und

Anlage 2 Vorschriften des AEAO

vom 24.8.1989, IV R 65/88, BStBl. 1990 II S. 2). Für die Durchführung der Wiederholungsprüfung ist es regelmäßig geboten, einen anderen Prüfer mit der Prüfung zu beauftragen, der in eigener Verantwortung bei Durchführung der Prüfung ein selbständiges Urteil über die Erfüllung der steuerlichen Pflichten durch den Steuerpflichtigen gewinnt (BFH-Urteil vom 20.10.1988, IV R 104/86, BStBl. 1989 II S. 180).

4. Die Anordnung einer Außenprüfung für einen bereits geprüften Zeitraum (Zweitprüfung) ist grundsätzlich zulässig (BFH-Urteil vom 24.1.1989, VII R 35/86, BStBl. II S. 440).

5. Der Umfang der Ablaufhemmung nach § 171 Abs. 4 AO und der Sperrwirkung nach § 173 Abs. 2 AO bestimmt sich nach dem in der Prüfungsanordnung festgelegten Prüfungsumfang (BFH-Urteile vom 18.7.1991, V R 54/87, BStBl. II S. 824, und vom 25.1.1996, V R 42/95, BStBl. II S. 338). Es bedarf keiner neuen Prüfungsanordnung, wenn die Prüfung unmittelbar nach Beginn für mehr als sechs Monate unterbrochen und vor Ablauf der Festsetzungsfrist zügig beendet wird (BFH-Urteil vom 13.2.2003, IV R 31/01, BStBl. II S. 552).

6. Nehmen Außenprüfer an steuerstraf- oder bußgeldrechtlichen Ermittlungen der Steuerfahndung teil, ist insoweit keine Prüfungsanordnung nach § 196 AO zu erlassen (vgl. Nr. 125 AStBV (St)).

AEAO zu § 197 – Bekanntgabe der Prüfungsanordnung:

Inhaltsübersicht

1. Allgemeines
2. Bekanntgabe von Prüfungsanordnungen
3. Bekanntgabe von Prüfungsanordnungen an Ehegatten bzw. Lebenspartner
4. Bekanntgabe an gesetzliche Vertreter natürlicher Personen
5. Personengesellschaften (Gemeinschaften)
6. Juristische Personen
7. Insolvenzfälle
8. Gesamtrechtsnachfolge in Erbfällen
9. Umwandlungen

Anlage 2 Vorschriften des AEAO

1. Allgemeines

Nach Nr. 1.1.4 des AEAO zu § 122 gelten die Grundsätze über die Bekanntgabe von Steuerbescheiden für Prüfungsanordnungen entsprechend, soweit nicht nachfolgend abweichende Regelungen getroffen sind.

2. Bekanntgabe von Prüfungsanordnungen

Beim Erlass einer Prüfungsanordnung sind festzulegen:
- An wen sie sich richtet (Nr. 2.1 des AEAO zu § 197 – Inhaltsadressat),
- wem sie bekannt gegeben werden soll (Nr. 2.2 des AEAO zu § 197 – Bekanntgabeadressat),
- welcher Person sie zu übermitteln ist (Nr. 2.3 des AEAO zu § 197 – Empfänger).

2.1. Inhaltsadressat/Prüfungssubjekt

Das ist derjenige, an den sich die Prüfungsanordnung richtet und dem aufgegeben wird, die Außenprüfung in dem in der Anordnung näher beschriebenen Umfang zu dulden und bei ihr mitzuwirken: „Prüfung bei ...".

2.2. Bekanntgabeadressat

Das ist die Person/Personengruppe, der die Prüfungsanordnung bekannt zu geben ist. Der Bekanntgabeadressat ist regelmäßig mit dem Prüfungssubjekt identisch; soweit die Bekanntgabe an das Prüfungssubjekt nicht möglich oder nicht zulässig ist, kommen Dritte als Bekanntgabeadressaten in Betracht (z.B. Eltern eines minderjährigen Kindes, Geschäftsführer einer nicht rechtsfähigen Personenvereinigung, Liquidator).

In allen Fällen, in denen der Bekanntgabeadressat nicht personenidentisch ist mit dem Prüfungssubjekt, ist ein erläuternder Zusatz in die Prüfungsanordnung aufzunehmen, aus dem der Grund für die Anordnung beim Bekanntgabeadressaten erkennbar wird.

Beispiel: Die Prüfungsordnung ergeht an Sie als

„Alleinerbin und Gesamtrechtsnachfolgerin nach Ihrem verstorbenen Ehemann" (bei Erbfall; vgl. AEAO zu § 197, Nr. 8)

„Nachfolgerin der Fritz KG" (bei gesellschaftsrechtlicher Umwandlung; vgl. AEAO zu § 197, Nr. 9)

Anlage 2 Vorschriften des AEAO

2.3. Empfänger

Das ist derjenige, dem die Prüfungsanordnung tatsächlich zugehen soll, damit sie durch Bekanntgabe wirksam wird. I.d.R. ist dies der Bekanntgabeadressat. Es kann jedoch auch eine andere Person sein (vgl. AEAO zu § 122, Nrn. 1.5.2 und 1.7). Der Empfänger ist im Anschriftenfeld der Prüfungsanordnung mit seinem Namen und der postalischen Anschrift zu bezeichnen. Ist der Empfänger nicht identisch mit dem Prüfungssubjekt, muss in einem ergänzenden Zusatz im Text der Prüfungsanordnung darauf hingewiesen werden, „bei wem" die Prüfung stattfinden soll (d.h. namentliche Benennung des Prüfungssubjekts).

2.4. Übermittlung an Bevollmächtigte (§§ 80 Abs. 1, 122 Abs. 1 Satz 3 AO)

Zur Bekanntgabe an einen Bevollmächtigten vgl. AEAO zu § 122, Nr. 1.7.

Beispiel:

Anschrift:

Herrn Steuerberater Klaus Schulz, ...

Text:

„... ordne ich an, dass bei Ihrem Mandanten Anton Huber, ... eine Prüfung durchgeführt wird."

3. Bekanntgabe von Prüfungsanordnungen an Ehegatten bzw. Lebenspartner

Prüfungsanordnungen gegen beide Ehegatten bzw. Lebenspartner können ggf. in einer Verfügung zusammengefasst werden. Auf die Regelung des AEAO zu § 122, Nr. 2.1 wird verwiesen. In einem Zusatz muss dann jedoch erläutert werden, für welche Steuerarten bei welchem Prüfungssubjekt die Außenprüfung vorgesehen ist.

Aus Gründen der Klarheit und Übersichtlichkeit sollten getrennte Prüfungsanordnungen an Ehegatten bzw. Lebenspartner bevorzugt werden. Generell müssen die Prüfungen getrennt angeordnet werden, wenn beide Ehegatten bzw. Lebenspartner unternehmerisch (jedoch nicht gemeinschaftlich) tätig sind.

Anlage 2 Vorschriften des AEAO

4. Bekanntgabe an gesetzliche Vertreter natürlicher Personen

Vgl. AEAO zu § 122, Nr. 2.2.

Beispiel:

Anschrift:

Herrn Steuerberater Klaus Schulz

Text:

„... ordne ich an, dass bei Ihrem Mandanten Benjamin Müller ..."

Zusatz:

„... ergeht an Sie für Frau Felicitas Müller und Herrn Felix Müller, ggf. Anschrift, als gesetzliche Vertreter ihres minderjährigen Sohnes Benjamin Müller, ggf. Anschrift."

5. Personengesellschaften (Gemeinschaften)

Bei Prüfungsanordnungen an Personengesellschaften und Gemeinschaften sind Unterscheidungen nach der Rechtsform, nach der zu prüfenden Steuerart und ggf. nach der Einkunftsart vorzunehmen. Wegen der Unterscheidung zwischen Personenhandelsgesellschaften und sonstigen nicht rechtsfähigen Personenvereinigungen wird auf Nr. 2.4.1.2 des AEAO zu § 122 verwiesen.

5.1. Personenhandelsgesellschaften

Vgl. AEAO zu § 122, Nr. 2.4.1.1. Dies gilt auch für die Bekanntgabe von Prüfungsanordnungen an Personenhandelsgesellschaften bei gesonderter und einheitlicher Feststellung der Einkünfte aus Gewerbebetrieb. Es ist nicht erforderlich, der Prüfungsanordnung eine Anlage beizufügen, in der die Feststellungsbeteiligten aufgeführt sind.

5.2. Sonstige nicht rechtsfähige Personenvereinigungen

Als Steuerpflichtige i.S.d. § 193 Abs. 1 AO, bei der eine Außenprüfung zulässig ist, kommt auch eine nicht rechtsfähige Personenvereinigung in Betracht (BFH-Urteil vom 16.11.1989, IV R 29/89, BStBl. 1990 II S. 272).

Die Personenvereinigung hat i.d.R. formal keinen eigenen Namen und muss als Prüfungssubjekt durch die Angabe aller Gesellschafter charakterisiert werden. Ist die Bezeichnung der Gesellschafter durch die Aufzählung aller Namen im Vordrucktext der Anordnung aus technischen Gründen nicht möglich, können neben einer Kurzbezeichnung

Anlage 2 Vorschriften des AEAO

im Text der Prüfungsanordnung in einer Anlage die einzelnen Gesellschafter (ggf. mit Anschrift) aufgeführt werden.

Die Prüfungsanordnung muss aber nicht nur für die nicht rechtsfähige Personenvereinigung bestimmt und an sie adressiert sein, sie muss ihr auch bekannt gegeben werden. Die Bekanntgabe hat an die vertretungsberechtigten Gesellschafter zu erfolgen. Grundsätzlich sind das alle Gesellschafter (z.b. bei einer GbR nach §§ 709, 714 BGB), es sei denn, es liegt eine abweichende gesellschaftsvertragliche Regelung vor. Nach § 6 Abs. 3 VwZG ist es jedoch zulässig, die Prüfungsanordnung nur einem der Gesellschafter bekannt zu geben (BFH-Urteil vom 18.10.1994, IX R 128/92, BStBl. 1995 II S. 291). Das gilt selbst in den Fällen, in denen auf Grund gesellschaftsvertraglicher Regelungen mehrere Personen zur Geschäftsführung bestellt sind.

5.2.1 Nicht rechtsfähige Personenvereinigungen mit Gewinneinkünften

Wird die Prüfung der Feststellung der Einkünfte (Gewinneinkünfte) angeordnet, ist die Prüfungsanordnung an die Personenvereinigung als Prüfungssubjekt zu richten und nicht gegen deren Gesellschafter (BFH-Urteil vom 16.11.1989, IV R 29/89, BStBl. 1990 II S. 272).

Führt eine nicht rechtsfähige Personenvereinigung ausnahmsweise einen geschäftsüblichen Namen, unter dem sie am Rechtsverkehr teilnimmt, gilt Nr. 2.4.1.2 des AEAO zu § 122 auch hinsichtlich der Prüfungsanordnung zur gesonderten und einheitlichen Gewinnfeststellung entsprechend.

Wurde ein gemeinsamer Empfangsbevollmächtigter bestellt, kann auch ihm die Anordnung zur Prüfung der Gewinneinkünfte bekannt gegeben werden. Bei Bekanntgabe der Prüfungsanordnung an nur einen zur Vertretung aller übrigen Beteiligten vertretungsberechtigten Gesellschafter oder an einen Empfangsbevollmächtigten ist auf dessen Funktion als Bekanntgabeempfänger mit Wirkung für alle Beteiligten hinzuweisen.

5.2.2 Nicht rechtsfähige Personenvereinigungen mit Überschusseinkünften

Wird die Prüfung der Feststellung der Einkünfte (z.B. aus Vermietung und Verpachtung), des Vermögens und der Schulden bei einer Gesellschaft bürgerlichen Rechts oder bei einer Gemeinschaft (z.B. Grundstücksgemeinschaft) angeordnet, ist die nicht rechtsfähige Personenvereinigung als Grundstücksgesellschaft oder Bauherrengemeinschaft

Anlage 2 Vorschriften des AEAO

insoweit nicht selbst Prüfungssubjekt (BFH-Urteile vom 25.9.1990, IX R 84/88, BStBl. 1991 II S. 120, und vom 18.10.1994, IX R 128/92, BStBl. 1995 II S. 291). Vielmehr ist der einzelne Gesellschafter der Träger der steuerlichen Rechte und Pflichten (§ 33 Abs. 1 AO). Eine Prüfungsanordnung für die gesonderte und einheitliche Feststellung der Einkünfte aus Vermietung und Verpachtung bzw. die Feststellung des Vermögens und der Schulden ist an jeden Gesellschafter zu richten und auch diesem bekannt zu geben (für Gemeinschaften: BFH-Urteil vom 10.11.1987, VIII R 94/87, BFH/NV 1988 S. 214).

Eine Personenvereinigung unterliegt der Außenprüfung und ist Prüfungssubjekt nur insoweit, als sie – wie z.B. bei der Umsatzsteuer – selbst Steuerschuldnerin ist (BFH-Urteil vom 18.10.1994, IX R 128/92, BStBl. 1995 II S. 291). In den Fällen, in denen bei einer nicht rechtsfähigen Personenvereinigung mit Überschusseinkünften neben der Feststellung der Einkünfte und der Feststellung des Vermögens und der Schulden auch die Umsatzsteuer Prüfungsgegenstand ist, sind daher zwei Prüfungsanordnungen zu erlassen:

– an die Gemeinschaft/Gesellschaft hinsichtlich der Umsatzsteuer;
– an die Gemeinschafter/Gesellschafter hinsichtlich der Feststellung der Einkünfte und der Feststellung des Vermögens und der Schulden.

5.2.3 Nichtrechtsfähige Personenvereinigungen mit Überschusseinkünften i.Z.m. gesonderten Feststellungen für Zwecke der Erbschaft- und Schenkungsteuer nach § 151 BewG

Bei gesonderten Feststellungen für Zwecke der Erbschaft- und Schenkungsteuer kann auch die nichtrechtsfähige Personenvereinigung mit Überschusseinkünften selbst Inhaltsadressat der Prüfungsanordnung sein.

Zur Ermittlung der Besteuerungsgrundlagen ist nach § 156 BewG eine Außenprüfung bei den Beteiligten i.S.d. § 154 Abs. 1 BewG zulässig. Die Beteiligtenstellung einer Personenvereinigung kann daraus folgen, dass sie zur Abgabe einer Feststellungserklärung aufgefordert wurde (§ 154 Abs. 1 Nr. 2 BewG). Der Anteil am Wert der in § 151 Abs. 1 Satz 1 Nr. 4 BewG genannten Vermögensgegenstände und Schulden, die mehreren Personen zustehen, ist gesondert festzustellen. Die Aufforderung zur Abgabe einer Feststellungserklärung richtet sich gem. § 153 Abs. 2 BewG an die Personenvereinigung selbst, die dadurch Beteiligte wird. Sie ist dann als Prüfungssubjekt auch Inhaltsadressat der entsprechenden Prüfungsanordnung.

Anlage 2 Vorschriften des AEAO

Eine Prüfung zur gesonderten Feststellung nach § 156 BewG kann auch in Kombination mit einer auf § 193 AO gestützten Prüfung erfolgen. Eine ausschließlich auf § 156 BewG gestützte Außenprüfung darf sich jedoch nur auf die Feststellungen erstrecken, die für die Erbschaft-/Schenkungsteuer oder eine andere Feststellung i.S.d. § 151 Abs. 1 BewG maßgeblich sind. Das hat zur Folge, dass im Rahmen der Betriebsprüfung nur die sachliche Richtigkeit und Vollständigkeit der festgestellten Besteuerungsgrundlagen ermittelt bzw. überprüft werden dürfen.

5.3 Sonderfälle

Dient die Außenprüfung u.a. der Feststellung, welche Art von Einkünften die Gesellschafter einer nicht rechtsfähigen Personenvereinigung erzielen, kann die Prüfungsanordnung nach Maßgabe sämtlicher in Betracht kommenden Einkunftsarten ausgerichtet werden. Kommen danach Gewinneinkünfte ernsthaft in Betracht, ist die Personenvereinigung – gestützt auf die Rechtsgrundlage des § 193 Abs. 1 AO – Prüfungssubjekt.

Dies gilt aber nur für existierende Personenvereinigungen mit streitiger Qualifizierung der Einkünfte. Ist die Existenz der nicht rechtsfähigen Personenvereinigung selbst im Streit, muss sich die Prüfungsanordnung gegen die mutmaßlichen Gesellschafter richten (BFH-Urteil vom 8.3.1988, VIII R 220/85, BFH/NV S. 758). Sie ist jedem Beteiligten der mutmaßlichen Personenvereinigung gesondert bekannt zu geben.

Liegen konkrete Anhaltspunkte vor, dass die vermutete Gemeinschaft/Gesellschaft tatsächlich einen gewerblichen oder land- und forstwirtschaftlichen Betrieb unterhalten hat bzw. freiberuflich tätig geworden ist, genügt in der Prüfungsanordnung ein Hinweis auf § 193 Abs. 1 AO (BFH-Urteil vom 23.10.1990, VIII R 45/88, BStBl. 1991 II S. 278). Ansonsten ist die Prüfungsanordnung auf § 193 Abs. 2 Nr. 2 AO zu stützen und besonders zu begründen.

5.4 Arbeitsgemeinschaften

Ist eine Arbeitsgemeinschaft (ARGE) als Prüfungssubjekt zu prüfen, ist die Prüfungsanordnung an das in der ARGE geschäftsführende Unternehmen als Bevollmächtigtem postalisch bekannt zu geben (vgl. AEAO zu § 122, Nr. 2.4.1.2).

Anlage 2 Vorschriften des AEAO

5.5 Atypisch stille Gesellschaften

Da die atypisch stille Gesellschaft nicht selbst Steuerschuldnerin ist, ist eine Prüfungsanordnung an den Inhaber des Handelsgeschäfts zu richten (vgl. AEAO zu § 122, Nr. 2.4.1). Hinsichtlich der gesonderten und einheitlichen Gewinnfeststellung ist eine Prüfungsanordnung ihrem Inhalt nach im Regelfall ebenfalls nicht an die atypisch stille Gesellschaft, sondern regelmäßig an jeden Gesellschafter (Prüfungssubjekt) zu richten und diesem auch bekannt zu geben.

Beispiel:

Anschrift:

a) Bauunternehmung Müller GmbH   Geschäftsinhaber
b) Herrn Josef Meier   atyp. stiller Gesellschafter

(zwei getrennte Prüfungsanordnungen)

Text:

„... ordne ich an, dass bei Ihnen bezüglich der steuerlichen Verhältnisse der atypisch stillen Gesellschaft Bauunternehmung Müller GmbH und Josef Meier (ggf. Anschrift) eine Außenprüfung durchgeführt wird."

Abweichend davon reicht es in Fällen der atypisch stillen Beteiligung an einer Personenhandelsgesellschaft aus, die Prüfungsanordnung hinsichtlich der gesonderten und einheitlichen Gewinnfeststellung an die Personenhandelsgesellschaft (= Geschäftsinhaber) als Prüfungssubjekt zu richten und bekannt zu geben, da die Außenprüfung bei einer Personengesellschaft auch die steuerlichen Verhältnisse der Gesellschafter (auch der atypisch stille Beteiligte ist Mitunternehmer) insoweit umfasst, als diese für die zu überprüfende Feststellung von Bedeutung sind (§ 194 Abs. 1 AO). Einer gesonderten – an den atypisch stillen Gesellschafter gerichteten – Prüfungsordnung bedarf es in diesem Fall nicht.

5.6 Personengesellschaften und nicht rechtsfähige Personengemeinschaften in Liquidation

Wegen der Unterscheidung zwischen der gesellschaftsrechtlichen und der steuerrechtlichen Liquidation vgl. AEAO zu § 122, Nr. 2.7.1. Die Anweisungen des AEAO zu § 122, Nr. 2.7.2 zur Bekanntgabe von Steuerbescheiden gelten für Prüfungsanordnungen sinngemäß.

Auch die Verpflichtung, nach §§ 193 ff. AO eine Außenprüfung zu dulden, führt dazu, eine Personengesellschaft bzw. nicht rechtsfähige Personenvereinigung noch nicht als vollbeendet anzusehen. Nach Beendigung der gesellschaftsrechtlichen Liquidation (z.B. Prüfung bei „dem

Anlage 2 Vorschriften des AEAO

gesellschaftsrechtlich beendeten Autohaus Heinrich Schmitz Nachf. GbR") bleibt die Personengesellschaft bzw. nicht rechtsfähige Personenvereinigung weiterhin Prüfungssubjekt; die Prüfungsanordnung ist deshalb an sie zu richten (vgl. BFH-Urteil vom 1.3.1994, VIII R 35/92, BStBl. 1995 II S. 241). Zu empfehlen ist die Bekanntgabe der Prüfungsanordnung an alle ehemaligen Gesellschafter als Liquidatoren (mit Hinweis auf die rechtliche Stellung als Liquidator).

5.7 Eintritt, Ausscheiden und Wechsel von Gesellschaftern einer Personengesellschaft oder einer nicht rechtsfähigen Personengemeinschaft

5.7.1
Wird das Handelsgeschäft eines Einzelunternehmers in eine Personen- oder Kapitalgesellschaft eingebracht, ist zu unterscheiden, ob der Zeitraum vor oder nach der Übertragung geprüft wird. Die Prüfungsanordnung muss an den jeweiligen Inhaltsadressaten für die Zeit seiner Inhaberschaft gerichtet und bekannt gegeben werden. Für den Prüfungszeitraum bis zur Einbringung ergeht die Prüfungsanordnung an den ehemaligen Einzelunternehmer als Inhaltsadressat (Prüfungssubjekt) („bei Ihnen"). In einem Zusatz ist zu erläutern, dass Prüfungsgegenstand bestimmte Besteuerungszeiträume vor der Einbringung in die namentlich benannte aufnehmende Gesellschaft sind.

5.7.2
Tritt in eine bestehende Personenhandelsgesellschaft oder nicht rechtsfähige Personenvereinigung mit geschäftsüblichem Namen ein Gesellschafter ein oder scheidet ein Gesellschafter aus unter Fortführung der Gesellschaft durch die verbliebenen Gesellschafter oder ergibt sich durch abgestimmten Ein- und Austritt ein Gesellschafterwechsel, ändert sich die Identität der Gesellschaft nicht. Daher ist die Prüfungsanordnung auch für die Zeit vor dem Eintritt, Ausscheiden oder Wechsel an die Personengesellschaft als Inhaltsadressaten zu richten. An den ausgeschiedenen Gesellschafter ergeht keine gesonderte Prüfungsanordnung. Ihm ist jedoch zur Wahrung des rechtlichen Gehörs eine Kopie der an die Gesellschaft gerichteten Prüfungsanordnung zu übersenden. Dabei ist er auf den Sinn und Zweck dieser Benachrichtigung hinzuweisen.

5.7.3
Scheidet aus einer zweigliedrigen Personengesellschaft oder nicht rechtsfähigen Personengemeinschaft der vorletzte Gesellschafter aus und wird der Betrieb durch den verbliebenen Gesellschafter ohne Liquidation fortgeführt (= vollbeendete Gesellschaft; BFH-Urteil vom

Anlage 2 Vorschriften des AEAO

18.9.1980, V R 175/74, BStBl. 1981 II S. 293), ist der jetzige Alleininhaber Gesamtrechtsnachfolger gem. § 45 Abs. 1 Satz 1 AO für die Betriebssteuern. Die Prüfungsanordnung für die Betriebssteuern ist daher auch für die Zeit des Bestehens der Gesellschaft/Gemeinschaft an den jetzigen Alleininhaber zu richten und diesem bekannt zu geben. Er ist auf seine Stellung als Gesamtrechtsnachfolger hinzuweisen. In einem Zusatz ist deutlich zu machen, dass die Prüfung die steuerlichen Verhältnisse der vollbeendeten Gesellschaft/Gemeinschaft betrifft.

Für die gesonderte und einheitliche Gewinnfeststellung geht die Pflicht, die Prüfung zu dulden (vgl. AEAO zu § 197, Nr. 2.1 und 5.2.1), ebenfalls von der Gesellschaft/Gemeinschaft auf den jetzigen Alleininhaber als Gesamtrechtsnachfolger i.S.v. § 45 Abs. 1 Satz 1 AO über (BFH-Urteil vom 25.4.2006, VIII R 46/02, BFH/NV S. 2037) Die Prüfungsanordnung zur gesonderten und einheitlichen Gewinnfeststellung für die Zeit des Bestehens der Gesellschaft ist daher ebenfalls an den jetzigen Alleininhaber zu richten und diesem bekannt zu geben. Auf die Stellung als Gesamtrechtsnachfolger ist hinzuweisen. In einem Zusatz ist deutlich zu machen, dass die Prüfung die steuerlichen Verhältnisse der vollbeendeten Gesellschaft/Gemeinschaft betrifft.

Erzielt die Personengesellschaft/Gemeinschaft ausschließlich Überschusseinkünfte (z.B. aus Vermietung und Verpachtung), ist sie als solche kein Prüfungssubjekt hinsichtlich der gesonderten und einheitlichen Feststellung der Überschusseinkünfte (vgl. AEAO zu § 197, Nr. 5.2.2). Die Duldungspflicht der Prüfung kann daher auch nicht im Wege der Gesamtrechtsnachfolge auf den jetzigen Alleingesellschafter übergehen. Die Prüfungsanordnung ist in diesem Fall an jeden ehemaligen Gesellschafter zu richten und bekannt zu geben.

6. Juristische Personen

Vgl. AEAO zu § 122, Nr. 2.8.

7. Insolvenzfälle

Soweit die Verwaltungs- und Verfügungsbefugnis auf einen Insolvenzverwalter oder einen vorläufigen Insolvenzverwalter übergegangen ist (vgl. AEAO zu § 251, Nrn. 3.1 und 4.2), ist dieser Bekanntgabeadressat (AEAO zu § 197, Nr. 2.2).

Anlage 2 Vorschriften des AEAO

8. Gesamtrechtsnachfolge in Erbfällen

8.1
Geht ein Einzelunternehmen durch Erbfall im Wege der Gesamtrechtsnachfolge auf eine oder mehrere Person(en) über, ist die Prüfungsanordnung an den/die Erben als Prüfungssubjekt zu richten. Bei ihm/ihnen kann eine Außenprüfung nach § 193 Abs. 1 AO auch für Zeiträume stattfinden, in denen der Erblasser unternehmerisch tätig war (BFH-Urteil vom 24.8.1989, IV R 65/88, BStBl. 1990 II S. 2). Auf den/die Erben gehen als Gesamtrechtsnachfolger alle Verpflichtungen aus dem Steuerschuldverhältnis über (§ 45 Abs. 1 AO); hierzu gehört auch die Duldung der Betriebsprüfung (BFH-Urteil vom 9.5.1978, VII R 96/75, BStBl. II S. 501).

Beispiele:

a) Anschrift:

Frau Antonia Huber

Text:

„... ordne ich an, dass bei Ihnen bezüglich der steuerlichen Verhältnisse Ihres verstorbenen Ehemannes Anton Huber eine Außenprüfung durchgeführt wird."

Zusatz:

„... ergeht an Sie als Alleinerbin und Gesamtrechtsnachfolgerin nach Ihrem Ehemann."

b) Anschrift:

Herrn Steuerberater Klaus Schulz

Text:

„... ordne ich an, dass bei Ihrer Mandantin Antonia Huber bezüglich der steuerlichen Verhältnisse ihres verstorbenen Ehemanns Anton Huber eine Außenprüfung durchgeführt wird."

Zusatz:

„... ergeht an Sie für Frau Antonia Huber als Alleinerbin und Gesamtrechtsnachfolgerin nach Anton Huber."

c) Anschrift:

Herrn Steuerberater Klaus Schulz

Text:

„... ordne ich an, dass bei Ihren Mandanten Emilia Müller, Fritz Müller (usw., alle Erben namentlich aufzuzählen) bezüglich der steuerlichen Verhältnisse des verstorbenen Emil Müller eine Außenprüfung durchgeführt wird."

Zusatz:

„... ergeht an Sie für Frau Emilia Müller, Herrn Fritz Müller usw. als Erben und Gesamtrechtsnachfolger des verstorbenen Emil Müller."

Anlage 2 Vorschriften des AEAO

8.2
Hat die Erbengemeinschaft keinen gemeinsamen Empfangsbevollmächtigten, ist jedem Miterben eine Prüfungsanordnung bekannt zu geben. Im Anschriftenfeld ist sie jeweils an den einzelnen Miterben zu adressieren. Im Übrigen ist sie inhaltsgleich allen Miterben bekannt zu geben. Die Prüfung ist „bei dem" jeweiligen Miterben vorzusehen. Außerdem ist in der Prüfungsanordnung in einem Zusatz darzustellen, welche weiteren Miterben zur Erbengemeinschaft gehören (Darstellung mit vollständigen Namen und ggf. Anschriften).

8.3
Ist ein Miterbe gemeinsamer Empfangsbevollmächtigter aller Miterben, so ist die Prüfungsanordnung nur diesem Miterben wie folgt bekannt zu geben:

Beispiel:

Anschrift:

Anna Müller, Anschrift

Text:

„... ordne ich an, dass bei Ihnen bezüglich der steuerlichen Verhältnisse Ihres verstorbenen Ehemanns Herbert Müller eine Außenprüfung durchgeführt wird."

Zusatz:

„Die Prüfungsanordnung ergeht an Sie mit Wirkung für alle Miterben und Gesamtrechtsnachfolger nach Herbert Müller: Frau Anna Müller, Frau Eva Müller, ... (alle weiteren Miterben namentlich, ggf. mit Anschrift, nennen)."

Zweckmäßigerweise sollten getrennte Prüfungsanordnungen für folgende gleichzeitig vorliegende und zu prüfende Fallgestaltungen ergehen:
- Prüfungszeitraum des Erblassers als Einzelunternehmer (s.o.),
- Prüfungszeitraum der Fortführung des Unternehmens durch die Erbengemeinschaft (Prüfung „bei der Erbengemeinschaft, Anna Müller, ggf. Anschrift, sowie Eva Müller, ggf. Anschrift, und Thomas Müller, ggf. Anschrift etc. Alle Beteiligten sind Erben und Gesamtrechtsnachfolger nach Herbert Müller."),
- Prüfung eines eigenen Betriebs eines Miterben (z.B. der Ehefrau des Erblassers).

9. Umwandlungen

9.1
In den übrigen Fällen einer Gesamtrechtsnachfolge i.S.d. § 45 Abs. 1 AO (vgl. AEAO zu § 45) gelten grundsätzlich die Anweisungen des AEAO zu § 122, Nrn. 2.12.1 und 2.12.2.

Anlage 2 Vorschriften des AEAO

9.2
Nach einer Verschmelzung (§ 1 Abs. 1 Nr. 1, §§ 2 ff. UmwG) ist sowohl hinsichtlich der Betriebssteuern als auch hinsichtlich der gesonderten und einheitlichen Feststellungen Nr. 5.7.3 des AEAO zu § 197 sinngemäß anzuwenden.

9.3
In Fällen einer Abspaltung oder Ausgliederung (§ 1 Abs. 1 Nr. 2, §§ 123 ff. UmwG) sowie einer Vermögensübertragung im Wege der Teilübertragung (§ 1 Abs. 1 Nr. 3, § 174 Abs. 2, §§ 175, 177, 179, 184 ff., 189 UmwG) liegt keine Gesamtrechtsnachfolge i.S.d. § 45 Abs. 1 AO vor (vgl. AEAO zu § 45, Nr. 2). Eine Prüfungsanordnung, die sich auf Zeiträume bis zur Abspaltung, Ausgliederung oder Vermögensübertragung bezieht, ist daher stets an den abspaltenden, ausgliedernden bzw. an den das Vermögen übertragenden Rechtsträger zu richten.

9.4
In den Fällen einer Aufspaltung (§ 1 Abs. 1 Nr. 2, § 123 Abs. 1 UmwG) ist jedoch § 45 Abs. 1 AO sinngemäß anzuwenden. Eine Prüfungsanordnung, die sich auf Zeiträume bis zur Aufspaltung bezieht, ist an alle spaltungsgeborenen Gesellschaften zu richten. Dies gilt nicht in Bezug auf die gesonderte und einheitliche Feststellung von Besteuerungsgrundlagen (vgl. AEAO zu § 45, Nr. 2).

9.5
Bei einer formwechselnden Umwandlung (§ 1 Abs. 1 Nr. 4, §§ 190 ff. UmwG) handelt es sich lediglich um den Wechsel der Rechtsform. Das Prüfungssubjekt bleibt identisch; es ändert sich lediglich dessen Bezeichnung. Die Prüfungsanordnung ist an die Gesellschaft unter ihrer neuen Bezeichnung zu richten. Dies gilt auch, wenn sich – wie z.B. in Fällen der Umwandlung einer Personengesellschaft in eine Kapitalgesellschaft oder der Umwandlung einer Kapitalgesellschaft in eine Personengesellschaft – das Steuersubjekt ändert und daher eine steuerliche Gesamtrechtsnachfolge vorliegt (vgl. AEAO zu § 45, Nr. 3). Wurde eine Personengesellschaft, die Gewinneinkünfte erzielt hat, in eine Kapitalgesellschaft umgewandelt, ist eine Prüfungsanordnung, die sich auf die gesonderte und einheitliche Feststellung von Besteuerungsgrundlagen der Personengesellschaft erstreckt, nach den Grundsätzen der Nr. 5.2.1 des AEAO zu § 197 an die Kapitalgesellschaft zu richten. Hat die umgewandelte Personengesellschaft Überschusseinkünfte erzielt, ist die Prüfungsanordnung für die gesonderte und einheitliche Feststellung der Besteuerungsgrundlagen nach den Grundsätzen von Nr. 5.2.2 des AEAO zu § 197 an die Gesellschafter der ehemaligen Personengesellschaft zu richten.

Anlage 2 Vorschriften des AEAO

AEAO zu § 198 – Ausweispflicht, Beginn der Außenprüfung:

1. Die Außenprüfung beginnt grundsätzlich in dem Zeitpunkt, in dem der Außenprüfer nach Bekanntgabe der Prüfungsanordnung konkrete Ermittlungshandlungen vornimmt. Bei einer Datenträgerüberlassung beginnt die Außenprüfung spätestens mit der Auswertung der Daten. Die Handlungen brauchen für den Betroffenen nicht erkennbar zu sein; es genügt vielmehr, dass der Außenprüfer nach Bekanntgabe der Prüfungsanordnung mit dem Studium der den Steuerfall betreffenden Akten beginnt (BFH-Urteile vom 7.8.1980, II R 119/77, BStBl. 1981 II S. 409, vom 11.10.1983, VIII R 11/82, BStBl. 1984 II S. 125, und vom 18.12.1986, I R 49/83, BStBl. 1987 II S. 408). Als Beginn der Außenprüfung ist auch ein Auskunfts- und Vorlageersuchen der Finanzbehörde anzusehen, mit dem unter Hinweis auf die Außenprüfung um Beantwortung verschiedener Fragen und Vorlage bestimmter Unterlagen gebeten wird (BFH-Urteil vom 2.2.1994, I R 57/93, BStBl. II S. 377 und BFH-Beschluss vom 3.3.2009, IV S 12/08, BFH/NV S. 958). Ein Aktenstudium, das vor dem in der Betriebsprüfungsanordnung genannten Termin des Beginns der Prüfung durchgeführt wird, gehört hingegen noch zu den Prüfungsvorbereitungen (BFH-Urteil vom 8.7.2009, XI R 64/07, BStBl. 2010 II S. 4).

2. Bei der Außenprüfung von Konzernen und sonstigen zusammenhängenden Unternehmen i.S.d. §§ 13 bis 19 BpO gelten keine Besonderheiten. Da es sich um rechtlich selbständige Unternehmen handelt, fällt der Beginn der Außenprüfung grundsätzlich auf den Tag, an dem mit der Prüfung des jeweiligen Unternehmens begonnen wird. Werden mehrere konzernzugehörige Unternehmen von einer Finanzbehörde geprüft und hat sie sich mit allen von ihr zu prüfenden Betrieben befasst, um sich einen Überblick über die prüfungsrelevanten Sachverhalte zu verschaffen, sowie die wirtschaftlichen, bilanziellen und liquiditätsmäßigen Verflechtungen zwischen den Unternehmen aus den unterschiedlichen Perspektiven untersucht, ist damit bereits ein einheitlicher Prüfungsbeginn gegeben.

   Wenn dagegen ein konzernzugehöriges Unternehmen von einer anderen Finanzbehörde geprüft wird, beginnt die Außenprüfung erst dann, wenn konkrete Prüfungshandlungen in diesem Einzelfall vorgenommen worden sind. Der Zeitpunkt des Beginns der Außenprüfung ist in den Prüfungsbericht aufzunehmen.

3. Zur Ablaufhemmung vgl. AEAO zu § 171, Nr. 3.

Anlage 2 Vorschriften des AEAO

AEAO zu § 200 – Mitwirkungspflichten des Steuerpflichtigen:

1. Die Bestimmung des Umfangs der Mitwirkung des Steuerpflichtigen liegt im pflichtgemäßen Ermessen der Finanzbehörde. Auf Anforderung hat der Steuerpflichtige vorhandene Aufzeichnungen und Unterlagen vorzulegen, die nach Einschätzung der Finanzbehörde für eine ordnungsgemäße und effiziente Abwicklung der Außenprüfung erforderlich sind, ohne dass es ihm gegenüber einer zusätzlichen Begründung hinsichtlich der steuerlichen Bedeutung bedarf.

   Konzernunternehmen haben auf Anforderung insbesondere vorzulegen:
   - den Prüfungsbericht des Wirtschaftsprüfers über die Konzernabschlüsse der Konzernmuttergesellschaft,
   - die Richtlinie der Konzernmuttergesellschaft zur Erstellung des Konzernabschlusses,
   - die konsolidierungsfähigen Einzelabschlüsse (sog. Handelsbilanzen II) der Konzernmuttergesellschaft,
   - Einzelabschlüsse und konsolidierungsfähige Einzelabschlüsse (sog. Handelsbilanzen II) von in- und ausländischen Konzernunternehmen.

   Bei Auslandssachverhalten trägt der Steuerpflichtige eine erhöhte Mitwirkungspflicht (BFH-Beschluss vom 9.7.1986, I B 36/86, BStBl. 1987 II S. 487). Im Falle von Verzögerungen durch den Steuerpflichtigen oder der von ihm benannten Auskunftspersonen soll nach den Umständen des Einzelfalls von der Möglichkeit der Androhung und Festsetzung von Zwangsmitteln (§ 328 AO), der Festsetzung von Verzögerungsgeld (§ 146 Abs. 2b AO) oder der Schätzung (§ 162 AO) Gebrauch gemacht werden. Im Rahmen von Geschäftsbeziehungen zwischen nahe stehenden Personen sind die Regelungen der Gewinnabgrenzungsaufzeichnungsverordnung und der Verwaltungsgrundsätze-Verfahren (BMF-Schreiben vom 12.4.2005, BStBl. I S. 570) zu beachten. Kreditinstitute sind verpflichtet, dem Außenprüfer Angaben zur Identität der Bankkunden zu machen. Das bankseitige Ausblenden eindeutiger Ordnungsmerkmale der Bankkunden im Hinblick auf § 30a AO ist nicht zulässig.

2. Eine Außenprüfung in den Geschäftsräumen des Steuerpflichtigen verstößt nicht gegen Art. 13 GG (BFH-Urteil vom 20.10.1988, IV R 104/86, BStBl. 1989 II S. 180). Ist ein geeigneter Geschäftsraum vorhanden, so muss die Außenprüfung dort stattfinden. Ob ein geeigneter Geschäftsraum vorhanden ist, richtet sich nach der objektiven

Anlage 2 Vorschriften des AEAO

Beschaffenheit der Räume, den betriebsüblichen Verhältnissen sowie arbeitsrechtlichen Grundsätzen. Der Vorrang der Geschäftsräume vor allen anderen Orten ergibt sich aus dem Wortlaut des § 200 Abs. 2 AO und aus dem Sinn und Zweck der Außenprüfung. Sind keine geeigneten Geschäftsräume vorhanden, ist in den Wohnräumen des Steuerpflichtigen oder an Amtsstelle zu prüfen. Nur im Ausnahmefall und nur auf Antrag kommen andere Prüfungsorte in Betracht, wenn schützenswerte Interessen des Steuerpflichtigen von besonders großem Gewicht die Interessen der Finanzbehörden an einem effizienten Prüfungsablauf in den Geschäftsräumen verdrängen.

AEAO zu § 201 – Schlussbesprechung:

1. Rechtsirrtümer, die die Finanzbehörde nach der Schlussbesprechung erkennt, können bei der Auswertung der Prüfungsfeststellungen auch dann richtiggestellt werden, wenn an der Schlussbesprechung der für die Steuerfestsetzung zuständige Beamte teilgenommen hat (BFH-Urteile vom 6.11.1962, I 298/61 U, BStBl. 1963 III S. 104, und vom 1.3.1963, VI 119/61 U, BStBl. III S. 212). Zusagen im Rahmen einer Schlussbesprechung, die im Betriebsprüfungsbericht nicht aufrechterhalten werden, erzeugen schon aus diesem Grund keine Bindung der Finanzbehörde nach Treu und Glauben (BFH-Urteil vom 27.4.1977, I R 211/74, BStBl. II S. 623).

2. Die Außenprüfung ist abgeschlossen, wenn die prüfende Behörde den Abschluss ausdrücklich oder konkludent erklärt. I.d.R. kann die Außenprüfung mit der Zusendung des Prüfungsberichts (§ 202 Abs. 1 AO) als abgeschlossen angesehen werden (BFH-Urteile vom 17.7.1985, I R 214/82, BStBl. 1986 II S. 21, und vom 4.2.1988, V R 57/83, BStBl. II S. 413). Reicht der Steuerpflichtige nach Zusendung des Betriebsprüfungsberichts eine – ausdrücklich vorbehaltene – Stellungnahme und Unterlagen ein, die zu einem Wiedereintritt in Ermittlungshandlungen führen, erfolgt dies noch im Rahmen der Außenprüfung (BFH-Urteil vom 8.7.2009, XI R 64/07, BStBl. 2010 II S. 4).

3. Der Steuerpflichtige kann den Verzicht nach § 201 Abs. 1 Satz 1 AO auf die Abhaltung einer Schlussbesprechung formlos erklären. Die Finanzbehörde vereinbart mit dem Steuerpflichtigen einen Termin zur Abhaltung der Schlussbesprechung, der innerhalb eines Monats seit Beendigung der Ermittlungshandlungen liegt. Kommt eine Terminabsprache nicht zustande, lädt die Finanzbehörde den Steuer-

Anlage 2 Vorschriften des AEAO

pflichtigen schriftlich zur Schlussbesprechung an Amtsstelle und weist gleichzeitig darauf hin, dass die Nichtwahrnehmung des Termins ohne Angabe von Gründen als Verzicht i.S.d. § 201 Abs. 1 Satz 1 AO zu werten ist.

4. Die Verwertung von Prüfungsfeststellungen hängt nicht davon ab, ob eine Schlussbesprechung abgehalten worden ist. Das Unterlassen einer Schlussbesprechung führt nicht „ohne weiteres" zu einer Fehlerhaftigkeit der aufgrund des Berichts über die Außenprüfung ergangenen Steuerbescheide (BFH-Beschluss vom 15.12.1997, X B 182/96, BFH/NV 1998 S. 811).

5. Zu der Zulässigkeit und den Rechtsfolgen einer tatsächlichen Verständigung siehe BMF-Schreiben vom 30.7.2008, BStBl. I S. 831.

6. Der Hinweis nach § 201 Abs. 2 AO ist zu erteilen, wenn es nach dem Erkenntnisstand zum Zeitpunkt der Schlussbesprechung möglich erscheint, dass ein Straf- oder Bußgeldverfahren durchgeführt werden muss. Wegen weiterer Einzelheiten vgl. Nr. 131 Abs. 2 AStBV (St). Durch den Hinweis nach § 201 Abs. 2 AO wird noch nicht das Straf- und Bußgeldverfahren i.S.d. §§ 397, 410 Abs. 1 Nr. 6 AO eröffnet, weil das Aussprechen eines strafrechtlichen Vorbehalts i.S.d. § 201 Abs. 2 AO noch im Rahmen der Außenprüfung bei Durchführung der Besteuerung geschieht. Der Hinweis nach § 201 Abs. 2 AO ist kein Verwaltungsakt.

AEAO zu § 202 – Inhalt und Bekanntgabe des Prüfungsberichts:

Der Prüfungsbericht und die Mitteilung über die ergebnislose Prüfung (§ 202 Abs. 1 Satz 3 AO) sind keine Verwaltungsakte und können deshalb nicht mit dem Einspruch angefochten werden (BFH-Urteile vom 17.7.1985, I R 214/82, BStBl. 1986 II S. 21, und vom 29.4.1987, I R 118/83, BStBl. 1988 II S. 168). In der Übersendung des Prüfungsberichts, der keinen ausdrücklichen Hinweis darauf enthält, dass die Außenprüfung nicht zu einer Änderung der Besteuerungsgrundlagen geführt hat, kann keine konkludente Mitteilung i.S.d. § 202 Abs. 1 Satz 3 AO gesehen werden (BFH-Urteil vom 14.12.1989, III R 158/85, BStBl. 1990 II S. 283).

Für den Innendienst bestimmte oder spätere Besteuerungszeiträume betreffende Mitteilungen des Außenprüfers sind in den Prüfungsbericht nicht aufzunehmen (BFH-Urteil vom 27.3.1961, I 276/60 U, BStBl. III S. 290).

Anlage 2 Vorschriften des AEAO

AEAO zu § 203 – Abgekürzte Außenprüfung:

1. Die Vorschrift des § 203 AO soll auch eine im Interesse des Steuerpflichtigen liegende rasche Durchführung einer Außenprüfung ermöglichen (BFH-Urteil vom 25.11.1989, X R 158/87, BStBl. II S. 483).
2. Bei einer abgekürzten Außenprüfung finden die Vorschriften über die Außenprüfung (§§ 193 ff. AO) Anwendung, mit Ausnahme der §§ 201 Abs. 1 und 202 Abs. 2 AO. Sie ist bei allen unter § 193 AO fallenden Steuerpflichtigen zulässig.

   Eine Beschränkung der in Frage kommenden Fälle nach der Einordnung der Betriebe in Größenklassen besteht nicht.

   Die abgekürzte Außenprüfung unterscheidet sich von einer im Prüfungsstoff schon eingeschränkten Außenprüfung, indem sie darüber hinaus auf die Prüfung einzelner Besteuerungsgrundlagen eines Besteuerungszeitraums oder mehrerer Besteuerungszeiträume beschränkt wird (§ 4 Abs. 5 Satz 2 BpO).
3. In der Prüfungsanordnung ist die Außenprüfung als abgekürzte Außenprüfung i.S.d. §§ 193, 203 AO ausdrücklich zu bezeichnen. Ein Wechsel von der abgekürzten zur nicht abgekürzten Außenprüfung und umgekehrt ist zulässig. Hierzu bedarf es einer ergänzenden Prüfungsanordnung.
4. Die Vorschrift des § 203 Abs. 2 AO entbindet nicht von der Verpflichtung zur Fertigung eines Prüfungsberichts.
5. Die abgekürzte Außenprüfung löst dieselben Rechtsfolgen wie eine nicht abgekürzte Außenprüfung aus.

AEAO zu § 204 – Voraussetzung der verbindlichen Zusage:

1. Von der verbindlichen Zusage nach § 204 AO sind zu unterscheiden:
   - die tatsächliche Verständigung über den der Steuerfestsetzung zugrunde liegenden Sachverhalt (vgl. BMF-Schreiben vom 30.7.2008, BStBl. I S. 831),
   - die verbindliche Auskunft nach § 89 Abs. 2 AO und
   - die Lohnsteueranrufungsauskunft (§ 42e EStG).
2. Über den Antrag auf Erteilung einer verbindlichen Zusage entscheidet die für die Auswertung der Prüfungsfeststellungen zuständige Finanzbehörde. Im Fall einer Auftragsprüfung nach § 195 AO kann die beauftragte Finanzbehörde nur im Einvernehmen mit der für die Besteuerung zuständigen Finanzbehörde eine verbindliche Zusage erteilen.

Anlage 2 Vorschriften des AEAO

3. Der Anwendungsbereich der Vorschrift erstreckt sich auf für die Vergangenheit geprüfte (verwirklichte) Sachverhalte mit Wirkung in die Zukunft (z.b. Gesellschaftsverträge, Erwerb von Grundstücken). Zwischen der Außenprüfung und dem Antrag auf Erteilung einer verbindlichen Zusage muss der zeitliche Zusammenhang gewahrt bleiben (BFH-Urteil vom 13.12.1995, XI R 43-45/89, BStBl. 1996 II S. 232). Bei einem nach der Schlussbesprechung gestellten Antrag ist i.d.R. keine verbindliche Zusage mehr zu erteilen, wenn hierzu umfangreiche Prüfungshandlungen erforderlich sind. Der Antrag auf Erteilung einer verbindlichen Zusage soll schriftlich bzw. elektronisch gestellt werden (vgl. BFH-Urteil vom 4.8.1961, VI 269/60 S, BStBl. III S. 562). Unklarheiten gehen zu Lasten des Steuerpflichtigen (BFH-Urteil vom 13.12.1989, X R 208/87, BStBl. 1990 II S. 274).

4. Die Beurteilung eines Sachverhalts im Prüfungsbericht oder in einem aufgrund einer Außenprüfung ergangenen Steuerbescheid steht einer verbindlichen Zusage nicht gleich (BFH-Urteil vom 23.9.1992, X R 129/90, BFH/NV 1993 S. 294). Auch die Tatsache, dass eine bestimmte Gestaltung von vorangegangenen Außenprüfungen nicht beanstandet wurde, schafft keine Bindungswirkung nach Treu und Glauben (BFH-Urteil vom 29.1.1997, XI R 27/95, BFH/NV S. 816).

5. Der Antrag auf Erteilung einer verbindlichen Zusage kann ausnahmsweise abgelehnt werden, insbesondere, wenn sich der Sachverhalt nicht für eine verbindliche Zusage eignet (z.B. zukünftige Angemessenheit von Verrechnungspreisen bei unübersichtlichen Marktverhältnissen) oder wenn zu dem betreffenden Sachverhalt die Herausgabe von allgemeinen Verwaltungsvorschriften oder eine Grundsatzentscheidung des BFH nahe bevorsteht.

AEAO zu § 205 – Form der verbindlichen Zusage:

Vorbehalte in der erteilten verbindlichen Zusage (z.B. „vorbehaltlich des Ergebnisses einer Besprechung mit den obersten Finanzbehörden der Länder") schließen die Bindung aus (BFH-Urteil vom 4.8.1961, VI 269/60 S, BStBl. III S. 562). Die verbindliche Zusage hat im Hinblick auf die Regelung in § 207 Abs. 1 AO die Rechtsvorschriften zu enthalten, auf die die Entscheidung gestützt wird (BFH-Urteil vom 3.7.1986, IV R 66/84, BFH/NV 1987 S. 89).

AEAO zu § 206 – Bindungswirkung:

Entspricht der nach Erteilung der verbindlichen Zusage festgestellte und steuerlich zu beurteilende Sachverhalt nicht dem der verbindli-

Anlage 2 Vorschriften des AEAO

chen Zusage zugrunde gelegten Sachverhalt, so ist die Finanzbehörde an die erteilte Zusage auch ohne besonderen Widerruf nicht gebunden (§ 206 Abs. 1 AO). Trifft die Finanzbehörde in einer Steuerfestsetzung eine andere Entscheidung als bei der Erteilung der verbindlichen Zusage, so kann der Steuerpflichtige im Rechtsbehelfsverfahren gegen den betreffenden Bescheid die Bindungswirkung geltend machen. Der Steuerpflichtige andererseits ist nicht gebunden, wenn die verbindliche Zusage zu seinen Ungunsten dem geltenden Recht widerspricht (§ 206 Abs. 2 AO). Er kann also den Steuerbescheid, dem eine verbindliche Zusage zugrunde liegt, anfechten, um eine günstigere Regelung zu erreichen. Hierbei ist es unerheblich, ob die Fehlerhaftigkeit der Zusage bereits bei ihrer Erteilung erkennbar war oder erst später (z.B. durch eine Rechtsprechung zugunsten des Steuerpflichtigen) erkennbar geworden ist.

AEAO zu § 207 – Außerkrafttreten, Aufhebung und Änderung der verbindlichen Zusage:

1. Unter Rechtsvorschriften i.S.d. § 207 Abs. 1 AO sind nur Rechtsnormen zu verstehen, nicht jedoch Verwaltungsanweisungen oder eine geänderte Rechtsprechung.

2. Die Finanzbehörde kann die verbindliche Zusage mit Wirkung für die Zukunft widerrufen oder ändern (§ 207 Abs. 2 AO), z.B. wenn sich die steuerrechtliche Beurteilung des der verbindlichen Zusage zugrunde gelegten Sachverhalts durch die Rechtsprechung oder Verwaltung zum Nachteil des Steuerpflichtigen ändert. Im Einzelfall kann es aus Billigkeitsgründen gerechtfertigt sein, von einem Widerruf der verbindlichen Zusage abzusehen oder die Wirkung des Widerrufs zu einem späteren Zeitpunkt eintreten zu lassen. Eine solche Billigkeitsmaßnahme wird i.d.R. jedoch nur dann geboten sein, wenn sich der Steuerpflichtige nicht mehr ohne erheblichen Aufwand bzw. unter beträchtlichen Schwierigkeiten von den im Vertrauen auf die Zusage getroffenen Dispositionen oder eingegangenen vertraglichen Verpflichtungen zu lösen vermag. Der Steuerpflichtige ist vor einer Aufhebung oder Änderung zu hören (§ 91 Abs. 1 AO).

Anlage 3
Allgemeine Verwaltungsvorschrift für die Betriebsprüfung

Betriebsprüfungsordnung (BpO 2000)

vom 15.3.2000 (BStBl. I, 368)

Inhaltsübersicht

I. Allgemeine Vorschriften
- § 1 Anwendungsbereich der Betriebsprüfungsordnung
- § 2 Aufgaben der Betriebsprüfungsstellen
- § 3 Größenklassen

II. Durchführung der Außenprüfung
- § 4 Umfang der Außenprüfung
- §4a Zeitnahe Betriebsprüfung
- § 5 Anordnung der Außenprüfung
- § 6 Ort der Außenprüfung
- § 7 Prüfungsgrundsätze
- § 8 Mitwirkungspflichten
- § 9 Kontrollmitteilungen
- § 10 Verdacht einer Steuerstraftat oder -ordnungswidrigkeit
- § 11 Schlußbesprechung
- § 12 Prüfungsbericht und Auswertung der Prüfungsfeststellungen

III. Außenprüfung von Konzernen und sonstigen zusammenhängenden Unternehmen
- § 13 Konzernprüfung
- § 14 Leitung der Konzernprüfung
- § 15 Einleitung der Konzernprüfung
- § 16 Richtlinien zur Durchführung der Konzernprüfung
- § 17 Abstimmung und Freigabe der Konzernprüfungsberichte
- § 18 Außenprüfung bei sonstigen zusammenhängenden Unternehmen
- § 19 Außenprüfung bei international verbundenen Unternehmen

Anlage 3 Betriebsprüfungsordnung

- IV. Mitwirkung des Bundes an Außenprüfungen der Landesfinanzbehörden
  - § 20 Art der Mitwirkung
  - § 21 Auswahl der Betriebe und Unterrichtung über die vorgesehene Mitwirkung
  - § 22 Mitwirkung durch Prüfungstätigkeit
  - § 23 (weggefallen)
  - § 24 Verfahren bei Meinungsverschiedenheiten zwischen dem Bundesamt für Finanzen und der Landesfinanzbehörde
- V. Betriebsprüfer, Sachgebietsleiter für Betriebsprüfung, Prüferbesprechungen
  - § 25 Verwendung von Beamten als Betriebsprüfer
  - § 26 Verwendung von Verwaltungsangestellten als Betriebsprüfer
  - § 27 Einsatz als Betriebsprüfer und Sachgebietsleiter für Betriebsprüfung
  - § 28 Betriebsprüfungshelfer
  - § 29 Prüferausweis
  - § 30 Prüferbesprechungen
  - § 31 Fach-(Branchen-)Prüferbesprechungen
- VI. Karteien, Konzernverzeichnisse
  - § 32 Betriebskartei
  - § 33 Konzernverzeichnis
- VII. Prüfungsgeschäftsplan, Jahresstatistik
  - § 34 Aufstellung von Prüfungsgeschäftsplänen
  - § 35 Jahresstatistik
- VIII. Betriebsprüfungsarchiv, Kennzahlen, Hauptorte
  - § 36 Betriebsprüfungsarchiv
  - § 37 Kennzahlen
  - § 38 Hauptorte
- IX. Inkrafttreten
  - § 39 Inkrafttreten

Anlage 3 Betriebsprüfungsordnung

I. Allgemeine Vorschriften

§ 1 Anwendungsbereich der Betriebsprüfungsordnung

(1) Diese Verwaltungsvorschrift gilt für Außenprüfungen der Landesfinanzbehörden und des Bundeszentralamtes für Steuern.

(2) Für besondere Außenprüfungen der Landesfinanzbehörden und des Bundeszentralamtes für Steuern (z.B. Lohnsteueraußenprüfung und Umsatzsteuersonderprüfung) sind die §§ 5 bis 12, 20 bis 24, 29 und 30 mit Ausnahme des § 5 Abs. 4 Satz 2 sinngemäß anzuwenden.

§ 2 Aufgaben der Betriebsprüfungsstellen

(1) Zweck der Außenprüfung ist die Ermittlung und Beurteilung der steuerlich bedeutsamen Sachverhalte, um die Gleichmäßigkeit der Besteuerung sicherzustellen (§§ 85, 199 Abs. 1 AO). Bei der Anordnung und Durchführung von Prüfungsmaßnahmen sind im Rahmen der Ermessensausübung die Grundsätze der Verhältnismäßigkeit der Mittel und des geringstmöglichen Eingriffs zu beachten.

(2) Den Betriebsprüfungsstellen können auch Außenprüfungen im Sinne des § 193 Abs. 2 AO, Sonderprüfungen sowie andere Tätigkeiten mit Prüfungscharakter, z.B. Liquiditätsprüfungen, übertragen werden; dies gilt nicht für Steuerfahndungsprüfungen.

(3) Die Finanzbehörde entscheidet nach pflichtgemäßem Ermessen, ob und wann eine Außenprüfung durchgeführt wird. Dies gilt auch, wenn der Steuerpflichtige eine baldige Außenprüfung begehrt.

§ 3 Größenklassen

Steuerpflichtige, die der Außenprüfung unterliegen, werden in die Größenklassen

Großbetriebe (G)

Mittelbetriebe (M)

Kleinbetriebe (K) und

Kleinstbetriebe (Kst)

eingeordnet. Der Stichtag, der maßgebende Besteuerungszeitraum und die Merkmale für diese Einordnung werden jeweils von den obersten Finanzbehörden der Länder im Benehmen mit dem Bundesministerium der Finanzen festgelegt.

Anlage 3 Betriebsprüfungsordnung

II. Durchführung der Außenprüfung

§ 4 Umfang der Außenprüfung

(1) Die Finanzbehörde bestimmt den Umfang der Außenprüfung nach pflichtgemäßem Ermessen.

(2) Bei Großbetrieben und Unternehmen i.S.d. §§ 13 und 19 soll der Prüfungszeitraum an den vorhergehenden Prüfungszeitraum anschließen. Eine Anschlussprüfung ist auch in den Fällen des § 18 möglich.

(3) Bei anderen Betrieben soll der Prüfungszeitraum in der Regel nicht mehr als drei zusammenhängende Besteuerungszeiträume umfassen. Der Prüfungszeitraum kann insbesondere dann drei Besteuerungszeiträume übersteigen, wenn mit nicht unerheblichen Änderungen der Besteuerungsgrundlagen zu rechnen ist oder wenn der Verdacht einer Steuerstraftat oder einer Steuerordnungswidrigkeit besteht. Anschlussprüfungen sind zulässig.

(4) Für die Entscheidung, ob ein Betrieb nach Absatz 2 oder Absatz 3 geprüft wird, ist grundsätzlich die Größenklasse maßgebend, in die der Betrieb im Zeitpunkt der Bekanntgabe der Prüfungsanordnung eingeordnet ist.

(5) Hält die Finanzbehörde eine umfassende Ermittlung der steuerlichen Verhältnisse im Einzelfall nicht für erforderlich, kann sie eine abgekürzte Außenprüfung (§ 203 AO) durchführen. Diese beschränkt sich auf die Prüfung einzelner Besteuerungsgrundlagen eines Besteuerungszeitraums oder mehrerer Besteuerungszeiträume.

§ 4a Zeitnahe Betriebsprüfung

(1) Die Finanzbehörde kann Steuerpflichtige unter den Voraussetzungen des Absatzes 2 für eine zeitnahe Betriebsprüfung auswählen. Eine Betriebsprüfung ist zeitnah, wenn der Prüfungszeitraum einen oder mehrere gegenwartsnahe Besteuerungszeiträume umfasst.

(2) Grundlage zeitnaher Betriebsprüfungen sind die Steuererklärungen im Sinne des § 150 der Abgabenordnung der zu prüfenden Besteuerungszeiträume (Absatz 1 Satz 2). Zur Sicherstellung der Mitwirkungsrechte des Bundeszentralamtes für Steuern ist der von der Finanzbehörde ausgewählte Steuerpflichtige dem Bundeszentralamt für Steuern abweichend von der Frist des § 21 Absatz 1 Satz 1 unverzüglich zu benennen.

Anlage 3 Betriebsprüfungsordnung

(3) Über das Ergebnis der zeitnahen Betriebsprüfung ist ein Prüfungsbericht oder eine Mitteilung über die ergebnislose Prüfung anzufertigen (§ 202 der Abgabenordnung).

§ 5 Anordnung der Außenprüfung

(1) Die für die Besteuerung zuständige Finanzbehörde ordnet die Außenprüfung an. Die Befugnis zur Anordnung kann auch der beauftragten Finanzbehörde übertragen werden.

(2) Die Prüfungsanordnung hat die Rechtsgrundlagen der Außenprüfung, die zu prüfenden Steuerarten, Steuervergütungen, Prämien, Zulagen, ggf. zu prüfende bestimmte Sachverhalte sowie den Prüfungszeitraum zu enthalten. Ihr sind Hinweise auf die wesentlichen Rechte und Pflichten des Steuerpflichtigen bei der Außenprüfung beizufügen. Die Mitteilung über den voraussichtlichen Beginn und die Festlegung des Ortes der Außenprüfung kann mit der Prüfungsanordnung verbunden werden. Handelt es sich um eine abgekürzte Außenprüfung nach § 203 AO, ist die Prüfungsanordnung um diese Rechtsgrundlage zu ergänzen. Soll der Umfang einer Außenprüfung nachträglich erweitert werden, ist eine ergänzende Prüfungsanordnung zu erlassen.

(3) Der Name des Betriebsprüfers, eines Betriebsprüfungshelfers und andere prüfungsleitende Bestimmungen können in die Prüfungsanordnung aufgenommen werden.

(4) Die Prüfungsanordnung und die Mitteilungen nach den Absätzen 2 und 3 sind dem Steuerpflichtigen angemessene Zeit vor Beginn der Prüfung bekanntzugeben, wenn der Prüfungszweck dadurch nicht gefährdet wird. In der Regel sind bei Großbetrieben 4 Wochen und in anderen Fällen 2 Wochen angemessen.

(5) Wird beantragt, den Prüfungsbeginn zu verlegen, können als wichtige Gründe z.B. Erkrankung des Steuerpflichtigen, seines steuerlichen Beraters oder eines für Auskünfte maßgeblichen Betriebsangehörigen, beträchtliche Betriebsstörungen durch Umbau oder höhere Gewalt anerkannt werden. Dem Antrag des Steuerpflichtigen kann auch unter Auflage, z.B. Erledigung von Vorbereitungsarbeiten für die Prüfung, stattgegeben werden.

(6) Werden die steuerlichen Verhältnisse von Gesellschaftern und Mitgliedern sowie von Mitgliedern der Überwachungsorgane in die Außenprüfung einbezogen, so ist für jeden Beteiligten eine Prüfungsanordnung unter Beachtung der Voraussetzungen des § 193 AO zu erteilen.

Anlage 3 Betriebsprüfungsordnung

§ 6 Ort der Außenprüfung

Die Außenprüfung ist in den Geschäftsräumen des Steuerpflichtigen durchzuführen. Ist ein geeigneter Geschäftsraum nachweislich nicht vorhanden und kann die Außenprüfung nicht in den Wohnräumen des Steuerpflichtigen stattfinden, ist an Amtsstelle zu prüfen (§ 200 Abs. 2 AO). Ein anderer Prüfungsort kommt nur ausnahmsweise in Betracht.

§ 7 Prüfungsgrundsätze

Die Außenprüfung ist auf das Wesentliche abzustellen. Ihre Dauer ist auf das notwendige Maß zu beschränken. Sie hat sich in erster Linie auf solche Sachverhalte zu erstrecken, die zu endgültigen Steuerausfällen oder Steuererstattungen oder -vergütungen oder zu nicht unbedeutenden Gewinnverlagerungen führen können.

§ 8 Mitwirkungspflichten

(1) Der Steuerpflichtige ist zu Beginn der Prüfung darauf hinzuweisen, dass er Auskunftspersonen benennen kann. Ihre Namen sind aktenkundig zu machen. Die Auskunfts- und sonstigen Mitwirkungspflichten des Steuerpflichtigen erlöschen nicht mit der Benennung von Auskunftspersonen.

(2) Der Betriebsprüfer darf im Rahmen seiner Ermittlungsbefugnisse unter den Voraussetzungen des § 200 Abs. 1 Sätze 3 und 4 AO auch Betriebsangehörige um Auskunft ersuchen, die nicht als Auskunftspersonen benannt worden sind.

(3) Die Vorlage von Büchern, Aufzeichnungen, Geschäftspapieren und anderen Unterlagen, die nicht unmittelbar den Prüfungszeitraum betreffen, kann ohne Erweiterung des Prüfungszeitraums verlangt werden, wenn dies zur Feststellung von Sachverhalten des Prüfungszeitraums für erforderlich gehalten wird.

§ 9 Kontrollmitteilungen

Feststellungen, die nach § 194 Abs. 3 AO für die Besteuerung anderer Steuerpflichtiger ausgewertet werden können, sollen der zuständigen Finanzbehörde mitgeteilt werden. Kontrollmaterial über Auslandsbeziehungen ist auch dem Bundeszentralamt für Steuern zur Auswertung zu übersenden.

Anlage 3 Betriebsprüfungsordnung

§ 10 Verdacht einer Steuerstraftat oder -ordnungswidrigkeit

(1) Ergeben sich während einer Außenprüfung zureichende tatsächliche Anhaltspunkte für eine Straftat (§ 152 Abs. 2 StPO), deren Ermittlung der Finanzbehörde obliegt, so ist die für die Bearbeitung dieser Straftat zuständige Stelle unverzüglich zu unterrichten. Dies gilt auch, wenn lediglich die Möglichkeit besteht, dass ein Strafverfahren durchgeführt werden muss. Richtet sich der Verdacht gegen den Steuerpflichtigen, dürfen hinsichtlich des Sachverhalts, auf den sich der Verdacht bezieht, die Ermittlungen (§ 194 AO) bei ihm erst fortgesetzt werden, wenn ihm die Einleitung des Strafverfahrens mitgeteilt worden ist. Der Steuerpflichtige ist dabei, soweit die Feststellungen auch für Zwecke des Strafverfahrens verwendet werden können, darüber zu belehren, dass seine Mitwirkung im Besteuerungsverfahren nicht mehr erzwungen werden kann (§ 393 Abs. 1 AO). Die Belehrung ist unter Angabe von Datum und Uhrzeit aktenkundig zu machen und auf Verlangen schriftlich zu bestätigen (§ 397 Abs. 2 AO).

(2) Absatz 1 gilt beim Verdacht einer Ordnungswidrigkeit sinngemäß.

§ 11 Schlussbesprechung

(1) Findet eine Schlussbesprechung statt, so sind die Besprechungspunkte und der Termin der Schlussbesprechung dem Steuerpflichtigen angemessene Zeit vor der Besprechung bekanntzugeben. Diese Bekanntgabe bedarf nicht der Schriftform.

(2) Hinweise nach § 201 Abs. 2 AO sind aktenkundig zu machen.

§ 12 Prüfungsbericht und Auswertung der Prüfungsfeststellungen

(1) Wenn zu einem Sachverhalt mit einem Rechtsbehelf oder mit einem Antrag auf verbindliche Zusage zu rechnen ist, soll der Sachverhalt umfassend im Prüfungsbericht dargestellt werden.

(2) Ist bei der Auswertung des Prüfungsberichts oder im Rechtsbehelfsverfahren beabsichtigt, von den Feststellungen der Außenprüfung abzuweichen, so ist der Betriebsprüfungsstelle Gelegenheit zur Stellungnahme zu geben. Dies gilt auch für die Erörterung des Sach- und Rechtsstands gem. § 364a AO. Bei wesentlichen Abweichungen zuungunsten des Steuerpflichtigen soll auch diesem Gelegenheit gegeben werden, sich hierzu zu äußern.

(3) In dem durch die Prüfungsanordnung vorgegebenen Rahmen muss die Außenprüfung entweder durch Steuerfestsetzung oder durch Mitteilung über eine ergebnislose Prüfung abgeschlossen werden.

Anlage 3 Betriebsprüfungsordnung

III. Außenprüfung von Konzernen und sonstigen zusammenhängenden Unternehmen

§ 13 Konzernprüfung

(1) Unternehmen, die zu einem Konzern im Sinne des § 18 AktG gehören, sind im Zusammenhang, unter einheitlicher Leitung und nach einheitlichen Gesichtspunkten zu prüfen, wenn die Außenumsätze der Konzernunternehmen insgesamt mindestens 25 Millionen Euro im Jahr betragen.

(2) Ein Unternehmen, das zu mehreren Konzernen gehört, ist mit dem Konzern zu prüfen, der die größte Beteiligung an dem Unternehmen besitzt. Bei gleichen Beteiligungsverhältnissen ist das Unternehmen für die Prüfung dem Konzern zuzuordnen, der in der Geschäftsführung des Unternehmens federführend ist.

§ 14 Leitung der Konzernprüfung

(1) Bei Konzernprüfungen soll die Finanzbehörde, die für die Außenprüfung des herrschenden oder einheitlich leitenden Unternehmens zuständig ist, die Leitung der einheitlichen Prüfung übernehmen.

(2) Wird ein Konzern durch eine natürliche oder juristische Person, die selbst nicht der Außenprüfung unterliegt, beherrscht, soll die Finanzbehörde, die für die Außenprüfung des wirtschaftlich bedeutendsten abhängigen Unternehmens zuständig ist, die Leitung der einheitlichen Prüfung übernehmen. Im Einvernehmen der beteiligten Finanzbehörden kann hiervon abgewichen werden.

§ 15 Einleitung der Konzernprüfung

(1) Die für die Leitung der Konzernprüfung zuständige Finanzbehörde regt die Konzernprüfung an und stimmt sich mit den beteiligten Finanzbehörden ab.

(2) Konzernunternehmen sollen erst nach Abstimmung mit der für die Leitung der Konzernprüfung zuständigen Finanzbehörde geprüft werden.

§ 16 Richtlinien zur Durchführung der Konzernprüfung

(1) Die für die Leitung einer Konzernprüfung zuständige Finanzbehörde kann Richtlinien für die Prüfung aufstellen. Die Richtlinien können neben prüfungstechnischen Einzelheiten auch Vorschläge zur einheitlichen Beurteilung von Sachverhalten enthalten.

Anlage 3 Betriebsprüfungsordnung

(2) Soweit Meinungsverschiedenheiten, die sich bei der Mitwirkung mehrerer Finanzbehörden im Rahmen der einheitlichen Prüfung ergeben, von den Beteiligten nicht ausgeräumt werden können, ist den zuständigen vorgesetzten Finanzbehörden zu berichten und die Entscheidung abzuwarten.

§ 17 Abstimmung und Freigabe der Konzernprüfungsberichte

Die Berichte über die Außenprüfungen bei Konzernunternehmen sind aufeinander abzustimmen und den Steuerpflichtigen erst nach Freigabe durch die für die Leitung der Konzernprüfung zuständige Finanzbehörde zu übersenden.

§ 18 Außenprüfung bei sonstigen zusammenhängenden Unternehmen

Eine einheitliche Prüfung kann auch durchgeführt werden

1. Konzernen, die die Umsatzgrenze des § 13 Abs. 1 nicht erreichen,
2. Unternehmen, die nicht zu einem Konzern gehören, aber eng miteinander verbunden sind, z.B. durch wirtschaftliche oder verwandtschaftliche Beziehungen der Beteiligten, gemeinschaftliche betriebliche Tätigkeit.

Die §§ 13 bis 17 gelten entsprechend.

§ 19 Außenprüfung bei international verbundenen Unternehmen

(1) Die §§ 13 bis 18 gelten auch für die Prüfung mehrerer inländischer Unternehmen, die von einer ausländischen natürlichen oder juristischen Person, einer Mehrheit von Personen, einer Stiftung oder einem anderen Zweckvermögen beherrscht oder einheitlich geleitet werden oder die mit einem ausländischen Unternehmen wirtschaftlich verbunden sind.

(2) Die Leitung der einheitlichen Prüfung soll die Finanzbehörde übernehmen, die für die Außenprüfung des wirtschaftlich bedeutendsten inländischen Unternehmens zuständig ist. Im Einvernehmen der beteiligten Finanzbehörden kann hiervon abgewichen werden.

Anlage 3 Betriebsprüfungsordnung

IV. Mitwirkung des Bundes an Außenprüfungen der Landesfinanzbehörden

§ 20 Art der Mitwirkung

(1) Das Bundeszentralamt für Steuern wirkt an Außenprüfungen der Landesfinanzbehörden durch Prüfungstätigkeit und Beteiligung an Besprechungen mit.

(2) Art und Umfang der Mitwirkung werden jeweils von den beteiligten Behörden im gegenseitigen Einvernehmen festgelegt.

(3) Die Landesfinanzbehörde bestimmt den für den Ablauf der Außenprüfung verantwortlichen Prüfer.

§ 21 Auswahl der Betriebe und Unterrichtung über die vorgesehene Mitwirkung

(1) Die Landesfinanzbehörden stellen dem Bundeszentralamt für Steuern die Prüfungsgeschäftspläne für Großbetriebe spätestens 10 Tage vor dem Beginn des Zeitraums, für den sie aufgestellt worden sind, zur Verfügung. Betriebe, bei deren Prüfung eine Mitwirkung des Bundeszentralamtes für Steuern von den Landesfinanzbehörden für zweckmäßig gehalten wird, sollen kenntlich gemacht werden. Das Bundeszentralamt für Steuern teilt den Landesfinanzbehörden unverzüglich die Betriebe mit, an deren Prüfung es mitwirken will.

(2) Sobald die Landesfinanzbehörde den Prüfungsbeginn mitgeteilt hat, wird sie vom Bundeszentralamt für Steuern über die vorgesehene Mitwirkung unterrichtet.

§ 22 Mitwirkung durch Prüfungstätigkeit

(1) Wirkt das Bundeszentralamt für Steuern durch Prüfungstätigkeit mit, so hat der Bundesbetriebsprüfer regelmäßig in sich geschlossene Prüfungsfelder zu übernehmen und diesen Teil des Prüfungsberichts zu entwerfen. Der Prüfungsstoff wird im gegenseitigen Einvernehmen auf die beteiligten Betriebsprüfer aufgeteilt.

(2) Hat das Bundeszentralamt für Steuern an einer Außenprüfung mitgewirkt, so erhält es eine Ausfertigung des Prüfungsberichts.

§ 23

weggefallen

Anlage 3 Betriebsprüfungsordnung

§ 24 Verfahren bei Meinungsverschiedenheiten zwischen dem Bundesamt für Finanzen und der Landesfinanzbehörde

Soweit Meinungsverschiedenheiten, die sich bei der Mitwirkung an Außenprüfungen zwischen dem Bundeszentralamt für Steuern und der Landesfinanzbehörde ergeben, von den Beteiligten nicht ausgeräumt werden können, ist den obersten Finanzbehörden des Bundes und des Landes zu berichten und die Entscheidung abzuwarten.

V. Betriebsprüfer, Sachgebietsleiter für Betriebsprüfung, Prüferbesprechungen

§ 25 Verwendung von Beamten als Betriebsprüfer

Die Verwendung eines Beamten als Betriebsprüfer, der grundsätzlich dem gehobenen Dienst angehören soll, ist nach einer mindestens sechsmonatigen Einarbeitung in der Außenprüfung nur mit Einwilligung der zuständigen vorgesetzten Finanzbehörde oder der von ihr benannten Stelle zulässig.

§ 26 Verwendung von Verwaltungsangestellten als Betriebsprüfer

(1) Verwaltungsangestellte, die bereits in der Steuerverwaltung tätig sind, können als Betriebsprüfer verwendet werden, wenn folgende Voraussetzungen erfüllt sind:

1. eine mindestens dreijährige zeitnahe Tätigkeit in der Veranlagung, davon eine mindestens neunmonatige qualifizierte Tätigkeit,

2. die Ablegung einer Prüfung nach Erfüllung der Voraussetzung zu Nummer 1 und

3. eine mindestens sechsmonatige Einarbeitung in der Außenprüfung.

(2) Andere Bewerber können als Verwaltungsangestellte in der Außenprüfung verwendet werden, wenn folgende Voraussetzungen erfüllt werden:

1. a) ein abgeschlossenes einschlägiges Hochschulstudium (Rechtswissenschaft, Wirtschaftswissenschaft, Versicherungsmathematik, Land- und Forstwirtschaft) oder

   b) eine kaufmännische oder sonstige einschlägige Grundausbildung mit vorgeschriebener Abschlussprüfung und der Nachweis mehrjähriger kaufmännischer, betriebswirtschaftlicher oder revisionstechnischer Tätigkeit,

Anlage 3 Betriebsprüfungsordnung

2. die Ablegung einer Prüfung nach Erfüllung der Voraussetzung zu Nummer 1 Buchstaben a oder b,
3. eine mindestens zwölfmonatige zeitnahe Tätigkeit außerhalb der Außenprüfung, davon eine mindestens neunmonatige qualifizierte Tätigkeit in der Veranlagung sowie
4. eine mindestens sechsmonatige Einarbeitung in der Außenprüfung.

(3) Die zuständige vorgesetzte Finanzbehörde kann zu Absatz 1 und zu Absatz 2 Nr. 2 bis 4 im Einzelfall Ausnahmen zulassen.

(4) Ein Rechtsanspruch auf Zulassung zur Prüfung besteht nicht.

(5) Die schriftliche Prüfung besteht mindestens aus zwei unter Aufsicht anzufertigenden Arbeiten aus dem Buchführungs- und Bilanzwesen.

(6) Die mündliche Prüfung erstreckt sich auf die Grundzüge des Abgabenrechts, des bürgerlichen Rechts und des Handelsrechts, insbesondere des Buchführungs- und Bilanzwesens sowie des kaufmännischen Rechnungswesens.

§ 27 Einsatz als Betriebsprüfer und Sachgebietsleiter für Betriebsprüfung

(1) Beamte und Verwaltungsangestellte sollen nicht erstmals nach Vollendung des fünfundvierzigsten Lebensjahres als Betriebsprüfer eingesetzt werden.

(2) Sachgebietsleiter für Betriebsprüfung dürfen nur mit Einwilligung der zuständigen vorgesetzten Finanzbehörde eingesetzt werden.

(3) Sachgebietsleiter für Betriebsprüfung und Betriebsprüfer dürfen nur mit Einwilligung der zuständigen vorgesetzten Finanzbehörde für prüfungsfremde Aufgaben verwendet werden.

§ 28 Betriebsprüfungshelfer

Zur Unterstützung der Betriebsprüfer können Betriebsprüfungshelfer eingesetzt werden. Diese haben nach den Weisungen des Betriebsprüfers zu verfahren.

§ 29 Prüferausweis

Für Sachgebietsleiter für Betriebsprüfung und Betriebsprüfer ist jeweils ein Ausweis auszustellen. Der Ausweis hat zu enthalten:

1. die Bezeichnung der ausstellenden Landesfinanzverwaltung oder der ausstellenden Finanzbehörde

Anlage 3 Betriebsprüfungsordnung

2. das Lichtbild des Inhabers
3. den Vor- und Familiennamen
4. die laufende Nummer
5. die Gültigkeitsdauer und
6. die Befugnisse des Inhabers.

§ 30 Prüferbesprechungen

Die Sachgebietsleiter für Betriebsprüfung sollen mit den Prüfern ihrer Sachgebiete, die zuständigen vorgesetzten Finanzbehörden mit den Sachgebietsleitern für Betriebsprüfung oder mit den Betriebsprüfern ihrer Oberfinanzbezirke regelmäßig Zweifelsfragen aus der Prüfungstätigkeit erörtern, sie über neuere Rechtsprechung und neueres Schrifttum unterrichten sowie Richtlinien und Anregungen für ihre Arbeit geben.

§ 31 Fach-(Branchen-)Prüferbesprechungen

(1) Für die Fach-(Branchen-)Prüfer sind nach Bedarf Besprechungen durchzuführen. Hierbei sollen die Branchenerfahrungen ausgetauscht und verglichen, zweckmäßige Prüfungsmethoden, Kennzahlen und Formblätter für das prüfungstechnische Vorgehen entwickelt und gemeinsame Richtlinien erarbeitet werden.

(2) Dem Bundeszentralamt für Steuern ist Gelegenheit zu geben, an Fachprüferbesprechungen, die von den zuständigen vorgesetzten Finanzbehörden (§ 38) durchgeführt werden, teilzunehmen.

VI. Karteien, Konzernverzeichnisse

§ 32 Betriebskartei

(1) Die Betriebsprüfungsstellen haben über die Groß-, Mittel- und Kleinbetriebe eine Kartei (Betriebskartei) zu führen.

(2) Die Betriebskartei besteht aus der Namenskartei und der Branchenkartei. Die Namenskartei soll als alphabetische Suchkartei, die Branchenkartei nach der Klassifikation der Wirtschaftszweige (Tiefengliederung für Steuerstatistiken) geführt werden.

(3) Nebenbetriebe der Land- und Forstwirtschaft sind nur beim Hauptbetrieb zu vermerken.

(4) Für die Erfassung in der Betriebskartei ist jeweils die auf einen bestimmten Stichtag festgestellte Größenklasse der Betriebe - in der Re-

Anlage 3 Betriebsprüfungsordnung

gel für die Dauer von drei Jahren - maßgebend. Die Betriebe werden nach den Ergebnissen der Veranlagung, hilfsweise nach den Angaben in den Steuererklärungen in die Größenklassen eingeordnet. Fehler, die bei der Einordnung der Betriebe unterlaufen, können jederzeit berichtigt werden.

(5) Änderungen der die Größenklasse bestimmenden Betriebsmerkmale bleiben bis zur nächsten Einordnung in Größenklassen unberücksichtigt. Bei sonstigen Änderungen ist die Kartei fortzuschreiben. Bei Abgängen aufgrund von Sitzverlegung (Wohnsitz oder Sitz der Geschäftsleitung) sind die Daten der Betriebskartei an die neu zuständige Finanzbehörde zu übermitteln; Zugänge von einer anderen Finanzbehörde und Neugründungen sind in der Betriebskartei zu erfassen.

§ 33 Konzernverzeichnis

Jede zuständige Finanzbehörde hat die für ein Verzeichnis der Konzerne im Sinne der §§ 13, 18 und 19 erforderlichen Daten zu ermitteln und der zuständigen vorgesetzten Finanzbehörde zur Weiterleitung an das Bundeszentralamt für Steuern zur Aufnahme in eine zentrale Datenbank zu übermitteln. Gleiches gilt für spätere Änderungen oder Ergänzungen dieser Daten. Das zentrale Konzernverzeichnis enthält die einzelnen Konzernübersichten. Das Verfahren zur Übermittlung der Daten nach den Sätzen 1 und 2 sowie die Nutzung der Daten durch die Finanzbehörden der Länder wird vom Bundesministerium der Finanzen im Einvernehmen mit den obersten Finanzbehörden der Länder geregelt.

VII. Prüfungsgeschäftsplan, Jahresstatistik

§ 34 Aufstellung von Prüfungsgeschäftsplänen

(1) Die zur Prüfung vorgesehenen Fälle werden in regelmäßigen Abständen in Prüfungsgeschäftsplänen zusammengestellt. Der Abstand darf bei Großbetrieben nicht kürzer als 6 Monate und nicht länger als 12 Monate sein. Änderungen der Prüfungsgeschäftspläne sind jederzeit möglich. In den Prüfungsgeschäftsplänen ist auf Konzernzugehörigkeit hinzuweisen.

(2) aufgehoben

§ 35 Jahresstatistik

(1) Die Betriebsprüfungsstellen haben eine Jahresstatistik aufzustellen und der vorgesetzten Finanzbehörde vorzulegen.

Anlage 3 Betriebsprüfungsordnung

(2) Die obersten Finanzbehörden der Länder teilen dem Bundesministerium der Finanzen die Arbeitsergebnisse der Außenprüfung nach einem abgestimmten Muster bis zum 31. März eines jeden Jahres mit. Das Bundesministerium der Finanzen gibt das Gesamtergebnis in einer zusammengefassten Veröffentlichung jährlich bekannt.

(3) aufgehoben

VIII. Betriebsprüfungsarchiv, Kennzahlen, Hauptorte

§ 36 Betriebsprüfungsarchiv

(1) Steuerliche, prüfungstechnische, branchentypische und allgemeine wirtschaftliche Erfahrungen sind den zuständigen vorgesetzten Finanzbehörden mitzuteilen. Diese sammeln die Erfahrungen und werten sie in einem Betriebsprüfungsarchiv aus.

(2) Das Bundeszentralamt für Steuern teilt den zuständigen vorgesetzten Finanzbehörden Prüfungserfahrungen von allgemeiner Bedeutung mit.

§ 37 Kennzahlen

Die zuständigen Finanzbehörden haben die nach den Ergebnissen von Außenprüfungen ermittelten branchenbezogenen Kennzahlen der jeweils zuständigen vorgesetzten Finanzbehörde zur Weiterleitung an das Bundeszentralamt für Steuern zur Aufnahme in eine zentrale Datenbank zu übermitteln. Gleiches gilt für Änderungen dieser Daten. Das Verfahren zur Übermittlung der Daten nach den Sätzen 1 und 2 sowie die Nutzung der Daten durch die Finanzbehörden der Länder wird vom Bundesministerium der Finanzen im Einvernehmen mit den obersten Finanzbehörden der Länder geregelt

§ 38 Hauptorte

(1) Die zuständigen vorgesetzten Finanzbehörden haben als Hauptorte die Aufgabe, für einzelne Berufs- oder Wirtschaftszweige Unterlagen zu sammeln und auszuwerten, die für die Besteuerung von Bedeutung sind. Zu den Aufgaben gehört auch die Mitwirkung bei der Aufstellung von AfA-Tabellen. Die Hauptorte werden durch Vereinbarung der obersten Finanzbehörden des Bundes und der Länder bestimmt.

(2) Das Ergebnis der Auswertung wird den anderen zuständigen vorgesetzten Finanzbehörden und dem Bundeszentralamt für Steuern regelmäßig mitgeteilt.

Anlage 3 Betriebsprüfungsordnung

IX. Inkrafttreten

§ 39 Inkrafttreten

Diese allgemeine Verwaltungsvorschrift tritt am Tage nach der Veröffentlichung im Bundesanzeiger1 in Kraft. Gleichzeitig tritt die allgemeine Verwaltungsvorschrift für die Betriebsprüfung – Betriebsprüfungsordnung – vom 17. Dezember 1987 (BAnz. Nr. 241a vom 24. Dezember 1987) außer Kraft.

Anlage 4
Rechtsbehelfe gegen Maßnahmen der Außenprüfung

(Übersicht vgl. Gosch in Beermann/Gosch, § 196 AO Rz. 165 [Sept. 15])

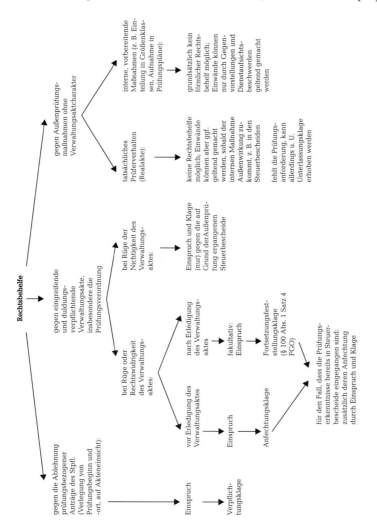

Anlage 5
Merkblatt

Ihre wesentlichen Rechte und Mitwirkungspflichten bei der Außenprüfung

(BStBl. I 2013, 1264 f.)

Die Außenprüfung soll dazu beitragen, dass die Steuergesetze gerecht und gleichmäßig angewendet werden; deshalb ist auch zu Ihren Gunsten zu prüfen (§ 199 Abs. 1 Abgabenordnung – AO –).

Beginn der Außenprüfung

Wenn Sie wichtige Gründe gegen den vorgesehenen Zeitpunkt der Prüfung haben, können Sie beantragen, dass ihr Beginn hinausgeschoben wird (§ 197 Abs. 2 AO). Wollen Sie wegen der Prüfungsanordnung Rückfragen stellen, wenden Sie sich bitte an die prüfende Stelle und geben Sie hierbei den Namen des Prüfers an. Über den Prüfungsbeginn sollten Sie ggf. Ihren Steuerberater unterrichten.

Der Prüfer wird sich bei Erscheinen unter Vorlage seines Dienstausweises bei Ihnen vorstellen (§ 198 AO).

Die Außenprüfung beginnt grundsätzlich in dem Zeitpunkt, in dem der Prüfer nach Bekanntgabe der Prüfungsanordnung konkrete Ermittlungshandlungen vornimmt. Bei einer Datenträgerüberlassung beginnt die Außenprüfung spätestens mit der Auswertung der Daten (AEAO zu § 198).

Ablauf der Außenprüfung

Haben Sie bitte Verständnis dafür, dass Sie für einen reibungslosen Ablauf der Prüfung zur Mitwirkung verpflichtet sind. Aus diesem Grunde sollten Sie Ihren nachstehenden Mitwirkungspflichten unverzüglich nachkommen. Sie können darüber hinaus auch sachkundige Auskunftspersonen benennen.

Stellen Sie dem Prüfer zur Durchführung der Außenprüfung bitte einen geeigneten Raum oder Arbeitsplatz sowie die erforderlichen Hilfsmittel unentgeltlich zur Verfügung (§ 200 Abs. 2 AO).

Legen Sie ihm bitte Ihre Aufzeichnungen, Bücher, Geschäftspapiere und die sonstigen Unterlagen vor, die er benötigt, erteilen Sie ihm die

Anlage 5 Merkblatt

erbetenen Auskünfte, erläutern Sie ggf. die Aufzeichnungen und unterstützen Sie ihn beim Datenzugriff (§ 200 Abs. 1 AO).

Werden die Unterlagen in Form der Wiedergabe auf einem Bildträger oder auf anderen Datenträgern aufbewahrt, kann der Prüfer verlangen, dass Sie auf Ihre Kosten diejenigen Hilfsmittel zur Verfügung stellen, die zur Lesbarmachung erforderlich sind, bzw. dass Sie auf Ihre Kosten die Unterlagen unverzüglich ganz oder teilweise ausdrucken oder ohne Hilfsmittel lesbare Reproduktionen beibringen (§ 147 Abs. 5 AO).

Sind Unterlagen und sonstige Aufzeichnungen mit Hilfe eines DV-Systems erstellt worden, hat der Prüfer das Recht, Einsicht in die gespeicherten Daten zu nehmen und das DV-System zur Prüfung dieser Unterlagen zu nutzen (unmittelbarer Datenzugriff). Dazu kann er verlangen, dass Sie ihm die dafür erforderlichen Geräte und sonstigen Hilfsmittel zur Verfügung stellen. Dies umfasst unter Umständen die Einweisung in das DV-System und die Bereitstellung von fachkundigem Personal zur Auswertung der Daten. Auf Anforderung sind dem Prüfer die Daten auf maschinell auswertbaren Datenträgern zur Verfügung zu stellen (Datenträgerüberlassung) oder nach seinen Vorgaben maschinell auszuwerten (mittelbarer Datenzugriff); § 147 Abs. 6 AO.

Über alle Feststellungen von Bedeutung wird Sie der Prüfer während der Außenprüfung unterrichten, es sei denn, Zweck und Ablauf der Prüfung werden dadurch beeinträchtigt (§ 199 Abs. 2 AO).

Ergebnis der Außenprüfung

Wenn sich die Besteuerungsgrundlagen durch die Prüfung ändern, haben Sie das Recht auf eine Schlussbesprechung. Sie erhalten dabei Gelegenheit, einzelne Prüfungsfeststellungen nochmals zusammenfassend zu erörtern (§ 201 AO).

Über das Ergebnis der Außenprüfung ergeht bei Änderung der Besteuerungsgrundlagen ein schriftlicher Prüfungsbericht, der Ihnen auf Antrag vor seiner Auswertung übersandt wird. Zu diesem Bericht können Sie Stellung nehmen (§ 202 AO).

Rechtsbehelfe können Sie allerdings nicht gegen den Prüfungsbericht, sondern nur gegen die aufgrund der Außenprüfung ergehenden Steuerbescheide einlegen.

Wird bei Ihnen eine abgekürzte Außenprüfung (§ 203 AO) durchgeführt, findet keine Schlussbesprechung statt. Die steuerlich erheblichen Prüfungsfeststellungen werden Ihnen in diesem Fall spätestens mit den Steuer-/Feststellungsbescheiden schriftlich mitgeteilt.

Anlage 5 Merkblatt

Ablauf der Außenprüfung beim Verdacht einer Steuerstraftat oder einer Steuerordnungswidrigkeit

Ergibt sich während der Außenprüfung der Verdacht einer Steuerstraftat oder einer Steuerordnungswidrigkeit gegen Sie, so dürfen hinsichtlich des Sachverhalts, auf den sich der Verdacht bezieht, die Ermittlungen bei Ihnen erst fortgesetzt werden, wenn Ihnen die Einleitung eines Steuerstraf- oder Bußgeldverfahrens mitgeteilt worden ist (vgl. § 397 AO). Soweit die Prüfungsfeststellungen auch für Zwecke eines Steuerstraf- oder Bußgeldverfahrens verwendet werden können, darf Ihre Mitwirkung bei der Aufklärung der Sachverhalte nicht erzwungen werden (§ 393 Abs. 1 Satz 2 AO). Wirken Sie bei der Aufklärung der Sachverhalte nicht mit (vgl. §§ 90, 93 Abs. 1, 200 Abs. 1 AO), können daraus allerdings im Besteuerungsverfahren für Sie nachteilige Folgerungen gezogen werden; ggf. sind die Besteuerungsgrundlagen zu schätzen, wenn eine zutreffende Ermittlung des Sachverhalts deswegen nicht möglich ist (§ 162 AO).

Stichwortverzeichnis

Die Zahlen beziehen sich auf die Randziffern.

Abgekürzte Außenprüfung 1028 ff.
Abhören des Telefons 940
Ablaufhemmung 758 ff., 782
Akteneinsicht 605 ff., 731
Amtsbetriebsprüfung 26
Amtsstelle 68, 151
Anderkonto 463
Angehöriger 583, 618
Angemessene Zeit 257
Anschlussprüfung 116, 121, 223, 1044
Anteilseigner 74
Antrag auf schriftliche Ausfertigung 796 ff.
Anwärter 342
Apotheker 586
Arbeitgeber 32, 269
Arbeitnehmer 269, 1065
Arbeitsplatz des Prüfers 299, 421
Arzt 453, 586
Aufbewahrungspflicht 407 f.
Aufklärung an Amtsstelle 68
Aufsichtsratsmitglied 74
Aufsichtsratsprotokoll 411
Aufzeichnung 405
Ausdehnung der Prüfung 286, 289
Ausdehnung des Prüfungszeitraums 126 ff.
Ausgeschiedener Gesellschafter 251, 639, 724
Auskunft 891 ff.
Auskunftsperson 331 ff.
Auskunftsverweigerungsrecht s. Weigerungsrecht
Ausland 955 ff.
Ausländischer Finanzbeamter 345 ff.
Ausländischer Steuerpflichtiger 57
Auslandsbeziehung 424, 556 ff.
Auslandsprüfer 205
Aussageverweigerungsrecht s. Weigerungsrecht
Außenprüfung, Begriff 10 ff.
Außenprüfung nach Außenprüfung 96 f.
Außenprüfung verschiedener Staaten 1025 ff.

Aussetzung der Vollziehung 818 ff.
Auswahl des geprüften Steuerpflichtigen 84 ff.
Ausweis 358 f.
Auswertungsbescheid 732 ff.

Baden-Württemberg 3
Bank 561, 569 ff., 590, 1006
Bankenprüfer 569 ff.
Bankgeheimnis 571
Bauherrengemeinschaft 245
Bayern 3
Beauftragung 48
Beendigung der Außenprüfung 776 ff.
Befangenheitsantrag 855 ff.
Begründung 215 ff.
Beiratsmitglied 74
Bekanntgabe 235 ff.
Bekanntgabe der Prüfungsanordung 141
Benford-Gesetz 1112, 1161, 1183 ff.
Beratender Beruf 329 ff.
Beratungspflicht 599 ff.
Berichtigung 744
Berichtigungsmöglichkeit 739 ff.
Berufsangehöriger 586
Beschleunigung 368
Beschränkt Steuerpflichtiger 1077 ff.
Besichtigungsrecht 439 ff.
Besondere Außenprüfung 13, 30, 1028 ff.
Bestandsaufnahmeprüfung 83, 1092
Bestandsschutz 785
Bestandsschutz für Steuerbescheide 188
Bestechlichkeit 444
Bestechung 444
Besteuerungsunterlagen 606
Betretungsrecht 439 ff.
Betriebsangehöriger 562
Betriebsaufgabe 105, 125
Betriebsgründung 125
Betriebsprüfer 318 ff.
Betriebsprüfung, Begriff 10 ff.
Betriebsprüfungsbericht 718 ff.

343

Stichwortverzeichnis

Betriebsprüfungskonzept 3
Betriebsprüfungsordnung 8 f., Anl. 3
Betriebsraum 439
Betriebsveräußerung 105
Betriebsvergleich 1137 ff.
Bewirtung 444 ff.
Buchführung 400 f., 410
Buchführungsmangel 1129
Bücher 405
Bundesland 3, 86
Bundeszentralamt für Steuern 343 f.
1019

Chi-Quadrat-Test 1112, 1161, 1183 ff.
Costa Rica 973

Dienstaufsichtsbeschwerde 828 ff.
Digitale Außenprüfung 496 ff., 1037 ff.
Doppelbesteuerungsabkommen 975, 997
Drittwirkung 177 ff.
Duldungspflicht 439 ff.

Ehepartner 71, 78 ff., 184, 243
Ehepartner des Prüfers 326
Eidesverweigerungsrecht 585, 618
Einheitswert 125
Einigung 643 ff.
Einigungstechniken 686 ff.
Einkünfte aus Kapitalvermögen 70
Einkünfte aus Vermietung und Verpachtung 70
Einkünfte nach § 22 Nr. 3 EStG 1265
Einleitung eines Steuerstrafverfahrens 945 ff.
Einordnung der Betriebe in Größenklassen 115 ff.
Einspruch 802 ff.
Einstweilige Anordnung 827
Einzelermittlungen 19, 853 ff.
Einzelrechtsnachfolge 82, 253
Erbe 81
Ermittlung bei Dritten 560 ff.
EU-Amtshilfegesetz 979, 998, 1017
Europäische Union 972 ff., 996, 1026
Exposé 633

Faktische Ausdehnung 213
Fernwirkung 940 ff.
Festsetzungsfrist 187
Festsetzungsverjährung 751 ff.

Fiktive Verzinsung 1124
Finanzgerichtliche Außenprüfung 1096 ff.
Formelle Rechtsgrundlage der Außenprüfung 157 ff., 1096 f.
Fortsetzungsfeststellungsklage 825
Freiberufler 55 ff.

Gefahr strafrechtlicher Verfolgung 588
Gegenstand der Prüfung 108 ff.
Gegenvorstellung 790 ff.
Geheimnisträger 452 ff.
Gehobener Dienst 319
Geistlicher 586
Geldverkehrsrechnung 1190 ff.
Gemeinde 348 ff.
Genosse 74
Genossenschaftsbank 569
Gesamt-GVR 1196, 1206, 1244
Gesamt-VZR 1194, 1205, 1207 ff.
Gesamtrechtsnachfolge 81, 183, 250
Geschäftsgeheimnis 1006
Geschäftspapiere 410
Geschäftsraum 148, 439
Geschenk 396, 444 ff.
Gesellschafter 73 ff., 109 ff., 244 ff.
Gewerbebetrieb 55 ff.
Gewerbesteuer 348
Gewerbesteuerprüfer 205, 350
Gewinneinkünfte 64, 111
Größenklasse 25
Großbetrieb 3, 25, 27, 116 ff., 258
Großbetriebsprüfung 27
Große Auskunftsklausel 976
Grünbericht 843 ff.
Grundrecht 939, 1276
Grundstück 246, 310, 439

Haftpflichtanspruch 713
Haftungsbescheid 1067, 1070
Haftungsprüfung 38, 1089 ff.
Hamburg 3
Hebamme 486
Hilfsmittel 422
Hinterziehungszinsen 1070
Höherer Dienst 320

Inaugenscheinnahme 439 f.
Informationspflicht 576 ff., 599 ff.
Insolvenz 56, 248

Stichwortverzeichnis

Internationale Kontrollmitteilung 1013 ff.
Internationale Rechts- und Amtshilfe 955 ff.
Intimsphäre 940

Kantinenessen 447, 1230
Kapitalertragsteuer 66
Kapitalgesellschaft 74, 313, 399, 775
Kapitalverkehrsteuerprüfung 35
Kapitalverkehrsteuer-Sonderprüfung 1080 ff.
Kassensysteme 1176 ff.
Klage 824
Kleinbetrieb 3, 25, 212
Kleine Auskunftsklausel 976
Körperschaftsteuer 1083 ff.
Körperschaftsteuerliche Anrechnungsberechtigung 34
Kontoauszug 455, 464
Kontrollmitteilung 609 ff., 1013 ff.
Konzern 118
Konzernbetriebsprüfung 28
Konzernprüfung 118, 1041 ff.
Kopie 420
Kosten 494 ff., 597 ff.
Kostenstrukturerhebung 1149
Kostenstrukturstatistik 1149
Kurzbericht 722

Länderfinanzausgleich 4
Land- und Forstwirtschaft 55 ff.
Landwirtschaftliche Betriebsprüfung 29
Leichtfertige Steuerverkürzung 926 ff.
Lieferant 561, 1144
Liquidation 247, 249
Liquiditätsprüfung 1086 ff.
Lohnsteuer 66 f.
Lohnsteueraußenprüfung 1053, 1054 ff.
Lohnsteuernachschau 308, 1074 ff.
Lückenlose Prüfung 5

Mehrergebnis 1 ff., 324
Merkblatt Betriebsprüfung Anl.5
Mitarbeiter 300, 313, 332
Mitglied 73 f., 254
Mitglied des Bundestags 586
Mittelbetrieb 121
Mitunternehmer 74

Mitwirkungspflicht 404 ff.
Nachforderungsbescheid 1067, 1069 f.
Nachkalkulation 1133 ff.
Nachschau 1074 ff.
Name des Prüfers 204, 325
Nichtrechtsfähige Personenvereinigung 245
Nichtverwertbarkeit 88, 935, 951
Niedersachsen 3
Nordrhein-Westfalen 3
Nord-Süd-Gefälle 3
Notar 452, 486

Oberfinanzdirektion 774, 815
Öffentlich-rechtliches Kreditinstitut 569
Organisation 41 ff.
Organisationsplan 410
Originalurkunden 419
Ort der Prüfung 150 ff.

Patientenkartei 460
Pauschalierung 697, 1070
Personalakte 410
Personengesellschaft 74, 109 ff., 247 ff., 393, 426, 639, 724
Pflicht zur Prüfung 103 ff.
Polizei 352 f.
Post 940, 963
Presseangehöriger 486
Privatabgrenzung 395
Privatbereich 413, 703
Privater Wohnraum 150 ff.
Privatgegenstand 705
Privatsphäre 689 f., 707
Privatverbrauch 1227
Prüfer 318 ff.
Prüferanfrage 365
Prüfung nach Prüfung 96 f.
Prüfungsanordnung 140, 157 ff., 191 ff., 781
Prüfungsanordnung, Anfechtung 264 ff.
Prüfungsanordnung, Bekanntgabe 235 ff.
Prüfungsanordnung, Form und Verfahren 212 ff.
Prüfungsanordnung, Inhalt 191 ff.
Prüfungsanordnung, Nebenbestimmungen 206

Stichwortverzeichnis

Prüfungsanordnung, Zweck und Rechtsfolge 157 ff.
Prüfungsbeginn 354 ff.
Prüfungsbericht 718 ff.
Prüfungsfelder 390 ff.
Prüfungsfeststellung 279, 365, 721, 842 ff.
Prüfungsfinanzamt 256
Prüfungsgrundsätze 361 ff.
Prüfungsklima 384 ff.
Prüfungskonzept 3
Prüfungspunkte 633 f.
Prüfungsschwerpunkte 195, 420
Prüfungstätigkeit 361 ff.
Prüfungsturnus 86, 112 ff.
Prüfungszeit 354 ff.
Prüfungszeitraum 112 ff.
Prüfungszeitraum, Ausdehnung 126 ff.
Punktberichtigung 746 f., 1282

Querulant 833

Recht auf Prüfung 103 ff.
Rechtsbehelf 786 ff.
Rechtsbeistand 590
Rechtsfolgen der Prüfungsanordnung 185 ff.
Revisionsbericht 410
Richtsatzkalkulation 1133 ff.
Richtsatzprüfung 1093 ff.
Richtsatzsammlung 1143 ff.
Rohgewinn 1135 ff.
Rotbericht 731, 932

Saarland 3
Sachgebiet 42 f.
Sachgebietsleiter 321
Sachverständiger 565
Schadensersatz 840 f., 878
Schätzung 686 ff., 1102 ff.
Schätzungsfehler 1131
Schätzungsunschärfe 1126
Schein-KG 56
Schleswig-Holstein 3
Schlussbesprechung 630 ff.
Schmiergeld 396
Schweiz 950, 964, 1267
Schwerpunktprüfung 1038 ff.
Selbstanzeige 301 ff., 924 ff.
Sicherheitszuschlag 1128

Sonderprüfung 1028 ff.
Sparbuch 79
Sparkasse 569
Spielbankgewinn 1219
Steuerabzug nach § 50a EStG 33, 1057, 1077
Steuerbefreite Steuersubjekte 92
Steuerberater 329 ff., 335
Steuerbevollmächtigter 586
Steuererstattung 130 f.
Steuerfahndung 351, 1099 ff.
Steuergeheimnis 971, 1007, 1158
Steuerhinterziehung 72, 94, 301 ff., 903 f.
Steuerhinterziehungsbekämpfungsgesetz 72
Steuernachforderung 130 ff.
Steuerpflichtiger 379 ff.
Steuerstrafverfahren 93 f., 902 ff.
Strafrechtlicher Hinweis 931
Streit 710 ff.
Subsidiaritätsgrundsatz 563

Täuschung 940, 947
Tatsächliche Verständigung 643 ff.
Tatsächliches Prüfungshandeln 213
Teil-GVR 1007
Teil-VZR 1195
Teilnahmerecht 576 ff.
Termin des Prüfungsbeginns 199 ff.
Tonbandaufnahme 940
Treu und Glauben 98, 894 ff.

Übersetzung 414, 988 f.
Umsatzsteueraußenprüfung 96
Umsatzsteuernachschau 308, 1074 ff.
Umsatzsteuersonderprüfung 31, 1046 ff.
Umwandlung 56, 250
Ungeklärter Abgang 402, 1124
Ungeklärter Vermögenszugang auf Privatkonto 402, 1123
Untätigkeitseinspruch 812 ff.
Unzulässigkeit 88 ff.

Veräußerung 56
Veranlagende Betriebsprüfung 1033
Verdacht einer Steuerstraftat 59, 93 f.
Verdeckte Gewinnausschüttung 399, 775
Vergleichszeitraum 1203

Stichwortverzeichnis

Verjährung 91, 187, 751 ff.
Vermietung und Verpachtung 70
Vermögensminderung 1267
Vermögenszuwachsrechnung 1190 ff.
Verschwiegenheitspflicht 452 ff., 462
Versicherung- und Feuerschutzsteuer 35
Versicherungssteuer-Sonderprüfung 1080 ff.
Verteidiger 586
Vertrag unter Angehörigen 393
Verwertung 97, 170 ff.
Verwertungsverbot 170 ff., 756 ff., 933 ff., 953 ff.
Verzögerte Einleitung eines Steuerstrafverfahrens 945 ff.
Verzögerungsgeld 476 ff.
Vollstreckung von Steuerforderungen im Ausland 1026 ff.
Vollstreckung von Steuerforderungen im Inland 1026 ff.
Vorbehalt der Nachprüfung 2, 89, 172, 740 ff., 1068
Vorbereitung auf die Außenprüfung 294 ff.

Vorteilsannahme 444
Vorteilsgewährung 444
Vorteilszuwendung 444 ff.

Weigerungsrecht 449 ff., 582 ff.
Wiederholungsprüfung 174
Wirtschaftsprüfer 586
Wohnraum s. Privater Wohnraum

Zahlungsverjährung 751 ff.
Zahnarzt 586
Zeitnahe Betriebsprüfung 148 f., 1034 ff.
Zeitreihenvergleich 1161
Ziffernanalyse 1112
Zollprüfung 39
Zulässigkeit der Außenprüfung 54 ff.
Zumutbarkeit 425, 566
Zusage 868 ff., 891 ff.
Zuständigkeit 46 ff.
Zweck der Außenprüfung 15 ff.
Zweistufiges Verfahren 277
Zwischenstaatliches Abkommen 972 ff.